朝鮮後期 實學의 生成·發展 硏究

A Study on *Silhak*'s Development in Joseon Dynasty (15-19th Century)

Won Yu Han

연세국학총서 37

朝鮮後期 實學의 生成·發展 硏究

元 裕 漢

혜안

머리말

대체로 조선후기 실학은 민족주의 및 근대지향적 성격을 띤 사회개혁사상으로 인식되고 있다. 이 같은 인식을 바탕으로 실학문제는 특히 1950년대부터 활발히 연구되어 韓國學에서 가장 많은 업적을 낸 분야로 알려져 있다. 저자 역시 그 당시 학계의 실학연구 경향에 따라 조선후기 화폐경제사상 연구의 일환으로 실학자들의 화폐정책론을 집중적으로 분석 고찰하였다. 또한, 실학자들의 화폐정책론을 보다 객관적이고 포괄·심층적으로 이해하기 위해, 흔히 실학자들과 상대적 입장에서 현실을 인식하고 대응론을 제시한다고 알려진 같은 시기의 왕조 당국자들의 화폐정책론과 비교·고찰하였다. 이 과정에서 조선후기 실학에 관한 학계의 연구업적을 연구사적으로 정리·분석해 보는 등, 실학문제 전반에 대해 관심을 가지게 되고, 조선후기 실학의 역사적 의미 내지 위치를 생각해 보기도 하였다.

실학에 관한 연구는 양적으로나 질적으로 적지 않은 진전이 있는 것으로 알려져 있다. 그러나 실학의 개념·범주·역사적 위치·생성과 발전·이해시각 및 연구방법 등에 관한 연구 중 주목할 만한 성과는 그리 흔치 않은 것으로 알고 있다. 그 중요한 이유는 실학연구가 지나치게 실학자(문집) 중심 이해시각에서 이루어지고 있기 때문이라고 생각하였다. 그리하여 실학 연구의 지평을 넓히기 위해서는 실학 이해시각을 실학자 중심에서 역사적 상황 중심으로 확대하는 것이 필요하다고 생각하게 되었다. 실학을 몇몇 수재(실학자)들의 독창적 산물로 보기보다는, 그들이 활약한 시기의 역사적 산물이라고 보는 시각에서 이해할 필요가 있다는 말이다.

이 책에서는 조선후기 실학의 이해시각을 실학자 중심에서 역사적 상황 중심으로 확대할 때, 기대되는 우선 다음 세 가지 사실만을 거론하였다. (1) 실학의 연구영역을 시간적으로나 공간적으로 확대하고, (2) 실학의 역사적 역할 내지 위치를 보다 확대 인식하며, (3) 실학의 역사적 발전과정을 보다 객관적이고 포괄·심층적으로 이해할 수 있다고 하였다. 즉 위 세 가지 사실에 유의하면서, 조선후기 실학이 조선 초기 개성에서 생성, 그 말기의 개화사상에 이르는 발전과정을 선·후배 실학자 및 개화사상가 등의 화폐정책론 변천을 중심으로 살펴보았다. 그 분석 고찰 내용은 다음과 같이 요약 정리할 수 있을 것이다.

(1) 일찍이 조선 초기부터 조선후기의 실학지향적 사회사조가 성리학 중심의 한양문화권에서 소외된 개성에서 생성·발전하여 16세기 전반에 개성 지역정서 및 文風을 대변하는 서경덕(1489~1546)에 의해 개경학으로서 학문적 체계를 이루었다. 서경덕의 성리학에 대한 주기론적 인식을 바탕으로 체계를 이룬 개경학은 문인 및 후학, 전·현직 개성유수 및 개성지방과 학연·지연·官緣으로 관련이 있는 고급관료 등의 정치·문화활동과 송상의 경제활동을 통해 유형원(1622~1673)에 전승되어, 17세기 후반에는 국지적 학문의 범주를 벗어나 조선후기 실학으로 학문적 체계를 이루었다.

(2) 유형원·이익 등 대표적 실학자 및 초기 개화사상가 兪吉濬(1856~1914)의 화폐정책론을, 흔히 그들과 상대적 입장에 있다고 보는 국왕·고급관료 등 당국자들과 비교 고찰한 결과 전·후자의 화폐정책론은 본질적으로 공통성을 지니고 있다는 사실을 확인할 수 있었다. 또한 조선왕조 건국 이후 19세기 50년대까지 430여 명에 이르는 개성유수 출신 고급관료들 중 상당수가 유수 재직시 견문·체험한 실학지향적 사회의식을 기반으로 진보적 정치·문화활동과 가정 내지 사회 생활을 영위했고, 송상들은 강한 영리의욕과 높은 수준의 경제의식을 바탕으로 경제활동을 활발히 전개하여 상품·화폐경제발전을 비롯

한 제반 사회경제발전에 크게 기여하였다. 그리고 선·후배 실학자와 개화사상가 등의 화폐정책론 발전과정은, 대체로 조선시대 화폐경제 발전단계와 일치한다는 사실을 알 수 있었다. 이로써, 흔히 사회사조의 부수적 존재로 축소·평가된 조선후기 실학의 역사적 위치는 보다 보편화된 사회개혁사상으로서 확대·인식될 수 있을 것으로 생각한다. 다시 말해서, 영웅주의적 인식논리에 의해 축소·평가되었던 조선후기 실학의 역사적 위치가 상황주의적 인식논리에 의해 보다 보편화된 사회개혁사상으로서 확대·인식될 수 있다는 것이다.

(3) 앞에서 유형원이 17세기 중엽에 局地的 학문의 성격을 띤 개경학을 전승하여 학문적 체계를 이룬 조선후기 실학의 발전과정을 실학자들의 화폐정책론을 중심으로 살펴보았다. 그리고 실학발전을 보다 객관적이고 포괄·심층적으로 평가·인식하기 위해 대표적 실학자들 및 초기 개화사상가의 화폐정책론을 같은 시기의 다른 실학자는 물론, 국왕·고급관료 등 당국자들의 화폐정책론과 비교·고찰하였다. 그들이 구상 제시한 화폐정책론의 발전을 이해하기 위해 각자의 화폐정책론에 나타난 근대화의 주요 지표로 알려진 상업관·화폐관·조세의 금납화론·외래문물 수용론, 민족의식과 근대의식의 생성 발전에 대한 인식수준의 변화를 비교 고찰하였다. 그 결과 대체로 조선시대 화폐경제 발전단계('화폐 유통시도기'→ '화폐 유통보급기'→ '화폐유통에 대한 반동기'→ '화폐경제 확대발전기'→ '근대화폐제도 수용기')와 일치하였다. 이로써 일찍이 조선 초기에 개성에서 생성된 실학지향적 사회사조가 국지적 학문의 성격을 띤 개경학의 단계를 거쳐 조선후기 실학으로 학문적 체계를 이루고, 마침내 개화사상으로 전승되는 과정을 통해 중세를 극복하고 근대에 이르는 조선후기 실학의 역사적 발전단계를 확인할 수 있을 것이다.

위와 같은 사실을 중점적으로 다룬 이 책의 내용에는 문제점이 없지 않은 것으로 알고 있다. 그 한 예로서, 제2장 '조선후기 실학의 생성-서경덕 개경학의 실학으로 전승-'의 내용 중에는 직접적인 사료가 부족하여 일부 역사적 사실은 간접적인 사료를 활용, 추론할 수밖에 없었다. 이 같은 문제점을 극복하기 위해서는 무엇보다도 먼저 실학지향적 정치활동과 경제활동을 각기 활발하게 전개한 다수 개성유수 출신 고급관료 및 송상에 대한 자료를 보다 광범하고 철저하게 수집, 보완해야 할 것이다. 위와 같은 문제점들이 수정 보완될 수 있는 기회가 오기를 기대해 본다.

끝으로 미흡한 이 책을 펴내게 되기까지 직접·간접적으로 도움을 베풀어 주신 분들께 감사의 뜻을 전해야 할 것 같다.

먼저 하늘나라에 계실 백낙준·홍이섭·김철준 선생님과 병환중에 계신 이광린 선생님께 감사의 말씀을 드린다. 네 분 선생님이 지난날에 베풀어주신 학은은 너무나 큰 것이기 때문에 길이 잊을 수 없을 것 같다. 또한 2001년 9월부터 1년간 국학연구단 연구교수로서 연구활동을 계속할 수 있도록 기회를 마련해 주신 연세대학교 김우식 총장님과 전임 국학연구원 원장 김인회 교수께 감사를 드린다.

그리고 원고를 작성하는 과정에서 교정을 보는 일에 이르기까지 수고를 아끼지 않은 서인원 박사와 박재회 양(이화여대 박사과정)에게 고마움을 전한다. 책을 출판하느라 고생하신 혜안출판사 오일주 사장께 감사하고, 김현숙 편집장 등 직원 모두에게도 고맙다는 말을 전하고 싶다.

2003년 11월
원유한

目 次

머리말 5
目 次 9

제1장 序 論 13

제2장 朝鮮後期 實學의 生成 - 徐敬德 開京學의 實學으로 傳承 - 19
  Ⅰ. 머리말 19
  Ⅱ. 朝鮮後期 實學指向的 社會思潮 22
    1. 生成 22
    2. 性格 28
  Ⅲ. 開京學의 成立 및 性格 32
    1. 成立 32
    2. 性格 34
  Ⅳ. 開京學派의 形成 37
    1. 門人의 活動 37
    2. 開城留守의 活動 40
    3. 主氣論者의 活動 41
  Ⅴ. 開京學派의 特徵 42
  Ⅵ. 開京學의 實學으로 傳承 45
    1. 門人의 活動 46
    2. 開城留守의 活動 53
    3. 松商의 活動 65
  Ⅶ. 맺음말 69

제3장 朝鮮後期 實學의 發展 - 實學者의 貨幣政策論을 中心으로 - 77
  Ⅰ. 머리말 77
  Ⅱ. 貨幣(銅錢) 流通普及期 78
    1. 金藎國의 銅錢流通論 79
    2. 金堉의 銅錢流通論 101
    3. 柳馨遠의 銅錢流通論 130
    4. 許積의 銅錢流通論 159
  Ⅲ. 貨幣流通에 대한 反動期 181
    1. 李瀷의 銅錢 流通禁止論 182
    2. 英祖의 銅錢 流通禁止論 207
    3. 鄭尙驥의 高額大錢流通論 222
    4. 柳壽垣의 錢荒克服論 234
    5. 朴文秀의 銅錢 鑄造再開論 251
  Ⅳ. 貨幣經濟 擴大發展期 278
    1. 禹禎圭의 高額錢流通論 279
    2. 朴趾源의 當二錢·銀貨流通論 297
    3. 丁若鏞의 金·銀·銅錢流通論 321
    4. 徐榮輔의 交鈔流通論 345
  Ⅴ. 맺음말 371

제4장 實學의 開化思想으로 傳承 - 兪吉濬의 金本位制度 受容論 - 375
  Ⅰ. 머리말 375
  Ⅱ. 貨幣政策論의 形成 378

Ⅲ. 貨幣制度 改革論 387
   1. 第1次 貨幣制度 改革論 388
   2. 第2次 貨幣制度 改革論 394
Ⅳ. 貨幣政策論의 意義 397
Ⅴ. 맺음말 402

제5장 結論 407

표·그림 419
Abstract 429
찾아보기 433

제1장 序論

일반적으로 朝鮮後期 實學은 민족주의 및 근대 지향적 성격을 띤 사회개혁사상으로 인식되고 있다. 이 같은 인식을 바탕으로 실학문제는 광복 이후, 특히 1950년대부터 활발히 연구되어 韓國學에서 가장 많은 업적을 낸 분야로 알려져 있다. 저자 역시 그 당시 학계의 실학연구 경향에 따라 조선후기 화폐경제사를 연구하는[1] 한편, 특히 실학

---

1) 필자는 조선후기 화폐경제사를 연구하였다. 그 대표적인 연구결과로 다음의 論著들이 있다. 元裕漢, 『朝鮮後期 貨幣史研究』(한국연구총서29), 한국연구원, 1975;『朝鮮後期 貨幣流通史』(정음문고165), 정음사, 1978;「李朝肅宗時代의 鑄錢에 대하여」,『史學研究』18, 한국사학회, 1964;「李朝 肅宗代의 鑄錢動機」,『東國史學』9, 동국사학회, 1966;「18세기에 있어서의 화폐정책 - 銅錢의 鑄造事業을 중심으로 - 」,『史學研究』19, 한국사학회, 1967;「當五錢攷」,『歷史學報』35·36, 역사학회, 1967;「典圜局攷」,『歷史學報』37, 역사학회, 1968;「李朝後期 淸錢輸入流通에 대하여」,『史學研究』21, 한국사학회, 1969;「李朝後期 貨幣鑄造業의 私營化傾向」,『史學會誌』17·18, 연세대 사학회, 1971;「朝鮮後期 貨幣政策에 대한 一考察 - 高額錢의 鑄用論議를 중심으로 - 」,『韓國史研究』6, 한국사연구회, 1971;「朝鮮後期 貨幣流通에 대한 一考察 - 錢荒문제를 중심으로 - 」,『韓國史研究』7, 한국사연구회, 1972;「朝鮮後期 金屬貨幣流通政策 - 17世紀 前半의 銅錢流通試圖期를 중심으로 - 」,『東方學志』13, 동방학연구소, 1972;「封建 朝鮮社會 解體過程에 대한 一考察 - 金屬貨幣 流通問題를 중심으로 - 」,『韓國經濟史論叢』(崔虎鎭博士華甲記念論叢) 1, 1973;「大院君執權期의 貨幣政策에 대한 考察」,『사회과학연구』1, 한국사회과학연구회, 1973;「朝鮮後期 銅錢原料의 供給形態」,『人文科學』32, 연세대 인문과학연구소, 1974;「朝鮮後期 貨幣史 時期區分問題」,『文學과 知性』6-3, 문학과 지성사, 1975;「朝鮮時代 貨幣史 時期區分論」,『弘大論叢』13, 1981;「朝鮮前期의 貨幣流通政策」,『韓

자들의 화폐정책론을 집중적으로 연구하였다.[2] 실학자들의 화폐정책론을 연구한 중요한 이유는 화폐경제와 실학의 역사적 역할이 모두 봉건사회의 해체 내지 근대지향을 촉진한 요인이 된다는 점에서 본질적으로 공통성을 갖는다고 생각했기 때문이다. 또 다른 한 이유는 실학자들의 화폐정책론은 관념론적 시각에서 화폐사상 발전과 유물론적 시각에서 화폐경제 발전 등 兩面으로 접근하여, 봉건 조선사회의 근대

國史論』11, 국사편찬위원회, 1982.

[2] 元裕漢,「金堉과 銅錢」,『史學會誌』8, 연세대 사학회, 1965 ;「農圃子 鄭尙驥의 貨幣政策論」,『編史』2, 국사편찬위원회, 1968 ;「磻溪 柳馨遠의 긍정적 화폐론」,『유홍열박사화갑기념논총』, 1970 ;「星湖 李瀷의 否定的 貨幣論 - 李朝社會 解體過程의 一側面的 考察로서 -」,『歷史學報』48, 1971 ;「茶山 丁若鏞의 발전적 화폐론」,『歷史教育』14, 1971 ;「燕巖 朴趾源의 貨幣制改革論」,『史學會誌』19, 1971 ;「朝鮮後期 貨幣流通構造 改善論의 一面 - 柳壽垣의 현실적 화폐론을 중심으로 -」,『歷史學報』56, 1972 ;「潛谷 金堉의 貨幣思想」,『編史』5, 국사편찬위원회, 1974 ;「18세기 前半期 農村儒生 李日章의 貨幣思想」,『韓國學報』4, 1976 ;「燕巖 朴趾源의 社會經濟思想에 대한 考察 - 그의 貨幣思想을 중심으로 -」,『弘大論叢』10, 1978 ;「實學者의 貨幣思想發展에 대한 考察 - 金・銀貨의 通用論을 중심으로 -」,『東方學志』23・24, 1980 ;「潛谷 金堉의 貨幣經濟思想」,『弘大論叢』12, 1980 ;「實學者의 貨幣經濟論」,『東方學志』26, 1981 ;「磻溪 柳馨遠의 商業振興論」,『弘大論叢』15, 1983 ;「耳溪 洪良浩의 貨幣經濟論」,『弘大論叢』16, 1984 ;「朝鮮後期 實學者의 鑛業論 研究 - 茶山 丁若鏞의 鑛業國營論을 중심으로 -」,『韓國近代社會經濟史研究』(劉元東博士華甲記念論叢), 1985 ;「實學者 禹禎圭의 貨幣經濟論」,『弘益史學』2, 1985 ;「醉石室 禹夏永의 貨幣經濟論」,『韓國史學論叢』(崔泳禧先生華甲記念), 1987 ;「朝鮮後期 農村知識人의 鑛業論 - 醉石室 禹夏永의 鑛業論을 중심으로 -」,『韓國史學論叢』(孫寶基博士停年記念論叢), 1987 ;「星湖 李瀷의 商業制限論」,『人文科學』59, 1988 ;「矩堂 俞吉濬의 貨幣思想」,『韓國近代史論叢』(尹炳奭教授華甲記念論叢), 1990 ;「五洲 李圭景의 貨幣經濟論」,『東洋學』21, 1991 ;「五洲 李圭景의 商業論」,『實學思想研究』3, 1992 ;「貞蕤 朴齊家의 화폐론」,『歷史學論叢』(南都永博士古稀記念論叢), 1993 ;「農圃者 鄭尙驥의 貨幣經濟論」,『金甲周教授華甲記念論叢』, 1994 ;「海錦 吳達運의 貨幣經濟論」,『東國史學』31, 1997 ; "On the Monetary Theory of Yu Hyung-Won," *Journal of Social Sciences and Humanities* No. 33, 1970 ; "Social-economic Thought of Kim Yuk," *Korea Journal* Vol. 6, No. 2, 1975.

지향적 역사발전을 보다 포괄적이고 심층적으로 이해할 수 있는 연구과제라고 생각하였기 때문이다.

이 같은 문제의식을 바탕으로 하여 金堉(1580~1658)·柳馨遠(1622~1673)·李瀷(1681~1763)·柳壽垣(1694~1755)·朴趾源(1737~1805)·丁若鏞(1762~1836) 등을 비롯한 다수 실학자들의 화폐정책론을 분석·고찰하였다. 또한, 실학자들의 화폐정책론을 보다 객관적이고 포괄·심층적으로 이해하기 위해, 흔히 실학자들과 상대적 입장에서 현실을 인식하고 對應論을 제시했다고 알려진 같은 시기에 활약한 金藎國(1572~1657)·許積(1610~1680)·英祖(1694~1776)·朴文秀(1691~1756)·徐榮輔(1759~1816) 등 왕조 당국자들의 화폐정책론을 비교·고찰하였다.3) 이처럼 실학자들의 화폐정책론에 관한 연구를 계속하는 동안 자연스럽게 조선후기의 실학문제 전반에 대해 관심을 가지게 되었고, 또한 오늘의 한국 사회 현실에서 조선후기 실학의 역사적 의미 내지 위치를 생각해 보게 되었다.4)

---

3) 元裕漢,「英祖의 銅錢通用禁止試圖」,『史學會誌』12, 1969 ;「朝鮮 封建社會의 貨幣流通에 대한 反動의 限界性 - 英祖의 銅錢通用禁止試圖의 失敗를 중심으로 - 」,『弘大論叢』11, 1979 ;「朝鮮後期 官僚學者 徐榮輔의 貨幣經濟論 - 丁若鏞의 貨幣經濟論과 比較 檢討 - 」,『東方學志』54·55·56, 1987 ;「官僚學者 金藎國의 貨幣經濟論」,『朝鮮時代史硏究』(車文燮敎授華甲記念論叢), 1989 ;「韓國近世後期 高級官僚 金履陽의 貨幣制改革論」,『史學論叢』(金昌洙敎授華甲記念論叢), 1992 ;「耆隱 朴文秀의 貨幣經濟論 - 實學者들의 貨幣經濟論과 比較 檢討 - 」,『實學思想硏究』5·6, 1995 ;「17世紀 高級官僚 許積의 貨幣經濟論 - 實學者의 貨幣經濟論과 比較 檢討 - 」,『東國史學』32, 1998.
4) 元裕漢,「한국실학사상 이해를 위한 일시론 - 실학자의 화폐경제사상 발전을 중심으로 - 」,『홍이섭의 삶과 역사학』(무악사천1), 1995 ;「실학사상 연구시각의 모색을 위한 시론」,『실학사상연구』7, 1996 ;「개성, 조선후기 실학사상의 요람」,『동국역사교육』4, 1997 ;「實學 및 그 展開에 관한 諸說의 整理」,『國史館論叢』81, 1998 ;「실학위치의 확대 인식」,『실학사상연구』13, 1999 ;「한백겸의『동국지리지』성립배경과 성격」,『국사관논총』93, 2000 ;「실학요람으로서 개성의 위치」,『충북사학』11·12, 2000 ;「한국실학의 개념 모색」,『실학사상연구』14, 2000 ;「韓國實學 理解視角의 擴大를 위한 試論 - 실학자 중심에서 역사적 상황 중심으로 - 」,『實學思想硏究』19·20, 2001 ;『韓國

오늘날 한국사회가 당면한 역사적 상황, 즉 산업사회가 정보화 사회로 이행하고 있는 사회 현실에서 볼 때, 조선후기 실학이 지향하는 역사적 목표는 거의 실현되었다고 보아야 할 것이다. 또한 조선후기 실학을 잇는 새로운 실학으로 세계주의와 정보화 사회를 지향할 假稱 '近代實學'이 모색되어야 할 시기에 와 있다는 생각을 하였다. 조선후기 실학이 전환기를 맞고 있는 상황에서 지금까지의 연구성과를 검토하고, 앞으로의 역사에 대응할 새로운 실학을 摸索하는 것이 필요할 것이다. 이에 그동안의 실학 연구업적들을 연구사적으로 정리·분석해 보기도 하였다.5)

흔히, 실학에 관한 연구는 양적으로나 질적으로 상당한 진전이 있었던 것으로 알려져 있다. 그러나 寡聞한 탓인지 모르지만 실학의 개념·범주·역사적 위치·생성과 발전·이해시각 및 연구방법 등에 관한 연구 중 특기할 만한 성과는 그리 흔치 않다. 그 중요한 이유는 실학연구가 지나치게 실학자(文集)를 중심으로 하는 시각에서 이루어지고 있기 때문이 아닌가 생각한다. 따라서 실학연구의 지평을 넓히기 위해서는 실학 이해시각을 실학자 중심에서 역사적 상황 중심으로 확대하는 것이 필요하다고 생각하였다. 다시 말해서, 실학을 몇몇 秀才(실학자)들의 독창적 산물로 보기보다는, 그들이 활약한 시기의 역사적 산물이라고 보는 시각에서 이해할 필요가 있다는 말이다. 저자는 실학 이해시각의 확대를 위한 한 시도로서 拙論「韓國實學 理解視角의 擴大를 위한 試論-실학자 중심에서 역사적 상황 중심으로」를 정리·발표하였다.6)

실학 이해시각을 소수 실학자들 중심에서 역사적 상황 중심으로 확대할 수 있을 때, 우선 다음 몇 가지 사실을 생각해 볼 수 있다.

實學의 새로운 摸索』(韓國史研究會叢書2), 2001 ; 원유한·박재희,「開京學의 成立 및 實學과 連繫」,『實學思想研究』21, 2001.
5) 元裕漢, 앞의 논문,『國史館論叢』81, 1998.
6) 元裕漢, 앞의 논문, 2001 ; 앞의 책, 2001.

(1) 韓國 歷史上 각 시대에 보이는 實學('麗末鮮初 實學-古代 實學'·'朝鮮後期 實學-中世 實學'·假稱 '近代 實學')을 포괄하는 '韓國 實學'의 성립을 생각해볼 수 있고,

(2) 조선후기 실학의 연구영역을 시간적으로나 공간적으로 확대할 수 있고,

(3) 실학의 역사적 역할 내지 위치를 보다 확대 인식할 수 있고,

(4) 실학자들의 화폐정책론을 같은 시기의 국왕·고급관료 등 당국자들의 화폐정책론과 비교·고찰함으로써, 근대 지향적인 실학의 성격 변화 및 발전을 보다 포괄적이고 객관적으로 이해할 수 있을 것이다.

이 책은 실학의 이해시각을 실학자 중심에서 역사적 상황 중심으로 확대함으로써 기대되는 연구성과, 위 4개 항 중 (2)·(3)·(4)항의 내용과 관련하여 조선후기 실학의 생성·발전 문제를 다루어 보고자 한다.

제2장 '조선후기 실학의 생성'에서는 조선 초기부터 開城에서 생성된 조선후기의 실학지향적 사회사조가 조선후기 실학으로 발전해 가는 과정을 살펴보기로 하겠다. 이를 위해 徐敬德(1489~1546)이 학문적 체계를 이룬 開京學의 성립 배경 및 성격, 그리고 유형원이 局地的 學問의 성격이 짙은 개경학을 傳受하여 조선후기 실학으로 그 학문적 체계를 이루는 과정을 고찰하겠다.

제3장 '조선후기 실학의 발전'에서는, 개경학이 전승되어 조선후기 실학으로 학문적 체계를 이룬 이후의 실학 발전을 살펴보고자 한다. 그리하여 초기 실학자 김육과 유형원·이익·박지원·정약용 등 대표적 실학자들의 화폐정책론을 같은 시기의 다른 실학자는 물론, 국왕·고급관료 등 당국자들의 화폐정책론과 비교·고찰하겠다. 이로써, 실학자들의 화폐정책론 발전과정이 조선후기 화폐경제의 발전단계와 일치하는지 그 여부와 화폐정책론의 역사적 위치 및 실학의 근대지향적 발전과정을 포괄적이고 객관적으로 살펴보기로 한다.

제4장 '실학의 개화사상으로 전승'에서는 실학자들의 화폐정책론과

초기 개화사상가 兪吉濬(1856~1914)이 제시한 화폐정책론과의 관계, 화폐정책론의 발전 및 역사적 위치와 화폐정책론의 발전과정을 통해 개화사상 내지 개화정책의 변천을 살펴보기로 한다.

　이 같은 고찰은 실학자의 화폐사상 내지 실학의 생성·발전뿐만 아니라, 조선 초기부터 말기(개화기)에 이르는 시기의 사회경제사 내지 역사 발전과정의 일면을 이해하는 데 도움이 될 것으로 생각한다.

제2장 朝鮮後期 實學의 生成
― 徐敬德 開京學의 實學으로 傳承 ―

Ⅰ. 머리말

고려왕조의 수도 開城은 조선왕조가 漢陽으로 천도하면서 新王朝로부터 소외되어 주변지역으로 전락하였다. 특히, 개성 주민들은 高麗遺民이라는 사회통념과 杜門洞 72賢이 조선왕조에 不服하면서 官界 진출이 억제되는 등 정치권력에서 소외되었다.[1] 관계 진출의 억제로 토지분급을 보장받지 못하고, 농토의 절대면적이 부족한 상황이었기 때문에 농업중심 생산양식에서도 소외되었다. 이 같은 정치권력과 생산양식으로부터의 소외는 사회신분 하락의 주요 원인이 되었다.

고려왕조의 사대부 후예를 비롯한 개성 주민들은 末業인 상업에 종사하면서 조선왕조로부터의 소외 내지 도전에 적극 대응하기 위해 자기 계발에 힘썼다. 개성 주민들은 전통문화에 대한 자긍심, 상업발달의 역사적 전통, 水陸 교통의 편리함 및 대외무역 요충지로서의 지리적 조건 등을 배경으로 국내외 상업활동을 활발히 전개하였다. 이로써 개성은 국내외 상업발전의 중심지이자 화폐경제의 요람으로서 조선후기에 급진전된 상품화폐경제의 확대·발전을 선도하였다.[2]

---

1) 『松都志』, 「人物」.
2) 元裕漢, 「실학 요람으로서 개성의 위치」, 『충북사학』 11·12, 2000 ; 「韓國 實學 理解視角의 擴大를 위한 試論 - 실학자 중심에서 역사적 상황 중심으로 -」, 『實學思想研究』 19·20, 2001.

개성지방의 상업발전이나 松商의 경제활동은 일찍부터 한국 史學界의 주목을 받아 조선시대 사회경제사 전공학자들에 의해 연구되었다.3) 이들의 연구는 주로 중세사회의 해체 내지 근대사회의 생성 문제와 관련하여 사회경제사 발전을 구명하는 데 기여하였다. 그런데 개성에 관한 연구는 주로 유물론적 시각에서 사회경제 발전을 고찰하는 데 치우치고, 관념론적 시각에서 사회의식 내지 사회사조의 생성·발전을 고찰하는 데는 소홀했던 것으로 보인다.

최근에는 개성에 관한 연구의 폭이 넓어지면서, 개성의 독특한 재정구조와 사회경제 발전에 따른 행정구역의 재편을 분석·고찰한 연구업적이 나왔다.4) 사상사 분야에서도 조선중기 개성의 대학자 徐敬德(1489~1546)의 학문과 사상에 접근하기 위해 그의 문집 『花潭集』을 분석·고찰한 논문5)과, 개성 지식인이 조선후기 북학파의 영향을 받아 개성의 학문연구를 심화시켰다는 사상적 동향에 관한 논문이 발표되었다.6) 이 논문들은 개성지방의 사회사조 내지 사상계의 동향을 구명하는 새로운 시도로서 주목된다. 다만, 논문들이 조선중기의 서경덕 및 19세기 崔漢綺(1803~1879) 등의 문집을 중심으로 쓰여졌기 때문에 개

---

3) 姜萬吉,「개성상인연구 - 조선후기 상업자본의 성장 -」,『한국사연구』8, 1972 ;「開城商人과 人蔘栽培」,『朝鮮後期 商業資本의 發達』, 1973 ; 吳星,『朝鮮後期 商人硏究』, 一潮閣, 1989 ; 홍희유,『조선상업사』, 백산자료원, 1989 ; 朴平植,「조선전기 개성상업과 개성상인」,『한국사연구』102, 1998 ;『朝鮮前期 商業史硏究』, 지식산업사, 1999 ; 고동환,「조선시대 개성과 개성상인」,『역사비평』54, 2001.

4) 김태웅,「조선후기 개성부 재정위기와 행정구역재편」,『한국사론 - 일계김철준선생10주기추모논총 -』41·42, 1999.

5) 申炳周,「花潭 徐敬德의 學風과 現實觀」,『韓國學報』84, 1996 ;「花潭門人의 學風과 處世」,『韓國學報』90, 1998 ;『朝鮮中期 處士型 士林의 學風 硏究 - 南冥學派와 花潭學派를 중심으로 -』, 서울대학교 박사학위논문, 1999 ; 金敎斌,「徐花潭의 氣哲學에 대한 考察」,『東洋哲學硏究』5, 1984 ; 정병석,「徐花潭의 易學的 世界觀에 대한 氣一元論的 解釋」,『哲學論叢』8, 1992.

6) 유봉학,「조선후기 개성지식인의 동향과 북학사상 수용 - 최한기와 김택영을 중심으로 -」,『규장각』16, 1993 ;『조선후기 학계와 지식인』, 신구문화사, 1998.

성지방의 상업이 발전했던 조선중기 이전 시기와 서경덕에서 최한기에 이르는 시기의 사상계 변동을 설명하지 못한 아쉬움이 있다. 이처럼 조선 초기부터 말기까지 개성의 사상계 변동에 관한 연구를 찾아보기 어려운 것은 조선시대의 사상사가 주로 개인문집을 중심으로 이루어져 왔기 때문인 것으로 생각한다.

저자는 일찍부터 화폐경제사의 발전과 실학자들 및 당국자 등의 화폐정책론을 연구하면서 실학자 중심의 연구가 가지는 한계를 극복하기 위해서는 조선후기 실학의 이해시각을 역사적 상황 중심으로 확대해야 한다고 생각하였다. 여기에서 실학은 조선 초기에 상품화폐경제가 발전한 개성에서 생성되었을 것이라는 생각을 가지게 되었다. 개성지방의 상품화폐경제의 발전은 조선후기 실학지향적 사회사조의 생성배경이 된다고 생각하였기 때문이다. 또한, 개성에서 생성된 조선후기의 실학지향적 사회사조는 성장, 발전하여 학문적 체계를 이루어 조선후기 실학으로 전승되었을 것이라는 신념을 가지게 되었다.

조선초기 이래로 文風이 쇠퇴한 개성지방에서는 개인문집을 찾아보기가 쉽지 않지만, 개성 특유의 사회사조나 사상계 동향을 엿볼 수 있는 몇 가지 자료가 있다. 『朝鮮王朝實錄』 등 官撰史書, 邑誌, 서경덕의 문집 『화담집』이나 『潛谷全集』・『磻溪隨錄』・『星湖僿說』 등 實學者들의 文集, 開城留守 출신 고급관료들의 문집 등이 그것이다.

위의 몇몇 자료에 보이는 개성 관계 기록과 관련 문제에 대한 학자들의 연구성과를 참고하여 다음과 같은 역사적 사실들을 살펴보고자 한다.

(1) 고려문화권의 중심인 개성지방에서 조선초기에 생성되기 시작한 조선후기 실학지향적 사회사조 및 局地的 학문의 성격이 짙은 開京學의 형성 배경을 살펴보고,

(2) 조선후기 실학의 성격과 본질적으로 공통되는 것으로 보이는 조선후기 실학지향적 사회사조 및 개경학의 성격을 살펴보며,

(3) 開京學派가 형성되고 서경덕의 문인 및 후학, 前・現職 開城留

守, 개성지방과 學緣·地緣·官緣으로 직접·간접적 관련이 있는 고급관료들의 정치·문화 활동 및 송상의 경제활동을 통해 柳馨遠(1622~1673)에게 전승되어 조선후기 실학으로 학문적 체계를 이루는 과정을 살펴보겠다.

(4) 그리고 실학지향적 사회사조 및 개경학의 역사적 의의 내지 위치를 살펴보기로 한다.

Ⅱ. 朝鮮後期 實學指向的 社會思潮

1. 生成

開城은 고려왕조(918~1392) 470여 년 동안의 수도로서 정치·경제·사회·문화·외교 등 제반 문물제도의 중심지였으나, 14세기 말에 조선왕조가 漢陽으로 천도하면서 新王朝로부터 소외되어 주변지역으로 전락하였다. 이로써 개성의 역사적 위상은 급격히 위축되고, 개성 중심 고려문화권은 소외 내지 도전에 대응하기 위해 상공업 등 한정된 부문에서 자기 계발을 추구하는 과정에서 조선후기 실학지향적 사회사조(이후에는 '실학지향적 사회사조'로 줄여서 표기하기로 한다)가 생성·발전하게 되었던 것으로 보인다. 개성지방에서 실학지향적 사회사조가 생성·발전하게 된 역사적 배경으로서 대체로 다음 몇 가지 사실들을 들 수 있다.

첫째, 흔히 高麗遺民으로 지칭된 개성지방 주민은 조선왕조의 정치권력에서 소외되었다. 개성지방 주민들이 신왕조에 복종하지 않는다는 이유로 王氏 일가를 제거하려 하거나 고려 사대부 후예들의 官界 진출을 억제한 사실 등이 그 대표적 사례다.[7]

둘째, 개성지방 주민들은 농토의 절대 면적이 부족한 상황 하에서[8]

---

7) 『松都志』, 「人物」; 『星湖僿說』 卷8, 「人事門」, 生財.
8) 『成宗實錄』 卷95, 成宗 9年 8月 壬辰; 『孝宗實錄』 卷18, 孝宗 8年 2月 甲

토지분급이 보장된 관료가 되는 길마저 막히자 상공업에 종사하지 않을 수 없었다.9)

셋째, 개성지방 주민들, 즉 고려왕조의 사대부 후예들은 정치권력과 농업중심 생산양식에서 소외됨으로써 정치권력·농업중심 경제력 및 사회적 위신 등과 밀접하게 관계되는 사회신분이 급격히 하락되었다.10)

넷째, 대체로 개성지방 주민들은 조선왕조의 통치이념인 성리학 내지 그에 기초한 한양중심 문화를 비판하거나 거부함으로써 소외를 자초했던 것으로 보인다.11)

다섯째, 개성은 조선왕조의 한양 천도로 인해 중국을 비롯한 주변 여러 나라와의 국제관계의 중심권에서 소외되어 使行의 경유지 정도로 위치가 하락되었다.12)

여섯째, 조선왕조가 건국하자 개성중심 고려문화권의 사회의식 밑바탕에는 고려숭상의식 내지 高麗遺民意識이 짙게 깔려 있었다. 이 같은 고려 지향의식은 조선 초기부터 고려왕조의 잔존세력 내지 고려유민이 배척 또는 소외되는 주요 원인이 되었던 것으로 보인다.13)

위와 같이 개성중심 고려문화권은 정치·경제·사회·문화 및 외교면에서 소외되었으나, 조선왕조의 도전에 적극 대응하기 위해 자기 계발을 추구하게 된 잠재력 내지 역사적 배경으로서 다음 몇 가지 사실을 들 수 있다.

첫째, 고려유민으로 지칭된 개성지방 주민들은 정비되지 않은 新出 한양문화권의 生硬性을 비판하며 先發文化 창달의 주체로서 역사 내

申;『松都志』,「土俗」.
9)『宣祖實錄』卷203, 宣祖 39年 9月 丙子;『英祖實錄』卷66, 英祖 23年 10月 丙子.
10)『宣祖實錄』卷203, 宣祖 39年 9月 丙子;『正祖實錄』권16, 正祖 7年 7月 癸卯.
11)『中宗實錄』卷22, 中宗 10年 6月 甲子.
12)『成宗實錄』卷95, 成宗 9年 8月 壬辰.
13)『星湖僿說』卷8,「人事門」, 生財.

지 문화적 자긍심을 가지게 되었던 것으로 보인다. 고려왕조는 삼국통일 이후 통일국가를 지향하는 역사발전 과정 중 신라 또는 고구려를 계승한다고 생각한 二元的 역사계승의식에서 檀君을 國祖로 一元化하고,14) 성리학을 수용하여 유·불교로 이원화된 통치이념을 일원화하는 데 적지 않은 역할을 했을 뿐만 아니라, 金屬活字 발명과 靑瓷燔造 및 經板製作 등의 면에서는 중국의 수준을 웃도는 문화를 창달하였다고 평가되기 때문이다.15) 이러한 자긍심은 신출 한양문화권에 대응하여 자기 계발을 적극 모색, 추구할 수 있다는 신념이 되었다.

둘째, 개성은 지리적 조건으로 볼 때 한양문화권에 인접해 있고, 육로 및 수상 교통이 편리하여 중국으로부터 새로운 문물을 수용하는 교통로의 요충에 자리잡고 있다. 따라서 개성지방은 상공업이 발달하고 대외무역이 활발히 전개되는 한편, 중국을 통해 수용된 새롭고 다양한 외래문물과 빈번한 접촉을 가지게 되었다.16) 이로써 인접한 한양문화권에 대응한 지역적 정체성과 선진 외래문물과 접촉하고 외세와의 항쟁과정에서 민족적 정체성이 제고되어 개성지방 특유의 사회의식 및 지역문화 계발의욕으로 승화되었던 것으로 보인다.17)

셋째, 고려시기의 개성지방은 국내상업은 물론, 宋·元·女眞·契丹·아라비아 및 琉球 등과의 대외무역이 활발하여 국내외 상업발전의 중심지였다. 또한, 개성지방은 鐵錢·銅錢·銀貨·楮貨 등 각종 국내 화폐와 唐·송·원·明 등 외국 화폐유통에 대한 역사적 경험이 축적된 곳이기도 하다.18) 상업발전 및 화폐유통에 대한 역사적 경험 내지 잠재력은 개성지방의 상공업과 화폐경제 발전을 증진시킨 요인이

---

14) 하현강, 「고려시대의 역사계승의식」, 『이화사학연구』 8, 1975 ; 『삼국유사의 종합적 검토』, 한국정신문화연구원, 1987.
15) 金哲埈, 『韓國文化史論』(一溪金哲埈全集4), 1990, 15~88쪽.
16) 『星湖僿說』 卷8, 「人事門」, 生財.
17) 강화문화원 편, 제2장 「鄕土史」, 제2절 '中古史', 『江華史』, 1976, 56~123쪽.
18) 元裕漢, 「朝鮮前期의 貨幣史」, 『서울六百年史 1』, 서울시사편찬위원회, 1977 ; 「朝鮮前期 貨幣史의 歷史的 位置」, 『博物館彙報』 6, 서울시립대학교 박물관, 1995.

되었다.19) 이로써 개성지방은 한국 역사상 상공업 발전의 중심지요 화폐경제 발전의 요람이 되었다.

넷째, 고려시대의 국내외 상업발전의 주요 원인이 된 개성지방 특유의 지역적 내지 국제적 개방성은 상공업을 중심으로 한 사회경제 발전에 기여했음은 물론, 외래문물의 수용과 함께 새로운 사회의식의 생성·발전을 증진시켰을 것으로 짐작된다.20)

다섯째, 위에 지적했듯이 고려숭상의식 내지 고려유민의식 등 고려지향의식21)은 조선왕조가 고려 잔존세력 내지 고려유민을 배척 또는 소외시킨 주요 원인이 되었다. 이러한 고려지향의식은 한양문화권에 대응하여 개성지방 주민들이 그 지방 특유의 생산양식과 가치체계를 적극적으로 모색·계발하는 데 있어 基底意識 내지 잠재력이 되었을 것이다.22)

여섯째, 조선왕조의 정치적 기반이 점차 안정됨에 따라 고려 수도로서의 개성 내지 개성주민에 대한 인식에 변화가 일어났던 것으로 보인다. 즉, 개성지방을 한양문화권의 성장·발전과 상호보완적 존재로 인식하게 되었다. 개성지방은 국내외 상업발전의 주요 거점도시이며, 중국문물 내지 중국을 통해 들어온 외래문물 수용의 관문인 동시에 關防

---

19) 元裕漢, 「개성, 조선후기 실학의 요람」, 『동국역사교육』 4, 1997.
20) 이 책, 제2장 Ⅵ. 開京學의 實學으로 傳承, 3. 松商의 活動 참조.
21) 대체로 高麗崇尙意識이나 高麗遺民意識 등 고려지향의식은 개성지방 특유의 지역정서라 할 수 있다. 고려지향의식은 개성의 사대부 후예를 비롯한 주민들이 조선왕조에 의해 배격, 소외당하는 주요 원인이 되었던 것으로 보이며, 이는 개성을 중심으로 한 고려문화권 주민들이 조선왕조에 저항·은둔하거나 상공업 등 말업을 생업으로 선택하게 된 주요 원인이 되었다. 고려지향의식은 대체로 개성지방 등 고려문화중심권에서 일어난 주요 역사적 사건의 기저의식이 되고, 인접한 한양문화권으로부터 받는 소외·주변의식과, 중국의 선진 외래문물과의 접촉과정에서 받는 열등의식을 극복하는 데 필요한 자기계발 의욕으로 승화되었던 것으로 보인다. 또한 고려지향의식은 과거복귀적이기보다는 한양문화권이나 선진 외래문물에 보다 적극적으로 대응하는 데 필요한 자기계발 의욕으로 승화되었다는 점으로 미루어, 실학지향적 사회사조의 생성·발전에 기여했을 것으로 짐작된다.
22) 『星湖僿說』 卷8, 「人事門」, 生財 ; 『英祖實錄』 卷66, 英祖 23年 10月 丙子.

의 요충지로서 평가·인식 되었기 때문이다.23)

위에서 조선 초기에 고려문화권의 중심인 개성지방에서 새로운 생산양식과 사회사조가 생성·발전하는 데 부정적이었거나, 또는 긍정적 영향을 끼친 역사적 배경을 대강 살펴보았다. 그렇다면 그 같은 역사적 배경 하에서 이루어진 상공업 중심의 사회경제적 발전과, 그에 상응한 실학지향적 사회사조의 생성·발전을 살펴보아야 할 것이다.

개성지방은 조선시대에 들어와서도, 앞에 지적했듯이 한양문화권에 인접해 있고, 수륙교통이 편리하며, 중국과의 교통요충지에 위치하였기 때문에, 국내 상업은 물론 명·여진·일본 등과의 대외무역이 발전하였다. 조선왕조는 천도 이후 한양을 중심으로 한 상업체제를 재편하는 과정에서 개성의 開市 자체를 금지하는 등 한때 상업발전을 억제하는 한편, 務農抑末策과 폐쇄적인 대외정책을 추진하였다. 이처럼 불리한 역사적 상황 하에서도 개성지방은 고려 수도로서의 역사적 배경과 편리한 교통 및 지리적 조건으로 말미암아 국내외 상업이 꾸준히 성장·발전하였다.24) 특히 개성지방에서는 兩班·儒者 등 상위 신분계층이 농토의 절대면적이 부족한 상황 하에서 관료 진출의 길마저 막히게 되자 상업에 종사하게 됨으로써25) 국내 상업과 대외무역이 더욱 발전할 수 있었던 것으로 짐작된다. 그리하여 成宗朝(1469~1494) 초에는 羅州목사 李永肩(1403~1482)과 영의정 申叔舟(1417~1475) 등 고급관료들이 以末補本策으로써 개성 이외의 다른 지방에도 地方 場市의 개설을 주장하기에 이르렀다.26)

이로써 개성지방에서는 상공업을 중심으로 한 사회경제적 발전을 배경으로 하여 조선왕조의 성리학 중심 가치체계에 대한 비판이 일어나는 동시에, 실학지향적인 새로운 사회사조가 생성·발전하게 되었던

---

23) 『正祖實錄』卷16, 正祖 7年 7月 癸卯.
24) 『中宗實錄』卷102, 中宗 39年 2月 壬辰 ; 『宣祖實錄』卷167, 宣祖 36年 10月 乙巳.
25) 『成宗實錄』권181, 成宗 16年 7月 甲戌 ; 『孝宗實錄』卷18, 孝宗 8年 2月 甲申.
26) 『成宗實錄』卷17, 成宗 2年 6月 戊午 ; 卷27, 成宗 4年 11月 壬申.

것이다.

한국 사상사 발전과정에서 볼 때, 고려시대는 대체로 이원화된 삼국의 역사계승의식을 통합하여 집권적 지배체제를 강화하는 동시에, 그 이전 시기에 비해 儒・佛로 이원화된 통치이념을 일원화하는 것이 더욱 절실해진 시기였다. 이로써 유교와 불교는 그 이전처럼 이원적 통치이념으로서 상호보완적 관계를 유지하는 한편, 각기 자기변용 내지 혁신을 통해 통치이념으로서의 역사적 역할을 강화하려 하였다. 그 대표적 사례로서 불교계의 敎・禪統合運動과 유교계의 자기 개혁 노력 내지 改新儒學인 性理學 수용 시도를 들 수 있다.

전통유학, 즉 漢唐儒學이 자기 변용이나 혁신을 통해 역사적 대응력을 강화하는 과정에서 볼 때, 고려사회는 일찍이 송으로부터 직접 성리학을 수용하려는 시도가 없지 않았을 것으로 짐작된다. 성리학은 고려 말에 원으로부터 보다 적극적으로 수용되어, 恭愍王代의 정치개혁에서 그러했듯이 사회개혁사상의 일부로 활용되었다. 그러나, 그 당시 성리학은 사회개혁사상으로 크게 주목받지 못했을 뿐만 아니라, 오히려 사상계 일부에 의해 비판의 대상이 되었던 것으로 보인다.27)

이처럼 개성지방은 전통유학이 역사적 한계를 드러낸 고려 말에 성리학 수용의 중심지였고, 또한 성리학은 불교계는 물론 일부 유교계에 의해 비판되었다는 점에 유의해야 할 것이다. 이 같은 사실은 後論하겠지만 한국 사상사 발전 과정에서 고려의 수도 개성이 점하는 역사적 위치를 이해하는 데 도움이 된다. 성리학에 대한 개성지방 사상계의 비판적 경향은 조선왕조가 성리학을 통치이념으로 수용하게 되자 한층 심화되었던 것으로 보인다. 그리하여 불교가 지배적 위치에 있는 개성지방에서는 崇儒抑佛策을 추진한 조선 초기부터 성리학적 통치이념의 자연스러운 수용이 거부되었다. 이것은 中宗이 조선왕조 건국 120여 년이 지난 1515년(중종 10), 개성에는 불교를 숭상하는 풍습이

---

27) 문철영・이봉춘,「성리학의 전래와 수용」,『한국사 - 고려후기의 사상과 문화 -』, 국사편찬위원회 21, 1996.

남아 있으니『三綱行實』을 더 많이 인쇄하여 배포하라고 한 사실28)을 통해 짐작할 수 있다. 이로 미루어 일찍이 실학지향적 사회사조가 생성되기 시작한 조선 초기에 불교와 친화적인 개성지방에서는 성리학이 비판, 거부되었던 사상계 동향을 짐작할 수 있다.

실학지향적 사회사조가 생성되는 과정에서, 개성 주민들은 친화적 관계에 있다 하여 불교사상에서 성리학에 대응할 새로운 가치를 모색, 추구하려 하지는 않았다. 불교는 來世觀이 투철하여 종교적 호소력은 비교적 강하지만,29) 사회개혁논리가 허술하여 성리학과의 역사적 대결에서 이미 밀려난 상태였기 때문에 불교에 큰 기대를 걸지는 않았을 것이다. 오히려 불교에 비해 사회개혁논리가 강한 성리학이 내포한 한계를 비판하는 과정에서 성리학에 대응할 새로운 가치를 모색, 수용했을 것으로 생각된다. 무엇보다도 實用・實利・實際的 가치추구를 우선시하는 상업에 종사한 대다수 개성 주민은 德治와 禮治를 통해 名分・義理・傳統 등을 중시하는 성리학의 王道思想을 비판하였을 것이다. 그리고 政治와 刑治를 통해 실용・실리 및 실제성 등을 중시하는 覇道思想의 功利主義를 수용하고자 했을 것으로 짐작된다. 이 같은 사실은, 흔히 조선후기 실학이 성리학의 왕도사상을 비판하고 패도사상을 추구하는 과정에서 생성되었다는 견해가 있고, 李瀷(1681~1763)이 제시한 '王覇幷用'論과 연관시켜 생각해 볼 필요가 있다.30)

2. 性格

위에서 살펴보았듯이 실학지향적 사회사조는 조선 초기에 開城 특

---

28)『中宗實錄』卷22, 中宗 10年 6月 甲子.
29) 흔히 알려졌듯이, 불교가 가지고 있는 護國宗敎로서의 역사적 역할은 높이 평가되고 있다. 이로써 개성 주민들이 불교를 믿는 신앙심은 주민 개개인 내지 전체 주민의 생활신념이 되고, 이 신념은 조선왕조로부터 오는 정치・경제・사회・문화적 적대의식과 소외 및 주변 의식을 극복하기 위한 자기계발 의식으로 승화되었던 것으로 짐작된다.
30)『星湖僿說』卷26,「經史門」, 王覇幷用 ; 元裕漢,「한백겸의『동국지리지』성립배경」,『실학사상연구』12, 1999.

유의 지역정서라 할 수 있는 고려숭상의식 내지 고려유민의식을 기반으로 성리학의 왕도사상을 비판하는 과정에서 생성되었던 것으로 짐작된다. 실학지향적 사회사조의 성격으로서 대개 다음 몇 가지 사실을 들 수 있다.

첫째, 실학지향적 사회사조에서는 정치적으로 官界진출을 기피하고 隱逸을 추구하는 경향을 엿볼 수 있다. 개성의 사대부 후예 등 상위 신분계층은 관계 진출의 길이 억제되자[31] 관계 진출을 기피하고 隱遁하여 학문연구에 몰두하였다.[32]

둘째, 경제적으로 務農抑末策과는 달리 末業指向的 성격을 띠고 있다. 개성 주민들은 농지의 절대면적이 부족하여[33] 대부분 상업에 종사하였는데,[34] 심지어 사대부가에서조차 文藝를 익히는 몇 사람을 제외하고는 行商을 생업으로 선택해 이윤을 추구하였다.[35] 다시 말해서, 조선왕조의 농업중심 경제체제 하에서 농업보다는 상업에 종사하여 이윤을 추구하는 등 말업지향적 성격을 띠게 되었다.

셋째, 사회적으로 反階級的인 평등지향적 성격을 띠고 있다. 개성지방 사대부들은 관계 진출이 억제된 상황 하에서 자구책으로 상업을 선택하였다.[36] 전통적으로 官僚候補群으로 인식된 사대부들이 상업에 종사한다는 것은 엄격한 사회신분체제 하에서 반계급의식 내지 평등지향의식의 생성을 촉진하였다. 18세기 말의 일부 중앙관료들은, 개성에는 儒士・武夫・農民・商賈의 생업이 각각 구분되어 있지 않고 모두 財貨만을 추구한다고 지적하였다.[37] 이것은 상업의 발달로 평등지향의식이 증진되자 士・農・工・商 등의 生業觀을 규정한 신분계급

---

31) 『松都志』,「人物」;『星湖僿說』卷8,「人事門」, 生財.
32) 杜門洞七十二人이나 徐敬德의 경우를 예로 들 수 있다.
33) 『成宗實錄』卷95, 成宗 9年 8月 壬辰 ;『孝宗實錄』卷18, 孝宗 8年 2月 甲申 ;『松都志』,「土俗」.
34) 『成宗實錄』卷95, 成宗 9年 8月 壬辰 ;『宣祖實錄』卷203, 宣祖 39年 9月 丙子.
35) 『宣祖實錄』卷203, 宣祖 39年 9月 丙子 ;『大東野乘』卷71,「松都奇異」.
36) 『宣祖實錄』卷203, 宣祖 39年 9月 丙子.
37) 『正祖實錄』卷16, 正祖 7年 7月 癸卯.

질서가 이완되는 과정에서 나타난 현상으로 이해할 수 있다. 이와 동시에 문벌과 정치권력 중심의 사회위신 척도가 財富지향적인 것으로 전환하는 사회변화도 전망할 수 있다.[38]

넷째, 문화적으로 과거시험을 위한 학문연구가 부진하여 文風이 쇠퇴하고, 文化享受權의 보편화 내지 서민화지향적 성격을 띠고 있다. 개성은 신분질서가 이완되는 과정에서 평등지향적 사회의식이 증진되었다.[39] 이에 전통적으로 지배계급 중심적 성격을 띤 문화향수권이 보편화 내지 서민화를 지향하는 성격변화가 일어났을 것으로 짐작된다.

다섯째, 대외적으로 반폐쇄적인 개방지향적 성격을 띠고 있다. 개성은 使行의 經由地로서[40] 중국을 통해 수용되는 새롭고 다양한 외래문물과 빈번히 접촉함으로써 민족의식 내지 민족적 정체성이 제고되었다.[41] 이로써 인접한 한양문화권에 대응한 지역적 정체성과 선진 외래문화에 대응한 민족적 정체성이 제고되어 개성지방 특유의 사회사조 및 지역문화 계발의욕으로 승화되었을 것이다.

여섯째, 사상적인 면에서 보면, 위에 지적했듯이 德治와 禮治를 중심으로 하는 王道思想의 名分지향적 성격을 비판하고, 政治와 刑治를 중심으로 하는 覇道思想의 功利지향적 성격을 띠고 있다.[42]

일곱째, 지역적 특성으로 볼 때, 실학지향적 사회사조는 개성 중심적 성격을 띠고 있다. 개성의 지역정서는 고려숭상의식 내지 고려유민의식 등 고려지향의식으로 특징지을 수도 있다. 고려지향의식은 개성 중심의 고려문화권에서 일어난 대부분의 역사적 사건의 기저의식이 되었던 것으로 보인다. 이에 일찍이 개성지방에서 생성·발전한 실학지향적 사회사조의 밑바탕에는 고려지향적 및 한양문화권에 대한 비판 내지 저항의식이 깔려 있었을 것으로 짐작된다.[43]

---

38) 『燕岩集』,「玉匣夜話」, 許生傳 ;「別集」, 兩班傳.
39) 『正祖實錄』 卷16, 正祖 7年 7月 癸卯.
40) 『成宗實錄』 卷95, 成宗 9年 8月 壬辰.
41) 『星湖僿說』 卷8,「人事門」, 生財.
42) 『星湖僿說』 卷26,「經史門」, 王覇幷用 ; 元裕漢, 앞의 논문, 1999.
43) 각주 21 참조.

여덟째, 종교적인 면에서 볼 때, 불교 신앙심을 生活信念化한 경향을 엿볼 수 있다. 내세관이 투철한 불교 신앙심을 생활신념화할 수 있었기 때문에 그렇지 못한 성리학에 비판적으로 대응하는 동시에, 조선왕조의 정치·경제·사회·문화적 소외 내지 탄압을 극복하고 추구하는 삶의 목표를 이루기 위해 꾸준히 노력할 수 있었을 것이다. 마치 불교신앙을 통해 국가를 보위할 수 있다고 생각했던 것처럼, 불교신앙심은 민중의 현세적 삶을 지켜주고 영화롭게 한다는 신념을 가졌던 것이다.44)

위에서 실학지향적 사회사조의 성격으로 지적한 것 외에 몇 가지 사실을 덧붙이려 한다. 이러한 성격들은 거시적으로 볼 때, 위 여덟 가지 성격에 포괄되는 것이지만 실학지향적 사회사조의 성격을 보다 구체적으로 특징짓는 것이 필요하다고 생각하기 때문이다.

(1) 비판적 성격이 있다. 이 같은 비판의식은 新出 한양문화권과 선진 외래문물에 비판적으로 적극 대응하는 자기 계발의식으로 승화되었을 것이다.45)

(2) 前北學46) 지향적 성격이 있다. 개성은 고려문화권의 중심지였음

---

44) 『中宗實錄』 卷22, 中宗 10年 6月 甲子.
45) 『中宗實錄』 卷22, 中宗 10年 6月 甲子.
46) 흔히, 조선후기 북학파 실학자들이 주장한 淸朝 문물수용론을 北學論이라고 한다. 夷族인 女眞族이 華族(漢族)의 明朝를 무너뜨리고 중국을 지배함으로써 전통적인 天圓地方이라는 우주관에 근거한 화이론적 국제질서가 무너졌다. 이에 따라 청조 문물은 이족(여진족)이 세운 왕조의 문물이라는 이유로 수용을 거부하다가, 청조 문물은 사실상 한족의 문물과 동일한 것이라는 명분을 내세워 청조 문물을 수용해야 한다는 주장이 '북학론'이다. 그러나 우리의 受容對象인 청조의 문물은 내외의 변화요인으로 명조 문물과는 차이가 있다고 보아야 할 것 같다. 명조 문물은 청조가 자기 나름의 문화전통을 확립하기 위해 추구한 문화정책과 명 말부터 수용하기 시작한 서양문물의 영향으로 변질되었다. 뿐만 아니라 중국문물 수용주체인 우리의 의식과 태도에도 역시 변화가 일어나고 있었다. 즉 명분지향적 입장에서 거의 관행적으로 시도된 명조문물의 수용의식에 비해 청조문물의 수용은 功利지향적 목적에서 비판적으로 이루어졌던 것이다. 그리하여 이 책에서는 편의상 조선전기 明朝의 문물수용론을 후기의 北學論과 구분하여 前北學論이라 하기로 한다.

은 물론, 조선왕조에 들어와서도 각종 사행의 경유지로서 중국을 통해 들어오는 새롭고 다양한 외래문물과 빈번히 접촉함으로써 선진문물을 수용할 수 있는 역사적·지리적·문화적 여건을 갖춘 곳이었기 때문이다.47)

(3) 探究的이며 營利지향적 성격이 있다. 후대의 일이기는 하지만, 상업적 농경의 보급, 인삼의 紅蔘化, 四介松都治簿法(複式簿記法)을 사용하는 등48) 생산과 유통 과정에서 합리적으로 영리를 추구하게 된 것은 개성 주민들이 탐구적 자세로 상거래 등 제반 경제활동을 영위한 결과로 이해할 수 있다.

(4) 위의 실학지향적 사회사조의 다양한 성격을 총괄적으로 평가해 보면, 외래문물을 비판적으로 수용하는 과정에서 제고된 민족적 정체성 내지 민족주의 지향적 성격과 함께 변화수용적인 진보 지향적 성격을 띠고 있다고 할 것이다.

Ⅲ. 開京學의 成立 및 性格

1. 成立

위에서 살펴보았듯이, 조선초기에 性理學 중심의 漢陽文化圈으로부터 소외된 開城에서 생성·발전한 實學指向的 社會思潮는 16세기 前半에 개성의 지역정서와 文風을 대변하는 대학자 徐敬德(1489~1546)에 의해 학문적 체계를 이루었다. 먼저, 서경덕의 학문이 형성된 역사적 배경을 대강 살펴보기로 한다.

서경덕의 학문 내지 사상의 형성배경은 시대적 격차는 있으나 조선초기 이래로 고려문화 중심권인 개성에서 실학지향적 사회사조가 생성·발전한 역사적 배경과 본질적으로 공통될 것으로 생각된다.

---

47) 이 책, 제2장 Ⅵ. 開京學의 實學으로 傳承, 3. 松商의 活動 참조.
48) 각주 3 참조.

그러나 서경덕이 학문활동을 할 당시의 시대적 특징으로는 朱子性理學에 대한 연구가 심화되어 朝鮮性理學으로 정리·체계화가 이루어지고 있었다는 점, 조선 초기 이래로 개성지방 출신의 官界 進出을 제약한 禁錮가 형식적으로는 풀려 종래에 비해 문풍이 어느 정도 진흥되었다는 점을 들 수 있다.[49] 서경덕은 역대 開城留守는 물론 개성 중심 고려문화권과 學緣·地緣·官緣을 맺고 있는 대다수 관료학자들의 존경을 받으며 詩會를 여는 등 인간적 내지 학문적 交遊를 활발히 하였다. 서경덕은 개성지역을 대표하는 대학자이며 지성으로 존경을 받았다. 그는 관계 진출을 외면하고 은둔하여 講學과 교육에 전념함으로써 고려문화권의 중심지인 개성 특유의 지역정서[50]를 바탕으로 독창성이 큰 학문체계를 이루었던 것이다.[51]

흔히, 서경덕이 관계 진출을 외면하고 은둔생활을 고집한 중요한 이유로서 거듭된 士禍로 인한 政局의 혼란에 있다고 지적한다. 서경덕이 고려왕조 수도인 개성 특유의 지역정서 내지 문풍을 대변하는 대학자였다는 점에서 볼 때, 그의 은둔은 '杜門洞 72人'과 본질적으로 성격을 같이하는 것으로 이해할 수 있다.

서경덕은 개성 花潭에 은둔하며 강학과 교육에 힘쓰는 한편, 산천유람을 즐겨서 지리산·속리산·금강산을 유람하였다. 이 때 그 당시의 유명한 處士 成悌元(1504~1559)·曺植(1501~1572) 등과 교유하며 학문을 더욱 심화시키고, 그의 학풍을 다른 지역으로 전파할 수 있었다.[52] 한편, 개성은 중국문물 受容路의 요충에 자리 잡고 있기 때문에, 서경덕의 학문 내지 사상의 형성 과정에서 중국의 학술계나 사상계의 영향을 적지 않게 받았던 것으로 보인다.[53]

서경덕은 어려서부터 사물에 대한 호기심이 많고 관찰력이 뛰어났

---

49) 『松都志』, 「土俗」.
50) 각주 21 참조.
51) 서경덕이 개성지역의 대학자임은 『朝鮮王朝實錄』과 『松都志』 등 개성의 邑誌, 그리고 『松都奇異』에 잘 나타나 있다.
52) 『花潭集』 卷3, 「附錄」, 遺事 ; 신병주, 앞의 논문, 1999.
53) 『花潭集』 卷1, 「詩」, 送朝京使.

다. 집안이 가난해 일정한 스승을 둘 수 없었기 때문에 '自得'을 통해 자신의 학문체계를 이루어나갈 수밖에 없었다. 그는 독서보다 스스로 진리를 깨닫는 格物에 관심을 두었으며, 자기 학문에 대한 자부심도 남달리 컸던 것으로 보인다.54)

2. 性格

위와 같은 역사적 배경 아래 형성된 徐敬德의 학문 내지 사상적 성격은 어떠한 것인가를 살펴보기로 하겠다.55)

첫째, 性理學을 보는 기본적 시각이 主氣論的이라는 점이다. 성리학 이해에서 主理論이 학계와 사상계의 주요 흐름을 이룬 시기에 주기론적 입장에서 성리학의 본질을 탐구하여,56) 李珥(1536~1584)의 理氣一元論에 영향을 주었다.

둘째, 독창적 성격이 있다. 이 점은 서경덕이 獨學으로 학문을 연구하고 체계화했다 하여 그의 학문을 흔히 '自得之學'이라고 한 사실에 단적으로 나타나 있다. 서경덕의 학문 내지 사상적 自得性 내지 독창성에 대해서는 그의 영향을 받은 이도 인정하였다.57)

셋째, 비판적 성격이 있다. 이 점은 서경덕이 儒·佛·道를 포섭하려 하는 등 三敎會通的 입장에서 성리학을 인식하려고 했다는 사실을 통해 엿볼 수 있다.58) 그가 비록 유교를 최상의 위치에 놓고 佛敎와 道敎를 그 다음이라고는 했지만, 성리학을 至上으로 여기던 당시의 학계 풍토에서 異端視된 불·도를 삼교회통적으로 평가한 밑바탕에는

---

54) 『朝鮮儒敎淵源』1, "(徐敬德)常曰 我不得師 故用功至深 後人依吾言 則不至如我之勞矣".
55) 신병주는 서경덕의 학풍 내지 학파의 사상적 특징으로서 『周易』을 중시한 점과 절충적·개방적인 점을 들고, 학파의 사상적 특징으로 다양성, 도가사상의 절충, 양명학의 흡수, 개방성과 상업중시 경향 등을 들고 있다(신병주, 앞의 논문, 1999).
56) 『花潭集』卷2, 「雜著」, 原理氣·理氣說.
57) 『栗谷集』卷10, 「答成浩原西」.
58) 신병주, 앞의 논문, 1999.

성리학에 대한 비판의식이 깔려 있었던 것으로 생각되기 때문이다.

넷째, 탐구적 성격이 있다. 탐구적 성격은 경험적 내지 실험적 의미도 포괄하고 있는 것으로서, 그의 학문이 독서보다는 진리를 깨닫는 格物에 중점을 두었다는 점에서 미루어 짐작할 수 있다. 그의 사물에 대한 탐구심은 어린 시절 종달새 새끼의 성장 과정을 관찰하며, 그 이치를 窮究한 일화에서 보이듯이 生來的인 것으로 짐작된다.[59]

다섯째, 실용적 성격이 있다. 서경덕은 성리학 연구의 궁극적 목적을 원리탐구에 두기보다는 經世學으로서의 적합성 여부를 구명하는 데 둔 것으로 보인다. 그는 주기론적 시각으로 성리학의 본질을 이해하려 했으며,[60] 또한 역사적 현실을 인식하는 데 있어 명분·의리·전통 등에 얽매이기보다 현실성 내지 실용성을 중시하였다.[61]

여섯째, 개방적 성격이 있다. 이 점은 개성의 지역정서와도 맞물리는 것으로 서경덕의 문인 가운데는 정권에서 소외된 宗室·賤民 및 開城商人 출신 등 다양한 신분이 포함되어 있으며,[62] 유·불·도 등 三敎會通主義를 지향할 뿐 아니라 陽明學을 수용한 사실을 통해 알 수 있다.[63]

일곱째, 前北學的 성격이 있다. 서경덕은 중국문물 내지 그에 포용된 외래문물을 수용하는 데 강한 의욕을 보이는 한편, 성리학을 이해하는 데 있어 宋代 학자들의 시각과 접근방법을 원용하기도 하였다.[64]

여덟째, 普遍的 성격이 있다. 서경덕은 일찍부터 송대 邵雍의 象數學을 연구하였다. 그에 의해 우리 나라 상수학이 본격적으로 이해되고 연구되기 시작하였다.[65] 소옹의 상수학에는 陰陽·華夷·君子小人 관

---

59) 金學主, 『花潭集』, 세계사, 1992.
60) 『花潭集』卷2,「雜著」, 原理氣·理氣說.
61) 『花潭集』卷2,「疏」, 擬上仁宗大王論國朝大喪喪制不告之失疏.
62) 『花潭集』卷4,「附錄」, 門人錄 ;『澤堂別集』卷15,「雜著」;『東儒師友錄』卷23,「花潭先生門人」, 黃元孫 ; 신병주, 앞의 논문, 1998.
63) 신병주, 앞의 논문, 1999.
64) 『花潭集』卷2,「皇極經世數解」.
65) 『花潭集』卷2,「皇極經世數解」.

넘을 관통하는 보편적인 원리가 포괄되어 있다.66) 보편적 성격은 개방·북학적 성격과도 밀접한 관련을 가지는 서경덕 학문의 특징이라 할 수 있다.

아홉째, 변화수용적인 진보적 성격이 있다. 이 같은 성격은 위에 열거한 독창적·비판적·탐구적·실용적·개방적·북학적·보편적 성격 등을 총괄하는 서경덕의 학문 내지 사상의 특징이라 할 수 있다.

열째, 이상 서경덕 학문 내지 사상의 지역적 특성으로 開城(開京) 중심적 성격을 들 수 있다. 그는 개성에서 生長하였으며, 거의 한 평생을 花潭에 은둔하며 학구와 교육에 몰두하였다. 개성의 독특한 지역정서 내지 문풍을 대변하며 살아온 그의 학문 내용 및 성격은 조선 초기부터 개성에서 생성·발전한 실학지향적 사회사조와 본질적으로 공통되고 있다. 이로써 서경덕이 실학지향적 사회사조를 수용하여 성리학적 철학체계를 기반으로 학문적 체계를 이룬 그의 학문을 '開京學'이라 이름붙여도 큰 무리는 없을 것으로 생각한다. 다시 말해서, 실학지향적 사회사조는 성리학 중심의 한양문화권으로부터 소외된 고려문화권의 중심 개성에서 생성·발전하여 16세기 전반에 서경덕에 의해 '개경학'으로 학문적 체계를 이루었다.67)

---

66) 조성산, 「17세기 후반 경기지역 서인의 상수학 수용과 의미」(한국사연구회 제224차 월례발표회), 2001. 10. 20.
67) 그러면 성리학중심 한양문화권에서 소외된 고려문화권의 중심 開城에서 생성된 실학지향적 사회사조가 성리학적 철학체계를 기반으로 하여 개경학으로 학문적 체계를 이루었다는 사실이 가지는 역사적 의미는 어떻게 평가·인식해야 할 것인가? 일반론적 관점으로 본다면, 어떤 사회의식 내지 사회사상이 생성되어 그 궁극적인 목표를 추구하는 데 필수불가결한 기초 조건, 즉 의식이나 사상이 문자화되고 학문적 체계를 이룬다고 하는 것은 그 사회사상의 성장·발전 과정에서 볼 때 중요한 역사적 의미를 갖는다 할 것이다. 한편, 反性理學的 성격을 띤 실학지향적 사회사조가 성리학 지상주의적 사회풍토 속에서 보다 안정적이고 지속적으로 성장·발전하기 위해 취한 자기변용이요, 일종의 자구책이라 할 수 있을 것이다. 실학지향적 사회사조와 개경학의 성격을 비교해 보면 본질적으로 공통되지만, 前者가 포용한 반성리학적이며 진보지향적 성격은 후자 개경학에서는 일정하게 희석된 것으로 보인다. 한편 성리학 측을 중심으로 개경학 성립을 생각해 보면, 성리학은 반성리학적 성

위와 같이 조선 초기부터 개성지방에서 생성된 실학지향적 사회사조는 局地的 학문의 성격이 짙은 개경학으로 학문적 체계를 이룬 이후, 반성리학적 성격을 띤 양명학·考證學 및 西學(천주교)과 차례로 접촉하며 확대·발전하여 조선후기 실학으로 전승된 것으로 짐작된다.

실향지향적 사회사조 및 개경학의 성격은 농담의 차이가 있을 뿐, 본질적으로 利用厚生論을 강조한 18세기 全盛期의 實學과 공통되는 것으로 보인다. 이로써 실학지향적 사회사조 및 개경학의 다양한 성격을 통해 전성기 실학의 단초적 모습을 엿볼 수 있을 것이다.

Ⅳ. 開京學派의 形成

16세기 이후 開京學의 영향을 직접·간접적으로 받은 인물들이 등장하였다. 이들은 크게 세 부류로 나눌 수 있다. 첫째 徐敬德(1489~1546)의 門人,[68] 둘째 開城留守 등 개성부 관료,[69] 셋째 개성 중심 고려문화권에서 생장한 인물 등이다. 이들은 개경학의 영향을 받으며 학파를 이루었으므로 開京學派라 할 수 있을 것이다.

1. 門人의 活動

서경덕의 문인으로는 朴淳(1523~1589)·閔純(1520~1591)·朴民獻(1546~1616)·許曄(1517~1580)·李之菡(1517~1578)·朴枝華(1513

격을 띤 실학지향적 사회사조가 생성·발전하는 역사적 상황에 보다 능동적이고 효율적으로 대응하기 위해 취한 자기변용인 동시에, 타협 내지 포용책으로서의 역사적 의미를 가진다고 볼 수 있다. 사실상 개경학이 성립되었을 무렵에는 조선왕조의 지배체제가 비교적 안정기에 들어섰기 때문에 개성출신의 관료 진출에 대한 禁錮를 형식적으로 풀어주는 등 개성에 대한 통제책이 어느 정도 완화되고 있었다.

68) 『花潭集』卷4, 「附錄」, 門人錄 ; 신병주, 앞의 논문, 1998을 중심으로 기술하였다.
69) 개성유수 역임자 명단 참조.

~1592)・徐起(1523~1591)・洪仁祐(1515~1554)・南彦經・鄭介淸(1529~1590)[70]・李仲虎(1512~1554)・金謹恭(1546~1568) 등이 있다.

이들은 서경덕을 중심으로 학파를 이루었는데, 그 중 박순・허엽・민순 등이 서경덕을 祭享한 花谷書院에 配享[71]된 것으로 미루어 학파 형성을 주도한 인물들로 짐작된다.

먼저 박순을 보면, 그의 아버지 朴祐(1476~1549)는 개성유수 재직시에 서경덕과 직접 교유했으며,[72] 백부 朴祥(1474~1530) 또한 己卯士林의 대표적 인물로 서경덕과 교유하였다.[73] 그의 家系는 서경덕과 교유하면서 인간적 내지 학문적 영향을 주고받은 것으로 보인다. 박순은 위와 같은 가정환경에서 生長, 西人으로 활약하면서 스승 서경덕의 文廟從祀와 우의정 追贈을 위해 노력하였다.[74]

東人으로 활약한 허엽은 서경덕 문인 중 가장 오랫동안 문하에 머물면서 개경학의 확대 발전에 힘썼다. 그의 아들 許筬(1548~1612)・許篈(1551~1588)・許筠(1569~1618) 등 삼형제는 부친의 학문을 계승하며, 서경덕 문인으로 알려진 학자들과 두터운 친분을 유지하였다.[75] 허엽의 가계가 東西分黨의 주도자 金孝元(1532~1590)의 가계와 通婚한 사실[76]로 미루어 김효원 가계 역시 개경학과 무관하지 않았던 것으로 보인다.

---

70) 정개청과 박순은 오랜 친분을 유지하였으나, 박순이 西人으로 기울어진 이후에는 정치적으로 東人들과 가깝게 지냈으며, 李山海(1539~1609)의 후원으로 곡성현감에 올랐다(신병주, 앞의 논문, 1998).
71) 『中京誌』, 「學敎」; 『花潭集』 卷3, 「附錄」, 年譜.
72) 『花潭集』 卷1, 「詩」.
73) 신병주, 앞의 논문, 1998.
74) 개성유수 출신 李選(1632~1692)이 쓴 박순의 행장에는 "退溪와 南冥이 嶺南에서 唱導하고 高峰과 大谷이 湖中에서 일어나 牛溪・栗谷의 諸賢들이 뒤를 잇게 된 것은 모두 선생의 힘이다."(『思庵集』 卷7, 「附錄」, 諸家記述)라 하였다. 이로써 박순은 李珥뿐 아니라 같은 당인 서인에게 많은 영향을 주었던 것으로 짐작된다.
75) 신병주, 앞의 논문, 1998.
76) 신병주, 「17세기 전반 북인관료의 사상 - 김신국, 남이공, 김세렴을 중심으로 - 」, 『역사와 현실』 8, 1992.

중앙 정계에서 활약한 박순과 허엽은 비록 黨色은 달랐지만, 서경덕의 문묘종사 및 우의정 추증을 위해 함께 노력하는 등77) 서경덕을 인간적으로 숭배하고 개경학 발전에 힘썼던 것으로 짐작된다. 당색을 서로 달리하는 인물들이 한 스승의 문인이 될 수 있었다는 이 사실을 통해서도 개경학의 개방적 성격을 엿볼 수 있다.

민순은 山林學者의 대표적 인물로서 학문연구에 몰두하고 후학 양성에 힘썼다. 그는 개경학을 전승하면서, 洪可臣(1541~1615)·洪履祥(1549~1615)·韓百謙(1552~1615) 등을 양성하였다. 홍이상과 홍가신은 개성유수를 역임한 인물이다. 그 중 홍이상은 李恒福(1556~1618)·한백겸 등과 함께 서경덕을 배향한 화곡서원을 세우는 데 주도적 역할을 했으며, 박순·허엽·민순을 화곡서원에 배향하였다.78) 한백겸은 서경덕의 문인 민순과 김근공에게 학문을 배웠다. 그는 아버지를 일찍 여의고 개성유수를 지낸 숙부 韓孝純(1543~1621)의 영향을 많이 받았다.79) 한백겸의 아버지 韓孝胤(1536~1580) 또한 서경덕의 제자 박민헌에게 易學을 배우는 등 개경학의 영향을 받았다.80) 이처럼 한백겸의 가계는 서경덕의 學脈과 직접 연결되어 있다. 또한 한백겸은 서경덕의 문인 홍가신과 사돈관계를 맺음으로써 人脈과 학맥으로 상호 연결되어 개경학파를 형성하는 데 힘썼다. 이처럼 서경덕의 문인들은 스승의 가르침과 家學 및 인맥 등을 통해 개경학을 계승하면서 개경학파 형성에 기여하였다.

이지함은 당시 여러 계층의 지식인들과 교유하고, 지방관을 역임하면서 개경학 지향적 정치경륜을 피력하였다. 그는 정통 주자성리학에서 대립적 관계로 인식한 '義'와 '利'를 상호보완적인 것으로 이해하여 상업과 수공업 등 末業을 중시하였다.81) 그의 학문 내지 사상은 조카

---

77) 신병주, 앞의 논문, 1998.
78) 『花潭集』 卷3, 「附錄」, 年譜 ; 『大東野乘』 卷71, 「松都奇異」.
79) 元裕漢, 「한백겸의 『동국지리지』 성립배경과 성격」, 『국사관논총』 93, 2000.
80) 『象村集』 卷25, 「贈領議政韓公墓地銘」 ; 정호훈, 『17세기 북인계 남인학자의 정치사상』, 연세대학교 박사학위논문, 2001.
81) 신병주, 「토정 이지함의 학풍과 사회경제사상」, 『규장각』 19, 1996.

李山海(1539~1609)에게 계승되었다. 이산해는 北人의 영수로 동인 중 북인에게 적지 않은 영향을 준 것으로 보이는데, 북인의 상업중시 풍조[82]는 이지함의 상공업관에서 연유한 것으로 이해할 수 있다.

이중호는 개경학을 尹斗壽(1533~1601)에게 전승한 것으로 보인다. 이 점은 윤두수가 서경덕을 추모하는 시를 지은 것에서 미루어 짐작할 수 있다. 윤두수의 동생 尹根壽(1537~1616)는 개성유수 출신으로 서경덕을 추모하는 시를 지었다.[83] 이로써 윤근수의 가계 역시 서경덕의 학풍을 이어받아 개경학파 형성에 기여했던 것으로 보인다.

한편, 서경덕의 문인 중에는 상인·노비 등도 있다. 그 중 서기는 개성유수 출신 沈義謙(1535~1587)의 동생 沈忠謙(1545~1594)의 私奴婢였다. 그는 이지함의 추천을 받아 이중호에게 大學·中庸 등을 배웠다.[84] 서기는 서경덕은 물론 서경덕의 문인들과도 교유하면서 인간적 및 학문적으로 영향을 받았다. 그가 서경덕의 문인이 될 수 있었던 것은 개경학의 성격이 개방적이라는 점과 개경학파에 속한 것으로 보이는 심의겸[85] 동생의 사노비였기에 가능했을 것으로 짐작된다.

2. 開城留守의 活動

徐敬德이 학문활동을 했던 시기에 留守 등 開城府 관료로 임명된 인물들의 활약상을 살펴보도록 하겠다. 서경덕은 개성부 관료들과 상당한 친분관계를 유지하였다. 그와 직접 교유한 개성유수로는 朴祐(1476~1549)·李龜齡(1482~1542)·李澯(1498~1554)·沈彦慶[86] 등이 있다.[87] 박우 등이 서경덕과 교유했던 사실은 『花潭集』에 수록된

---

82) 신병주, 앞의 논문, 1992.
83) 서경덕을 추모하는 시는 『花潭集』卷3, 「附錄」에 수록되어 있다. 후론하는 추모시에 관계된 각주는 생략하였다.
84) 신병주, 앞의 논문, 1998.
85) 심의겸은 윤두수 가계와 혈연관계에 있으며, 개성유수 출신으로서 개경학파에 속한다고 볼 수 있다. 개성유수가 개경학파임은 후론하겠다.
86) 심언경이 개성유수를 역임했다는 사실은 『花潭集』의 시를 통해서 알 수 있다.

詩를 통해 알 수 있다. 그들은 서경덕과의 文藝 내지 학문적 교유를 통해 개경학의 영향을 받았을 것으로 짐작된다. 특히, 박우의 경우, 家系를 통해 開京學派를 형성했다는 사실은 앞에서 지적한 바 있다. 개성유수 宋儉은 서경덕과 직접 교유했다는 기록은 보이지 않으나, 그를 숭상하여 여러 모로 도움을 주고자 했던 사실로 미루어[88] 송겸 등 개성유수들이 서경덕과 긴밀한 교유관계를 형성했다는 사실을 짐작할 수 있다.

開城敎授 沈義(1475~?)도 서경덕과 교유했는데, 이 사실은 『화담집』 여러 곳에 나타나 있다. 그는 자신뿐 아니라 제자들과 함께 서경덕의 영향을 받은 것으로 보인다.[89] 심의의 형 沈貞(1471~1531)과 심정의 손자 沈守慶(1516~1599)[90]은 개성유수를 역임하였다. 이로써 심의의 가계가 개경학의 영향을 받아 후손과 후학, 즉 여러 제자들과 함께 학파 형성에 기여했음을 짐작할 수 있다.

서경덕은 자신을 찾아온 개성부 관료들에게 감사의 뜻을 전하기 위해 시를 짓기도 하였다.[91] 이로써 대부분의 개성부 관료들이 서경덕과의 빈번한 교유를 통해 개경학의 직접·간접적인 영향을 받아 개경학파 형성에 기여했던 것으로 보인다.

3. 主氣論者의 活動

다음으로는 개성 중심 고려문화권에서 生長한 인물들의 활약상을 살펴보겠다. 먼저 대표적인 인물로 李珥(1536~1584)를 들 수 있다. 그는 개성 중심의 고려문화권에 포괄된 坡州가 고향이며, 파주와 海州 등지에서 학문을 탐구하고 지방관으로서 자신의 經世論을 실현하는 데 힘썼다.[92] 그가 개성 중심 고려문화권과 인연이 깊다는 것은 개성

---

87) 『花潭集』 卷1, 「詩」.
88) 『中宗實錄』 卷103, 中宗 39年 5月 戊戌.
89) 『花潭集』 卷1, 「詩」, 沈敎授携諸生訪花潭卽席次其韻.
90) 『明宗實錄』 卷28, 明宗 17年 9月 丁酉.
91) 『花潭集』 卷1, 「詩」, 謝府官諸公遊花潭見訪.

에 이이의 專享書院으로 龜巖書院93)이 설립되었다는 사실을 통해 짐작할 수 있다. 이이는 徐敬德뿐 아니라, 서경덕의 문인 閔純・南彦慶 등으로부터도 학문적 영향을 받아 자신의 主氣哲學을 정리・체계화하였다.94) 또한 서경덕의 문인 중 상공업을 중시한 李之菡과도 인간적 내지 학문적으로 빈번히 교류하였다. 그는 서경덕을 추모하는 시를 지었으며, 우의정 추증을 건의하기도 하였다.95) 이로 미루어 볼 때, 이이가 開京學의 영향을 받아 개경학파 형성에 기여한 사실을 짐작할 수 있다.

趙憲(1544~1592) 역시 개성에 인접한 파주지방 敎授를 역임하였다.96) 그는 이이와 교유한 成渾(1535~1598)에게 학문을 배웠다. 이처럼 이이와 조헌, 즉 개경학의 영향을 직접・간접적으로 받은 主氣派의 대표적 고급관료들의 학문 내지 사상이 초기 실학자 李睟光(1563~1628)・金堉(1580~1658)과 조선후기 실학의 학문적 체계를 이룬 柳馨遠(1622~1673) 등에게 적지 않은 영향을 주었다는 사실은 주목해야 할 것이다.97)

이와 같이 개경학의 영향을 받은 서경덕의 문인, 유수 등 개성부 관료, 개성 중심의 고려문화권에서 생장한 인물들로 개경학파가 형성되었다.

V. 開京學派의 特徵

開京學派는 비교적 현실 대응력이 강했다. 徐敬德은 개성에서 태어

---

92) 元裕漢, 앞의 「실학 요람으로서 개성의 위치」, 2000.
93) 『中京誌』, 「學敎」.
94) 박희병, 「신흠의 학문과 그 사상사적 위치」, 『민족문화』 17, 1997 ; 한영우, 「이수광의 학문과 사상」, 『한국문화』 13, 서울대학교 한국문화연구소, 1992.
95) 『花潭集』 卷3, 「附錄」, 年譜.
96) 元裕漢, 앞의 「실학 요람으로서 개성의 위치」, 2000.
97) 한영우, 앞의 논문, 1992.

나 자라면서 개성 특유의 지역정서와 문풍을 대변한 대학자다. 그는 학자로서 學究와 교육에 힘썼을 뿐만 아니라 생계를 위해 농업에도 종사하였다. 이 점은 대체로 서경덕을 비롯한 대다수 개경학파 학자들에게 공통되는 특징으로서, 현실 대응력이 남달리 강했음을 의미한다. 그 대표적 사례로서 서경덕의 문인 중에는 상업에 종사한 인물이 있고, 李之菡은 상공업을 중시하여 수령 재직 중에 자신의 末業觀을 지방행정에 반영하려 했을 뿐 아니라, 그의 對琉球通商論은 柳馨遠에게 높이 평가되고 북학파 실학자들의 통상론에도 영향을 주었다98)는 등의 사실을 들 수 있다. 또한 개성유수 출신 朴祐의 가계에는 서경덕 문인 朴淳의 庶子 朴應犀(?~1623)가 재주가 뛰어났으나 상업에 종사하였고,99) 一族 가운데 銀匠이 있었으며100) 무명을 시장에 내다 판 인물도 있었다.101) 沈銓의 서자 沈友英(?~1613)은 박응서 등과 함께 驪州로 주거지를 옮긴 뒤 각 집안의 재물을 공동 관리하면서 상업에 종사하였다.102) 아마 심전의 가계에서 여러 명의 개성유수를 배출했기 때문일 것이다.103)

심전의 가계는 南以恭(1565~1640) 가계와 통혼하였다. 남이공의 처

---

98) 『五洲衍文長箋散稿』上 32, 「與番舶開市辨證說」.
99) 『光海君日記』 卷65, 光海君 5年 4月 癸丑.
100) 『中宗實錄』 卷76, 中宗 28年 9月 癸亥.
101) 『中宗實錄』 卷96, 中宗 36年 11月 庚寅.
102) 『光海君日記』 卷65, 光海君 5年 4月 癸丑.
103) 沈銓의 손자 沈詻(1571~1655), 심액의 외손자 吳挺緯(1616~1692)・吳挺一 (1610~1670) 형제, 이들의 할아버지 吳億齡(1552~1618), 오억령의 증손자인 吳始壽(1632~1681)등이 개성유수를 역임하였다(정호훈, 앞의 논문, 2001, 65쪽). 오정위・오정일 등의 종증손 吳光運(1689~1745)은 개성유수 출신이며 (『肅宗實錄』 卷4, 肅宗 元年 6月 辛酉), 그들의 일가 吳始復(1637~) 역시 개성유수를 역임하였다(원재린, 「英祖代 前半期 星湖學派의 學問과 實踐-李瀷과 吳光運의 從遊關係를 중심으로-」, 『韓國史의 構造와 展開-河炫綱教授定年紀念論叢-』, 혜안, 2000 ; 「英・正祖代 星湖學派의 學風과 政治指向」, 『東方學志』 111, 2001). 이처럼 심전의 가계와 혼인관계를 맺은 오억령의 가계도 여러 명의 개성유수를 내는 등 개성지역 내지 개경학과 인연을 맺고 있다는 사실을 알 수 있다.

는 심전의 서자 심우영의 嫡族이기 때문이다.104) 개성유수 출신 남이공은 서경덕의 문인 鄭介淸(1529~1590)에게 修學한 사실105)로 미루어 개경학파에 속한다는 사실을 짐작할 수 있다. 남이공은 한때 李元翼(1547~1634)의 從事官을 지냈으며,106) 이원익과는 父子처럼 가깝게 지낸 사이다.107) 그는 銀商의 집안과 가까이 지냈으며,108) 동전유통을 주장하기도 하였다.109) 이처럼 남이공이 남달리 현실 대응력이 강했던 것은 개경학파에 속했던 것과 관련이 깊을 것이다.

개경학파 洪履祥의 아들 洪雾110)은 개성유수로 재직할 때, 개성상인들이 각기 업종에 따라 그 세금을 布縷·粟米·蔬果·魚肉 등의 현물로 내는 貢納制의 모순과 폐단을 극복하기 위해 大同法을 시행하였다. 홍방은 관청에서도 시장처럼 상거래가 활발히 이루어진111) 개성지방의 상업발전을 배경으로 대동법을 실시했던 것으로 생각된다.

이처럼 현실 대응력이 남달리 강했던 개경학파 인물들은 실리·실용·실제적 가치를 추구하여 변화수용적인 진취적 자세로 현실 생활을 영위하였다. 개경학의 성격 중 다양성과 개방성은 여러 계층의 인물을 널리 포용하여 개경학파의 확대·발전에 기여하였다. 물론 다른 한편으로는 개경학의 이 같은 다양성과 개방성이 학파의 결집력 내지 응집력을 굳히는 데는 저해 요인으로 작용하였을 것이다. 그러나 이 같은 개방성과 다양성, 강한 현실 대응력 때문에 개경학은 성리학을 至上으로 여기는 학문풍토에서도 특기할 저항 내지 갈등 없이 비교적 순탄하게 발전하여 조선후기 실학으로 전승될 수 있었을 것이다.

---

104) 『光海君日記』卷67, 光海君 5年 6月 癸巳.
105) 신병주, 앞의 논문, 1992.
106) 『宣祖實錄』卷89, 宣祖 30年 6月 己巳.
107) 『光海君日記』卷87, 光海君 7年 2月 丙申.
108) 『光海君日記』卷65, 光海君 5年 4月 癸丑.
109) 『仁祖實錄』卷19, 仁祖 6年 7月 癸酉.
110) 『仁祖實錄』卷28, 仁祖 11年 7月 辛丑.
111) 『仁祖實錄』卷28, 仁祖 11年 11月 戊午.

VI. 開京學의 實學으로 傳承[112]

112) 양란 이후 명분 등을 중시하는 德治·禮治 중심의 왕도사상이 가진 한계를 보완하기 위해 공리를 중시하는 政治·刑治 중심 覇道思想의 부분적 수용을 모색했던 것으로 보인다(『星湖僿說』권26, 「經史門」, 王覇幷用 ; 元裕漢, 앞의 논문, 1999 참조). 務農抑末策의 한계를 보완하기 위해 以末補本策이 추구되어 농업을 위축시키지 않는 범위 내에서 상업진흥이 시도되었다. 성리학 중심의 가치체계와 농업중심 생산양식의 해체로 엄격히 고정되된 봉건 조선 사회 신분질서의 해체 내지 평등지향의식이 생성되었다. 상위 계층에 편중된 문화향수권의 보편화 내지 서민화 지향의식이 증진되었다. 양란 이후 중국에서 明·淸交替가 이루어지고 일본에서는 중앙집권적 지배체제가 강화되는 동시에, 국내는 성리학적 통치이념에 기반한『經國大典』적 제반 봉건 사회질서의 본질적 변화가 일어났다. 청·일과의 국제관계가 비교적 안정됨으로써 전통적으로 폐쇄적이었던 국제질서에 개방지향적 변화가 일어났다. 이로 인해 청·일과의 무역이 비교적 활발히 이루어지는 한편, 反性理學的 성격을 띤 考證學과 天主敎 등이 전래되었다(元裕漢, 앞의 논문, 2001 참조). 위와 같이 봉건 조선왕조는 양란 이후 성리학중심 가치체계와 농업중심 생산양식 등『경국대전』적 제반 봉건 사회질서의 해체가 촉진되고 있는 과정에서 국가경제 내지 국가 재건정략의 일환으로서 北學과 함께 開京學을 수용하였다. 북학과 개경학을 수용한 것은 상품화폐경제 및 생산업이 발전하는 등 제반 경제활동이 활발히 전개되고 사회경제의식이 제고된 중국과 개성을 본받아 파탄 위기에 직면한 국가경제 내지 국가체제를 재건하려는 데 중요 목적이 있었던 것이다. 국가경제 내지 국가체제 재건정략으로 수용한 북학과 개경학의 관계를 살펴보면, 개경학은 이질적인 북학의 적합성 여부를 객관적으로 평가·인식하는 데 있어 중요한 척도가 되었고, 대다수 당국자들이 북학의 필요성을 공감하는 데 실제적이고 설득력 있는 논리적 근거가 되었다. 그 논리적 근거의 핵심은 개성에서 중국처럼 동전이 원활히 유통되고 있는데 다른 지방에서 유통되지 않을 이유가 없다는 것이었다. 그리하여, 특히 金堉을 비롯해 南以恭·李弘胄·李德泂·趙翼·元斗杓 등 다수의 개성유수 출신 고급관료들은 유수 재직시에 축적한 정치경륜을 기반으로 하여 상공업 진흥·화폐(銅錢) 유통·조세의 금납화·은광개발을 제의하는 등 국가경제 내지 국가재건을 위한 주요 경제정책 운용을 주도하거나 적극 참여하였다. 松商들 역시 국가경제 내지 국가재건을 위해 국내상업 및 대외무역 발전을 주도하는 등 활발한 경제활동을 전개하여 농업중심 생산양식과 성리학중심 가치체계 등 제반 봉건 사회질서의 해체 내지 근대지향적 발전을 증진하였다. 이와 동시에 개경학은 반성리학적 성격을 띤 陽明學·고증학 및 西學(천주교) 등과 직접·간접적 관련을 가지며 확대·발전, 마침내 柳馨遠에 의해 局地的 학문의 성격을 벗어나 조선후기 실학으로 학문적 체계를 이루었다. 개경학이

개성에서 생성·발전한 開京學은 徐敬德의 문인과 후학, 前現職 개성유수 등 개성부 관료, 개성 중심 고려문화권과 地緣·學緣·官緣을 맺은 관료학자 및 松商 등에 의해 조선후기 실학으로 전승되었다.113)

1. 門人의 活動

서경덕 문인의 활동상은 개경학파에 의해 편찬된 『花潭集』에 잘 나타나 있다. 『화담집』의 編纂·增補 및 改編 과정을 통해 서경덕 문인의 개경학 전승활동의 일면을 살펴볼 수 있다.114)

서경덕의 문인 朴民獻·許曄 등 개경학파는 서경덕이 죽은 뒤 詩와 文章을 수집하여 『화담집』을 간행하였다.115) 『화담집』은 왜란(1502~1598)을 겪으면서 소실되었다. 이 때 洪雲은 서경덕의 개경학을 숭상

조선후기 실학으로 확대·발전하는 과정에서 실학자 및 관료학자 등의 학풍 속에서 직접·간접적으로 그 역사적 역할이 엿보이고 있다. 대체로 개경학이 확대·발전하여 조선후기 실학으로 체계를 이룬 시기를 조선시대 화폐경제 발전과정과 대비해 보면, '화폐(동전) 유통보급기'(17세기 초~90년대 말)에 해당된다. 이 시기에는 米·布 등 물품화폐 및 칭량은화가 지배한 자연경제적 유통질서를 극복하고 전근대적 명목화폐인 동전이 법화로서 유통기반을 이룩하였다. 이로써 근대화의 주요 지표로 알려진 화폐경제가 발전하여 명목화폐의 유통기반이 이룩되었다는 점과 실학지향적 개경학이 근대 지향적 성격을 띤 조선후기 실학으로 체계를 이루었다는 것은 역사적 의미를 같이하는 사실로서 이해되어야 할 것이다. 이와 동시에 개성유수 출신 고급관료들의 적극적인 실향지향적 정치활동과 송상들의 활발한 경제활동에 힘입어 국지적 학문인 개경학이 확대·발전하여 보다 빨리 조선후기 실학으로 체계를 이루게 되었다고 보아야 할 것이다. 또한, 개경학이 조선후기 실학으로 전승된 사실과 관련하여 생각해 볼 때, 흔히 초기 실학자로 알려진 김육을 비롯한 李晬光·尹鑴·朴世堂·韓百謙 등은 개경학파 학자이자 초기 실학자로 평가되어야 할 것이다. 그러나 서술체계의 중심을 조선후기 실학에 두고 개경학은 그 생성 과정으로 보는 것이기 때문에 김육 등을 초기 실학자로 지칭하기로 한다(이 책, 제3장 朝鮮後期 實學의 發展-實學者의 貨幣政策論 중심으로 - 참조).

113) 元裕漢, 앞의 논문, 2001.
114) 『花潭集』; 金學主, 「화담집 해설」, 『花潭集』, 1992를 중심으로 기술하였다.
115) 『花潭集』 卷3, 「附錄」, 年譜.

하여, 1605년(선조 38) 尹孝先[116]의 跋文이 붙은 寫本 遺稿를 찾아내어 출판하였다.[117]

홍방의 가계는 앞에서 살펴보았듯이 개경학을 전승한 대표적인 가계다. 홍방의 부친 洪履祥[118]은 閔純의 문인이다. 스승으로부터 개경학을 전수한 홍이상은 개성유수 재직중에 개성부 관료 4명과 함께 『松都龍頭會帖』을 만들었다.[119] 이 때 만든 회첩은 소실되고, 뒷날 홍이상의 후손 洪名漢이 다시 복원하였다.[120] 이로 미루어 홍이상의 후손은 모두 그의 학풍, 즉 개경학을 전승했을 것으로 짐작된다. 홍이상, 아들 홍방, 후손 홍명한 등은 모두 개성유수를 역임, 개성부를 다스리고 개성 특유의 지역 정서를 직접 체험했기 때문에 개경학을 보다 효율적으로 전승할 수 있었을 것으로 짐작된다.

홍방은 1605년에 윤효선의 발문이 붙은 『화담집』을 구해서 편찬했다. 홍방은 『화담집』을 편찬하기 1년 전인 1604년(宣祖 37) 평안도 殷山縣監으로, 윤효선은 永柔縣令으로 재직중에 평안도 御使의 書啓에 따라[121] 表裏 1襲씩을 하사받은 일이 있다.[122] 이 때부터 이들의 관심이 개경학에 있다는 것을 서로 알게 되었는지, 아니면 윤효선이 閔純의 제자였으므로 이미 서로 알고 있었는지는[123] 분명치 않으나 교분을

---

116) 尹孝全의 초명이다.
117) 金學主, 앞의 글, 1992, 263쪽.
118) 『仁祖實錄』卷28, 仁祖 11年 7月 辛丑.
119) 『송도용두회첩』을 만든 개성부 관원 4명은 모두 장원급제자다. 이 『회첩』의 서문을 쓴 柳根(1549~1627)도 장원급제자로, 서경덕 추모시를 지었다. 이들 가운데 車雲輅(1559~?)가 있는데, 그의 아버지는 서경덕의 문인 車軾(1517~1575)이다(『花潭集』卷4, 「附錄」, 門人錄). 이때 차운로는 開城敎授였고, 그의 형 車天輅(1556~1615)(『中京誌』, 「學敎」) 또한 개성교수를 역임한 바 있으며, 서경덕 추모시를 짓기도 하였다.
120) 李洪烈, 「宣祖朝 文科出身의 一生態 - 松都龍頭會帖 管見 -」, 『사총』 17·18합집, 1973.
121) 『宣祖實錄』卷180, 宣祖 37年 10月 丁未.
122) 『宣祖實錄』卷180, 宣祖 37年 10月 戊申.
123) 왜냐 하면 홍방의 아버지인 홍이상과 윤효선이 둘다 서경덕의 문인 민순의 제자였기 때문이다.

갖는 하나의 계기가 되었을 것으로 짐작된다.

윤효선이 발문을 쓴 시기는 1601년(선조 34)이었는데, 그 발문에는 『화담집』의 사본을 傳寫한 경위가 밝혀져 있다. 서경덕을 숭상하였던 그는 전란으로 많은 서적이 소실되어 서경덕의 저술을 찾아볼 수 없음을 안타까워하며, 그의 문인을 스승으로 삼고자 『화담집』을 전사했다고 한다. 또한 『화담집』을 일컬어 '서경덕의 1책은 다른 유학자의 책 수십 권과 비등하다.'고 했을 만큼 서경덕의 학문을 높이 평가하였다.124) 윤효선이 계승한 개경학은 그의 아들 尹鑴(1617~1680)에게 전승되었다. 윤휴는 부친의 학풍을 이어받아 『화담집』 重刊跋文에서 서경덕과 부친의 학문적 師承관계를 강조하였다.125) 이로써 윤효선의 가계 역시 개경학을 家學으로 전승했다는 사실을 짐작할 수 있다.

광해군 때 우의정 沈喜壽의 소년기 스승 姜文佑는 항상 스승 서경덕의 도덕과 학문에 탄복했다.126) 이처럼 개경학파들은 서경덕의 학문을 숭상하고, 후학이나 후손들에게 개경학을 전승하고자 했던 사실을 알 수 있다.

이제 구체적으로 서경덕의 문인으로부터 직접 개경학을 傳受한 가계와 통혼한 가계로 개경학이 전승된 사례들을 살펴보기로 한다.

첫째, 李仲虎의 문인 尹斗壽의 가계를 들 수 있다. 윤두수는 개성유수를 역임하지는 않았지만, 스승의 개경학을 이어받아127) 家學으로 전승하였다. 윤두수의 동생 尹根壽는 개성유수 출신으로서 서경덕의 贈職을 건의하고,128) 追慕詩를 지었다. 윤근수의 후손 尹得觀은 서경덕을 숭상하여 『화담집』 발문을 쓰기도 하였다.129) 또한, 윤두수 가계에 속하는 많은 사람들이 개성유수를 역임, 개경학풍을 느끼고 파악하였

---

124) 『花潭集』 卷4, 花潭先生文集跋.
125) 申炳周, 「17세기 중·후반 近畿南人 학자의 학풍 - 허목·윤휴·유형원을 중심으로 - 」, 『한국문화』 19, 1997.
126) 『光海君日記』 卷34, 光海君 2年 10月 辛丑.
127) 윤두수는 서경덕 추모시를 지었다.
128) 『花潭集』 卷3, 「附錄」, 年譜.
129) 『花潭集』 卷4, 花潭先生文集重刊跋.

다. 윤근수·윤두수의 손자 尹順之(1591~1666)·증손 尹堦(1622~1692)·5대손 尹汲(1697~1770)·윤급의 증손 尹蓍東(1729~1797) 등이 모두 개성유수를 역임하였다.

윤두수는 東·西分黨의 당사자 沈義謙과 사돈간으로, 윤순지의 어머니가 바로 심의겸의 딸이다. 심의겸은 개성유수를 역임한 인물로서 윤근수와는 친구 사이다. 이로써 윤두수 가계는 西人인 심의겸 가계와 밀접한 관련을 맺고 있음을 알 수 있다.

윤근수와 더불어 趙翼(1579~1655)도 개경학풍의 영향을 받았다. 조익은 외조부 윤근수에게 학문을 배웠으며, 개성지역과 밀접한 관계가 있는 인물을 祭享한 崧陽書院에 配享되었다.[130] 이로 미루어 조익은 개경학의 영향을 받았다는 사실을 짐작할 수 있다. 조익의 가계에는 아들 趙復陽(1609~1671), 조익의 사돈 李時白(1592~1660)의 부친 李貴(1557~1633) 등이 개성유수를 역임하였다. 이처럼 윤두수 가계와 혼인관계를 맺은 심의겸·조익 등의 가계는 개경학을 가학으로 전승했던 것이다.

둘째, 金尙憲(1570~1652)의 가계를 들 수 있다. 김상헌은 개경학파인 윤근수의 문인으로서,[131] 개성부 經歷을 지냈다.[132] 그가 개성의 崧陽書院에 配享된 것을 미루어[133] 개경학의 영향을 받았다는 사실을 짐작할 수 있다. 김상헌의 가계가 개경학을 전승했다는 것은 증손 金用謙(1702~1789)이 『화담집』의 編次를 새롭게 정리한 사실을 미루어 짐작할 수 있다.

김상헌의 가계는 여러 명의 개성유수를 배출하였다. 金昌集(1648~1722)·金昌協(1651~1708)·金文淳(1744~1811)[134]·金履載[135]·金

---

130) 숭양서원은 개성지역과 밀접한 연관이 있는 인물, 즉 鄭夢周(1337~1392)·禹玄寶(1333~1400)·서경덕·金尙憲·金堉·조익 등이 祭享된 곳이다(『中京誌』,「學教」).
131) 오항녕,「17세기 전반 서인산림의 사상 - 김장생·김상헌을 중심으로 - 」,『역사와 현실』8, 1992.
132) 『中京誌』,「經歷」.
133) 『中京誌』,「學教」.

敎根·金炳地(1830~1888)·金炳喬(1801~1876)·金炳朝(1793~1839) 등이 모두 개성유수를 역임하였다. 이들 중에 김창집은 개성유수 퇴임 후 호조판서를 지내고 벼슬이 영의정에 이르렀다. 그는 개성유수 재직 중 개성 주민들과의 사이가 각별했음은 물론, 유수 퇴임 후에도 개성 근교에서 휴가를 보내는 등 개성에 자주 드나들며 개성지역의 풍요로움과 상업발전상을 견문·체험하였다.136) 개성 주민들이 김창집을 각별히 대우한 것은 선조 김상헌이 개성 숭양서원에 배향되고, 김용겸이 『화담집』 증보작업에 참여했기 때문인 것으로 짐작된다. 김창집의 동생 김창협은 개성유수 재직중 서경덕을 추모하는 詩를 짓고, 金昌翕 역시 서경덕 추모시를 지었다. 이처럼 김상헌의 가계는 그를 비롯한 후손들이 개경학풍의 영향을 받으며 개경학을 가학으로 전승하였다. 특히 北學派의 원류가 되는 洛論이 김창협·김창흡 때 생성된 것은 우연이 아니었던 것으로 보인다.

셋째, 허엽의 가계와 통혼한 金孝元(1532~1590)의 가계를 들 수 있다. 허엽은 『화담집』을 편찬하는 등 스승의 학문을 전승하는 데 주력했음은 물론, 개경학파의 형성을 위해 노력하였다. 허엽의 가계는 김효원의 가계와 통혼으로 긴밀한 관계를 맺게 되었다. 김효원의 아들 金克建은 허엽의 아들 許篈(1551~1588)의 딸과, 또한 김효원의 딸은 허엽의 아들 許筠(1569~1618)과 혼인하였다. 그리하여 金世濂(1593~1646)의 어머니가 허봉의 딸이고, 김세렴의 고모부가 허균이다. 두 가계의 긴밀한 교류로 미루어 볼 때, 허엽의 개경학풍이 김효원의 가계에도 영향을 주었을 것으로 짐작된다.

또한 김세렴 가계는 南以恭(1565~1640) 가계와도 혼인관계를 맺었

---

134) 김문순은 개성의 읍지 편찬에 참여하였다. 김문순의 가계는 개경학의 전개 과정에서 중요한 역할을 한 『화담집』과 읍지의 편찬·증보 작업에 직접 참여하였다. 이로써 김상헌의 가계가 개경학 전승에 중요한 역할을 하였다는 사실을 알 수 있다. 읍지 편찬에 대한 내용은 후론하겠다.
135) 김상용의 후손이다.
136) 『肅宗補闕實錄』卷64, 肅宗 45年 11月 辛卯.

다. 김세렴의 아들 金礪相은 남이공의 조카 南斗瞻의 딸과, 또한 남두첨은 光海君代의 정승 韓應寅(1554~1614)의 딸과 혼인하였다.137) 한응인의 아들은 韓仁及(1583~1644)이고 증손은 韓聖佑(1633~1710)인데, 두 사람 모두 개성유수를 역임하였다. 남이공 가계는 개경학파인 윤휴의 가계와도 관계가 있다. 윤휴는 남이공의 조카 남두첨의 묘지명을 썼다.138) 윤휴는 앞에서 살펴보았듯이 개경학을 전승한 인물로서 정통 주자성리학에서 벗어난 학문을 연구하여 당시의 학자들에게 斯文亂賊으로 불린 인물이다.

남이공의 가계는 金藎國(1572~1657) 가계와도 통혼하였다. 즉 남이공의 아들 南斗北이 김신국의 딸과 혼인하였다.139) 김신국은, 동생 金蓍國(1577~1655)이 개성유수를 역임하고, 개경학파 남이공과 정치적 동료이자 사돈간이었음을 미루어 개경학풍의 영향을 받았던 것으로 짐작된다. 김신국은 北人 李山海의 학문적 영향을 받았던 것으로 보이는데, 이산해가 김신국의 尊姑夫이기 때문이다. 이산해는 개경학파 李之菡의 학문 내지 사상을 傳受하여 광해군 때 북인에게 많은 영향력을 행사하였다. 이러한 이산해의 학풍은 사위 李德馨(1561~1613)과 김신국에게 전승되었다.140) 이로써 銅錢流通을 利用厚生論의 실천방안으로 생각한 김신국의 진보적 화폐정책론은 개경학풍의 영향에서 연유한 것으로 볼 수 있다.141)

이처럼 남이공의 가계는 김신국·한응인 그리고 앞서 살펴본 沈銓 등 개경학풍의 영향을 직접·간접적으로 받은 여러 가계와 혼인관계를 맺고 있음을 미루어, 개경학풍의 영향이 적지 않았음을 알 수 있다.

김세렴의 가계는 위에서 살펴보았듯이 개경학파 허엽·남이공의 가계와 통혼한 것을 미루어 개경학풍의 영향을 받았다는 사실을 짐작할

---

137) 신병주, 앞의 논문, 1992.
138) 신병주, 위의 논문, 1997.
139) 신병주, 위의 논문, 1992.
140) 『萬姓大同譜』,「韓山李氏」;『東儒師友錄』.
141) 김신국의 화폐사상은 원유한,「관료학자 김신국의 화폐경제론」,『용암차문섭교수화갑기념논총조선시대사연구』, 1989 참조.

수 있다. 김세렴의 개경학풍은 조선후기 실학의 학문적 체계를 이룬 柳馨遠(1622~1673)에게 전승되었다. 다시 말하면 유형원은 고모부 김세렴에게 수학했으며, 김세렴이 평안도 및 함경도 관찰사 재직중에는 함께 起居하면서 각 지방을 두루 답사하였다.142) 이 때 개성을 비롯한 인근 지역의 상품화폐경제 발전에 대한 견문과 체험이 그의 화폐정책론 내지 조선후기 실학을 학문으로 체계화하는 배경이 되었을 것이다. 유형원은 김세렴이 죽자 당시 대학자 許穆(1595~1682)을 찾아 碑銘을 써줄 것을 부탁했는데, 이는 허목과의 관계를 보여준 하나의 사례로 볼 수 있을 것이다.143)

유형원은 서경덕의 문인 민순에게 수학한 韓百謙의 歷史地理學의 영향을 받았다.144) 또한 그는 서경덕의 문인 李之菡이 제시한 琉球와의 通商論을 높이 평가·인식하고, 이 사실은 18세기 前半의 실학자 李圭景에게 영향을 주었던 것으로 짐작된다.145) 이로써 유형원의 학문적인 연원이 서경덕의 개경학에 있음에 주목할 필요가 있다.

유형원은 김세렴에게 직접 수학했고, 개성유수를 여러 명 배출한 허엽·남이공·김신국·윤휴·한응인·심전 등 가계의 영향을 받았다. 특히, 개성유수 출신 고급관료 남이공·金蓍國·金堉 등의 영향을 적지 않게 받은 것으로 짐작된다. 이처럼 유형원이 직접·간접적으로 받은 개경학의 영향은 그의 실학 형성에 크게 기여했을 것이다. 그가 개경학파 李珥를 비롯한 主氣派 학자들로부터 영향을 받았다는 점은 앞에서 이미 살펴본 바 있다. 유형원은 개경학파에 의해 개경학이 확대·발전하는 과정에서 개경학을 傳受하여 조선후기 실학으로 학문적 체계를 이루게 되었던 것이다.

한편, 서경덕 문인들에 의해 편찬되고, 그 후손에 의해 再編된『화담

---

142) 千寬宇,「磻溪 柳馨遠 硏究」,『歷史學報』2~3, 1952 ; 이 책, 제3장 Ⅱ, 3. 柳馨遠의 銅錢流通論 참조.
143) 박지화의 문인 許喬(1567~1632)는 許穆의 아버지로, 자신의 아들에게 개경학을 전승하였다(『眉叟記言』卷43,「許氏先墓碑文」).
144) 박인호,『조선후기 역사지리학 연구』, 이회, 1996.
145)『五洲衍文長箋散稿』上 32,「與番舶開市辨證說」.

집』은 1752년(英祖 28) 金用謙에 의해 새로이 編次가 정리되었다. 여기에는 元仁孫(1721~1774)·尹塾(1734~1797)의 序와 윤효선·김용겸·홍방·윤득관·蔡緯夏 등의 跋文이 수록되어 있다.146) 이들은 모두 서경덕을 학문적 및 인간적으로 숭상하고, 개경학의 영향을 받은 인물들이다.『화담집』의 서문을 쓴 두 사람은 모두 개성유수를 역임하였다. 발문을 쓴 사람들 중 윤효선과 홍방은 서경덕 문인의 학문적 영향을 받은 인물이고, 윤득관은 윤근수의 후손이며 김용겸은 김상헌의 증손이다. 이들의 가계는 모두 개경학을 家學으로 전승하였다.

위의 내용을 종합해 보면, 서경덕의 문인들은 스승이 학문적 체계를 이룬 개경학의 영향을 받아 각자의 가계나 후학들에게 개경학을 전승하였다.『화담집』은 개경학의 내용을 직접·간접적으로 투영시킨 책으로서 후학들이 개경학 내지 개경학풍을 이해하는 데 긴요한 안내서 역할을 했을 것이다. 이로써『화담집』의 편찬·개편·증보 작업은 개경학의 창시자 서경덕의 역사적 위상을 높였을 것이며, 개경학 내지 개경학풍을 확대하였을 것이다. 또한 家系間의 혼인을 통해 개경학이 전승된 사례를 살펴보면 다음의 사실을 생각해 볼 수 있다. 즉, 개경학이 개경학파, 개성유수 등『화담집』편찬·개편·증보 작업에 참여한 인물과 개경학의 영향을 받은 가계의 가학으로 확대·발전하여 조선후기 실학으로 전승되었다는 점이다.

2. 開城留守의 活動

조선왕조가 1392년에 건국하고 수도를 한양으로 옮기면서 고려의 수도 개성에 임명한 留後·副留後(正·從 2品)147)를 1438년(世宗 20)

---

146)『花潭集』, 重刊花潭先生集序·花潭先生文集重刊序·花潭先生文集跋·花潭先生文集重刊跋·花潭先生文集跋·花潭先生文集重刊跋·花潭先生文集重刊跋.
147)『太宗實錄』卷7, 太宗 4年 6月 乙亥 ;『世宗實錄』卷26, 世宗 6年 12月 甲辰.

에 留守로 개칭하였다.148) 조선 초기부터 哲宗 말년까지 『朝鮮王朝實錄』・『中京誌』 등 각종 기록을 통해 확인한 개성유수 출신 고급관료는 총 430여 명이다.149) 그 중 벼슬이 정승에 오른 인물은 46명인데, 전체 인원의 약 10% 정도에 해당한다. 46명 중 60%에 해당하는 27명(숙종조 9명, 경종조 2명, 영조조 10명, 정조조 6명)이 조선후기 실학의 확대・발전기에 활약하였다.150) 이로써 조선후기, 특히 실학이 확대・발전한 18세기를 중심으로 하여 개성유수 출신 고급관료들의 문화적 내지 정치적 역할이 커졌다는 사실을 짐작할 수 있다.

개성유수 출신 고급관료들이 재직중에 견문・체험하고, 제반 施策을 입안・시행하는 과정에서 쌓은 정치경륜은 이후 계속되는 문화・정치 활동에 직접・간접적으로 반영된 것으로 보인다. 따라서 개성유수 출신 고급관료들의 문화 내지 정치적 활동에 대한 고찰은 조선후기 실학의 생성・발전을 이해하는 데 도움이 될 것이다. 이로써 조선후기 실학이 거의 全時期에 걸쳐 종2품 이상 고급관료들에게 있어 2년 任期의 개성유수직은 조선 초기에 생성한 실학지향적 사회사조 내지 개경학을 배우고 실습하는 하나의 硏修過程이 되었던 것으로 보인다.

1) 文化活動

徐敬德과 문인들은 개성유수들과 交遊하였다. 개경학파 형성에 직접・간접적으로 기여한 개성유수들은 서경덕을 추모하는 詩를 지었는데, 추모시를 지은 전체 인물들 중 개성유수 출신이 점하는 비중이 50%에 이른다.151)

---

148) 『世宗實錄』 卷83, 世宗 20年 10月 丙寅.
149) 『朝鮮王朝實錄』・『中京誌』・『花潭集』・이태진, 『朝鮮時代 私撰邑誌 解題 - 경기도편』, 한국인문과학원, 1989를 통해서 유수 역임자들을 조사하였다.
150) 각 왕별 인원수는 개성유수 재직시를 기준으로 작성한 것이다.
151) 서경덕 추모시를 지은 사람은 총 28명이다. 그 중 개성유수를 역임한 사람은 尹根壽, 洪履祥, 李翊相(1625~1691), 南龍翼(1628~1692), 金光煜(1580~1656), 洪處亮(1607~1683), 申銋(1639~1725), 金昌協(1651~1708), 兪瑒(1614~1692), 吳光運, 吳遂采(1692~?), 元仁孫, 洪名漢, 尹塾(1734~1797)

개성유수들은 開城 邑誌 편찬사업을 주도하였다. 특히 개성 읍지는 서경덕에 의해 개경학이 학문적으로 체계화된 이후에 이루어졌다.152) 이는 개경학의 전승·발전 과정에서 중요한 의미를 갖는다.

개성 읍지『松都志』에는 개성지역의 인문지리와 풍속 등 제반 문물 제도가 잘 나타나 있는데, 이 책은 1648년(인조 26)에 金堉(1580~1658)이 개성유수 재직 시에 편찬되었다. 김육은 서경덕을 祭享한 花谷書院 祠宇를 중건할 때 上樑文을 썼으며,153) 개성의 崧陽書院에 配享되었다.154) 이를 미루어 김육은 개성지역에 대한 이해가 깊었음은 물론, 서경덕의 학풍을 숭상하였다는 것을 짐작할 수 있다.155) 이처럼 개경학의 영향을 받은 김육에 의해 읍지가 편찬되었다는 사실은 주목할 일이다.

김육이『송도지』를 편찬하기 이전에는 대체로 개성에 관한 기사가 『조선왕조실록』등 官撰史書와 개성유수 등이 私撰한 書冊에만 기록되어 있을 뿐이다. 이것은 개성유수를 역임한 사람들이 재직중 견문·체험한 것을 기록한 것으로서, 개성에 관한 구체적 내용이 체계적으로 정리되어 있는 것은 아니었다.

먼저, 관찬사서『조선왕조실록』에 나타난 사례를 살펴보면, 개성유수 金良璥(?~1484)은 개성 주민들은 농사를 지을 땅이 부족하여 대부분 상업에 종사하고 있다고 하였다.156) 개성유수 申磼(1541~1609)은 개성의 선비[士]들은 사대부가에서도 몇몇 학문을 연구하는 자를 제외하고는 行商을 하며 생업에 종사한다고 하였다.157) 개성유수 鄭斗源(1581~?)은 개성 주민들 대부분이 상업에 종사하기 때문에 세금도 商

등 총 14명으로 50%를 차지한다.
152) 읍지 편찬 과정은 이태진, 앞의 책,「경기도편 - 해제」, 1989를 중심으로 기술하였다.
153)『花潭集』卷4,「附錄」.
154)『中京誌』,「學敎」.
155) 김육의 손자 金錫翼 역시 개성유수를 역임하였다.
156)『成宗實錄』卷95, 成宗 9年 8月 壬辰.
157)『宣祖實錄』卷203, 宣祖 39年 9月 丙子.

業稅가 主宗을 이룬다고 하였다.158) 이처럼 개성유수들은 당시 다른 지역과 달리, 개성 주민들 대부분이 상업에 종사하고 있다는 사실을 밝히고 있을 뿐이다.

이 시기 조정 대신들의 개성지방에 대한 이해 수준을 알려주는 자료가 있다. 개성유수 成世明(1447~1510)은 개성지방의 利殖行爲, 즉 私債를 審理할 수 있도록 해줄 것을 건의하였다. 이에 대해 개경학파 尹孝先 등을 제외한 여러 조정 대신들이 開城府만을 예외로 할 수 없다고 하였다.159) 개성유수는 지역 현실을 익히 파악하고 있었기 때문에 개성지방의 이식행위를 주민들의 생계에 꼭 필요한 수단이라 보고 긍정적으로 평가·인식하고 있었던 것이다. 이로써 개성유수는 다른 중앙 관료들에게 지역 현실의 특수성을 이해시키고 이를 국가 정책 운용에 반영하고자 노력한 사실을 알 수 있다.

한편 개성유수 출신 고급관료들이 재직중에 축적한 정치경륜을 국가 정치 운용에 실제로 활용한 사례도 있다. 그 대표적 예가 뒤에서 살펴보게 될 開城教授 출신 崔鳴吉(1586~1647)과 개성유수 출신 李德泂(1566~1645)160)·李弘冑(1562~1638)161)·金堉 및 權大運(1612~1699) 등이다.162)

읍지를 편찬하기 이전에는 조정 대신들이 개성지방의 실정을 잘 이해하지 못하고 있었던 것으로 보인다. 그러나 개성지방의 현실을 직접 견문·체험하고 그 대응책을 입안·실시해 본 경험 풍부한 개성유수들은 개경학풍의 영향을 받아서 보다 실제적 정책방안을 구상·제시할 수 있었던 것으로 보인다. 이 같은 개성유수 출신 고급관료들의 견해와 주장이 국가정치 운용에 수용될 수 있었던 중요한 이유는 『송도

---

158) 『仁祖實錄』 卷28, 仁祖 11年 11月 戊午.
159) 『燕山君日記』 卷46, 燕山君 8年 9月 己丑.
160) 『大東野乘』 卷71, 「松都奇異」.
161) 『仁祖實錄』 卷30, 仁祖 12年 10月 癸巳.
162) 『仁祖實錄』 卷30, 仁祖 12年 9月 壬午 ; 卷45, 仁祖 22年 9月 丙戌 ; 『肅宗實錄』 卷7, 肅宗 4年 1月 乙未 ; 『備邊司謄錄』 34冊, 肅宗 4年 1月 24日 ; 『增補文獻備考』, 「財用考」 6, 錢貨.

지』와 같은 읍지의 편찬·증보 작업으로 개성지방에 대한 인식이 높아진 때문이라고 생각된다.

1648년 개성유수 김육이 편찬한 『송도지』는 1699년(숙종 25) 개성유수 李墪과 1705년(숙종 31) 개성유수 嚴緝 등에 의해 증보되었다. 그 당시 증보한 『송도지』는 跋文들만 전해지고 있다.

개성유수 吳遂采는 약 반세기 후, 1757년(영조 33)에 『續志』1권을 증보하여 책의 이름을 『松都續誌』로 바꾸었다. 오수채는 서경덕을 추모하는 시를 지었으며, 그의 조부 吳道一(1645~1703)과 증조부 吳允謙(1559~1636)도 개성유수를 역임하였다. 이로 미루어 오수채는 家學이 된 개경학의 영향을 받았던 것으로 짐작된다.

오수채의 『송도속지』는 『송도지』와 合編되어 이름이 다시 『松都志』로 개칭되었다. 이 작업은 개성유수 鄭昌順(1727~?)이 1782년(정조 6)에 주관하였다. 정창순의 『송도지』는 1783년(정조 7) 개성유수 徐有防(1741~1798)163)과 1785년(정조 9) 개성유수 尹墪 등이 각기 補遺하였다. 즉 보유작업은 개성유수 서유방이 시작하여 후임자 윤돈에 의해 완성된 것이다.

서유방의 가계를 살펴보면, 先山이 고려문화 중심권에 포괄된 長湍에 있고,164) 先祖 徐渚(1558~1631)은 개경학파 李珥(1536~1584)와 함께 宋翼弼(1534~1599)에게 修學한 것을 미루어 개경학의 영향을 많이 받은 것으로 짐작된다. 서유방의 가계에는 개성유수를 12명이나 배출하였다. 서성을 비롯하여 徐宗伋(1688~1762)·徐宗泰(1652~1719)·徐命均(1680~1745)·徐命彬(1692~1763)·徐命九(1692~1754)·徐邁修(1731~1818)·徐美修·서유방·徐有慶·徐憙淳(1793~)·徐左輔(1786~) 등이다.165) 이들 중 서유방과 서희순은 읍지의 증보작업에 참여하였다.

---

163) 서유방의 아버지는 서효수고 효수의 아버지는 서명형이었으나 서명구에게 입양되었다.
164) 유봉학, 『연암일파 북학사상 연구』, 일지사, 1995.
165) 『萬姓大同譜』.

서유방의 가계에는 개경학이 조선후기 실학으로 전승되고 있다는 사실을 입증할 만한 인물들이 있어 주목하게 된다. 徐有榘(1764~1845)는 서성의 후손으로 徐命膺(1716~1787)·徐浩修(1736~1799) 등의 家學, 특히 농학 부문에서 실학지향적 가학을 전승받은 것으로 짐작된다. 서유구는 개성유수 출신 서미수의 영향도 받았는데, 특히 서유구의 屯田論은 서미수의 실제적 경험에 의거해 이루어졌다.166) 실학자 서유구의 경우, 즉 개경학이 가학으로서 실학으로 전승된 사례를 통해, 개성유수를 역임했다는 사실이 가지는 역사적 의미가 적지 않다는 것을 알 수 있다.

한편, 金川과 장단의 일부가 개성의 행정구역에 편입되자, 이에 따른 읍지 보완작업이 개성부 관료들을 중심으로 추진되었다. 이 때 개성유수 金文淳(1744~1811)이 編刊을 주관하였는데, 1802년(순조 2) 補遺와 합쳐 『松都續誌』라 하였다. 正祖代에 이루어진 『송도속지』는 1824년(순조 24)에 개성유수 金履載(1767~1847)가 주관하여 다시 原志와 합쳤는데, 이 때 書名을 『中京誌』로 바꾸었다. 그 뒤 새로운 편집이 公役에 붙여졌으나, 김이재가 유수직에서 물러나게 되어 6년 뒤인 1830년(순조 30)에 徐憙淳이 개성유수 재직중에 완성하였다.

이처럼 읍지 『송도지』의 서명이 『중경지』로 바뀐 것은 개성을 중심으로 한 개경학이 차지하는 역사적 위상이 국지적 성격을 벗어나 국내 전역을 포괄한 실학으로 확대·발전한 사실을 의미한다고 이해할 수 있다. 또한 개성유수 등의 주관으로 이루어진 『송도지』가 『중경지』로 서명이 바뀌기까지 개성유수들이 추진한 『송도지』의 편찬·개편·증보 과정을 통해 조선후기 실학의 한 학풍인 歷史地理學의 성장·발전상을 엿볼 수 있다. 개성유수 김육이 1648년에 읍지 『송도지』를 편찬한 주요 목적이 개성지역을 공간적인 지리학적 시각으로서뿐만 아니라 시간적 내지 역사학적 시각, 즉 역사지리학적 시각으로 이해하는

---

166) 유봉학, 「徐有榘의 學問과 農業政策論」, 『규장각』 9, 1985/앞의 책, 1995에 재수록.

데 있었을 것이라고 생각하기 때문이다. 그리하여 김육은 개성지역의 銅錢流通 상황을 이해함에 있어, 개성에서는 일찍이 鍮器(物品貨幣)를 화폐로 사용한 후 이어 銅塊(秤量銅貨)가 화폐로 유통되었으나, 지금은 동전(명목화폐)이 유통된다고 이해하려 하는 등167) 역사지리적 시각으로 이해하고 있다.

 개성유수들은 그 지방을 다스리기 위해 지리와 풍속 등 인문지리를 알아야 할 필요가 있었을 것이다. 개성유수로 부임하면 개성 읍지를 읽어보았을 것이고, 일부 유수들은 개성지역을 직접 견문·답사하여 얻은 지식을 기존의 읍지에 첨부하여 증보하는 작업에 참여하였을 것이다. 이러한 과정을 통해 개성유수들은 개경학풍을 체험하고, 적지 않게 개경학의 영향을 받았을 것이다.

 읍지 『송도지』가 편찬되고 개편·증보되는 시기에도 개성 관련 기록이 『조선왕조실록』 등 관찬사서에 보인다. 개성유수 서유방은 故都인 개성에는 道學으로 서경덕, 문장으로 車天輅, 筆法으로 韓濩(1543~1605) 父子가 있다 하였다. 또한 개성은 모든 物貨와 상인들이 모여드는 곳으로서, 富商大賈들이 상업적 이윤을 추구하여 많은 재화를 축적하고 있다 하였다. 개성유수 서유방뿐만 아니라, 국왕과 조정의 고급관료 등에게도 이러한 개성지방의 특수한 현실 상황이 비교적 널리 알려져 있었던 것으로 보인다. 조정의 고급관료 등은 개성에는 신분과 직업의 구분 없이 모두 상업을 우선시한다는 사실을 알고 있었다.168) 국왕 英祖도 개성지방 대다수 주민들이 상업에 종사하지 않을 수 없게 된 이유가 왕조당국이 개성지방 인재를 등용하지 않았기 때문이라고 지적하는 등, 당시 개성지방의 사회현실을 역사적으로 인식하였다.169) 정조는 서울과 인접해 있는 개성은 나라가 위급한 일을 당할 경우 의지할 만한 곳이라 하여 關防 요새로서 중시하였다. 또한 개성 주민 중에는 재능있는 사람이 많고, 고도의 遺風이 있기 때문에 崇尙할 만하

---

167) 이 책, 제3장 II, 2. 金堉의 銅錢流通論 참조.
168) 『正祖實錄』 卷16, 正祖 7年 7月 癸卯.
169) 『英祖實錄』 卷66, 英祖 23年 10月 丙子.

다고 보았다. 그리고 개성은 물화가 집중되고 상인이 모여드는 곳으로서 대동강 동쪽의 가장 큰 도시인데도 불구하고 단지 장사하는 곳이라 하여 거론하기 싫어하고 개성인을 배척한다고 비판하였다. 이와 동시에 周나라 도읍지에서도 장사하는 풍속을 숭상했다는 점을 지적하며 개성의 사회경제적 위치를 중시하였다.170)

읍지『송도지』를 편찬한 이후 조선후기는 前期와는 달리 전현직 개성유수를 비롯한 개성부 관료 등은 물론, 국왕과 중앙의 고급관료 등 당국자들에 이르기까지 개성지방의 사회경제적 내지 역사적 위치를 객관적이며 실제적으로 평가·인식하였다. 이로써 개경학은『花潭集』과『송도지』의 편찬·개편·증보 작업을 통해 보다 빨리 조선후기 실학으로 전승되어 확대·발전하는 데 기여하게 되었을 것이다.『송도지』등 읍지의 편찬·개편·증보 작업에 참여한 개성유수 등은 개성지방을 직접 답사하고 행정을 담당 관리하며 개경학풍을 체득, 후대에 보다 효율적으로 전승할 수 있었을 것이기 때문이다. 이와 관련한 하나의 사례로서 개성유수 서유방의 가계를 들 수 있다. 그의 가계는 12명의 개성유수를 배출하고 개경학을 가학으로 전승하여 실학으로 확대·발전시키는 데 기여하였기 때문이다. 뿐만 아니라, 그의 가계 출신 다수 개성유수들은 재직 시의 견문과 체험을 바탕으로 축적한 정치경륜을 국가정치 운용에 활용한 사실로 미루어 개경학을 실천적으로 전승한 人脈으로서 높이 평가되어야 할 것이다.

2) 政治活動

왜란 이후 개성유수 출신 고급관료들은 유수 재직중에 축적한 실학 지향적인 진보적 정치경륜을 제반 국가정책 시행에 반영하고자 하였다. 특히, 그들은 왜란과 호란을 겪으면서 전란으로 파탄에 직면한 국가경제 내지 국가를 재건하기 위해 유수 재직중에 축적한 정치경륜을 바탕으로 銅錢 鑄造流通·商業振興·銀鑛開發·大同法 확대 실시

---

170)『正祖實錄』卷16, 正祖 7年 7月 癸卯.

및 중국의 선진문물 수용 등 여러 가지 진보적인 정책방안을 구상・제시하는 동시에, 그 시행과정에 적극 참여하였다. 그 대표적 인물로서, 먼저 南以恭(1565~1640)을 들 수 있다. 서경덕의 문인 鄭介淸(1529~1590)에게 修學하여[171] 개경학과 밀접한 관련이 있는 그는 北人임에도 불구하고 才局이 있다 하여 仁祖反正 이후 西人 집권기에도 중용되었다.[172] 전란으로 파탄에 직면한 국가경제 재건책의 일환으로 동전주조유통과[173] 은광 개발을 주장하는[174] 등 진보적 경제정책론을 구상・제시하였다. 이 같은 경제정책론은 역시 개성유수 출신이며 실천적 초기 실학자 金堉(1580~1658)의 견해와 본질적으로 공통된다.

李德泂(1566~1645)은 개성유수 출신 고급관료로서, 유수 재임중에 견문・체험한 개성의 현실 상황을 다음과 같이 지적하고 있다. 즉, 개성은 고려시대의 풍속이 거의 없어졌는데, 장사하고 이윤을 추구하는 풍습은 이전에 비해 더욱 성행하여 자본의 축적이 이루어지고 있으며, 商道가 아주 잘 지켜지고 있는 곳이다.[175] 이처럼 이덕형은 개성의 사회 현실을 긍정적으로 평가・인식하고 있었다. 이러한 인식은 개성지역의 실제 상황을 견문・체험하고 그에 대응한 시책을 시행한 경험이 있었기에 가능했을 것이다.

실학과 관련하여 생각해 볼 때, 먼저 개성유수 출신이 아닌 고급관료 金藎國(1572~1657)의 경제정책론을 주목하게 된다. 그는 호조판서로서 1625년(인조 3) 응급한 국가재정 조달책으로 財用節制・製鹽・동전 주조유통 등과 함께 동전의 유통보급을 위해 서울에 常設店鋪를 설치・운용할 것을 건의하여 실행에 옮긴 인물이다. 호조판서를 여섯 차례나 역임한 경제전문 관료인 그는 동전의 주조유통이 利用厚生의 실천방안이라는 점을 강조하면서 국가 화폐정책의 운용을 주도하였

---

171) 신병주, 앞의 논문, 1992.
172) 정호훈, 앞의 논문, 2001.
173) 『仁祖實錄』 卷19, 仁祖 6年 7月 癸酉.
174) 『仁祖實錄』 卷9, 仁祖 3年 6月 辛卯.
175) 『大東野乘』 卷71, 「松都奇異」.

다.176) 김신국은 앞서 살펴보았듯이 개성유수 출신 남이공과 인간 내지 학문적으로는 물론 정치적 동지로서도 밀접한 관계를 맺고 있으며, 동생 金蓍國(1577~1655)은 개성유수 출신 고급관료였다.177) 이로 미루어 김신국의 家學이나 家風은 개성에서 생성·발전한 개경학과 무관하지 않았을 것이다.

李弘冑(1562~1638)는 개성유수 재직중에 동전유통이 편리하다는 민중의 반응을 근거로 하여 동전의 주조유통을 주장하였다. 즉 그는 개성지방에서 銅鐵(秤量銅貨)이 유통되고 있으니, 이 지역으로부터 다른 지방으로 동전을 유통보급할 것을 제의하였다.178) 한편, 開城敎授 출신 崔鳴吉(1586~1647) 역시 秤量銅貨(銅塊)가 유통되고 있는 개성지방으로부터 동전을 유통보급할 것을 제의하였다.179)

金堉(1580~1658)은 개성유수 재직중에 개성지방의 상품화폐경제 발전상 등을 견문·체험하고, 제반 현실 상황을 역사지리학적 시각으로 이해하기 위해 邑誌『松都志』를 편찬하였다. 이를 바탕으로 하여 은광개발을 건의하고, 동전 주조유통·대동법의 확대실시·水車와 行車制 도입·時憲曆의 채용 등, 진보적 현실개혁론을 건의·실시하는데 주도적 역할을 하였다.180) 특히, 동전 유통정책을 추진할 때는 김육이 없으면 누가 책임지고 이를 시행할 것인가를 염려할 정도로 중요한 역할을 담당하였다.181) 그는 화폐의 유통보급을 위해 中國銅錢을 직접 수입해 오기도 하였다.182) 또한 개성지역의 동전 유통상을 견문·체험하고 국내 다른 지역에서도 동전이 유통될 수 있다고 확신하여,183) 孝宗朝의 동전 유통정책을 주도한 초기 실학자다.184) 김육은 개성유수로

---

176) 元裕漢, 앞의 논문, 1989.
177) 『中京誌』,「留守」.
178) 『仁祖實錄』卷30, 仁祖 12年 10月 癸巳.
179) 『仁祖實錄』卷30, 仁祖 12年 9月 壬午.
180) 이 책, 제3장 Ⅱ, 2. 金堉의 銅錢流通論 참조.
181) 『孝宗實錄』卷12, 孝宗 5年 2月 更午.
182) 『孝宗實錄』卷4, 孝宗 1年 6月 丁未.
183) 『仁祖實錄』卷45, 仁祖 22年 9月 丙戌 ;『增補文獻備考』,「財用考」6, 錢貨.

서 견문・체험하고 직무수행 과정에서 축적한 정치경륜을 인조・효종조의 제반 정책의 시행에 반영하고자 힘쓴 대표적 인물이다. 그는 조선 초기 이래 개성에서 생성・발전한 개경학이 조선후기 실학으로 전승되는 데 있어 중요한 연결고리를 마련한 대표적 인물로 평가할 수 있다.

趙翼(1579~1655)은 대동법의 실시를 주장하였다. 대동법의 확대시행을 위해 1623년(인조 1)에 大同廳 설립에 관한「便宜節目」을 조목별로 진술하는 등[185] 중요한 정책적 과제를 제기하였다는 사실이 주목된다. 조익의 건의로 인조 때 실시하다 중단된 대동법이 효종조에 김육에 의해 다시 제의되었고, 이 때 조익은 대동법의 확대시행을 적극 지지하였다.[186]

權大運(1612~1699)은 황해도어사[187]・평안도관찰사[188]・개성유수 및 호조판서를 역임하면서,[189] 상품화폐경제가 비교적 발달한 평안・황해도 및 개성부의 문물을 견문・체험하였다. 그는 우의정으로서 1678년(숙종 4) 개성유수 재임 시의 견문과 체험을 바탕으로 동전(常平通寶) 주조유통 문제를 논의, 결정하는 과정에서 중요한 역할을 하였다.[190]

蔡濟恭(1720~1799)은『磻溪隨錄』서문을 쓴 吳光運(1689~1745)에게 수학하였다. 그는 영의정이 되어 국가의 제반 경제정책의 입안과 시행을 주도함에 있어 개경유수 재직중에 축적한 정치경륜을 참고・활용한 것으로 짐작된다. 그는 은광개발을 호조가 관장할 것을 주장하

---

184)『孝宗實錄』卷11, 孝宗 4年 閏7月 辛亥.
185)『仁祖實錄』卷3, 仁祖 1年 9月 庚寅 ; 金容欽,「浦渚 趙翼의 學問觀과 經世論의 性格」,『韓國 實學의 새로운 摸索』(한국사연구회총서 2), 2001.
186)『孝宗實錄』卷2, 孝宗 卽位年 11月 庚申.
187)『孝宗實錄』卷15, 孝宗 6年 12月 壬申.
188)『顯宗實錄』卷12, 顯宗 7年 5月 乙酉.
189)『顯宗實錄』卷18, 顯宗 11年 1月 庚戌.
190)『肅宗實錄』卷7, 肅宗 4年 1月 乙未 ;『備邊司謄錄』34冊, 肅宗 4年 1月 24日 ;『增補文獻備考』,「財用考」6, 錢貨.

고,191) 義州後市의 부활을 주장했으며,192) 산지를 인삼밭으로 개간하여 증가하는 인삼 수요에 대응할 것을 주장하였다.193) 그가 주도한 여러 가지 경제정책 중 특기할 것은 市廛商人의 독점행위를 통제하기 위해 辛亥通共을 건의·실시한 사실이다.194)

南公轍(1760~1840)은 石室書院 계열의 인물에게 修學하였다. 정조 때 稗官文學 문제로 중단한 중국으로부터의 서책구입제도를 부활할 것을 건의하였다.195) 그리고 칭량은화의 유통196)과 庶孼의 신분적 禁錮를 풀어줄 것을 주장하기도 하였다.197)

위에서 양란 이후의 대표적인 개성유수 출신 고급관료들의 실학지향적인 정치활동의 일면을 살펴보았다. 즉 개성유수 출신 고급관료들이 유수 재직중에 쌓은 정치경륜을 바탕으로 대동법 확대실시·동전의 주조유통·은광 개발·통공정책·칭량은화 유통 및 서얼금고 폐지 문제를 제의하는 등, 실학지향적인 정치활동을 활발히 전개하였다.

이처럼 개경학을 거쳐 조선후기 실학으로 전승·발전하는 과정에서, 430여 명 중 상당수(조선초기~철종 말년)의 개성유수 출신 고급관료들이 나름대로 개경학을 조선후기 실학으로 전승하는 역할을 했을 것으로 짐작된다. 그들 중 46명이 정승 자리에 올랐는데, 이들의 실학지향적 정치활동을 주목해 볼 필요가 있다.

430여 명의 개성유수 출신 고급관료의 대다수는 개경학의 성립 배경이 된 개성지역 특유의 제반 역사적 상황을 견문·체험했음은 물론, 각자 나름의 개경학에 대한 평가와 인식이 있었을 것이다. 그리고 개경학은 대다수 개성유수 출신 고급관료들의 인생관·교우관계·가정윤리·사회의식·국가관·역사의식은 물론, 정치활동과 문화활동에

---

191) 『英祖實錄』 卷116, 英祖 47年 4月 己丑.
192) 『正祖實錄』 卷30, 正祖 14年 7月 癸卯.
193) 『正祖實錄』 卷30, 正祖 14年 7月 癸卯.
194) 『正祖實錄』 卷32, 正祖 15年 1月 更子.
195) 『純祖實錄』 卷11, 純祖 8年 3月 壬戌.
196) 柳子厚, 『朝鮮貨幣考』, 학예사, 1940, 399~400쪽.
197) 『純祖實錄』 卷26, 純祖 23年 8月 丙辰.

영향을 미치고, 이를 통해 조선후기 실학으로 전승되었을 것으로 짐작된다.
 특히, 개성유수 출신으로서 정승이 된 인물의 약 60%에 해당하는 27명이 조선후기 실학이 확대·발전하는 시기에 활약했다는 사실이 주목된다. 이를 미루어 개성유수 출신 고급관료들의 정치적 역할 강화와 실학의 확대·발전이 무관하지 않을 것이라고 짐작된다. 이로써 거듭 지적하였듯이, 일찍이 개성에서 생성된 실학지향적 사회사조나 개경학이 조선후기 실학과 본질적으로 그 성격을 같이하고 있다는 점에서 볼 때, 430여 명의 개성유수 출신 고급관료들은 정도의 차이가 있을 뿐 거의 모두 실학을 실천한 高級官僚群 내지 政治集團으로 이해할 수도 있다.

3. 松商의 活動

 松商들은 일찍이 開城에서 실학지향적 사회사조가 생성되어 開京學으로 학문적 체계를 이루고 조선후기 실학으로 전승되는 데 중요한 역사적 역할을 담당하였다. 개성지방은 국내외 상업이 발전한 고려왕조의 역사적 전통을 계승하여 조선왕조에서도 국내상업은 물론 明·女眞·日本 등 여러 나라와의 대외무역이 발전하였다. 그 중요한 이유는 개성이 한양문화권에 인접해 있고, 수륙교통이 편리하며, 중국과 통하는 교통로의 요충에 위치해 있기 때문이다.
 조선왕조는 遷都 후 한양을 중심으로 한 상업체제를 재편하는 과정에서 개성의 開市 자체를 금지하고, 국내외 상업발전을 제약한 務農抑末策과 폐쇄적 대외정책을 적극 추진하였다.[198] 이 같은 역사적 상황 하에서도 개성지방에서는 兩班·儒者 등 상위 신분계층이 농토의 절대면적이 부족하고 官界 진출의 길마저 막히게 되자, 상업을 生業으로 택하여[199] 국내상업과 대외무역은 더욱 성장·발전하였다.[200] 고려의

---
198) 朴平植, 앞의 책, 1999.
199)『成宗實錄』권181, 成宗 16年 7月 甲戌 ;『孝宗實錄』권18, 孝宗 8年 2月 甲申.

상업전통을 계승한 개성상인, 즉 송상들 중에는 한양과 개성 두 곳에 근거를 두고 상업활동을 하거나[201] 徭役을 代役시키고 상업에 종사하기도 한 것으로 보인다.[202] 또한 왕조당국의 위탁에 따라 중국사신이 가져온 상품의 잉여분을 사들이거나[203] 중국에 進獻할 물품을 구입하여[204] 한양 상인과 연계, 義州 상인의 중개로 潛貿易에 참여한 기미를 엿볼 수 있다. 특히, 송상들은 중국인이 좋아하는 인삼무역을 통해 많은 이익을 취한 것으로 짐작된다.[205] 이처럼 송상들이 국내외의 상업활동을 활발히 전개하는 중에 1470년대 초에는 羅州牧使 李永肩(1403~1482)이 주변 지방의 수령들과 함께 凶荒을 구제하기 위해 地方場市의 개설을 집요하게 주장하였다. 또한 영의정 申叔舟(1417~1475)는 楮貨의 유통방법으로서 서울처럼 지방장시의 개설을 주장하면서, 2년 전 지방장시의 개설을 주장한 이영견의 제의가 실현되지 못한 것은 천추의 한이 될 일이라 하였다.[206]

송상들은 양란 이후 국내상업과 대외무역의 발전은 물론, 인삼 재배 및 가공 등 상업적 농경과 수공업의 확대·발전을 주도하는 동시에, 국내 각지로 화폐경제가 확대·발전하는 데도 크게 기여하였다.[207] 그들은 활발한 국내외 상업활동을 통해 한양에 버금 가는 거액의 자본을 축적하여[208] 인삼 재배 및 가공업 등 생산에 투자하고, 서양보다 2세

---

200) 『中宗實錄』卷102, 中宗 39年 2月 壬辰 ; 『宣祖實錄』卷167, 宣祖 36年 10月 乙巳.
201) 『太宗實錄』卷21, 太宗 11年 1月 壬午.
202) 『成宗實錄』卷137, 成宗 13年 1月 癸未.
203) 『世宗實錄』卷95, 世宗 24年 1月 戊辰 ; 『成宗實錄』卷2, 文宗 卽位年 6月 己丑.
204) 『文宗實錄』卷2, 文宗 1年 6月 己丑.
205) 『宣祖實錄』卷171, 宣祖 37年 2月 己酉 ; 卷195, 宣祖 39年 1月 壬辰 ; 卷201, 宣祖 39年 7月 丙戌 ; 卷203, 宣祖 39年 9月 丙子.
206) 『成宗實錄』卷17, 成宗 2年 6月 戊午 ; 卷27, 成宗 4年 11月 壬申.
207) 홍희유, 「송도 四介文書에 반영된 송상들의 都賈활동」, 『역사과학』, 1962 ; 姜萬吉, 앞의 논문, 1973 ; 吳星, 「朝鮮初期 商人의 活動에 대한 一考察」, 『國史館論叢』12, 1990 ; 朴平植, 앞의 논문, 1998.
208) 『擇里志』, 「卜居總論」, 生利.

기 앞서 개발한 四介松都治簿法을 사용하여 상품생산과 유통과정을 합리적이고 철저하게 관리·운용하였다. 또한 관청 관리운용비를 貸金業으로 조달할 만큼 금융업의 발전은 증진되었던 것으로 보인다.209) 이로써 개성지방에서는 제반 경제의 관리운용을 객관·합리화하여 이윤추구를 극대화하는 등 일찍부터 사회경제윤리 내지 사회경제의식이 성숙되었다는 점을 짐작할 수 있다.210)

한편, 17세기 40년대에는 개성을 비롯한 江華·豊湍·延白·喬桐 등 고려문화 중심권에서는 다른 지역과는 달리, 銅錢이 원활히 유통되었다. 특히, 개성에서는 중국처럼 동전이 원활하게 유통되어 크게는 土地·家宅·奴婢로부터 작게는 柴草·菜果 등 日用雜貨에 이르기까지 동전으로 거래가 이루어졌다. 또한 강화·풍단 등 개성 인근 지방에서도 동전이 유통되었음은 물론, 어린아이가 시장에 나가 물건을 사도 속지 않았다는 것이다. 이로써 17세기 40년대의 개성을 비롯한 인근 지방에서는 다른 지역에서 유통되지 않는 동전이 원활히 유통되고, 경제의식 수준이 상당히 높았다는 점을 짐작할 수 있다. 개성지방은 국내외 상업발달의 중심지인 동시에 화폐경제 발전의 요람으로서, 그 이후 민간인이 거액의 자본투자를 필요로 하는 동전 및 고액전[十錢通寶]의 주조사업에 참여하기도 하였다.211)

개성을 비롯한 고려문화 중심권에서 성장·발전한 상품화폐경제는 이후 상품화폐경제의 확대·발전을 증진하여 성리학 중심의 중세적 가치체계와 농업중심 생산양식 등, 조선후기 봉건 사회질서의 해체 내지 근대지향을 촉진한 요인이 되었다.212) 이로써 조선 초기부터 개성지방에서 생성·발전한 실학지향적 사회사조나 개경학은 양란 이후 송상들의 활발한 국내외 상업활동 및 생산활동 등, 제반 경제활동을

---

209) 김태웅, 앞의 논문, 1999.
210) 元裕漢, 앞의 「實學 搖籃으로서 開城의 位置」, 2000.
211) 『潛谷全集』, 「潛谷先生遺稿補遺」, 兩西請用錢疏 ; 『大東野乘』 卷71, 「松都奇異」 ; 이 책, 제3장 Ⅱ, 2. 金堉의 銅錢流通論 참조.
212) 元裕漢, 「實學者의 貨幣經濟論」, 『東方學志』 26, 1981.

통해 지역적으로 영역을 확대하고 학문적 내지 철학적 체계를 심화시켜 조선후기 실학으로 전승되었다. 송상들은 실학지향적 사회사조가 개성에서 생성, 개경학으로 체계를 이루어 조선후기 실학으로의 전승을 가능하게 한 사회경제적 기반을 형성하는 데 중요한 역할을 했다고 생각하기 때문이다. 南以恭·趙翼·金堉 등 개성유수 출신 고급관료 등이 양란 이후 파탄에 직면한 국가경제 내지 국가 재건정략의 일환으로 북학과 개경학을 수용하여 추진한 실학지향적인 경제정책, 즉 大同法의 확대시행·동전 주조유통·商業振興·銀鑛개발 및 租稅金納化 시책 등 역시 송상들의 활발한 경제활동을 통해 이룩한 사회경제적 발전과 그에 상응한 의식의 성장을 배경으로 하여 모색·시도된 것으로 볼 수 있다. 이와 관련하여 개성유수 출신 고급관료들은 실학지향적인 주요 국가정책의 운용을 주도하는 한편, 송상들이 중요한 역할을 한 상품화폐경제와 각종 수공업·광업 등 생산 분야에 자본주의 맹아가 엿보이는 18·19세기를 중심으로 하여 조선후기 실학이 全盛을 이루었다는 사실을 주목해야 할 것이다.

　이로써 실학지향적 사회사조나 개경학이 조선후기 실학으로 전승·발전되는 데 있어, 前現職 개성유수들은 활발한 정치활동을 통해 중요한 역할을 한 고급관료군이자 정치집단이었다고 한다면, 송상들은 제반 경제활동을 통해 중요한 역할을 한 行商人群이자 經濟集團이라 할 수 있다.

　끝으로 개경학이 조선후기 실학으로 전승되는 데 있어 主氣派 학자들의 역할을 생각할 수 있다. 흔히, 조선후기 실학은 성리학자 徐敬德에 연원을 둔 主氣論에서 생성·발전한 것으로 인식하고 있다. 서경덕에 의해 학문적 체계를 이룬 개경학은 李珥·金長生·趙憲 등으로 이어지며 金堉·柳馨遠 등에게 적지 않은 영향을 준 주기파 학자들의 학맥을 통해 실학으로 전승되었다는 사실을 부언해 둔다.

Ⅶ. 맺음말

앞에서 일찍이 조선 초기부터 고려왕조의 수도 개성에서 생성된 실학지향적 사회사조가 16세기 前半에 개경학으로 학문적 체계를 이루어 조선후기 실학으로 전승·발전되는 과정을 살펴보았다. 맺음말에서는 앞 내용을 요약·정리하고, 또한 개경학의 역사적 의의 내지 위치를 생각해 보기로 한다.

조선 초기부터 한양문화권에서 소외된 개성에서 생성된 실학지향적 사회사조의 성격을 살펴보면 다음과 같다. 避官·隱逸지향적·末業지향적·平等지향적·文化享受權의 普遍化 내지 庶民化지향적·開放지향적·功利지향적·開城지역 중심적·佛敎信仰 지향적·비판적·探究的·민족주의 지향적 및 變化受容的인 進步的 성격 등을 들 수 있다. 개경학은 서경덕이 전성기 실학의 단초적 모습이 엿보이는 실학지향적 사회사조를 수용, 성리학에 대한 主氣論的 인식을 기반으로 학문적 체계를 이룬 것이다. 개경학은 主氣論的·獨創的·批判的·探究的·實用的·開放的·前北學的·보편적·변화수용적인 진보적 및 개성 중심적 성격을 띤 학문으로 이해할 수 있다. 이 같은 개경학의 성격은 본질적으로 실학지향적 사회사조의 성격과 공통된다. 또한, 개경학은 실학지향적 사회사조가 성리학을 지상으로 여기는 조선중기의 학계 내지 사상계에 보다 적극적으로 대응하기 위해 자기변용을 시도하는 과정에서 성립된 局地的 성격이 짙은 학문체계로 이해할 수 있을 것이다.

대체로 개경학파는 개경학의 영향을 직접·간접적으로 받은 인물들에 의해 형성되었다. 즉, 개경학파는 대체로 서경덕의 門人·後學, 개성유수 출신 인물, 개성 중심의 고려문화권에서 생장한 인물 등, 세 부류의 인물들로 형성되었다. 이들 개경학파 인물들은 여러 가지 방법을 통해 개경학을 후대에 전승하고자 노력하였다.

서경덕의 문인 등은 그들 가계와 후학에게 개경학을 전승하였다. 家學으로 개경학을 전승한 대표적 가계로는 洪霧과 尹鑴의 가계를 들 수 있다. 또한 개경학은 서경덕의 문집 『花潭集』의 編纂·增補 작업을 통해 전승되었다. 『화담집』의 편찬·증보 작업은 주로 서경덕의 문인과 후학 및 후손, 그리고 개성유수 등이 주도하였다. 한편, 『화담집』 편찬·증보 작업에 참여한 가계와 통혼한 가계 역시 개경학을 전승하였다. 尹得觀·金用謙·李山海·金世濂 등의 가계는 개경학파의 영향을 받아 개경학을 가학으로 전승하였다. 그 중 김용겸 가계는 先祖 金尙憲으로부터 개경학의 영향을 받았고, 이를 가학으로 전승하였다. 김상헌의 후손 金昌協·金昌翕 代에 북학파의 학문적 연원으로 알려진 洛論이 楊洲 소재 石室書院을 본거지로 하여 생성되었던 것으로 보인다.

김세렴의 가계는 柳馨遠을 배출하였다. 유형원은 김세렴에게 修學, 그의 학문을 직접 계승하는 한편, 許曄·南以恭·金藎國·윤휴·韓應寅·沈銓 등의 가계로부터도 영향을 받았다. 유형원은 위 인물들 외에 서경덕의 문인 李之菌, 개경학의 영향을 받은 李珥, 초기 실학자 韓百謙·李晬光·金堉·許穆 등으로부터 직접·간접적으로 개경학의 영향을 받은 것으로 보인다. 또한, 유형원은 개경학의 영향을 받은 개성유수 출신 9代祖 柳寬(1346~1433)213)·柳季聞(1383~1445)214) 父子 이래의 가학 전통을 계승하였다. 이처럼 개경학파에 의해 개경학이 초기 실학자들에게로 전승되고, 마침내 유형원에 이르러 조선후기 실학으로 학문적 체계를 이루게 되었다.

前現職 개성유수들은 진보적인 문화·정치 활동을 통해 실학지향적 사회사조를 수용한 개경학을 실학으로 전승하였다. 그들은 개성 邑誌, 특히 『松都志』의 편찬·증보 작업과 서경덕과의 직접·간접적 교유 및 서경덕 추모 詩會를 통해 개경학을 전승하였다. 또한 개경학이 다수의 개성유수를 배출한 가계의 가학으로 계승되어, 조선후기 실학으로 전승된 사례를 徐有防의 가계에서 찾아볼 수 있다. 실학자 徐有榘

---

213) 柳寬의 초명은 柳觀이다.
214) 『世宗實錄』卷107, 世宗 27年 1月 丙子.

를 배출한 서유방의 가계가 12명의 개성유수를 배출하였기 때문이다. 개성유수들이『송도지』를 편찬·증보 함으로써 개성지방에 대한 이해가 증진되어 조정 고급관료들은 물론 국왕의 개성지방에 대한 객관적 인식이 심화되기에 이르렀다. 이것은 개경학이 점차 사회 각 계층 전반으로 확대·보급 되었다는 사실을 엿보게 하는 대목이다.『송도지』를 편찬·증보 하는 과정에『中京誌』로 명칭이 바뀐 것은 개성, 또는 개경학의 역사적 위상이 국지적 범주를 벗어나 國都 내지 조선후기 실학의 차원으로 확대·인식되었다는 것을 의미한다. 뿐만 아니라 읍지『송도지』의 편찬·증보 작업을 통해 조선후기 실학의 한 學風으로 성장한 歷史地理學 발전의 일면도 엿볼 수 있다.

한편 남이공·趙翼·김육 등 개성유수 출신 고급관료들은 兩亂을 겪으면서 거의 파탄에 직면한 국가경제 내지 국가를 재건하기 위해 유수 재직중에 축적한 정치경륜을 바탕으로 실학지향적인 진보적 국가정책 운용에 적극 참여하였다. 또한 權大運·蔡濟恭 등은 상품화폐경제의 발전을 위한 획기적 국가정책의 결정·시행을 주도하는 등 실학 확대발전기의 진보적인 주요 정책운용에 적극 참여하였다. 이로써 개성유수 출신 고급관료들은 진보적인 정치활동을 통해 개경학을 조선후기 실학으로 전승하는 데 정치집단으로서 크게 기여하였다.

松商들은 제반 진보적 경제활동을 통해 개경학이 조선후기 실학으로 전승되는 데 중요한 역사적 역할을 수행하였다. 즉, 송상들은 국내외의 상업활동 및 생산활동 등, 제반 경제활동을 통해 개경학의 영역을 확대하고, 학문적 체계를 심화시켜 조선후기 실학으로 전승하는 데 기여하였다. 이들은 개경학이 조선후기 실학으로 전승·발전하여 전성기에 이르는 시기의 사회경제적 기반을 형성하는 데 중요한 역할을 했다고 생각하기 때문이다. 송상들은 실학지향적인 제반 경제활동을 통해 개성유수 출신 고급관료들 못지않게 중요한 역할을 수행한 경제집단으로 평가할 수 있을 것이다.

개경학은 서경덕의 문인이나 후학 등 개경학파의 학문 내지 문화활동과 전·현직 개성유수들이 주도한 문화활동 및 실학지향적 정치활동을 통해, 또는 송상들의 제반 경제활동을 통해 확대·발전하여, 마침내 조선후기 실학으로 전승되었다. 이로써 개성은 조선후기 실학의 요람이고, 실학지향적 사회사조 내지 개경학은 실학의 태반이라 할 수 있을 것이다.

개경학의 역사적 의의와 위치는 다음 몇 가지로 정리할 수 있겠다.

첫째, 실학의 이해시각을 실학자로부터 역사적 상황 중심으로 확대함으로써 조선후기 실학의 생성시기를 조선 초기로 소급할 수 있고, 실학의 生成地를 한양문화권에서 소외된 고려문화권의 중심인 개성으로 볼 수 있다.

둘째, 개경학이 서경덕의 문인·후학, 전현직 개성유수 및 송상 등의 활동에 의해 실학으로 전승되었다는 사실을 통해 실학의 역사적 위치를 보다 확대 인식할 수 있다. 이로써 조선후기 실학의 역사적 위치를 평가함에 있어 소수 실학자들뿐만 아니라, 특히 430여 명에 달하는(太祖代~哲宗代) 개성유수 출신 고급관료들의 실학지향적 정치활동과 송상의 실학지향적 경제활동에 주목해야 할 것이다.

셋째, 조선후기 실학의 생성·발전을 실학지향적 사회사조가 포용한 정체성의 변천을 통해 이해할 수 있을 것이다. 실학지향적 사회사조 생성기의 개성 주민은 전통문화에 대한 자긍심과 개성 중심의 지역의식이 비교적 투철하여, 인접한 한양문화권에 적극 대응하기 위한 지역적 정체성이 형성되었다. 또한 使行의 경유지로서 중국을 통해 수용되었던 외래문물과 빈번히 접촉함으로써 민족의식 내지 민족적 정체성이 형성되었다. 그러나 실학지향적 사회사조가 학문적 체계를 이룬 개경학이 局地的 성격이 짙은 학문으로서의 범주를 벗어나 조선후기 실학으로 확대·발전하게 되자 개성 중심의 국지적 정체성의 濃度는 점차 희석되는 반면, 민족적 정체성은 제고되었던 것으로 짐작된다. 이같은 사실은 후론할 대표적 실학자들의 화폐정책론에서 민족의식 내지 민족주의 지향의식이 성장·발전하는 것에서 미루어 짐작할 수 있

다.215)

    넷째, 江華學과 관련하여 개경학의 역사적 위치를 이해할 수 있을 것이다. 개경학과 강화학은 역사·지리·사회경제적인 면이나 學風 등의 면에서 볼 때, 공통성이 적지 않다. 우선, 개경학의 중심지 개성과 강화학의 중심지 江華島는 모두 고려왕조의 도읍지라는 공통된 배경을 갖고 있다. 고려문화 중심권에 포괄된 개성과 강화도에는 高麗崇尙意識 내지 高麗遺民意識 등이 地域 情緖化되어 정치·경제·사회·문화·대외관계 등 여러 면에서 성리학 중심의 한양문화권으로부터 소외되었다. 고려왕조의 수도 강화도 역시 개성처럼, 대몽항쟁 등 빈번한 대외항쟁 과정에서 민족적 정체성과 함께 조선왕조의 소외에 대응하면서 지역적 정체성이 제고되었다.216) 사회경제적인 면에서 볼 때, 개경학과 강화학 등은 末業지향적 내지 功利지향적 성격을 共有하고 있었던 것으로 보인다. 이 점은 17세기 40년대에 개성을 비롯한 강화도 등 인근 지방에서 상품화폐경제가 발전하고 제반 경제윤리가 제고되었다는 사실을 통해 짐작할 수 있다.217) 또한 개경학과 강화학은 농담의 차이가 있을 뿐 모두 反性理學的 성격을 띠고 있는 것으로 인식되고 있다. 이와 동시에 개경학이나 강화학과 조선후기 실학의 관계는 공통점이 적지 않은 것으로 보인다.218)

    다섯째, 양란으로 파탄에 직면한 국가경제 내지 국가 재건정략과 관련하여 개경학의 역사적 위치를 이해할 수 있을 것이다. 봉건 조선왕조는 양란 이후 국가 재건정략의 일환으로 北學과 함께 개경학을 수용하였다. 상품화폐경제의 발전을 비롯하여 제반 경제활동이 활발히 전개되고 사회경제의식 수준이 높은 중국과 개성을 본받아 파탄에 직면한 국가경제 내지 국가를 재건하기 위해서였다. 그리하여 김육을 비롯

---

215) 이 책, 제3장 朝鮮後期 實學의 發展 - 實學者의 貨幣政策論 중심으로 - 참조.
216) 강화문화원, 앞의 글, 1976, 56~123쪽.
217) 『潛谷全集』,「潛谷先生遺稿補遺」, 兩西請用錢疏 ;『大東野乘』卷71,「松都奇異」; 이 책, 제3장 Ⅱ, 2. 金堉의 銅錢流通論 참조.
218) 劉準基,「江華學의 學脈과 思想的 展開」,『國史館論叢』10, 국사편찬위원회, 1988.

해 남이공·이홍주·李德泂·조익·元斗杓 등 다수의 개성유수 출신 고급관료 등은 유수 재직 시에 축적한 정치경륜을 기반으로 하여 상공업진흥·화폐(동전)유통·조세의 금납화·은광개발을 제의하는 등 주요 경제정책을 주도하고 정책운용에 적극 참여하였다. 한편, 송상들은 국내상업 및 대외무역 발전을 주도하는 등 활발한 경제활동을 전개하여 농업 중심 생산양식과 성리학 중심 가치체계 등 제반 봉건 사회질서의 해체 내지 근대지향적 발전을 증진시켰다. 이 같은 시대를 배경으로 하여 개경학이 반성리학적 성격을 띤 양명학·考證學 및 西學(천주교) 등과 직접·간접적 관련을 가지며 확대·발전, 17세기 후반에는 유형원에 의해 조선후기 실학으로서 학문적 체계를 이루었다.

여섯째, 조선시대의 화폐경제 발전과정에서 볼 때, 조선 초기에 생성·발전한 실학지향적 사회사조가 16세기 前半에 개경학으로 체계를 이루어 왜란(1592~1598)에 이르는 시기의 화폐정책 및 유통경제의 발전 면에 나타난 특징을 살펴보면, 대체로 위의 시기가 포괄하는 화폐경제의 발전단계는 '화폐 유통시도기'(14세기 말~16세기 말)에219) 해당한다. '화폐 유통시도기' 초에 米·布 등 물품화폐와 칭량은화가 지배한 자연경제적 유통질서를 극복하고 楮貨·동전 등의 명목화폐를 法貨로 유통보급하려 했으나 실패를 거듭하였다. 이 과정을 통해 얻은 경험과 지식을 기반으로 16세기 후반에 물품화폐인 布貨(上幣·中幣)와 명목화폐 저화(下幣) 등을 법화로 한 화폐제도를 『經國大典』「國

---

219) 대체로 조선시대의 화폐경제 발전은, '화폐 유통시도기'(14세기 말~16세기 말)·'화폐 유통보급기'(17세기 초~90년대 말)·'화폐유통에 대한 반동기'(18세기 초~40년대 초)·'화폐경제 확대발전기'(18세기 40년대 초~19세기 60년대)·'근대 화폐제도 수용기'(19세기 60년대~20세기 초) 등 5단계로 구분할 수 있다. 화폐경제 발전단계를 구분하는 데 사용한 '화폐'라는 용어의 뜻은 조선왕조가 법적 통용력 및 경제적 신용을 부여하고 품질·무게·體裁 등을 일정하게 규격화한 國定貨幣(國幣) 또는 法定貨幣(法貨)를 의미한다. 조선 초기를 포괄하는 '화폐 유통시도기'에는 楮貨·銅錢·箭幣·布貨 등 국정화폐 또는 법정화폐를 '화폐'라고 통칭한다(元裕漢, 「조선시대 화폐사 시기구분론」, 『홍대논총』 13, 1981. 논문의 내용을 보완한 것이다).

幣條」에 규정하였다. 이로써 실학지향적 사회사조가 생성된 조선 초기에 명목화폐인 저화와 동전을 법화로 유통보급하기 위해 추진한 화폐정책의 진보적 성격은 실학지향적 사회사조가 개경학으로서 학문적 체계를 이룰 무렵, 즉『경국대전』이 체제를 정비하는 과정에서 퇴색한 것으로 볼 수 있다. 왕조당국은 포화와 저화를 법화로 유통보급하기 위해 화폐정책을 추진했으나 저화는 유통 초기부터 중단되고, 미·포 등이 유통계를 지배하였다. 당국자를 비롯한 각계 지식계층은 '화폐 유통시도기'를 거치면서 당시 국내 제반 사회경제적 여건 하에서는 '동전'이 법화로서 가장 적합하다는 사실을 공감하게 되었다. 그리하여 '화폐 유통보급기'(17세기 초~90년대 말)에는 동전만을 유통보급하기 위한 화폐정책이 거듭 추진되어 마침내 동전은 법화로서의 유통기반을 이루게 되었다.[220]

---

[220] 元裕漢, 앞의 논문, 1977 ; 앞의 논문, 1995.

제3장 朝鮮後期 實學의 發展
-實學者의 貨幣政策論을 中心으로-

Ⅰ. 머리말

　제3장에서는 상품화폐경제의 발전을 배경으로 학문적 체계를 이룬 조선후기 실학의 발전과정을 살펴보기로 하겠다. 실학의 발전과정을 보다 객관적이며 포괄·심층적으로 평가·인식하기 위해 초기 실학자 金堉(1580~1658)과 柳馨遠(1622~1673)·李瀷(1681~1763)·朴趾源(1737~1805)·丁若鏞(1762~1836) 등 대표적 실학자들의 화폐정책론과, 같은 시기의 다른 실학자 鄭尙驥(1678~1752)·柳壽垣(1694~1755)·禹禎圭(1718~1791) 등은 물론, 金藎國(1572~1657)·許積(1610~1680)·英祖(1694~1776)·朴文秀(1691~1756)·徐榮輔(1759~1816) 등 왕조당국자의 화폐정책론을 비교·고찰해 보고자 한다.
　먼저 'Ⅱ. 화폐(동전) 유통보급기'에서는 김육과 김신국의 화폐정책론, 유형원과 허적의 화폐정책론을 비교·고찰한다.
　'Ⅲ. 화폐유통에 대한 반동기'에서는 이익과 영조·정상기·유수원 및 박문수 등의 화폐정책론을 비교·고찰한다.
　'Ⅳ. 화폐경제 확대발전기'에서는 박지원과 우정규의 화폐정책론, 정약용과 서영보의 화폐정책론을 비교·고찰한다.
　위와 같은 비교·고찰을 통해 다음 몇 가지 역사적 사실을 이해하는 척도를 마련하고자 한다.

첫째, 실학자들의 화폐정책론을 같은 시기의 국왕 및 고급관료 등 당국자들의 화폐정책론과 비교·고찰하여 前·後者의 화폐정책론이 공통되는지 그 여부를 밝히고자 한다. 화폐정책론이 서로 공통된다고 하면 실학자들의 화폐정책론 내지 실학이 점하는 역사적 위치를 확대 인식할 수 있다고 생각하기 때문이다.

둘째, 실학자들의 화폐정책론의 발전이 조선후기 화폐경제의 발전단계와 일치하는지 그 여부를 밝히고자 한다. 전·후자가 일치한다면 조선후기 화폐경제사의 발전은 물론, 사회경제사의 발전을 이해하는 하나의 척도가 될 것이다.

셋째, 실학자들의 화폐정책론 발전에 대한 분석·고찰을 통해 화폐사상의 발전 및 화폐경제의 발전 등 관념론적 발전과 함께 유물론적 발전에 접근할 수 있을 것이다. 이로써 근대지향적 성격을 띤 실학자들의 화폐정책론의 발전에 대한 고찰은 봉건 조선사회의 해체 내지 근대지향적 발전을 포괄적·심층적으로 이해하는 데 하나의 척도가 될 것이다.

II. 貨幣(銅錢) 流通普及期

조선시대의 화폐경제 발전과정에서 볼 때, 金堉·柳馨遠 등 실학자와 고급관료 金盡國·許積 등의 화폐정책론은 '화폐(銅錢) 유통보급기'(17세기 초~90년대 말)를 배경으로 하여 형성되었다. 이 시기 국가 화폐정책의 목적은 물품화폐와 칭량은화 등이 지배한 자연경제적 유통질서를 극복하고 명목화폐인 동전을 法貨로 유통보급하려는 데 있었다. '화폐 유통보급기'의 왕조당국은 北學과 開京學을 양란 이후의 국가경제 내지 국가 재건정략으로 수용하여 화폐유통이 원활한 개성과 중국을 본받아 동전유통을 적극 추진하였다. 이로써 그 당시 화폐정책은 종래의 전통이나 의리 등 명분주의에 얽매이기보다는 실용·실리 등 공리지향적 방향으로 운용되었다는 점을 특징으로 들 수 있다. 그 결과 '화폐 유통보급기'의 말엽인 17세기 90년대 말에는 동전[常平通寶]이 계속 유통보급되어 마침내 국가의 유일한 법화로서 그 유통기반을 이룩하였다. '화폐 유통보급기'를 배경으로 형성된 실학자와 고급관료 등의 화폐정책론의 역사적 성격은 정도의 차이만 있을 뿐 본질적으로 공통된다는 사실을 알 수 있다.

1. 金藎國의 銅錢流通論

1) 貨幣政策論의 形成

金藎國의 동전유통론을 골자로 하는 화폐정책론을 보다 본질적으로 이해하기 위해서는 그의 생애와 시대배경을 살펴보아야 한다. 먼저, 그의 생애1)를 대강 살펴보면 다음과 같다.

김신국은 內外 주요 관직을 두루 거친 관료이자 학식이 높은 학자로, 1572년(宣祖 5) 縣監 金汲의 아들로 태어나 1657년(孝宗 8) 86세로 생을 마쳤다. 字는 景進, 號는 後㵌이고, 本貫은 淸風이다.

김신국은 徐敬德의 문인 李之菡의 조카이며 자신의 尊姑夫인 李山海로부터 학문적 영향을 받았다. 또 開京學派 南以恭과는 정치적으로는 물론, 남이공의 아들 南斗北이 김신국의 딸과 혼인한 사실에서 미루어 가계상으로도 긴밀한 관계를 맺고 있다는 것을 짐작할 수 있다. 김신국의 개경학과의 관련성은 동생 金藎國이 개성유수를 지냈다는 사실과도 무관하지 않을 것이다. 이로써 김신국의 화폐정책론에는 개경학이 포용한 사회경제의식이 투영되어 있을 것으로 짐작된다.2)

김신국은 19세 되던 1591년(선조 24)에 進士가 되었으며, 이듬해 왜란이 일어나자 嶺南에서 義兵 천여 명을 모집, 항쟁하여 승리한 戰功

---

1) 金藎國의 생애에 관한 서술 부분은 출처를 밝힐 필요가 있다고 생각되는 사항에만 각주를 달았다. 그 이외 부분의 생애에 관한 서술은 『宣祖實錄』・『光海君日記』・『仁祖實錄』・『國譯 練藜室記述』・『淸風金氏譜』 및 『韓國人名大事典』(新丘文化史刊)의 내용에 의거하였음을 밝혀 둔다.
2) 이 책, 제2장 Ⅵ. 開京學의 實學으로 傳承 참조.

으로 參奉에 特命되었다. 1593년(선조 26) 全州에서 別試文科에 응시하여 丙科로 합격, 고급관료의 길로 들어섰다. 문과합격 이후 檢閱을 거쳐 도원수 權慄(1537~1599)의 從事官이 되었다. 이 때 권율은 김신국의 능력을 높이 평가하여 "참으로 經世濟民의 재주가 있다."3)고 했다. 김신국은 1594년(선조 27) 말에 待敎가 되고, 이듬해 奉敎・記事官・注書・兵曹佐郎・司諫・司書를 역임하였다. 訓練都監이 처음 설치된 1595년(선조 28)에 都監提調 李德馨이, "김신국은 나이가 젊은데 재간과 局量이 있고, 군사에 留意하다."고 국왕에게 아뢰어 軍色郎에 임명되었다.4) 1596년(선조 29)에는 校理・兵曹正郎을, 그 이듬해에는 吏曹佐郎・副校理・獻納・接伴使 및 修撰을 거쳐 관료의 인사행정에 중요한 영향력을 행사하는 吏曹正郎이 되었다. 이어 副應敎・典翰・執義・輔德을 역임하고, 1599년(선조 32)에 司僕寺正으로 御使가 되어 關西地方을 순시하였다.

1599년 말, 北人이 大・小北으로 갈라져서 대립할 때, 소북의 領首가 되어 대북을 공격하다가 오히려 그들에 의해 관작을 삭탈 당하고 忠州에 은거, 經典을 연구하는 한편 『景賢錄』을 편찬하였다. 그가 대・소북 싸움에서 남이공과 함께 궁지에 몰려 있을 때, 司諫院은 그들을 다음과 같이 혹평하였다.

남이공과 김신국 등은 음흉・간사하고 요사・교묘한 재주가 있어서 서로 腹心이 되고, 국가정치를 멋대로 농단하였다. 이로 말미암아 官界가 혼탁하고 어지러워지는 등 함부로 방자하게 날뛰는 모습은 사람들이 분노하지 않을 수 없게 한다.5)

그러나 김신국은 충주에 은거하여 경전 연구에 몰두하고 있을 때, 주변의 많은 사람들로부터 존경을 받았던 것으로 짐작된다. 어느 날

---

3) 『國譯 練藜室記述』 Ⅳ(古典國譯叢書5), 민족문화추진회, 1966, 456쪽.
4) 위와 같음.
5) 『宣祖實錄』 卷120, 宣祖 32年 12月 丁丑.

마을에 강도가 들어 모든 사람들이 도망해 숨는 상황에서도 그는 독서에 열중하였다. 이 때 강도들이 "여기는 金學士의 독서하는 집이니 우리가 어찌 침범할 것이냐."[6]라고 했다고 한다.

김신국은 1608년(선조 41)에 보덕으로 다시 기용되었다. 이듬해 사간이 되고 翼社功臣으로서 淸陵君에 봉해졌다. 1613년(光海君 5) 大司成에 이어 평안도관찰사에 임명되어 道政뿐 아니라 關防에 관한 경험을 쌓았다. 1618년(광해군 10) 左參贊이 되고, 이듬해 同知義禁을 거쳐 戶曹判書가 되어 1623년(仁祖 1) 仁祖反正이 일어나기까지 재직한 것으로 보인다. 당시 호조판서는 왜란으로 파탄에 직면한 국가의 경제문제를 주관하는 주요 직책으로서, 그는 여섯 차례에 걸쳐 호조판서가 되어 국가의 제반 경제정책 운용을 담당하였다.[7] 이 같은 사실을 미루어 볼 때, 김신국은 국가재정 내지 경제정책의 운용에 남다른 능력이 있었다고 할 수 있겠다.

인조반정으로 光海朝에 받은 勳爵을 삭탈 당했으나 그 해 말, 평안도관찰사가 되어 後金의 침략에 대비해 城池를 수축하고 군량을 비축하는 일에 힘썼다. 이듬해 1624년(인조 2) 平山府使에 특명되고, 평안병사이며 副元帥인 李适(1587~1624)이 반란을 일으키자 그의 武將職을 대행하기도 하였다. 뒤이어 御營廳贊劃使・刑曹判書・判尹을 거쳐 1625년(인조 3) 謝恩使에 임명되어 아마 이 때 처음으로 중국 문물제도를 견문・체험하게 되었던 것으로 짐작된다.

1625년 판윤을 거쳐 다시 호조판서에 임명된 그는 파탄에 직면한 국가경제 재건책의 일환으로서, 재정지출의 節制 및 魚・鹽의 利 등 海利의 收取와 함께 銅錢 주조유통론을 구상・건의하였다. 이 세 가지 건의사항 가운데 동전 주조유통론만이 국왕의 재가를 받았다. 그가 주도한 이 화폐정책은 1627년(인조 5) 일어난 丁卯胡亂으로 인해 중단되었다.

---

6) 『國譯 練藜室記述』 Ⅳ(古典國譯叢書5), 민족문화추진회, 1966, 456쪽.
7) 『淸風金氏譜』 참조.

정묘호란 때 그는 호조판서로서 李廷龜(1564~1635)와 함께 후금의 사신과 和約을 논의·결정하는 임무를 맡았다. 한편, 特進官으로서 經筵에 참석하여 號牌法 운용법의 개선을 건의하고, 국가재정 보완책으로서 端川銀鑛開發의 활성화 방안을 건의하여 국왕의 재가를 받았다.[8] 그리고 후금은 물론 일본에 대응할 국방정책을 구상하여 건의하는 등, 당시 봉건 조선왕조가 대내외적으로 직면한 시련을 극복하기 위해 정책을 입안하고 시행하는 데 적극 참여하였다.

1630년(인조 8) 공조판서가 되고, 이듬해 호조판서가 되어 賑恤使를 겸직하였다. 이후 호조판서로서 追崇都監提調·江都句管을 겸직했으며, 1634년(인조 12)에 병조판서가 되었다. 이로써 병조좌랑·정랑을 거쳐 국가의 군사정책을 총괄하는 병조의 최고책임자가 되었다. 그는 호조판서로서 1634년 경연에 나갔을 때, 국왕이 廷臣들에게 동전유통의 가능성 여부를 묻자 일부 정신들과는 달리 가능하다는 답을 하였다.

1636년(인조 14) 호조판서로서 병자호란을 맞아 국왕을 모시고 남한산성으로 피난하였다. 그는 崔鳴吉 등과 함께 여러 차례에 걸쳐 淸軍營에서 화약을 논의하는 임무를 맡기도 했으나, 오랑캐와 끝까지 싸울 것을 주장하였다. 1640년(인조 18) 3월 병자호란으로 볼모가 된 昭顯世子의 貳師가 되어 瀋陽에 갔으나, 한 달 후에 老病을 조리하기 위해 귀국하였다. 5년 뒤인 1645년(인조 23)에 判義禁府事가 되고, 孝宗朝에 들어와서는 판의금부사·判中樞府事를 거쳐 1652년(孝宗 3)에 공조판서가 되었다. 말년에는 領中樞府事로서 예조판서를 겸직하고, 官界를 떠나서 耆老社에 入社하였다. 1657년(효종 8) 86세로 일생을 마치고, 경기도 양주군 美金面 金谷의 先塋에 묻혔다.[9]

대체로 김신국은 조선후기 화폐경제 발전과정에서 볼 때 '화폐 유통 보급기'(17세기 초~90년대 말) 前半(17세기 초~50년대 말), 즉 선조

---

8) 『光海君日記』卷36, 光海君 2年 12月 戊寅 ; 『仁祖實錄』卷10, 仁祖 3年 9月 己酉 ; 卷16, 仁祖 5年 5月 庚午.
9) 『淸風金氏譜』참조.

말엽·광해군·인조·효종조를 포괄하는 시기의 화폐경제 발전을 경험하면서 국가의 화폐정책 운용에 참여하였다. 특히, 인조조의 화폐정책 운용에서 주도적인 인물로 활동한 것으로 보인다.

봉건 조선왕조는 왜란 말기, 즉 1598년(선조 31) 4월에 파탄에 직면한 국가재정 보완책으로서 동전 주조유통 문제를 둘러싸고 심각한 논의를 거듭하였다. 그 직접적인 동기는 援軍으로 온 明軍經理 楊鎬가 전란 후 고갈된 국가재정을 보완하기 위해 萬曆通寶의 주조유통 문제를 건의한 데 있다.10) 양호의 건의는, 전란으로 피폐해진 사회경제적 여건 하에서 동전의 주조유통을 강행할 경우, 이득보다는 손실이 클 것이라는 반론이 우세하여 실현되지 못했다. 그 해 6월 경리 양호가 萬世德과 교체된 사실이 다른 한 이유가 되었을 것으로 짐작된다.11)

일단 중단되었던 동전의 주조유통 논의는 1603년(선조 36) 6월에 다시 영의정 이덕형에 의해 제기되었다. 그는 米·布 등 物品貨幣만 유통됨으로써 본업인 농업이 병들고 나라는 빈궁해진다는 점을 지적하면서 목전의 궁핍한 경비와 의외의 재정수요에 대응하기 위해 동전의 주조유통을 제의하였다. 이 같은 건의는 동전원료가 부족하고, 화폐 유통정책을 합리적으로 운용할 수 없다는 문제점 등을 지적하는 反論에 부딪혀 실현되지 못하였다.12)

선조조에 실현되지 못했던 동전 주조유통 문제는 광해군대를 지나 인조조에 들어 다시 제기되었다. 선조조에 동전 주조유통에 대한 최초의 논의가 明將 양호에 의해서 제기되었다고 하면, 인조조 역시 椵島에 입거한 명장 毛文龍의 영향을 받아 제기되었던 것으로 보인다. 즉 1623년 5월 호조판서 李曙(1580~1637)는, 모문룡이 銀 3만 냥을 내어 糧餉과의 교환을 독촉하고 있으니, 그 대응책으로서 鹽場을 廣設, 수

---

10) 『宣祖實錄』卷99, 宣祖 31年 4月 丙辰.
11) 元裕漢,「李朝 肅宗時代의 鑄錢에 對하여」, 『史學硏究』 18, 1964 ;「朝鮮後期의 金屬貨幣流通政策 - 17세기 전반의 동전유통시도기를 중심으로 - 」, 『東方學志』 13, 1972.
12) 『宣祖修正實錄』卷37, 宣祖 36年 6月 丙戌.

만 석의 쌀을 마련하는 한편, 그가 바친 은으로 大明通寶를 수입하여 널리 사용할 것과 동전을 私鑄하여 쓸 것을 국왕에게 건의하였다. 국왕이 이 문제를 대신들과 논의할 것을 지시한 것으로 미루어, 조정에서 대명통보의 수입과 동전 사주에 관한 논의가 있었던 것으로 짐작되나 정책에는 반영되지 못했던 것으로 보인다.13)

그러나 1623년 5월 10일부터 戶曹草記에 따라 前日 주조하여 호조에 보관중인 '一銖錢'(朝鮮通寶) 4천 냥을 풀어서 用刑衙門의 收贖(罰金) 및 米糧, 各司의 作紙(手數料)로 試用하게 하였다. 사람들이 舊習에 젖어 동전을 사용하지 않음으로써 이미 주조한 동전이 장차 무용이 될 형편이라 하였다. 이에 7월 호조의 건의에 따라서 관청의 作紙와 贖木을 동전으로 수납하지 않으면 해당 관리를 처벌하기로 결정하였다.14)

동전을 주조하지 않고, 이미 주조해 보관중인 극히 한정된 수량의 동전만을 일부 公納에 시험적으로 사용한 조치는 별 성과를 거둘 수 없었던 것으로 보인다. 2년 후인 1625년에 동전 주조유통에 대한 논의가 다시 제기되었다. 모문룡은 동전 주조유통 건의가 받아들여지지 않자, 그 해 2월에 여러 차례에 걸쳐 銅을 요구해 왔다는 기록이 보인다. 분명하지는 않으나 동전원료로 사용할 목적으로 동을 요구한 것이 아닌가 짐작된다.15)

이후 국내 관료에 의해 다시 동전의 주조유통 문제가 제기되었다. 호조판서 김신국이 1625년 10월 동전을 주조유통할 것을 건의하였다. 그는 국왕의 재가를 받아 조선통보로 짐작되는16) 동전의 주조유통을 시도하였으나,17) 1627년에 일어난 정묘호란으로 중단되었다. 金起宗

---

13) 『仁祖實錄』卷2, 仁祖 1年 5月 丙申.
14) 『仁祖實錄』卷2, 仁祖 1年 7月 庚子.
15) 『仁祖實錄』卷8, 仁祖 3年 2月 戊申.
16) 1633년(인조 11)에 주조유통하기로 한 銅錢의 錢文을 '八分書 朝鮮通寶'로 바꿔 종래에 주조된 '楷書 朝鮮通寶'와 구분하게 한다고 한 사실을 미루어 짐작할 수 있다. 1633년 이전에는 200년 전, 즉 世宗祖에 주조한 전문이 해서로 된 조선통보 밖에 다른 전문의 동전이 주조된 일이 없기 때문이다.

(1585~1635)이 판서로 재직중인 1633년(인조 11)에 호조의 건의로 동전 주조유통이 결정되고, 明의 만력통보를 본뜬 八分書 朝鮮通寶의 주조유통이 시도되었다.18) 이듬해 말에 김신국이 호조판서가 되어 다시 국왕을 비롯한 주변의 기대를 모으며 화폐정책을 주도했던 것으로 보이나,19) 역시 1636년(인조 14)에 일어난 丙子胡亂으로 중단되었다.

1644년(인조 22) 金堉이 외교사절을 따라 중국에 들어가서 동전이 원활히 유통되고 있는 것을 견문·체험하고 돌아와 황해도와 평안도에 동전을 시험적으로 유통할 것을 제의하였다. 이와 동시에 은으로써 中國銅錢을 값싸게 수입하여 유통할 것을 제의하였다. 김육은 1647년(인조 25)에 다시 開城에서 동전이 중국처럼 원활히 유통되고 있다는 사실을 들어 평안도에 동전을 시험적으로 유통해 볼 것을 제의하였다. 이상 두 차례에 걸친 김육의 제의는 그 때마다 국왕을 비롯한 대다수 관료들의 동의를 얻지 못해 실현되지 못하였다.

김육은 1650년대를 포괄하는 효종조에 들어와서는 국왕의 두터운 신임을 받으면서 10년을 기한으로 화폐 유통정책 운용을 주도하였다.20) 이로써 선조 말엽·광해군·인조·효종조를 포괄하는 '화폐 유통보급기' 전반의 화폐정책은 김신국이 죽기 1년 전인 1656년(효종 7)에 중단되고 말았다.

한편 인조 및 효종조에는 중국에서 수입했거나 국내에서 주조한 각종 동전을 유통보급하기 위해 다음과 같은 여러 가지 유통방안을 내놓았다.

첫째, 국가의 화폐정책에 대한 일반 민중의 불신감을 해소하고, 동전은 지속적으로 유통될 법화라는 사실을 확신시키려 하였다. 기존의 상업조직은 물론 常設店鋪를 설치하여 크고 작은 거래에 동전을 사용하

---

17) 『仁祖實錄』 卷10, 仁祖 3年 10月 壬寅.
18) 『仁祖實錄』 卷28, 仁祖 11年 10月 甲戌.
19) 『仁祖實錄』 卷30, 仁祖 12年 9月 戊辰·壬午 ; 卷30, 仁祖 12年 10月 辛丑 ; 卷30, 仁祖 12년 11월 癸巳·甲戌.
20) 이 책, 제3장 Ⅱ, 2. 金堉의 銅錢流通論 참조.

게 함으로써 민중에게 화폐가치를 인식시키려 하였다. 常平廳은 동전을 소유한 민중에게 쌀을, 쌀을 가진 자에게는 동전을 바꿔줌으로써 유통계의 통화량을 적절히 조절하는 한편, 화폐의 公信力 내지 兌換力을 강화하려 하였다. 그리고 公權力을 배경으로 국가 수입・지출의 貨幣化를 통해 公・私 유통계에 동전유통을 확대・보급하려 하였다.

둘째, 당시 유통계 일면에서 화폐 기능을 담당하고 있는 물품화폐의 일종인 품질 나쁜 포, 즉 麤布의 사용을 금지함으로써 동전의 유통영역을 확대하려 하였다.

셋째, 중앙에서 각 지방에 관료를 파견하여 그 지방의 화폐 유통보급에 관한 업무를 관리・감독하는 등 동전의 유통보급 업무를 독려하였다.

넷째, 화폐 유통보급의 효율화 방안으로서 중앙에서 동전을 주조하여 각 지방으로 운송하는 불편을 없애기 위해 각 지방 관청으로 하여금 현지에서 동전을 주조유통하게 하였다.21)

김신국이 견문・체험한 '화폐 유통보급기'는 開京學이 조선후기 實學으로 傳承되어 柳馨遠에 의해 학문적 체계를 이루는 시기에 해당한다. 또한, 이 시기를 개경학이 실학으로 전승되는 문제와 관련하여 생각해 볼 때, 趙翼・李德泂・李弘胄・洪霧・鄭頭源・남이공・김육・元斗杓・김시국 등 개성유수 출신 고급관료들이 상업진흥, 대동법의 확대시행, 동전의 주조유통, 은광개발 및 조세의 금납화 등 진보적인 제반 국가정책 운용에 참여하거나 주도하고 있다는 점이 주목된다. 이와 함께 개성유수 출신이 아닌 관료학자 김신국도 개경학의 영향을 받아 이를 화폐정책론에 반영했을 뿐만 아니라, 개경학을 실학으로 전승하는 데 있어 일정한 역할을 했을 가능성이 크다.22)

---

21) 元裕漢, 『朝鮮後期 貨幣史硏究』(韓國硏究叢書29), 한국연구원, 1975.
22) 이 책, 제2장 Ⅵ. 開京學의 實學으로 傳承 참조.

2) 貨幣 價値認識論

조선왕조 화폐정책 특징의 하나로서 왕조 초기에 고려시대부터 사용한 銀甁·銀標 등 칭량은화의 유통을 금지하였다는 점을 들 수 있다. 그리고 米·布 등 물품화폐 유통체제를 극복하고, 楮貨·銅錢 등 명목화폐를 유통보급하기 위해 화폐정책을 의욕적으로 추진하였다. 화폐정책이 시행착오를 되풀이하자, 한때 箭幣와 같은 물품화폐의 유통을 시도했으나, 마침내 布貨와 저화를 法貨로 규정하여 유통보급을 시도하였다. 조선왕조는 물품화폐 포화를 上幣·中幣로 하는 반면, 명목화폐 저화를 下幣로 규정하고 유통정책을 추진했으나, 역시 실패하고 公·私 流通界는 미·포 등 물품화폐가 지배하였다.[23]

그러나 金藎國의 경우, 조선 초기부터 유통금지된 칭량은화가 국내 유통계에서는 물론 대외무역의 주요 결제수단이 된다는 이유로 그 가치를 높이 평가·인식했던 것으로 보인다. 김신국이 金堉의 경우처럼,[24] 물품화폐가 지배하는 유통계에 일어난 제반 사회경제적 폐단을 극복하기 위해 銀鑛開發을 주장했던 사실에서 미루어 짐작할 수 있다.[25]

김신국은 조선 초기 이래로 국가 화폐정책이 일관되게 추구했듯이, 미·포 등 물품화폐의 유통을 극복대상으로 평가·인식했던 것으로 보인다. 조선전기의 화폐정책은 물품화폐 유통체제를 극복하고 명목화폐를 법화로 유통보급하기 위해 의욕적으로 추진되었으나, 시행착오를 거듭하였다. 조선 초기 이래로 화폐정책을 추진하는 과정에서 왕조당

---

23) 元裕漢, 앞의 책, 1975.
24) "우리나라는 物産이 적고 諸國의 화폐가 통용되지 않는다. 오직 米·布(實物貨幣)만을 사용하고 달리 통용되는 화폐가 없는데, 진실로 이것이 나라와 백성이 함께 궁핍해지는 까닭이다. 前日 銅錢을 사용하고자 했으나, 전란(정묘호란)으로 중지된 것이 可惜하다. 국내의 여러 산에는 銀穴(鑛)이 심히 많은데 만약 백성에게 채굴하여 사용하도록 허가하고 官에서 (鑛)稅를 거두면 民力을 부리지 않고도 公用은 自足될 것이다."(『潛谷全集』 卷3, 疎箚論兩西事宜疎, 丁卯 6月/성균관대학교 대동문화연구원간행, 1975).
25) 『仁祖實錄』 卷16, 仁祖 5年 5月 庚午.

국자를 비롯한 각 계층이 당시 국내의 사회경제적 현실로 보아 동전이 법화로서 가장 적합한 명목화폐라는 사실에 대해 공감했던 것으로 보인다.

倭亂 전후부터는 거의 동전 주조유통을 중심으로 화폐정책 문제가 제기·논의되었으며, 법화로서의 동전에 대한 가치인식도 심화되었다. 李珥(1536~1584)는 우리나라에서 미·포 등 물품화폐 이외의 다른 화폐가 사용되지 못하고 있기 때문에 국가와 국민이 겪는 어려움이 크다는 점을 지적하고, 이를 극복하기 위해서 紙幣보다는 동전을 사용하는 것이 유리하다고 하였다.[26] 趙憲(1544~1592)도 화폐의 유통을 긍정적 입장에서 이해하였던 것으로 보인다. 이것은 그가 일본에서 銀錢을 사용한다는 사실을 지적하면서, 화폐경제의 발전이라는 면에서 그들이 우리보다 앞섰다는 사실을 선망하고 있다는 사실에서 엿볼 수 있다.[27] 李德馨(1561~1613)은 미·포 등 물품화폐만 유통함으로써 본업인 농업이 병들고 나라는 빈궁해진다는 점을 지적하면서, 목전의 궁핍한 경비와 의외의 재정수요에 대응하기 위해 동전을 주조유통할 것을 제의하였다.[28] 흔히 김육과 함께 초기 實學者로 알려진 李晬光(1563~1628)은 나라를 부유하게 만드는 길이 錢幣(동전)에 있으므로 동전을 사용하면 나라가 스스로 裕足해진다고 하였다.[29] 김신국 역시 동전이 법화로서 가장 적합하다고 생각하여 1625년(인조 5) 동전 주조유통을 제의하였을 것이며, 그의 화폐 가치인식론 역시 동전을 중심으로 이루어졌을 것이다.

   그러면 우선 동전으로 술이나 음식을 먹을 수 있는 법을 제정하여, 주리고 목마른 자가 1錢만 가지고 시장에 들어가면 곧바로 취하고 배

---

26) 『增補文獻備考』 卷159, 「財用考」 6, 錢貨.
27) 金龍德, 「北學派思想의 源流研究 - 重峰의 實學思想 - 」, 『東方學志』 15, 1965, 73~104쪽.
28) 『宣祖修正實錄』 卷37, 宣祖 36年 6月 丙戌.
29) 『芝峰類說』 卷3, 「君道部」, 制度 ; 元裕漢, 「芝峯 李晬光의 國富論」, 『貨幣界』 Vol 7-9·7-10, 1979.

부를 수 있게 되는 이익을 알도록 해야 합니다.……이런 방법으로 작은 것에서 큰 것으로 안에서 밖으로 확대 적용해 가면, 糧食을 싸 가지고 다닐 필요가 없고 穀物을 흘려버리는 일도 없어 온 나라의 통용하는 화폐가 될 것이니,……30)

김신국은 동전이 법화로서 가장 적합하고, 자연발생적으로 유통되는 칭량은화 유통의 필요성을 인정하며, 조선 초기 이래로 국가 화폐정책이 일관되게 추구했듯이 곡물 등 물품화폐의 유통을 극복해야 한다고 생각하였다. 동전을 가장 이상적 형태의 법화로 생각한 김신국은 동전의 기능과 가치를 다음과 같이 평가·인식하였다.

첫째, 동전의 주조를 적은 경비를 투입하여 최단 시일 내에 가장 많은 수량의 財貨를 마련할 수 있는 방안으로 생각하였다. 그는 왜란 이후 동전 주조유통을 주장한 대부분의 인물이 그러하듯이, 전란으로 파탄에 직면한 국가경제 재건책의 일환으로 동전의 주조유통을 주장하였다.

> ……지금 국가의 비축은 고갈되고 재정지출은 절제가 없어서 각 관청은 하루의 경비를 조달하기 어렵고 큰 창고에는 수개월 지탱할 재화가 없습니다.……臣[김신국]은 밤낮으로 생각하여 감히 세 가지 방안을 올립니다. 그 첫째는 국가의 재정지출을 절제하는 것입니다.……그 둘째는 銅錢을 주조유통하는 것입니다.……그 셋째는 海利를 수취하는 것입니다.……31)

김신국은 국가의 심각한 재정난을 극복하기 위한 방안으로서 재정지출의 절제, 어·염의 利 등 海利의 收取와 함께 동전 주조유통을 건의했던 것이다.

둘째, 김신국은 동전 주조유통을 전란 후 파탄에 직면한 국가 재정

---

30) 『仁祖實錄』 卷13, 仁祖 4年 6月 戊午.
31) 『仁祖實錄』 卷10, 仁祖 3年 10月 壬寅.

난을 극복하는 데 있지만, 보다 巨視的으로는 동전의 주조유통을 利用厚生의 실천방법으로 생각하였다. 그는 민중의 경제생활을 풍요롭게 하고 후손을 행복하게 하는 방안으로 동전의 주조유통을 주장하였다. 즉, 동전 주조유통을 經世致用·實事求是와 함께 조선후기 실학의 성격을 특징짓는 이용후생의 실천방법으로 생각하였다는 점을 주목해야 할 것이다.

 ……지금 殿下[인조]께서 등극하셨으니, 利用厚生에 있어 옛 제도를 상고하시고, 선왕의 뜻을 준행하여 一國에 통용할 화폐를 만들어서 백성의 재산을 부유하게 하고, 후세를 행복하게 만드는 것은 지금이 바로 그 때입니다.32)

 김신국이 1620년대에 '이용후생'과 같은 실학적 용어를 사용할 수 있었던 것은 앞에서 지적했듯이, 조선후기 실학으로 전승되는 開京學의 영향을 받았기 때문인 것으로 보인다. 그와 함께 이수광·김육 및 柳馨遠(1622~1673) 등도 역시 '화폐 유통보급기'의 화폐정책 내지 유통계 현실을 견문·체험하고 화폐정책론을 구상·제시하였다. 이수광·김육·유형원 등의 화폐정책론은, 대체로 그들이 이용후생의 실천방법으로서 동전 주조유통론을 주장하고 있다는 사실을 통해 이해할 수 있다.33) 그들의 화폐정책론에는 관료학자 김신국의 화폐정책론처럼 '이용후생'이란 용어로는 표현되고 있지 않은 것으로 알고 있다.
 셋째, 역사적으로 볼 때 김신국이 일찍부터 국내외에서 동전의 주조유통을 시도한 것은 그것이 나라를 다스리는 데 중요한 제도라는 인식을 바탕으로 한 것으로 보인다. 그는 화폐(동전)제도를 국가 지배체제의 구성요건으로 평가·인식하여 동전의 주조유통을 주장했던 것이다.

---

32) 『仁祖實錄』 卷10, 仁祖 3年 10月 壬寅.
33) 元裕漢, 앞의 논문, 1979 ; 「實學者의 貨幣經濟論」, 『東方學志』 26, 1981 ; 이 책, 제3장 Ⅱ, 2. 金堉의 銅錢流通論·3. 柳馨遠의 銅錢流通論 참조.

……그 둘째는 동전을 주조유통하는 것입니다. 동전을 화폐로 삼은 것은 먼 옛날부터 시작된 일입니다. 혹은 金이라 하고, 혹은 泉이라 하고, 혹은 貨라고도 하여 시대에 따라서 그것이 서로 다르게 일컬어지고 있으나, 실질적 의미는 동일한 것이었습니다. 先王들은 동전 하나로써 人事를 다스리고 천하를 태평하게 하였습니다. 후세에 이르러 동전의 사용이 점점 보급되어 우리 나라 역시 일찍이 동전을 사용했던 일이 있습니다.……34)

김신국은 정치의 운용에서 화폐, 즉 동전 주조유통이 점하는 역사적 의미를 매우 중요하게 평가·인식했음을 짐작할 수 있다.

넷째, 김신국은 화폐의 기초적 기능인 동전의 교환매개 기능 내지 가치를 중요시했던 것으로 짐작된다. 그는 우매한 민중들에게 동전의 경제적 가치를 주지·인식 시키기 위해 店鋪를 설치하고 동전으로 술과 음식의 거래를 매개하게 하였다.35)

이러한 김신국의 화폐 가치인식은 당시의 사회경제적 여건과 맞물려 동전의 주조유통에 대한 보다 폭넓은 인식을 가능케 한 것으로 보인다.

첫째, 秤量銀貨의 국내 생산은 적은데 수요량은 증가됨으로써 칭량은화의 통화기능이 한계를 드러내자 이를 보완하기 위해 동전을 주조유통하였다. 칭량은화는 조선 초기 이래로 국내 유통은 물론 국외 유출을 엄격히 금지하였다. 倭亂 중에 칭량은화의 유통이 허락되자, 國內外의 통화로서 중요한 역할을 담당하였다.

둘째, 왜란에 참전한 明將 楊鎬 등 중국 측의 영향은 동전을 주조유통시킨 간접적 동기가 되었다.36) 그리고 이후 명장 毛文龍 등은 전란 중에 군량을 비롯한 거액의 군사비를 마련하기 위해 동전의 주조유통을 제의하였다.37) 이 같은 명장의 제의는 조정에서 동전 주조유통 문

---

34) 『仁祖實錄』 卷10, 仁祖 3年 10月 壬寅.
35) 『仁祖實錄』 卷13, 仁祖 4年 閏6月 戊午.
36) 『宣祖實錄』 卷99, 宣祖 31年 4月 丙辰.
37) 『仁祖實錄』 卷8, 仁祖 3年 3月 己酉.

제를 심각히 논의하는 계기가 되기도 하였다.

셋째, 고려 및 조선 시대의 화폐문제에 관한 지식은 동전의 주조유통을 건의한 배경이 되었다.[38] 또한 김신국이 大·小 관료직, 특히 여러 차례 호조판서를 역임하며 축적한 화폐정책에 대한 경륜 역시 동전의 주조유통을 건의한 심리적 배경이 되었을 것으로 짐작된다.

넷째, 물품화폐 및 칭량은화의 유통체제는 극복되어야 하기 때문에 명목화폐 유통을 필요로 하는 사회경제적 요구에 대응해 동전 주조유통을 건의하게 되었을 것으로 보인다. 이는 김육과 유형원 등이 국내의 사회경제적 제반 여건이 화폐경제가 발전한 중국과 차이가 없으므로 동전을 주조유통하자고 거듭 주장한 사실에서 미루어 짐작할 수 있다.[39]

3) 銅錢 鑄造流通論

위에서 관료학자 金藎國의 화폐정책론이 형성된 배경을 이해하기 위해 그가 주로 활약한 '화폐 유통보급기' 前半(17세기 초~50년대 말)에 봉건 왕조당국이 추진한 화폐정책의 전개과정을 대강 살펴보았다. 당시의 화폐정책 추진·전개 과정에서 김신국이 1625년(仁祖 3)에 국왕에게 건의하여 실시한 화폐정책론, 즉 그의 동전 주조유통론의 내용은 과연 어떠한 것이었는지 살펴보도록 하겠다.

(1) 銅錢 鑄造管理論

김신국이 위에서 살펴본 화폐 가치인식론을 바탕으로 동전 주조사업을 어떻게 관리·운용하고자 하였는지에 대해서는, 우선 그의 동전 주조유통에 대한 역사적 인식을 살펴보아야 할 것 같다.

……우리 동방에서도 일찍이 (銅)錢을 사용하였습니다. 고려 成宗

---

38) 『仁祖實錄』 卷13, 仁祖 4年 閏6月 戊午 ; 卷14, 仁祖 4年 9月 己丑.
39) 이 책, 제3장 Ⅱ, 2. 金堉의 銅錢流通論·3. 柳馨遠의 銅錢流通論 참조.

때에 처음 鐵錢을 사용했고, 肅宗 때는 나라 사람들이 모두 (銅)錢을 사용하는 것이 이로운 줄을 알았는데, 三韓重寶・東國通寶・海東重寶 같은 것들로 그 명칭이 한결같지 않았습니다. 그리고 공민왕 때에 宋나라의 會子를 본받아 비로소 고려에 楮貨가 통용되게 되어 (동)전 사용이 조금 쇠퇴하게 되었던 것입니다. 우리 조정에 들어와서는 저화를 專用하다가 태종대왕에 이르러서 처음으로 동전의 사용을 의논하게 되었고 동전의 주조가 시작되었으나 마침 논의가 歸一되지 않자 獻廟가 부득이 그 혁파를 명하면서 '후세에 明君이 나오면 이것을 사용하게 될 것이다.'라고 하였습니다. 이는 그 때 저화가 성행하고 있었기 때문에 서로 방해됨이 있을까 염려하여 그랬던 것으로, 聖人이 남긴 뜻을 알 수 있습니다. 이제 聖神하신 전하께서 등극하셨으니, 利用厚生에 있어 옛 제도를 상고하시고 선왕의 뜻을 준행하여 일국에 통용할 화폐를 만들어서 백성의 재산을 부유하게 하고 후세를 행복하게 만드는 것은 지금이 바로 그 때입니다.[40]

김신국은 동전을 주조유통한 고려시대 이후의 동전 주조유통에 관한 역사적 사실을 그 나름으로 평가・인식하고 있다. 그러나 동전 주조유통에 대한 그의 인식에는 부분적인 오류가 있고 중요한 사항을 간과한 부분도 보인다. 고려시대에 송나라 會子를 모방하여 楮貨를 만들어 쓰려 한 것은 恭愍王 때가 아니고 恭讓王 때이며, 조선왕조 太宗朝에는 동전의 주조유통이 논의되었을 뿐이고 世宗 때 주조유통이 시도되었다는 사실을 간과하고 있는 점이 그 대표적 예라 하겠다.[41] 어쨌든 김신국은 고려시대 이후의 동전 주조유통 사실에 대한 관료학자 나름의 인식을 기반으로 하여 전란 이후 파탄에 이른 국가재정 보완책 내지 이용후생의 실천방안으로서 동전 주조유통을 건의, 실시하게 하였다.

김신국은 동전은 주조유통해야만 하며 또한 유통보급될 수 있다는 신념을 가지고 화폐정책 운용에 임했던 것으로 보인다.[42] 먼저, 김신

---

40) 『仁祖實錄』卷10, 仁祖 3年 10月 壬寅.
41) 元裕漢, 앞의 책, 1975.

국이 관장한 호조가 추진한 동전 주조사업을 살펴보자.

1625년 10월에 동전을 주조유통하자는 호조판서 김신국의 건의가 받아들여지고,43) 그 해 11월에 호조의 제의에 따라 仁慶宮에 '鑄錢廳'이 설치되는 등, 동전 주조사업에 착수하여 朝鮮通寶를 주조한 것으로 짐작된다.44) 일찍이 고려 肅宗朝에 동전 주조사업을 관리하기 위한 임시기관으로 '鑄錢都監'을, 또한 조선왕조에 들어와서는 世宗朝에 중앙과 지방 각지에 '鑄錢所'를 설치한 역사적 사실이 있다.45) 조선후기에는 인조조에 주전청이 인경궁에 처음으로 설치되었다. 그 이후 英祖시대에 한때 주전청이 설치되었다. 그 중요한 동기는 1678년(숙종 4) 이래 銅錢(常平通寶)을 중앙 및 지방 관청과 軍營에서 분산적으로 주조하는 데서 오는 폐단을 막고, 동전 주조사업을 중앙에서 집중적으로 관리운용하자는 데 있었다.46)

주전청을 설치하고 8개월이 지난 1626년(인조 4) 윤6월까지도 호조의 上啓文에 따르면, 동전 주조사업은 부진했던 것으로 보인다.

……동전의 주조유통에 관한 일은 이미 지난해(1625) 겨울에 조정에서 논의하여 국왕께 올려 결정되었습니다. 그럼에도 불구하고 동전 주조기술자의 수가 적어서 주조한 동전이 많지 않은 데다가 禮葬都監과 延接都監의 업무가 계속 있어서 동전을 주조하는 일에 경황이 없어 몇 개월 간 중단되었습니다. 지금 주전기술자들을 불러모아 동전을 주조하기 시작하였습니다.……지금 주조 완료된 동전은 겨우 6백 관(6천 냥)으로 매우 적은 수량입니다.……47)

주전청 설치 후 8개월이 지날 때까지 기술자의 動員難과 禮葬 및

---

42)『仁祖實錄』卷30, 仁祖 12年 9月 壬午.
43)『仁祖實錄』卷10, 仁祖 3年 10月 壬寅.
44)『仁祖實錄』卷10, 仁祖 3年 11月 壬戌.
45) 崔虎鎭,『韓國貨幣小史』, 瑞文堂, 1974 ; 元裕漢, 앞의 책, 1975, 11~17쪽.
46) 元裕漢, 앞의 책, 1975, 65~71쪽.
47)『仁祖實錄』卷13, 仁祖 4年 閏6月 戊午.

中國使臣 迎送이 계속되어 동전주조가 중단되는 등 동전 주조사업이 부진, 주조된 동전이 6천 냥 정도에 지나지 않았다. 따라서 김신국은 동전 유통정책이 중단되지 않을까 심히 우려하였다. 이 같은 사실은 동전 주조유통을 결정하고 1년이 지난 1626년 9월 經筵에서 국왕과 김신국 사이의 대담 내용을 통해 알 수 있다.48) 중단을 우려했던 동전 주조사업은 주전기술자의 동원난, 인조의 소극적인 태도 등 여러 가지 이유로 부진하던 중, 1627년(인조 5) 1월에 일어난 丁卯胡亂으로 중단되었다.49)

(2) 銅錢 流通普及論

김신국은 동전 주조사업을 추진하는 한편, 비록 실적은 부진하였으나 주조한 동전의 유통보급을 시도하였다. 우선, 동전 주조유통 문제를 중요한 정책적 과제로 생각하고 있었기 때문에, 동전이 지속적으로 유통될 수 있는 法貨라는 점을 민중에게 확신시킬 필요가 있었다.

······(김)신국이 아뢰기를, 대체로 민중은 國法(동전 주조유통법)을 불신하여 동전을 많이 買入, 占有하려 하지 않기 때문에 동전이 귀하게 여겨지지 않아 그 사용이 어려워지는 것입니다. 조선왕조 초기에 동전을 사용하였을 때, 먼저 宗廟에 告한 뒤에 사용한 것도 대개 그 사실을 중요하게 생각해서 그랬던 것입니다.······50)

동전 유통방법 내지 화폐정책에 대한 백성의 不信이 동전 유통보급을 어렵게 하는 중요한 원인임을 지적한 것이다. 이를 극복하기 위해서는 조선왕조 초기에 그러했던 것처럼, 동전을 주조유통한다는 사실을 먼저 宗廟에 알리는 절차가 필요하다고 하였다. 또한 그는 고려시대의 역사적 사례를 들면서,51) 민중들이 동전유통의 가능성을 확신할

---

48) 『仁祖實錄』 卷14, 仁祖 4年 9月 己丑.
49) 『仁祖實錄』 卷28, 仁祖 11年 10月 甲戌.
50) 『仁祖實錄』 卷14, 仁祖 4年 9月 己丑.

수 있도록 그 사실을 종묘에 告할 것을 주장하였다.

김신국에 따르면, 동전 유통보급 방안으로서 실용가치가 있는 米·布 등 물품화폐의 사용에 익숙해진 민중에게 名目貨幣인 동전의 유통이 편리하고 이롭다는 사실을 널리 인식시킬 필요가 있었다. 그는 店鋪를 설치하고 배고픈 민중들이 동전으로 酒食을 사먹게 함으로써 동전유통의 이로움, 즉 동전유통의 경제적 가치를 깨닫게 하여 동전을 점진적으로 유통보급 하자고 하였다.

  ……臣[김신국] 등이 바라옵기는, 景福宮 앞길 左右 行廊 앞에 사람을 모집, 점포를 설치하고 관청에서 酒食을 마련할 밑천을 대주어 주식을 차려놓게 하고 배고픈 자들을 기다리게 합니다. 한편 관청에서는 원하는 자에게 料布를 銅錢으로 대신 나누어 주고 店鋪에 가서 주식을 정가대로 사먹는 것을 허락하게 합니다. 그리고 점포주인은 지시에 따라 동전 이외의 다른 물건으로는 酒食價를 받지 못하게 하며, 또한 본전은 관청에 갚고 나머지는 이득으로 취하게 하는 것입니다.……52)

위와 같은 김신국의 동전 유통보급 방안 구상에는, 고려시대에 동전을 가지고 음식을 사먹게 함으로써 그들에게 동전유통의 경제적 가치를 널리 인식시킨 역사적 사례가 참고·활용되었다.53)

이상 김신국이 제의한 동전 유통보급 방안이 국왕의 재가를 받아 실시되었는지 그 여부는 기록이 없어 알 수 없다. 그 방안이 실행에 옮겨졌다 해도, 그 6개월 후인 1627년(仁祖 5) 1월에 일어난 丁卯胡亂으로 동전 주조사업과 함께 중단되었을 것으로 짐작된다.54) 그러나 김신국은 동전의 유통 가능성을 믿었고, 이러한 신념은 세월이 지난 후에도 변함이 없었다. 이것은 정묘호란으로 화폐정책이 중단되고 약 7년이 지난 후, 일부 관료들이 동전유통의 불가를 주장하고 혹은 그 가능성

---

51) 『仁祖實錄』 卷30, 仁祖 12年 10月 癸巳.
52) 『仁祖實錄』 卷13, 仁祖 4年 閏6月 戊午.
53) 『仁祖實錄』 卷13, 仁祖 4年 閏6月 戊午.
54) 『仁祖實錄』 卷28, 仁祖 11年 10月 甲戌.

을 반신반의하는 상황에서도 그는 동전의 유통 가능성을 확신했던 데서도 미루어 짐작할 수 있다.55)

4) 貨幣政策論의 意義

앞에서 조선후기 실학자들의 화폐정책론의 본질 및 그 역사적 위치를 보다 포괄적이고 객관적으로 이해하기 위해 관료학자 金藎國의 화폐정책론을 살펴보았다. 동전 주조유통론을 골자로 한 그의 화폐정책론 고찰을 통해 밝혀진 사실을 중심으로 성격과 역사적 의의를 생각해 보기로 하겠다.

첫째, 김신국의 화폐정책론은 구성체계나 논리전개가 단순·소박하다. 그의 동전 주조유통론에는 국가의 화폐정책 운용에 필요한 핵심적 과제만 간략히 구상·제시되어 있다. 즉 문제의 핵심만 요약한 상소문이나 정책토론문 형식으로 정리되어 있을 뿐, 종합적으로 정리·체계화되어 있지 못하다. 이러한 점에서 볼 때, 그의 화폐정책론은 大·小 주요 관료직을 역임한 李晬光·金堉 등과 공통점이 큰 것으로 보인다. 그러나 실학자 柳馨遠은 화폐와 관련된 국내 및 중국의 역사적 사실 및 당시 국내외의 유통경제 현실을 분석·고찰하고, 심지어 서양의 화폐 유통 현황까지 探聞하여 화폐정책론을 종합적으로 정리·체계화하였다.56)

둘째, 김신국이 동전 주조유통을 건의한 직접적 동기는 응급한 국가재정의 조달에 있었다.57) 이에 비해 이수광·김육·유형원 등이 동전 주조유통을 주장한 동기는 대체로 사회생산력 내지 상품화폐경제의 발전을 증진, 궁극적으로 국가 경제발전을 이룩하는 데 있었다.58) 그

---

55) 『仁祖實錄』卷30, 仁祖 12年 10月 壬午.
56) 元裕漢, 앞의 논문, 1979 ; 이 책, 제3장 Ⅱ, 2. 金堉의 銅錢流通論·3. 柳馨遠의 銅錢流通論 참조.
57) 『仁祖實錄』卷10, 仁祖 3年 10月 壬寅.
58) 元裕漢, 앞의 논문, 1979 ; 이 책, 제3장 Ⅱ, 2. 金堉의 銅錢流通論·3. 柳馨遠의 銅錢流通論 참조.

러나 전·후자 사이에 보이는 이러한 견해 차이는 화폐정책론을 구상·제시한 시기, 처해 있는 입장 및 역사적 상황의 차이에 중요한 원인이 있을 뿐, 화폐 가치인식에 본질적 차이가 있었던 것으로는 보이지 않는다. 이는 김신국이 동전 주조유통을 이용후생의 실천방안으로 이해한 화폐 가치인식에서 엿볼 수 있다.

셋째, 조선왕조는 전통적으로 '貨權在上'의 원칙론에 따라 동전 주조사업을 중앙(국가)에서 집중적으로 관리·운용하고자 하였다. 이에 따라 1625년(인조 3) 김신국의 건의로 동전 주조유통이 결정되자, 仁慶宮에 鑄錢廳을 설치하고 동전 주조사업을 開設하였다.59) 이와 함께 '화권재상'의 원칙론에 따라 민간인에 의한 불법적인 私鑄錢을 금지하고자 하였다.60) 이는 파격적으로 중국동전을 여러 차례 수입하고 민간인의 사주전을 허락하였던 孝宗朝와는 대조되는 현상이다. 仁祖朝 초기에는 왜란을 겪고 20여 년밖에 지나지 않았기 때문에 전란으로 문란해진 중앙집권적 지배체제의 재정비 및 강화가 효종조보다 더 절실한 과제였기 때문에 '화권재상' 등 전통적 정치이념에 더욱 충실하려 했던 것이 아닌가 짐작된다. 이러한 인조조 前半의 시대적 성격이 김신국의 화폐정책론에 반영되어 중앙집중적 동전 주조관리론의 모색·제시로 이어졌을 것이다.

넷째, 김신국의 화폐정책론에서는 經世致用論·實事求是論과 함께 조선후기 실학의 특징으로 지적되는 利用厚生論, 즉 실학지향적 진보의식을 확인할 수 있다.61) 그러나 그의 화폐정책론에서는 실학지향적 진보의식에 상응할 만한 수준의 민족주의 지향의식은 나타나 있지 않다. 이는 兩亂으로 파탄에 직면한 국가경제 내지 국가체제의 재건정략을 구상하는 데 있어, 명분지향적인 관념론적 가치보다는 공리지향적인 실제·실용적 가치의 추구를 보다 우선시했기 때문일 것이다.

다섯째, 김신국의 화폐정책론을 살펴보면, 대체로 당면한 현실상황

---

59) 『仁祖實錄』卷10, 仁祖 3年 11月 壬戌.
60) 『仁祖實錄』卷14, 仁祖 4年 8月 辛丑.
61) 『仁祖實錄』卷10, 仁祖 3年 10月 壬寅.

의 적극적인 개혁보다는 소극적인 개량·개선에 그치고 있다. 한 예를 들면, 銅錢 鑄造量이 적으면 더 많은 동전을 주조하려 하기보다는 적은 수량의 동전에 적합한 유통보급 방안을 모색하였다.62) 김신국은 經世濟民의 재주가 있고 유식한 宰臣이라고 할 만큼 정치경륜이 뛰어났으며, 동전 주조유통을 이용후생의 실천방안으로 인식한 진보의식을 가진 인물이다. 그럼에도 불구하고 동전 유통방법론에 엿보이는 그의 현실 대응방식이 개선·개량의 수준에 머무는 등 소극적일 수밖에 없었던 것은, 西人 政局인 인조조에 北人 김신국의 정치적 운신의 폭이 좁았을 것이라는 점과, 사주전의 폐단이 일어날 것을 염려하여 동전 주조유통을 유보한 국왕의 소극적인 정치 운용방식에 그 중요한 원인이 있었으리라고 짐작된다. 이는 효종조에 김육이 국왕의 두터운 신임을 받으며 화폐정책을 적극적으로 추진하였던 것과 대조되는 현상이기도 하며,63) 나아가 인조조의 화폐정책 내지 제반 국가정책의 성격적 특징으로 확대 인식할 수 있을 것이다.

여섯째, 김신국의 화폐정책론에서는 民本的 내지 爲民的 성격을 엿볼 수 있다. 이는 그가 이용후생의 실천방안으로서 동전을 주조유통하면, 백성의 재산을 부유하게 하고 後世를 행복하게 할 수 있다고 말한 데서 알 수 있다.64)

위에서 김신국이 17세기 20년대에 구상·제시한 화폐정책론의 성격을 기반으로 그의 화폐정책론이 가지는 역사적 의의 내지 위치를 다음과 같이 평가·인식할 수 있을 것이다.

첫째, 김신국은 경세제민의 재주가 있고 유식한 宰臣으로 평가받은 정치경륜이 뛰어나고 학식이 높은 관료학자다. 16세기 90년대부터 17세기 50년대에 이르는 시기(宣祖 末·光海君·仁祖·孝宗朝)에 걸쳐 내외의 주요 관직을 역임하면서 그는 자신의 정치경륜을 국가 정치운용에 반영하기 위해 노력하였다. 특히 호조판서를 여섯 차례 역임한

---

62) 『仁祖實錄』 卷13, 仁祖 4年 閏6月 戊午.
63) 이 책, 제3장 Ⅱ, 2. 金堉의 銅錢流通論 참조.
64) 『仁祖實錄』 卷10, 仁祖 3年 10月 壬寅.

것으로 미루어 보건대 그는 경제정책 분야에 소양이 깊었을 것이다. 그는 호조판서로서 1625년(인조 3)에 동전 주조유통을 건의, 실시하게 했음은 물론 1633년(인조 11) 결정한 동전 유통정책을 추진하는 등, 북인관료로서 서인이 집권한 인조조의 화폐정책을 주도하였다. 두 차례에 걸친 이 동전 유통정책은 각기 정묘호란과 병자호란을 직접적인 계기로 하여 중단되었다.

둘째, 특히 김신국이 1625년에 건의·실시한 동전 주조유통은 조선시대 화폐사에서 볼 때 중요한 역사적 의의를 가진다. 이는 세종 초에 朝鮮通寶가 주조유통된 이래 200여 년 만에 재시도된 것으로, 이후 조선왕조가 동전을 법화로 유통하기 위해 화폐정책을 거듭 추진하는 계기가 되었다. 한편, 인조조에 거듭 동전의 주조유통이 시도된 끝에 17세기 40년대에는 마침내 開城을 중심으로 한 인근지방에서 동전이 원활히 유통되었는데, 이는 효종조에 개성지방을 본받아 다른 지방으로 동전의 유통영역을 확대하고자 동전 유통정책을 적극 추진하게 되는 논리적 내지 실증적 근거가 되었다.

셋째, 1625년부터 추진한 동전 유통정책은 1627년(인조 5) 정묘호란이 직접적인 원인이 되어 중단되었는데, 이는 한국 화폐발달사상 처음 있는 일이다. 이러한 예는 1636년(인조 14)에 일어난 병자호란으로 되풀이되었다. 역사적으로 볼 때, 중국 측은 왕조교체기 때 외교적 수단 내지 전쟁을 통해 한국 화폐경제의 정상적인 발전을 저해해 왔다. 예컨대 明·淸交替期에는 두 차례 전쟁을 통해 인조조의 화폐정책을 중단시켰고, 元·明교체기에는 외교적 제재를 통해 조선전기 화폐경제의 발전 기반을 훼손하였다. 즉 조선왕조는 초기에 국내에서 金·銀이 생산되지 않는다는 이유를 내세워 명의 과도한 금·은 歲貢을 면제받는 한편, 국내의 금·은광 개발을 통제하고 국내외에서 금·은을 칭량화폐로 사용하는 것을 엄금하였다. 이러한 칭량금·은화의 유통금지는 조선전기 화폐경제의 정상적인 발전을 저해한 중요한 원인이 되었다.

넷째, 관료학자 김신국이 동전 주조유통을 이용후생의 실천방안으로 인식하였다는 것은 그의 학문 내지 사상에 잠재해 있는 실학지향적 사회의식의 표출로 이해할 수 있을 것이다. 조선왕조는 양란 이후 파탄에 직면한 국가경제 내지 국가체제의 재건정략의 일환으로 실학지향적 성격을 띤 北學과 開京學을 수용하여 동전유통을 추진하였다. 따라서 인조조의 화폐정책 운용을 주도한 김신국의 화폐정책론에 실학지향적 진보의식이 표출되어 있는 것은 자연스러운 일이다. 김신국의 실학지향적 진보의식은 그가 주로 활약한 16세기 前半의 정치·경제발전 내지 가치체계 변동의 반영으로 이해할 수 있을 것 같다. 그는 김육을 비롯한 다수 개성유수 출신 고급관료들의 적극적인 정치활동이나 松商들의 활발한 경제활동으로 북학 및 개경학풍이 확대·발전되고, 또 유형원이 개경학을 조선후기 실학으로 체계를 이루는 과정을 경험할 수 있었을 것이기 때문이다.

다섯째, 김신국이 자신의 화폐정책론을 직접·간접적으로 국가 화폐정책 운용에 반영시킬 수 있는 고급관료였다는 점은 그의 화폐정책론이 가지는 역사적 의의를 평가할 때 고려해 넣어야 할 사항이다. 이는 후론하게 될 김육의 화폐정책론과 정도 차이만 있을 뿐 본질적으로 공통된다. 그러나 김신국의 화폐정책론에 반영된 실천의식은 당시의 현실 상황을 실제로 견문·체험하면서 필요하다고 생각했던 수준에까지는 미치지 못하였다. 이에 대해서는 서인이 지배한 정국 하에서 북인 고급관료로서 그 정치적 운신의 폭이 좁았고, 거기에 국왕의 소극적 정치운용과 反正으로 집권한 인조조에 經世觀이 뛰어난 인재가 부족했던 점 등과 관련이 있을 것이다.

2. 金堉의 銅錢流通論

1) 貨幣政策論의 形成

金堉은 동전 주조유통론을 골자로 한 화폐정책론을 구상·제시하였다. 그의 화폐정책론이 어떠한 것인지를 살펴보기에 앞서, 어떠한 역사적 배경 하에 형성되었는지를 먼저 살펴볼 필요가 있다. 김육의 생애와 당시 화폐정책의 전개 과정을 대비하며 화폐정책론의 형성 배경을 살펴보자.

김육은 1580년(宣祖 13), 中宗代에 大司憲을 지낸 金湜(1482~1520)의 3代孫인 齋郞 金興宇의 아들로 서울 麻浦에서 태어났다. 13세 때 일어난 왜란(1592~1598)은 그의 가정을 깊은 불행 속으로 밀어넣었다. 피난차 黃海·平安道 지방을 전전하던 중 15세 때 海州에서 부친을 여의었고, 19세 때는 安岳에서 조모를, 21세 때는 延安에서 모친을 여의었다. 힘겨운 피난생활과 연이은 喪故로 집안 형편은 더욱 어려워졌다. 그는 아우·두 누이와 함께 서울에 사는 姑母宅에 의지하며 살았다. 감수성이 예민한 청소년기에 겪은 이 같은 경험은 김육의 인생에 적지않은 영향을 주었을 것으로 짐작된다.

김육은 9세 때 江東 지방관인 조부 金棐를 따라가 曺好益(1545~1609)에게 修學하였다. 조호익은 李滉(1501~1570)의 문인으로, 이 때 강동에서 유배생활을 하며 제자들을 가르쳤다. 15세 때는 해주에서 牛溪 成渾(1535~1598)의 가르침을 받았다. 성혼과의 인연은 김식의 손자, 즉 再從祖父 金權(1549~1622)이 성혼의 문인이었던 점을 미루어 이미 관계가 있었던 것으로 보인다.[65] 이처럼 김육은 남인·서인 등의 당색과 상관없이 수학을 하였고, 10세 때는 慈山 安國寺에서, 28세 때는 神光寺에서 독서하였다. 절에서 공부했다고 하여 누구나 佛經을 배우는 것은 아니겠지만, 이 때 불교에 관심을 가지고 불경을 공부했을 수도 있다. 김육의 학문적 관심이 넓고 다양했음을 보여주는 예라 하겠다.

김육은 12세 때 '小學'의 妙理에 통달했을 만큼 재주가 출중했으며, 장성해서는 성품이 강직하고 몸가짐이 단정하였다. 술을 지나치게 마시는 버릇이 있었으나 부친으로부터 한 번 훈계를 들은 이후로는 국왕이 내리는 술도 입에 대지 않을 만큼 의지가 굳었다. 하지만 자신의 주의주장에 지나치게 집착하고 남의 異論에는 귀를 기울이려 하지 않았

---

65) 『顯宗改修實錄』 卷25, 顯宗 13年 3月 癸酉.

을 뿐 아니라, 대개의 경우 주의주장이 다른 상대편을 窮迫하는 버릇이 있었다.66) 이는 그가 정치가로 활약할 때, 적지 않은 성격상의 결함으로 지적·비판되었다.67) 일찍이 부모를 여의고 불행한 가정환경에서 성장하며 비참한 농촌생활 속에 허덕였던 그는 32세 때 官界에 진출하기까지 과거에 거듭 낙방하는 실의와 좌절을 맛보았다. 그가 상대방의 주의주장을 존중하고 타협할 만한 원만한 성품의 소유자가 될 수 없었던 것은 이 같은 불우한 성장 환경과도 무관하지 않을 것이다.

김육은 위에서도 지적했듯이, 왜란 이전에는 평안도 강동에서 학문을 배웠으며, 왜란 중에는 황해도·평안도 및 경기도 지방을 전전하면서 地勢·物産·人物 등 지역 실정을 견문·체험했을 것으로 생각된다. 그가 부친·조모·모친을 여윈 해주·안악·연안 등지는 개성을 중심으로 한 고려문화 중심권에 포괄되어 있어 개성에서 가까운 거리에 위치하고 있다. 따라서 고려 옛 수도인 개성지방에 관심을 가졌을 것이며, 동시에 10년 가까운 피난 생활을 통해 여러 차례 개성을 찾아 역사유적과 제반 風物을 견문·체험했을 것이다. 뿐만 아니라, 왜란 후에도 황해도·경기도를 여러 차례 왕래하였으며, 유람차 여러 곳을 돌아다녔던 것으로 보인다.

김육은 조선시대 사대부 자손이 대개 그러하듯이, 관료로 출세할 꿈을 품고 과거에 응시하였다. 거듭 낙방의 고배를 마신 끝에 26세가 된 1605년(선조 38)에 司馬試에 합격하고 1611년(光海君 3) 32세의 늦은 나이로 文廟의 책임을 맡았다. 그는 성균관 유생들과 함께 李彦迪·이황 등 다섯 名賢을 문묘에 모실 것을 주장하다가 鄭仁弘 등 반대파의 공격을 받고 광해군의 노여움을 사 1614년(광해군 6) 경기도 加平郡 潛谷으로 퇴거·은둔하였다. 그는 이 은둔 생활 10년 동안 몸소 밭을 갈고 땔나무와 숯을 구워 팔면서 궁핍한 생활에 허덕였다. 비참한 농민생활을 직접 견문·체험한 그는 무능하고 부패한 지배계층에 대한

---

66) 『孝宗實錄』 卷3, 孝宗 1年 1月 丁卯 ; 卷7, 孝宗 2年 8月 己酉 등.
67) 『孝宗實錄』 卷20, 孝宗 9年 9月 己亥 ; 卷17, 孝宗 7年 9月 庚午.

울분을 토로했을 것이다. 특히 땔나무와 숯을 구워 짊어지고 서울에 올라가 상인들과 거래하면서 商利가 農業所得에 비해 훨씬 많다는 것도 실감했을 것이다.

1623년(광해군 15) 李貴·金瑬 등 西人派가 주도한 仁祖反正이 실현되어 인조의 부름을 받고 서울에 올라온 김육은 金吾郞이 되었다. 그 이듬해인 1624년(광해군 16) 1월, 平安兵使 李适이 반정의 논공행상에 불만을 품고 반란을 일으켰다. 이 때 국왕을 모시고 公州로 피난했고, 亂後 그 공으로 陰城縣監이 되었다. 그 해 실시된 大科에 장원으로 합격한 그는 이제 고급관료가 될 수 있는 자격을 갖추었다.

김육은 인조와 효종의 신임을 받아 내외의 주요 관직을 역임하였다. 우선, 잠곡에서 지낸 10년간의 은둔생활과 음성현감·忠淸監司·開城留守職을 거치면서, 지방행정의 난맥상과 비참한 농민생활 내지 피폐한 농촌사회의 실상을 견문·체험하였고, 이를 바탕으로 民本 내지 爲民政策을 구상·제시하였다. 그는 左承旨·漢城府右尹·都承旨·大司成·吏曹參判·刑曹判書·右參贊·大司憲·右議政을 거쳐 領議政에 이르는 중앙관직을 역임하면서 자신의 사회개혁사상을 국가정치 운용에 반영하기 위해 직접·간접적으로 노력하였다. 그는 초기 실학자 내지 開京學派로서 현실을 평가·인식하고, 정치가로서의 경륜을 쌓아 이를 국가정치의 운용에 반영하고자 힘썼던 것이다.

한편 1636년(仁祖 14) 冬至使, 1643년(인조 21) 元孫輔養官, 1646년(인조 24) 護軍, 1650년(효종 1)에는 陳香使로 중국에 다녀오는 등, 전후 네 차례에 걸쳐 중국에 내왕하면서 선진문물과 그 곳에 전래된 서양문물을 견문·체험하였다. 이렇게 해서 얻은 새로운 지식은 그의 학문과 사상, 정치의식을 새롭게 하였다. 특히, 그는 여러 차례에 걸쳐 使行次 중국에 들렀을 때 화폐가 원활히 유통되는 상황을, 그리고 중국을 내왕하는 중에 개성에 들러 상품화폐경제의 발전상을 견문·체험하였을 것이다.

이처럼 김육은 일찍부터 평안도와 황해도를 왕래하였으며, 여러 차례에 걸친 사행으로 개성지방의 제반 풍물을 견문·체험하였다. 이를 바탕으로 개성유수직을 역임하면서 개성지방의 인문지리와 풍속 등 제반 문물제도를 수록한 『松都志』를 편찬하였던 것이다.68) 그는 徐敬德을 제향한 花谷書院 祠宇를 중건할 때 上樑文을 썼으며,69) 개성의 崧陽書院에 配享되었다.70) 한편 개경학을 家學으로 전승한 金尙憲·趙翼과 개경유수를 역임한 개경학파 尹根壽에게 同門修學하는 등 밀접한 관계를 유지하였다. 김상헌은 開城經歷을 지냈으며 김육과 같은 서원, 즉 숭양서원에 배향되었다. 김상헌은 김육의 부친 김흥우의 墓地銘을 짓고,71) 김육의 딸은 徐元履와 혼인했는데, 서원리는 徐渻의 손자다. 서성의 家系도 개경학을 가학으로 계승하였다.72) 이 같은 사실로 미루어 보건대 김육은 개성지방에 대해 관심과 이해가 깊었으며 서경덕 내지 개경학을 숭상하였을 것이라 짐작된다.73)

 김육은 주로 17세기 前半을 중심으로 하여 중앙 및 지방 관료로서의 견문·체험을 통해 중앙정계와 농촌사회의 현실을 파악하였다. 또한 중국을 여러 차례 내왕하며 선진문물을 견문·체험하면서 파탄에 직면한 국가경제와 국가를 재건하기 위해 초기 실학자로서 현실 개혁사상을 구상·체계화하고, 정치가로서 자신의 진보적 개혁사상을 국가정치 운용에 반영하고자 힘썼다. 즉 그는 시대적 요청에 따라 국가경제 재건을 위해 종래부터 시행한 대동법을 확대 실시하고,74) 銅錢을 법화로 유통보급할 것을 적극 주장하여75) 이를 실행에 옮기기도 하였다. 또한 토지제도 개혁방안의 일환으로서 屯田 정비의 필요성을 강조

---

68) 『松都志』(『朝鮮時代 私撰邑誌』 4, 「京畿道」 2, 한국인문과학연구원, 1989).
69) 『花潭集』 卷4, 「附錄」.
70) 『中京誌』, 「學敎」, 앞의 책, 1989.
71) 『潛谷全集』, 「潛谷先生世系」.
72) 이 책, 제2장 Ⅳ. 開京學派의 形成·Ⅵ. 開京學의 實學으로 傳承 참조.
73) 김육의 가계에도 개경학이 전승되었다고 볼 수 있는데, 그의 손자 金錫翼이 개성유수를 역임하였다.
74) 『潛谷全集』, 「請行本道大同狀」·「請兩湖通行大同箚」·「進湖南大同規例箚」; 『朝鮮王朝實錄』 등.
75) 『潛谷全集』, 「兩西請用錢䟽」·「請令湖西山邑鑄錢箚」; 『朝鮮王朝實錄』 등.

하기도 하였다.76) 旱害를 극복하고 농업생산을 증진하기 위한 방안의 하나로 중국 水車制의 보급・활용,77) 운수교통의 능률화를 위한 行車 사용도 제의하였다.78) 그리고, 농경생활과 밀접한 관계를 가진 曆書를 개량하기 위해 時憲曆을 채용하는 데 주도적 역할을 하였다.79)

이 같은 이해를 배경으로 하여 그가 견문・체험한 국내외의 화폐정책 내지 유통경제 발전과정과 대비하며, 그의 화폐정책론이 형성된 배경을 대강 살펴보기로 하자. 宣祖朝 말엽, 전란후 극도로 피폐해진 국가경제를 재건하고 유사시를 대비하기 위한 군사비를 조달할 목적으로 동전을 법화로 주조유통하는 문제가 제기되었다. 즉, 1598년(선조 31)에 明將 楊鎬에 의해, 1603년(선조 36)에는 영의정 李德馨(1561~1613)의 건의로 동전의 주조유통 문제가 심각히 논의되었다.80) 이 두 차례에 걸친 논의는 김육의 나이 19세 때와 24세 되던 해의 일이다. 그가 관료로 출세할 꿈을 꾸며 과거시험을 준비하고 司馬試에 합격한 26세 이전에 경험한 일들이다. 두 차례에 걸쳐 제기된 이 같은 동전 주조유통 문제는 논의로만 그치고 실현되지 못하였다. 그러나, 조정에서 중요한 정책적 과제로서 심각히 논의된 이 문제가 청운의 뜻을 품고 과거시험 준비에 몰두하고 있던 김육의 관심대상에서 벗어날 수는 없었을 것이다. 조선시대에 과거시험 준비를 위해서는 經・史・詩・文은 물론, 時政 전반에 걸친 다방면의 지식을 습득할 필요가 있었기 때문이다.

앞에서도 누차 지적하였듯이 김육이 官界로 복귀한 후 1625년(인조 3)에 金盡國의 건의로 동전 주조유통이 시도되었으나 1627년(인조 5)에 일어난 정묘호란으로 중단되었다. 또한 1633년(인조 11)에 八分書 朝鮮通寶를 주조유통하려 했으나 역시 1636년(인조 14)의 병자호란으

---

76) 『孝宗實錄』卷11, 孝宗 4年 8月 癸酉.
77) 『潛谷全集』,「潛谷先生年譜」.
78) 『仁祖實錄』卷45, 仁祖 22年 9月 丙戌.
79) 『仁祖實錄』卷46, 仁祖 23年 12月 丙申.
80) 『宣祖實錄』卷99, 宣祖 31年 4月 丙辰 ; 卷163, 宣祖 36年 6月 己酉 ; 元裕漢, 『朝鮮後期 貨幣史硏究』(한국연구총서29), 한국연구원, 1975, 27쪽.

로 중단되었다.81) 仁祖朝에 시도된 이 같은 동전 유통정책은 외침으로 인해 중단되고 말았으나 김육은 이를 통해 화폐문제에 대한 경륜을 한 층 더 심화시켰을 것이다. 그리고 선조조 말엽과는 달리 인조조에는 兵曹佐郎·正言·持平·副應敎 등 중앙 관료직을 역임하는 등 현직 관료로서 국가의 화폐정책을 비교적 자세히 견문·체험하였고 이 과정을 통해 자기 나름의 화폐정책론을 구상해 냈을 것이다.

김육은 1636년에 동지사, 1643년에 원손보양관으로 중국에 들어가서 동전이 원활하게 유통되는 상황을 견문·체험하였다. 두 번째로 중국에 갔다 돌아온 이듬해인 1644년(인조 22)에는 用車論과 함께 시험적으로 황해도와 평안도에 동전을 유통시켜 볼 것을 제의하였다.82) 1646년(인조 24) 개성유수로 부임한 그는 개성을 중심으로 한 江華·喬桐·豊湍·延白 등 인근 지방에서 동전이 원활히 유통되는 것을 보고 국내의 다른 지방에서도 동전이 유통될 수 있다는 신념을 가지게 되어 황해도와 평안도에 동전을 유통시킬 것을 건의하였다.83)

위와 같이 김육은 조선왕조가 동전을 유통보급하기 위해 화폐정책을 추진한 17세기 20~30년대에 현직관료로서 화폐정책에 대한 자신의 경륜을 심화시켰다. 17세기 40년대에는 화폐경제가 발달한 중국을 내왕하고, 개성을 중심으로 한 인근지방에 동전이 원활히 유통되는 것을 견문·체험하면서 자기 나름의 화폐정책론을 국왕에게 건의하는 단계에 이르렀다. 이렇게 해서 얻은 화폐유통에 대한 신념과 화폐정책론은 17세기 50년대에 자신이 주도한 화폐정책 운용에 보다 적극적으로 반영되었다. 그는 국가경제 내지 국가 재건책의 일환으로 중시된 孝宗朝의 화폐정책 운용에 자신이 구상·체계화한 화폐정책론을 반영하려 하는 등 국가 화폐정책 운용을 주도하였다.

김육은 자신이 주도한 화폐정책이 중단된 2년 뒤인 1658년(孝宗 9)에 죽었다. 그러나 화폐정책의 중단 여부와는 관계없이 개성을 중심으

---

81) 元裕漢, 앞의 책, 1975, 84~86쪽.
82) 『仁祖實錄』 卷45, 仁祖 22年 9月 丙戌.
83) 『潛谷全集』, 「潛谷先生遺稿補遺」, '疏箚', 兩西請用錢疏.

로 한 강화·교동·풍단·연백 등지에서 동전이 원활히 유통되고 있었던 것은 물론이고 義州·平壤 등 일부 평안도 지방에서도 동전이 유통되고 있었던 것으로 보인다.84)

　김육의 화폐정책론이 형성된 시기, 특히 인조·효종조에는 김육을 비롯한 개성유수 출신의 다수 고급관료가 留守 재직중에 축적한 실학지향적 정치경륜을 바탕으로 하여, 양란 이후 국가경제 내지 국가 재건을 위한 정책운용에 참여하였다. 그들의 정치경륜이 양란 이후의 위기 상황에 대응할 경제정책을 비롯한 제반 정책의 운용에 필요하다고 평가되었기 때문일 것이다. 그들의 정치경륜은 일찍이 상품화폐경제가 발전한 개성에서 생성된 실학지향적 사회사조 내지 개경학이 포용한 사회개혁의식을 기반으로 형성되었으리라는 점은 쉽게 짐작할 수 있다.

2) 貨幣 價値認識論

　앞에서 金堉의 생애와 그가 17세기 前半, 즉 '화폐[銅錢] 유통보급기' 전반(17세기 초~50년대 말)의 화폐정책과 유통경제를 견문·체험하면서 구상·제시한 화폐정책론의 형성 배경을 대강 살펴보았다. 이제 그의 동전 주조유통론을 골자로 한 화폐정책론에 나타난 화폐 가치인식론을 살펴보자.

　김육은 국왕에게 동전의 사용문제를 건의하면서 동전유통의 필요성을 다음과 같이 강조하였다.

　　……엎드려 신[김육]이 홀로 동전을 사용할 것을 청하는 것은 다른 뜻이 있어서가 아닙니다. 바로 옛 성인이 제작하여 천하에 통용되고 있는 것이 우리 나라에서는 통용되지 못하기 때문에, 그 법(화폐법)을 실시해서 나라를 넉넉하게 하고 백성을 편리하게 하려는 것입니다. ……85)

---

84) 『備邊司謄錄』 34冊, 肅宗 4年 1月 24日 ; 元裕漢, 「潛谷 金堉의 貨幣政策論」, 『화폐계』 Vol 7-7·7-8·7-9, 1979.

제3장 朝鮮後期 實學의 發展 109

김육은 화폐가 '나라를 넉넉하게 하고 백성을 편리하게 하는 것'이라고 하였다. 국가재정을 증진시키고 민중생활을 편리하게 하는 화폐, 즉 동전이 유통되지 못함으로써 국가와 민중이 모두 궁핍해진다는 주장이다.

······우리 나라는 物産이 많지 않으며 諸國의 화폐가 통용되지 않고 오직 米·布만 사용될 뿐, 달리 통용되는 화폐가 없다. 公과 私가 모두 궁핍한 것이 진실로 이 때문이다. 근일 동전을 사용코자 했으나 亂[丁卯胡亂]으로 인해 중단된 것은 실로 애석한 일이다.[86]

국내에서 생산되는 물산이 많지 않은 상황에서 동전을 사용하지 않고 米·布 등 물품화폐만을 사용하여 국가와 민중 모두가 궁핍해졌다는 지적이다. 그는 명목화폐인 동전을 유통함으로써 풍부하지 못한 국내의 물산을 보완해 줄 수 있다고 생각하였다.

······방금 公·私가 虛竭하고 民力은 이미 기진해 있다. 흉년이 들면 죽음을 면치 못하고 풍년에도 米·布을 浪費하게 되는데, 이것은 遊貨[貨幣]가 없기 때문이다.······천하가 통용하는 九府圜法을 어찌 우리 나라에서만 시행하는 것이 어렵단 말인가.······[87]

그는 店鋪를 설치하고 동전을 유통보급할 경우, 여행할 때 식량을 가지고 다니지 않아도 되고, 음식을 점포에서 사서 먹으면 점주가 많은 돈을 벌 수 있으며, 농민 역시 쌀을 헛되이 소비하지 않아도 되기 때문에 동전을 사용하는 것처럼 좋은 일은 없다고 주장하였다.[88] 또한 동전이 간편하기 때문에 국가의 현물 稅納을 금납화하여 수취체제를 보다 간편화·합리화할 수 있으며, 공·사 경제의 순환 유통도 원활히

---

85) 『潛谷全集』, 「潛谷先生遺稿」 4, '疏箚', 請令戶兵曹同議行錢事箚.
86) 『潛谷全集』, 「潛谷先生遺稿」 3, '疏箚', 論兩西事宜疏.
87) 『潛谷全集』, 「潛谷先生遺稿補遺」, '疏箚', 兩西請用錢疏.
88) 『潛谷全集』, 「潛谷先生遺稿」 3, '疏箚', 辭輔養官東還後加資疏.

할 수 있다고 하였다.89)

김육은 미·포 등 물품화폐가 유통계를 지배한 그 당시에 동전이 유통보급되면, 농민·상인 등 일반 민중의 경제생활 내지 생산활동을 보다 증진시킬 수 있다며 화폐가치의 중요성을 강조하였다. 즉, 동전을 유통보급하여 미·포 등 물품화폐 기능의 한계를 극복함으로써 민중의 생산활동 내지 생산력을 증진할 수 있고, 민중의 경제력 향상을 토대로 국가재정을 안정시키는 등 國富增進이 가능해진다고 생각했던 것이다.

金盡國의 화폐 가치인식론이 그러했듯이, 김육의 화폐 가치인식론 역시 李珥(1536~1584)·趙憲(1544~1592)·李德馨·李晬光(1563~1628) 등과 본질적으로 공통된다. 김신국은 동전 주조유통을 이용후생의 실천방안으로 생각하고 동전이 원활히 유통될 수 있을 때 '동전은 유통되는 보배가 된다.'고 하였다. 관료학자인 김신국이 동전의 주조유통을 조선후기 실학의 성격을 특징짓는 이용후생의 실천방안으로 생각하였다는 사실은 특히 주목할 필요가 있다. 개경학이 조선후기 실학으로 전승, 柳馨遠(1622~1673)에 의해 학문적 체계를 이룬 시기에 김신국이 김육·이수광 등과 함께 자신의 화폐정책론을 구상·제시했기 때문이다.90) 후론하게 되겠지만, 김육의 화폐 가치인식론 역시 그의 영향을 받은 유형원과 공통되는 것으로 보인다.91)

3) 中國銅錢 輸入論

집권적 조선왕조는 전통적으로 '貨權在上'의 원칙론을 내세워 국가재정권과 경제권의 일부로서 화폐에 대한 지배권이 중앙정부, 즉 국왕에게 귀속되는 것을 원칙으로 하였다. 즉 '화권재상'의 원칙론에 따라 중요한 이권사업인 화폐 주조사업을 國庫 全擔으로 왕조당국이 專管

---

89) 『潛谷全集』, 「潛谷先生遺稿」 4, '疏箚', 請令湖西山邑鑄錢箚.
90) 이 책, 제3장 II, 1. 金盡國의 銅錢流通論 참조.
91) 『磻溪隨錄』 卷8, 「田制後錄攷說」 下, 錢貨 ; 이 책, 제3장 II, 3. 柳馨遠의 銅錢流通論 참조.

하고자 하였던 것이다. 그러나, 국가의 화폐정책이 동전의 유통보급에 중점을 두고 추진되었던 '화폐(銅錢) 유통보급기'의 前半에는 동전 주조사업의 국가관리원칙이 제대로 지켜지지 않고 파격적인 방법을 쓰게 되었다. 중국동전을 직접 수입유통한 사실을 그 한 예로 들 수 있다.

金堉은 '화폐 유통보급기' 전반에 중국동전의 수입유통을 주장하고, 실제로 그 일을 담당·추진한 대표적 인물이다. 그는 1643년(仁祖 21)에 元孫輔養官으로 중국에 들어가 동전의 원활한 유통 상황을 견문·체험하고 돌아와, 그 이듬해에 '用車論'과 함께 황해·평안도에 동전을 시험적으로 유통보급할 것을 건의하였다.

……신이 삼가 듣건대, 호조에는 아직도 주조해 둔 동전이 많다고 합니다. 청컨대, 그 쌓아둔 돈을 다 꺼내서 兩西(황해·평안도) 지방으로 나누어 보내고, 餉臣으로 하여금 銀을 가지고 北京에서 동전을 사다가 계속 대게 한다면, 千百萬貫의 동전이라도 당장 西道 지방에 가져올 수 있을 것입니다. 松京(개성)은 지금 한창 중국처럼 동전을 쓰고 있으니, 만일 海西 지방이 그것을 본받고, 關西 지방이 또 그것을 본받는다면 어찌 시행하기 어려울 리 있겠습니까. 그렇게 되면, 나그네는 糧食을 싸지 않는 것을 편리하게 여기고, 店鋪 주인은 동전을 많이 얻는 것을 기쁘게 여기고, 농민들은 쌀을 낭비하지 않는 것을 즐겁게 여길 것이니, 이보다 더 좋은 계책이 없습니다.……92)

김육은 우선 戶曹에 退藏된 동전을 兩西 지방에 유통하고, 계속해 중국동전을 수입유통할 것을 건의하였다. 그는 銀을 가지고 북경에 가서 중국동전을 수입할 경우, 千百萬貫에 이르는 다량의 동전을 쉽게 수입해 올 수 있다며 전망을 낙관하였다. 이 제의는 일부 고급관료들의 반론과 인조의 소극적인 대응으로 실현되지 못하였다.93)

---

92) 『仁祖實錄』 卷45, 仁祖 22年 9月 丙戌.
93) 『仁祖實錄』 卷45, 仁祖 22年 9月 丙戌 ; 元裕漢, 앞의 책, 1975, 87~88쪽.

김육이 자신의 정치경륜을 소신껏 펼친 것은 17세기 50년대 초, 즉 孝宗이 즉위한 이후부터였다. 그가 국가경제 재건책의 일환으로 적극 주장한 대동법의 확대시행도 효종조에 이루어졌다. 동전 유통보급을 골자로 한 그의 화폐정책론 역시 효종조에 들어와 국왕의 적극적 호응을 받으며 화폐정책에 수용되었다. 1654년(효종 5)에 김육이 老病을 이유로 관직사퇴를 요청했을 때, 효종은 卿이 退歸하면 동전 유통보급 [行錢]과 같은 일을 누가 맡겠느냐며94) 그의 사퇴를 만류한 사실을 미루어 김육에 대한 국왕의 신임도를 짐작할 수 있다. 효종이 김육을 두텁게 신임한 것은 그의 정치가로서의 탁월한 능력과 경륜을 높이 샀기 때문이다. 여기에다 김육의 손녀가 顯宗妃가 된 사실,95) 즉 왕실과 혼인관계를 맺었다는 점도 국왕의 신임을 더욱 돈독히 하는 계기가 되었을 것이다.

　어쨌든 효종의 두터운 신임을 받는 김육이 화폐정책 운용을 주도하면서 중국동전의 수입유통 문제는 실현되었다. 그는 1650년(효종 1) 6월 陳慰使로 중국에 갔다오는 길에 자신의 旅費로 중국동전 1,500냥을 수입, 국왕의 재가를 받아 平壤과 安州 등지에 시험적으로 유통시켰다.96) 그 당시 수입유통한 중국동전은 주로 明 말기에 주조된 萬曆通寶, 天啓通寶, 崇禎通寶 등인 것으로 짐작된다.97) 그 이듬해에는 義州·안주·평양 등지의 軍穀 수천 석을 방출하여 중국동전을 수입해 오기로 결정하였다.98) 軍糧 이외에도 은을 가지고 가서 중국동전의 수입을 시도하기도 하였다. 중국동전을 은으로 수입할 경우 去來比價는 대개 은 1兩에 동전 8.13냥이었던 것으로 보인다. 이 시도는 국내 은의 보유량이 부족하여 실현될 수 없었다.99)

　화폐 유통보급 초기에는 동전을 국내서 주조하는 것보다 중국에서

---

94) 『孝宗實錄』卷12, 孝宗 5年 2月 庚午.
95) 『潛谷全集』, 「潛谷先生年譜」.
96) 『孝宗實錄』卷4, 孝宗 1年 6月 丁未.
97) 『潛谷全集』, 「潛谷先生筆譚」, 崇禎九年余奉使北京.
98) 『孝宗實錄』卷6, 孝宗 2年 3月 丁亥.
99) 『孝宗實錄』卷6, 孝宗 2年 3月 庚寅.

폐기된 동전을 값싸게 수입유통하는 것이 오히려 편리하다고 생각하였다. 대체로 화폐정책 시행 초기에는 동전 주조시설의 미비, 동전원료의 공급난, 동전 주조기술자의 동원난 및 주조기술의 미숙 등의 이유 때문에 화폐의 주조유통에 어려움이 많았기 때문이다. 그런데, 당시 중국에서는 명이 멸망하고 清朝가 들어섬에 따라 화폐개혁으로 明代의 동전을 폐기시키고 새로운 동전을 주조유통하였다. 중국 상인들은 고철이 된 이 폐전을 조선에 팔아 수익을 챙기고자 국경지대에 동전을 다량 쌓아 놓고 조선 측의 願買者를 기다리는 형편이었다.100)

중국동전의 수입거래는 양국 사이에 공식절차를 통해서는 이뤄질 수 없었다. 중국 측이 화폐의 國外流出을 법으로 금하고 있었기 때문이다. 따라서 중국에 가는 使行便을 통해 중국 상인으로부터 密貿易해 오는 길밖에 없었다.101) 이 같은 편법적인 중국동전의 수입은 17세기 50년대 후반 왕조당국이 추진한 동전 유통정책이 중단될 때까지 계속되었다.102) 효종조에 중국동전이 얼마나 수입유통되었는지는 기록이 없어 자세히 알 수 없다. 다만 당시의 여러 정황을 미루어 보건대, 조선 측이 필요로 하는 시기에 충분한 수량의 중국동전을 수입하는 일이 쉽지는 않았을 것이다.

김육이 중국동전의 수입유통을 주장한 데 반해 柳馨遠은 중국동전 수입유통의 필요성 여부에 관해서는 언급하지 않고, 다만 중국동전을 유통시킨다 할지라도 그 유통가치는 국내의 동전과 동일하게 정해야 한다는 소견을 밝혀 놓았다. 이렇게 보면, 유형원은 원칙적으로 중국동전의 수입유통에 반대하는 입장이었던 것으로 보인다. 그가 국가의 특정기관에 동전 주조사업을 전담케 하고 동전 주조과정을 엄격히 통제할 것을 주장하였던 사실로 미루어,103) 중국동전의 수입유통을 반대하는 입장을 취한 것은 지극히 자연스러운 일이었을 것이다.

---

100) 『潛谷全集』, 「潛谷先生筆譚」, 崇禎九年余奉使北京.
101) 元裕漢, 「李朝後期 清錢의 수입유통에 대하여」, 『사학연구』 21, 1969.
102) 『備邊司謄錄』 18冊, 孝宗 7年 10月 3日.
103) 『磻溪隨錄』 卷4, 「田制後錄」 下, 錢幣.

4) 銅錢 鑄造流通論

金堉은 자신이 현실에 가장 적합한 이상적인 화폐로 생각한 銅錢의 주조유통론을 골자로 한 화폐정책론을 구상·제시하였다. 대체로 국가의 화폐정책 시행 과정은, 동전의 주조관리와 유통보급 과정으로 나누어 볼 수 있다.

(1) 銅錢 鑄造管理論

중국동전의 수입은 수입절차가 使行便에 의한 밀수입 형태를 취했기 때문에 그 때마다 필요한 수량의 동전을 충분히 수입할 수 없었다. 따라서 왕조당국으로서는 화폐정책의 시행에 필요한 동전을 전적으로 중국동전 수입에만 의존할 수는 없었다. 중국동전의 수입은 국내에서 동전을 주조하는 데 필요한 제반 여건이 미비한 화폐유통 초기단계에 일시 方便으로 활용되었을 뿐이다. 동전을 국내에서 주조유통하기 시작한 이후에는 화폐 주조량의 부족 부분을 보충하기 위해 이 중국동전을 수입했던 것으로 보인다.

조선왕조는 1651년(효종 2) 중국동전 수입유통 문제에 관해 논의하였다.104) 그 해 4월 常平廳은 兩西에 동전을 유통할 예정이므로 서울도 아울러 시행할 것, 또 동전의 주조문제에 관해서는 銅이 충분치 못하므로 東萊에서 倭銅을 구입하여 訓練都監으로 하여금 동전을 주조하게 할 것을 건의하였다.105)

효종조의 화폐정책을 주도한 김육 역시 동전의 시험적 유통단계를 지나 화폐의 유통 가능성이 어느 정도 보장될 경우에는 동전 주조유통을 전제로 중국동전의 수입유통을 주장했던 것으로 보인다. 그는 중국동전의 수입유통이 일시적인 것이며, 장기적으로는 동전의 수요를 충당할 수 없을 것으로 보았다. 따라서 국왕이 '주조하여 쓰면 될 것이다.'라고 한 발언 역시 그 문제에 관한 여러 차례의 논의를 통해 얻은

---

104) 『孝宗實錄』 卷6, 孝宗 2年 3月 庚寅.
105) 『孝宗實錄』 卷6, 孝宗 2年 4月 庚午.

지식이 있었기에 가능했을 것이다.

> ……영의정 김육이 아뢰기를, "앞으로 錢文을 반드시 使行을 통하여 사온다면 계속 수를 충당하기 어려운 문제가 있을 듯 합니다." 하자 왕이 이르기를, "주조하여 쓰면 될 것이다."라고 하였다.106)

뒤이어 김육의 건의에 따라 '錫'을 주원료로 하는 '十錢通寶'의 주조 유통을 결정하고, 개성지방의 민간인에게 십전통보의 私鑄를 허가해 주었다. 십전통보는 한국 화폐사상 처음 주조유통한 高額錢으로서, 소액전 10文과 대등한 가치로 유통된 것으로 보인다.107) 김육이 십전통보와 같은 고액전의 주조유통을 건의하게 된 주요 동기는 화폐원료의 공급난을 극복하고, 보다 많은 유통가치를 조성하기 위해서였던 것으로 짐작된다. 전통적으로 강조된 '貨權在上'의 원칙론을 벗어나 파격적으로 민간인에게 화폐주조를 허가한 것 역시, 국고 부담 없이 보다 많은 동전을 주조유통하기 위한 일시의 방편적 조치였을 것이다.

김육은 1652년(효종 3) 상평청이 破銅을 매입하고, 능력있는 사람을 柴炭이 풍부한 湖西지방으로 보내 監營과 兵營에서 동전을 주조유통할 것을 건의하였다. 뿐만 아니라, 嶺西 지방에도 기술자를 보내 遊民을 고용, 동전을 주조하게 하면 동전 수만 貫(수십만 냥)은 쉽게 주조할 수 있고, 이로써 중국동전을 수입할 필요가 없어진다는 사실을 국왕에게 건의하였다.108) 그 당시 화폐정책을 주도한 김육이 영남 지방의 동전 주조문제를 논의·결정하는 과정에 참여하지 않았을 리 없다. 이러한 김육의 건의가 채택되었는지의 여부는 기록이 없어 확실히 알 수 없다. 하지만 당시 화폐정책의 결정·시행 과정에서 김육이 끼친 영향력이 컸다는 점, 영남에서 동전이 주조되고 지방관청의 재량적 화폐주조가 가능했다는 사실을 미루어 보건대, 김육이 건의한 호서 山邑

---

106) 『孝宗實錄』 卷6, 孝宗 2年 5月 己丑.
107) 『潛谷全集』, 「潛谷先生年譜」.
108) 『潛谷全集』, 「潛谷先生遺稿」 4, '疏箚', 請令湖西山邑鑄錢箚.

과 영서 지방의 화폐 주조사업 역시 開設되었을 것으로 짐작된다.109) 민간인에 의한 私鑄錢의 허용을 건의했던 김육으로서는 지방관청의 재량적 화폐주조는 당연한 일로 생각하고 권장하였을 것이다. 그는 1653년(효종 4)에 황해·평안도 등 양서 지방에 동전의 주조유통을 건의하여 국왕으로부터 재가를 받았다.110)

김육이 화폐정책을 주도한 17세기 50년대에는 훈련도감이나 상평청 또는 지방관청에서 동전을 주조했을 뿐만 아니라, 민간인에게 동전의 사주를 허락한 사실을 주목하지 않을 수 없다. 민간인의 동전 사주는 1623년(인조 1) 이래로 종종 제기·논의되다가111) 1634년(인조 12)에 허락한 일이 있고,112) 김육 역시 민간인의 사주전을 건의·실시하게 하였다. '화권재상'의 원칙론을 내세워 동전 주조사업의 국가관리원칙을 강조하였던 그 당시 가치관에서 볼 때, 중국동전의 수입문제와 민간인에 대한 화폐사주 허용은 그야말로 파격적인 조치가 아닐 수 없다. 이는 역시 동전 유통보급 초기단계, 다시 말해 동전주조를 위한 제반 여건은 미비한 데 반해 동전유통에 대한 당국자들의 기대는 지나치게 컸던 시기에 일시 방편적으로 취해진 조치라고 이해하여야 할 것이다. 이 같은 사실은 1678년(숙종 4) 이후 銅錢(常平通寶)이 法貨로 지속적으로 유통보급되면서 민간인의 동전 사주는 엄격히 금지하는 등113) 동전주조의 국가관리원칙이 점차 강화되고 있는 사실을 통해 미루어 짐작할 수 있다.

柳馨遠은 동전주조의 국가관리원칙을 주장하며 민간인의 사주전을 엄격히 금지할 것을 제의하였다. 그는 비록 임시방편일지라도 민간인의 사주전은 허용해서 안 된다고 하였다. 사주전은 많은 수익을 얻을 수 있는 것이기 때문에 일단 한 번 허용하게 되면 아무리 엄히 금지하

---

109) 『潛谷全集』,「潛谷先生遺稿」4, '疏箚', 請令湖西山邑鑄錢箚 ;『潛谷全集』, 「潛谷先生年譜」.
110) 『潛谷全集』,「潛谷先生年譜」.
111) 『仁祖實錄』卷3, 仁祖 1年 5月 丙申.
112) 『仁祖實錄』卷31, 仁祖 13年 1月 丁卯 ; 元裕漢, 앞의 책, 1975, 81쪽.
113) 『備邊司謄錄』34冊, 肅宗 4年 10月 1日 ; 元裕漢, 앞의 책, 1975, 132~138쪽.

려 해도 금지할 수 없게 된다는 것이다. 또한 그는 單一額面價의 小額錢만을 법화로 유통하고, '십전통보'와 같은 고액전의 주조유통에는 반대하였다.114) 화폐원료의 공급 전망을 낙관하였던 유형원으로서는 화폐원료의 공급난을 주요 원인으로 하여 주조하였을 고액전의 주조유통에 반대한 것은 당연하였다. 그러나 유형원이 고액전의 주조유통을 반대한 것은, 김육의 건의로 주조유통한 '십전통보'가 원활히 유통되지 못한다는 사실을 전해들었기 때문일 가능성도 크다. 김육과 유형원이 민간인의 동전사주와 고액전 주조유통 문제를 놓고 상반된 주장을 하게 된 것은, 당면한 현실상황을 소홀히 할 수 없는 고급관료로서의 김육과 전통·원칙론에 집착하기 쉬운 局外者로서의 유형원이 처한 입장이 서로 달랐기 때문이었을 것이다.

(2) 銅錢 流通普及論

金堉은 1636년(인조 14)과 1643년(인조 21)에 중국에 들어가 동전이 원활히 유통되고 있는 유통계의 현실을 견문·체험하고 돌아와, 1644년에 '用車論'과 함께 황해·평안도에 동전의 시험적인 유통을 건의하였다.

>……우리 나라가 진작부터 동전을 쓰려고 하면서도 쓰지 못한 것은 온 나라가 빠짐 없이 다 쓰려고 하기 때문이니, 아주 궁벽한 지역에서는 혹 그것이 편리한지도 모르고, 또 동전을 주조하기가 쉽지 않아서 시행하지 못한 것입니다. 그러니 지금 만일 나그네가 많이 다니는 지역인 兩西 한 도에만 시행한다면 반드시 시행할 수 있을 것입니다. ……115)

또한 김육은 開城留守 재직중에 개성을 중심한 인근 지방에서 동전이 원활히 유통되는 것을 견문·체험하고 1646년(인조 24)에 역시 황

---
114) 『磻溪隨錄』 卷4, 「田制後錄」 下, 錢幣.
115) 『仁祖實錄』 卷45, 仁祖 22年 9月 丙戌.

해・평안도에 동전을 유통보급할 것을 제의하였다.116) 한편 17세기 50년대, 즉 효종조에는 중국동전을 수입해 와서 국왕의 재가를 받은 뒤 平壤・安州 등 평안도 일부 지역에 시험적으로 유통보급하였다.117) 그가 평양이나 안주 등지를 선정한 것은 중국과 인접해 있어 양국 간의 무역통로고, 國內外 상업이 발전하여 동전이 비교적 쉽게 유통될 수 있을 것으로 생각했기 때문일 것이다. 김육의 동전 유통보급에 대한 기본방침은 중국과 다름없이 동전이 원활히 유통되는 개성으로부터 황해도를 거쳐 평안도로, 그리고 그 곳에서 화폐 유통 가능성이 보장될 때 중앙, 즉 서울로 동전의 유통영역을 확대하고자 했던 것으로 보인다.

　……西路에서는 형벌 대신 동전을 바치게 함으로써 동전이 상당히 쓰이고 있습니다. 서울에서도 이에 의거해 시행하는 것이 마땅합니다.……118)

동전이 원활히 유통되는 개성에 인접한 황해도를 거쳐 평안도, 서울(경기도) 등지로 동전의 유통영역을 점차 확대할 것을 주장한 것이다. 김육이 17세기 40년대(仁祖朝)에 거듭 주장한 銅錢 試用論과 그가 주도한 50년대(孝宗朝)의 화폐 유통정책을 중심으로 동전 유통보급론을 살펴보자.

첫째, 동전을 法貨로 유통보급하기 위해 극복해야 할 중요한 과제중의 하나는 화폐정책에 대한 일반 민중의 불신감을 해소시키고, 동전은 법화로서 계속 유통될 수 있음을 확신시켜야 한다는 것이다. 이를 위해 왕조당국은 동전을 법화로 유통하기로 한 사실을 文廟에 誓告하는 의식을 행할 필요가 있다고 주장하였다.119) 이는 김육이 주도한 17세

---

116) 『潛谷全集』,「潛谷先生遺稿補遺」,'疏箚', 兩西請用錢疏.
117) 『孝宗實錄』 卷4, 孝宗 1年 6月 丁未.
118) 『孝宗實錄』 卷7, 孝宗 2年 11月 丁亥.
119) 『仁祖實錄』 卷31, 仁祖 13年 7月 壬戌 ; 元裕漢, 앞의 책, 1975, 141~142쪽.

기 50년대의 화폐정책 시행 과정에서 찾아볼 수 있다.

둘째, 동전을 유통보급하기 위해 기존 상업조직은 물론, 상설점포를 설치하여 大·小 상거래에 동전을 사용하게 함으로써 민중에게 동전의 가치를 널리 인식시키자고 하였다.

>……또 沿道의 각 관청으로 하여금 점포를 설치하게 하고 돈을 쓰게 해야 합니다. 그리하여 왕명을 받든 사신 이외에도 草料狀을 가지고 왕래하는 醫員·譯官·禁軍 등은 모두 그 점포에서 식사를 하게 하고 관청에서 동전을 주어 점포 주인에게 갚도록 하며, 또 백성들이 관청에 바칠 米·布·柴草 등의 물건을 혹 동전으로 代納도 하게 하면, 백성들은 반드시 그 물건들을 모든 점포에 팔게 될 것이니, 관청에서 이와 같이 동전을 통행시킨다면 개인끼리도 반드시 그것을 본받을 것입니다.[120]

김육이 1644년에 중국동전을 수입하여 황해도와 평안도에 시험적으로 유통보급하고자 한 '設店用錢論'이 바로 상설점포를 설치하여 동전을 유통보급하자는 것이었다.[121] 김육이 국내상업과 국제무역이 발달한 평양·안주 등지를 제일 먼저 동전을 시험적으로 유통할 곳으로 선정한 것도 상거래를 통해 동전을 유통보급하려 한 정책적 배려와 본질적으로 동기를 같이한다. 이처럼 기존 또는 신설 상업조직을 통해 화폐유통을 확대·보급하는 방안은 고려시대나 조선전기에도 楮貨나 동전을 법화로 유통보급할 때 채택·실시했던 것이다.[122] 柳馨遠 역시 김육과 같은 견해를 보다 구체적이고 체계적으로 정리·제시하였다.[123] 또한 상거래를 통해 화폐가치를 주지·인식시킴으로써 동전유통을 확대·보급하는 방법은 17세기 70년대 말부터 그 90년대 말에 이르는 시기에도 우선적으로 활용되었다.[124]

---

120) 『仁祖實錄』 卷45, 仁祖 22年 9月 丙戌.
121) 『仁祖實錄』 卷45, 仁祖 22年 9月 丙戌.
122) 元裕漢, 앞의 책, 1975, 143~145쪽.
123) 『磻溪隨錄』 卷4, 「田制後錄」 下, 錢幣.

셋째, 김육은 상거래를 통한 동전의 유통보급은 본질적인 것이기는 하나 적극적인 화폐 유통보급 방법은 아니라고 보았다. 그는 국가 수입지출의 화폐화를 통해 보다 적극적으로 公·私 유통계에 동전을 유통보급하고자 하였다. 왕조당국은 각 관청의 徵贖·免賤·空名帖價·大同米 등 국가 수입의 일부를 동전으로 수납하고, 각 관청의 貢價·雇役價·戶曹料布 등 지출의 일부를 동전으로 지급하려 하였다.125) 공권력을 배경으로 강제성을 띤 이러한 국가 수입지출의 화폐화 방안은 고려시대 이래로 동전과 저화를 유통보급하는 과정에서 채택한 화폐 유통보급 방안이었다. 이는 실시과정에 문제가 없었던 것은 아니지만, 가장 적극적이고 능률적인 방법 중 하나였다. 유형원 역시 종래의 화폐정책이 실패를 거듭한 중요한 원인이 주요 국가 수입원인 田租의 일부를 금납화하지 않는 데 있다고 지적·비판하면서, 국가의 주요한 수입지출을 점진적으로 화폐화하는 방안을 구체적으로 구상·제시하였다.126) 국가 수입지출의 화폐화 방안은 17세기 70년대 말부터 적극 활용되어 물물교환 내지 물품화폐가 지배한 농촌사회를 화폐경제권으로 포괄하는 등, 화폐경제의 확대·발전에 크게 기여한 동전 유통보급 방법이라 하겠다.

넷째, 김육은 동전을 법화로 유통보급하기 위한 하나의 방안으로서 유통계 일면에서 화폐 기능을 담당하고 있는 麤布의 유통을 금지할 것을 주장하였다.127) 추포는 실용가치가 없는 품질 나쁜 布로서, 유통을 금지하면 상대적으로 동전의 유통영역은 그만큼 확대된다. 그리하여 동전유통을 확대·보급하기 위해 추포의 유통을 금지할 것을 주장했던 것이다. 유형원 역시 화폐정책론에서 추포 유통금지의 필요성과 유통금지 방안을 구상·제시하였다.128) 사실상 왕조당국은 동전이 법화

---

124) 元裕漢,「李朝 肅宗時代의 鑄錢에 대하여」,『史學硏究』18, 1964.
125) 元裕漢,「朝鮮後期 金屬貨幣流通政策 - 17세기 전반의 동전유통 시도기를 중심으로 - 」,『東方學志』13, 1972.
126)『磻溪隨錄』卷4,「田制後錄」下, 錢幣.
127)『潛谷全集』,「潛谷先生遺稿」6, '啓辭', 請出米貿布兼行賑救啓.
128)『磻溪隨錄』卷4,「田制後錄」下, 麤布.

로 계속 유통된 17세기 70년대 말 이후 동전보다 가치가 안정된 秤量銀貨를 거둬들이는 관청으로 하여금 동전을 銀貨 대신 징수하게 함으로써, 동전수요의 증대 내지 동전 유통영역의 확대를 시도하였다.129) 엄격한 의미에서 볼 때, 국가 수입지출의 화폐화 시도도 동전의 유통보급을 위한 물품화폐 유통의 금지조치와 본질적으로 그 성격을 같이한다. 추포를 비롯한 물품화폐 내지 칭량은화의 유통을 금지함으로써 명목화폐인 동전을 유통보급하려 한 것 역시 고려시대 이래로 종종 활용되었던 동전 유통보급 방안의 하나였다.

다섯째, 김육은 각 지방의 동전유통에 관한 업무를 관장, 독려하기 위해 중앙으로부터 관료, 소위 '行錢別將'의 파견을 주장하였다. 그는 중앙에서 행전별장을 공식적으로 파견하는 방안 외에도 비공식적으로 吏胥를 파견하여 동전의 유통보급 업무를 담당·수행하게 한 경우도 있다.

그러나 평안도 지방의 동전 유통보급 업무를 독려하기 위해 파견한 행전별장이 吏胥와 주민들에게 동전을 5錢씩 의무적으로 휴대하게 하는 등 강제적인 방법을 동원하였다. 그렇게 되자 행전별장만 나타나면 주민들이 모두 도망하는 사태가 벌어진다 하여, 중앙정계에 적지않은 물의가 일어난 일이 있다.130)

  金壽恒이 상소하기를, "신이 西道에 왕래할 적에 각 고을의 아전과 백성들이 동전을 허리에 차지 않은 사람이 없음을 도처에서 익히 보았고, 그 폐단을 들으니 수령들만 그것을 말할 뿐이 아니었습니다. 이른바 別將이 마을을 제멋대로 다니면서 백성들을 불러 모아놓고서 그 가운데 혹간 동전을 차지 않은 사람이 있으면 채찍질을 하고, 贖錢을 징수한다고 합니다. 이러므로 민간에서 별장이 온다는 말만 들으면 모두 도망하여 숨어버리니, 이러고도 동전을 유통시킨다고 할 수 있겠습니까. 신이 서울에 있을 때 일찍이 兩西에서 동전을 유통시킨다는 말을

---

129) 『備邊司謄錄』 35冊, 肅宗 5年 5月 13日 ; 元裕漢, 앞의 책, 1975, 153쪽.
130) 元裕漢, 앞의 책, 1975, 149~151쪽.

들었는데, 西道에 이르러서는 다만 동전을 차고 다니는 것만 보았을 뿐, 유통되는 실제는 보지 못하였습니다."131)

이것은 김육이 주도한 17세기 50년대의 화폐정책이 너무 급진적이고 불합리하게 시행되었음을 설명해 주는 하나의 대표적 사례라 할 수 있다. 화폐정책의 급진성 내지 불합리성은 17세기 50년대의 화폐정책이 중단된 중요한 원인 중 하나로 지적·비판되었다. 유형원은 김육과는 달리 지방에 행전별장을 파견하는 등의 파격적이고 불합리한 동전 유통보급 방안을 구상·제시하지 않았다.132) 이 같은 차이점은 아마도 원칙론에 입각하여 화폐정책론을 구상·체계화한 局外者 유형원과 가시적 성과를 우선해야 하는 當局者 김육이 처한 입장 차이에 중요 원인이 있을 것이다.

여섯째, 김육이 화폐정책을 주도한 17세기 50년대 초에 常平廳으로 하여금 동전을 가진 자에게는 米를, 미를 가진 자에게는 동전을 바꿔 줌으로써 일반 유통계의 동전유통량을 적절히 조절하는 한편, 화폐의 공신력 내지 兌換力을 강화하고자 하였다. 동일한 목적으로 관청이 보유한 다량의 미를 민간에 방출하고 동전을 換收하는 방법을 쓰는 데 주도적 역할을 하기도 하였다.133) 유형원은 동전의 태환력 강화를 위해 김육이 시도한 방법은 구상·제시하지 않았다. 물론 그도 김육처럼 동전의 태환력 강화가 화폐의 유통보급에 중요한 의미를 갖는다는 사실을 충분히 인식하고 있었을 것이다. 유형원이 제시한 국가 수입지출의 화폐화 방안134) 역시 동전의 태환력 강화방안과 본질적으로 성격을 같이한다고 볼 수 있기 때문이다.

일곱째, 김육은 동전을 능률적으로 유통보급하기 위해 중앙에서 동전을 주조하여 이를 지방으로 반급하기보다는 각 지방관청이 현지에

---

131) 『孝宗實錄』 卷12, 孝宗 5年 4月 辛酉.
132) 이 책, 제3장 II, 3. 柳馨遠의 銅錢流通論 참조.
133) 『潛谷全集』, 「潛谷先生遺稿」 4, '疏箚', 請令湖西山邑鑄錢疏.
134) 이 책, 제3장 II, 3. 柳馨遠의 銅錢流通論 참조.

서 원료를 마련하여 동전을 주조유통케 할 것을 주장하였다.135)

……金堉이 아뢰기를, "行旅들도 동전을 쓰는 이가 많으니 이로부터 두루 시행될 수 있게 될 것입니다. 兩南의 銅鐵을 가지고 局을 설치하여 各 營에서 동전을 주조하게 함으로써 中外에 널리 유행되게 하소서." 하니, 上이 흉년이 들었다는 이유로 이를 어렵게 여겨 대신에게 하문하였는데, 鄭太和가 아뢰기를, "서울로 수송해 오면 또한 民弊가 있게 될 것입니다만, 그렇게 한다면 안 될 것도 없을 듯합니다." 하였다.136)

이처럼 운수교통이 불편한 상황에서 화폐원료를 중앙으로 운반하고, 주조한 동전을 지방으로 반송하는 일은 동전 유통보급의 능률을 저해한다고 생각하였다. 유형원은 김육과 달리, 동전 주조는 중앙에 全擔 관청을 설치하여 집중적으로 관리할 것을 주장하였다.137) 전통적인 '貨權在上'의 원칙론에 입각하여 동전 주조사업의 중앙관리를 고집하였던 것이다.

5) 貨幣政策論의 意義

金堉은 자신의 화폐정책론을 실현하기 위해 17세기 40년대부터 국가의 화폐정책 운용에 참여하기 시작하여 50년대(孝宗朝)의 화폐정책 운용을 주도하였다. 그가 주도한 화폐정책은 다음 몇 가지 직접·간접적 원인에 의해 1656년(효종 7)에 중단되었다.

첫째, 日本銅의 수입에 의존하는 동전원료가 만성적인 부족상태에 있었다.138) 둘째, 전통적으로 重農抑末策을 추구하였기 때문에 일반 유통계에는 물물교환 내지 물품화폐 유통의 타성이 농도 짙게 깔려 있

---
135) 『潛谷全集』, 「潛谷先生遺稿」 4, '疏箚', 請令湖西山邑鑄錢疏.
136) 『孝宗實錄』 卷10, 孝宗 4年 1月 甲申.
137) 『磻溪隨錄』 卷4, 「田制後錄」 下, 錢幣.
138) 元裕漢, 「조선후기 동전원료의 공급형태」, 『인문과학』 32, 연세대학교 인문과학연구소, 1974.

었다. 셋째, 양반 등 지배계층은 동전이 유통보급되면 농민의 몰락 내지 농촌사회의 분화를 촉진하여 농업 중심의 경제기반을 위태롭게 만든다고 생각하였기 때문에, 동전의 유통보급을 부정적으로 평가·인식하였다.139) 넷째, 화폐정책의 시행과정에서 보인 김육 등 당국자들의 기대수준과 당시 사회의 화폐 수용력 간의 격차를 합리적으로 극복하지 못한 채 화폐정책을 너무 급진적으로 추진하였다.140) 다섯째, 당파 간의 대결의식이 화폐정책의 지속을 어렵게 하였던 것으로 짐작된다.141)

이렇게 해서 김육이 주도한 17세기 50년대의 화폐정책은 비록 중단되었지만 그가 실현하고자 한 화폐정책론이 가지는 역사적 의의 내지 위치는 높이 평가되어야 할 것이다. 김육이 구상·제시한 화폐정책론에 대한 고찰을 통해 밝혀진 사실을 토대로 하여 그의 화폐정책론 내

---

139) 『仁祖實錄』 卷30, 仁祖 12年 12月 癸巳.
140) 1650년대의 화폐정책을 주도한 김육 등이 정책을 급진적으로 추진하게 된 직접·간접적 원인은 대개 다음 몇 가지로 나눠볼 수 있다. (1) 우선 1650년대 (효종조)의 제반 정책 성향이 파탄에 직면한 국가경제 재건 내지 국가재건에 초점을 두고 있다는 점에서 원인을 찾아볼 수 있다. 동전을 법화로 주조유통하기 위해 적극 추진한 화폐정책은 대동법과 함께 국가경제 재건책의 일환으로 중시되어 급진적으로 추진되었을 가능성이 그만큼 컸을 것이기 때문이다. (2) 김육은 중국과 개성에서 동전이 원활히 유통되는 것을 견문·체험하고, 국내에서도 동전이 유통될 수 있다는 신념을 가지게 되었다. 따라서 김육의 화폐유통에 대한 욕구랄까, 기대수준은 당시 조선사회의 화폐 수용력 이상의 것이기 때문에 그가 주도한 화폐정책이 급진적으로 추진되었을 것으로 짐작된다. (3) 我執이 강하고 初志를 관철시키는 성격의 소유자 김육은 국왕 효종의 두터운 신임을 받으면서 화폐정책을 추진할 수 있는 입장에 있었다. 이는 그가 화폐정책을 급진적으로 추진하는 배경이 되었을 가능성이 있다. (4) 김육이 10년 기한으로 화폐정책 운용을 맡은 것은 71세 되던 해였다. 그는 10년 간이란 세월을 자신의 정치가로서의 일생을 결산하는 최종 단계로 설정했으리라고 짐작된다. 그러나, 일부 당국자들의 동전유통 내지 화폐정책에 대한 비판적 태도와 자신의 노쇠에서 오는 초조와 불안감, 또는 생전에 목적한 바를 성취하고 싶어하는 황혼기 인간이 벗어나기 어려운 과욕이 화폐정책 운용에 무리한 박차를 가하는 심리적 동기가 되었을 가능성도 있다.
141) 『孝宗實錄』 卷8, 孝宗 3年 2月 己酉.

지 사회경제사상의 역사적 성격 및 의의를 간단히 살펴보자.

(1) 歷史的 性格

첫째, 사회경제사상의 民本的 성격이다. 김육은 국가정치의 근본이 민중을 잘 살게 하는 데 있고, 백성이 잘 살게 되면 나라는 자연히 잘 되어 나갈 것이라 하였다.142) 따라서 나라를 다스리는 방법은 백성을 편안케 하는 것을 근본으로 삼아야 했다.143) 그는 1638년(인조 16) 충청도에 대동법 실시를 건의하면서, 대동법의 실시는 백성을 구제하기 위해 절실히 요청되는 정책적 과제임을 강조하였다.144) 이 같은 민본적 성격은 전통적으로 민본정치를 표방해 온 조선왕조의 대다수 당국자들과 본질적으로 공통된다. 김육의 민본적 사회경제사상은 청소년기에 황해·평안도 지방을 전전하며 견문·체험한 농촌생활상과 밭 갈고 숯 구워 팔면서 지낸 10년간의 은둔생활, 또 지방관으로서 비참한 농민생활과 농촌사회의 피폐상을 직접 체험하면서 구상·체계화시킨 것이었다. 그의 민본적 사회경제사상은 대다수 당국자의 관념적이고 추상적인 그것보다 실제적이며 실증적인 성격을 띤 것이라는 점에서 평가되어야 할 것이다. 이러한 민본의식은 李晬光의 사회경제사상에서도 찾아볼 수 있다.145)

둘째, 사회경제사상의 진보적 성격이다. 김육은 모든 일이란 평소에 진보가 없으면 도리어 퇴보하는 것이라고 생각하였다.146) 이 같은 진보적 성격은 그가 자연경제적 유통질서인 물품화폐와 칭량은화 유통체제를 극복하고 명목화폐인 동전을 법화로 유통보급할 것을 주장한 데서 엿볼 수 있다. 뿐만 아니라, 수취체제의 객관·합리화를 위해 대동법을 확대시행하고 物納租稅의 금납화를 시도하는 한편, 時憲曆을

---

142) 鄭亨愚,「經國濟民의 實踐家 - 金堉 - 」,『韓國의 人間像(1)』, 1965.
143) 『潛谷全集』,「潛谷先生年譜」.
144) 『仁祖實錄』卷37, 仁祖 16年 9月 丙戌 ; 卷37, 仁祖 16年 11月 戊寅.
145) 『芝峰集』卷22,「雜著」, 條陳懋實箚子.
146) 鄭亨愚, 앞의 논문, 1965.

채용하고 水車·行車制를 도입하려 하는 등의 사실을 통해 그의 진보적 개혁의식을 짐작할 수 있다.

셋째, 사회경제사상의 실증적 성격이다. 김육의 사회경제사상은 실제적 견문·체험 내지 실증적 근거를 토대로 하여 구상·제시된 것이다. 그는 일찍이 궁색하고 불우한 10년간의 은둔생활을 경험하고 지방관으로서 무거운 조세부담에 허덕이는 농민의 비참한 생활을 목격하여 그들을 구제하기 위한 방안으로서 대동법의 확대시행을 건의하였다. 또한 화폐경제가 발전한 중국은 물론, 국내의 개성을 비롯한 인근 지방에서도 동전이 원활히 유통되는 것을 견문·체험하고 동전의 주조유통을 골자로 하는 화폐정책론을 구상·제시하였다.

넷째, 사회경제사상의 실제·실용성을 특징으로 하는 北學的 성격이다. 김육은 네 차례(明에 한 차례, 淸에 세 차례)에 걸쳐 중국을 내왕하며 그 곳의 화폐경제 발전상을 직접 목격하고 국내에서도 동전이 유통될 수 있다는 확신에 따라 국왕에게 동전의 유통보급을 건의하였다. 뿐만 아니라 使行次 중국에 갔다오는 길에 中國銅錢을 수입하여 平壤·安州 등 평안도 일부 지역에 이를 시험적으로 유통시켜 보았다. 중국으로부터 개량력인 시헌력을 도입·채용한 것과 수차·행거의 사용을 주장한 것 역시 그의 사회경제사상에 깔려 있는 北學 지향의식의 표출로 볼 수 있다. 그의 北學意識은 明朝의 문물을 수용하자는 前北學論이 淸朝의 문물을 수용하자는 北學論으로 전환되는 과정에서 생성된 것으로서 전북학론과 북학론이 절충·보완된 북학의식이라 할 수 있을 것이다.

김육이 진보적 개혁사상가로서 현실 개혁사상을 구상·체계화하고, 정치가로서 활약한 호란 이후의 시기, 특히 17세기 50년대(孝宗朝)는 崇明思想이 고조된 반면 淸에 대한 복수심이 비등하여 소위 北伐策이 추진되고 있었다. 대다수 왕조당국자는 물론 지식계층 사이에는 排淸 내지 淸朝文物의 수용을 거부하는 기풍이 팽배해 있었다. 이 같은 시대에 형성된 김육의 사회경제사상에 청의 문물제도를 수용하여 사회를 개량·개혁하겠다는 북학의식이 깔려 있다는 것은 주목할 일이다. 그는 對淸(女眞)관계에서 관념적이고 공허한 전통 내지 명분론에 얽매이지 않고 실제·실용적 가치를 추구하였음을 알 수 있다. 이처럼 실용·실제성을 중시한 김육의 사회경제사상에 깔려 있는 북학적 성격은, 全盛期 실학에서 강조된 이용후생의 실천방안으로 수용한 북학론의 초기적 모습을 엿볼 수 있다. 崇明論者로 알려진 柳馨遠은 김육과는 대조적으로 배청 내지 청조문물의 수용을 거부했던 것으로 보인다.147)

여섯째, 사회경제사상의 실천적 성격이다. 김육은 局外者 유형원과는 달리, 내외 요직을 역임하는 동안 제반 국가정책의 입안 내지 시행 과정에 참여하여 자신의 사회개혁사상을 반영하기 위해 힘썼다. 이처럼 그의 사회경제사상에 깔려있는 실천적 성격은 그의 사회경제사상이 가지는 역사적 의미는 물론, 개혁사상가로서 그의 역사적 위치를 보다 높이 평가하게 되는 중요한 이유가 될 것이다.

일곱째, 사회경제사상의 彈力的 성격이다. 특히 김육은 화폐정책을 구상하고 추진할 때 원칙·전통 및 명분에 얽매이기보다는 당면한 현실 상황을 중시하여 개혁방안을 모색·시도하는 등 탄력적인 모습을 보여주는 예를 어렵지 않게 찾아볼 수 있다. 예를 들어, 그는 국왕의 사전 재가도 받지 않은 채 사행차 중국에 들어가 중국동전을 密買, 귀국 길에 국왕의 재가를 받고 평안도 일부 지역에 이를 시험적으로 유통시켰다. 또 호란을 겪고 청에 대한 적개심이 비등해 북벌책이 추진되고 있는 상황 하에서 청조문물의 수용을 주장했을 뿐 아니라, 실제로 이를 수용하여 사회개혁을 시도하였다. 중앙집권적 조선왕조가 전통적으로 강조해 온 '貨權在上'의 원칙론에 따라 국가 또는 관청이 주관해야 하는 동전 주조사업을 民間人에게 허락할 것을 건의·실시한 것도 그였다. 이처럼 그는 원칙·전통 및 명분론에 얽매이지 않고 變化受容的 입장에서 현실을 평가·인식하고, 그 대응론을 탄력적으로

---

147) 이 책, 제3장 Ⅱ, 3. 柳馨遠의 銅錢流通論 참조.

구상·제의하고 또한 국가정치 운용에 반영하고자 하였다.

여덟째, 사회경제사상의 開城 중심적 성격이다. 특히, 김육의 화폐정책론에서는 개성을 화폐경제의 요람으로 중시하는 경향을 볼 수 있다. 그의 동전 유통에 대한 확신 내지 신념은, 우선 중국에서 동전이 원활히 유통되고, 국내의 개성지방에서도 역시 중국처럼 동전이 유통되고 있다는 사실에 근거한 것이었다.

(2) 歷史的 意義

첫째, 국가의 화폐정책이 중단된 것과는 관계없이, 17세기 50년대 말 이후에도 동전은 개성을 중심으로 한 강화도 등, 인근 지방과 황해도 및 평안도 일부 지방에서 유통되었다. 화폐정책이 중단되어 쓸모없게 된 다량의 동전이 개성 지방으로 유입됨으로써 개성을 비롯한 인근 지방의 화폐경제 발전은 한층 더 활성화되었던 것으로 보인다. 따라서 개성은 화폐경제의 요람으로서 조선후기의 화폐경제는 개성에서 국내 각 지방으로 확대·보급되었다. 개성 지방에서 발전한 화폐경제가 각 지역으로 확대·보급되는 과정에서 적지 않은 역할을 한 존재가 바로 큰 행동반경을 가지고 있었던 松商이었다.

둘째, 김육이 주도한 화폐정책의 추진 과정에 직접·간접적으로 참여한 당국자들의 화폐 가치인식이 심화되고, 화폐정책에 대한 경험과 지식이 축적되어 1678년(숙종 4)에는 銅錢[常平通寶]을 주조유통하기 위한 화폐정책을 보다 안정적이고 능률적으로 추진할 수 있게 되었다. 그 대표적 사례로서 영의정 許積(1610~1680)을 들 수 있다. 그는 17세기 50년대 화폐정책의 시행 과정에 참여, 경험과 지식을 쌓아 동전의 주조유통을 건의·결정하는 데 주도적 역할을 하였다. 당시 개성유수 출신의 우의정 權大運(1612~1699)은 개성 지방에서 원활히 유통되고 있는 동전이 다른 지역에서 유통되지 않을 까닭이 없다는 견해를 제시하였고, 이 발언은 허적의 건의가 국왕의 재가를 받는 데 도움이 되었을 것이다. 권대운의 말은 개성유수 출신의 견문·체험담이었기 때문이다.148) 한편, 일반 민중은 17세기 50년대의 화폐정책 운용과정을 통해 동전유통이 경제생활에 편리하고 이익이 된다는 사실을 보다 깊이 인식하게 되어 명목화폐 수용력이 증진되었을 것으로 보인다.

셋째, 김육이 17세기 50년대 국가정책의 중점적 과제로 적극 추진한 大同法의 확대시행과 화폐정책은 상업과 밀접한 상호 보완관계를 맺고 있다. 상업발전이 전제되어야 대동법의 확대시행과 동전의 유통보급이 가능하며, 동시에 대동법의 확대시행과 화폐경제의 발전 등은 상업발전을 증진하는 요인이 되기 때문이다. 이로써 김육이 동전을 법화로 유통보급하기 위해 적극 추진한 화폐정책은 곧 상업진흥의 일환책이 되었다고 보아야 할 것이다.

넷째, 김육이 17세기 50년대 충청도에 대동법을 확대시행한 것과 동전을 법화로 유통보급하기 위해 화폐정책을 추진한 것은 그의 사회경제사상이 실현된 대표적 사례라 할 수 있다. 대동법을 충청도에 실시한 것은, 경기도와 강원도에 국한된 대동법의 시험적 실시단계를 극복하는 동시에, 그가 죽은 후 대동법을 전라·경상·황해도로 확대 실시하는 계기가 되었다. 또한, 동전을 법화로 유통보급하기 위해 화폐정책을 적극 추진하여 물품화폐와 칭량은화의 유통이 지배한 조선사회의 화폐 수용력을 증진함으로써, 1678년부터는 동전이 지속적으로 유통보급되기 시작하였다. 대동법이 확대시행되고, 동전이 법화로 계속 유통보급됨으로써 봉건 조선사회의 농업중심 생산양식과 성리학 중심 가치체계의 해체 내지 근대지향은 촉진되었다.149) 김육이 주도한 대동법의 확대시행과 동전의 유통보급을 그의 사회경제사상 실현의 대표적 사례라고 볼 때, 그의 실천적 사회경제사상의 역사적 의의는 높이 평가되어야 할 것이다.

다섯째, 김육을 비롯한 개성유수 출신 고급관료들의 실학지향적 정치활동의 역사적 의의를 조선후기 실학의 생성·발전과 관련하여 생

---

148) 이 책, 제3장 Ⅱ, 4. 許積의 銅錢流通論 참조.
149) 元裕漢, 앞의 책, 1975 ; 「朝鮮後期 貨幣史」, 『서울 六百史(2)』, 1978.

각해 보아야 할 것이다. 대체로 왕조당국은 양란 이후 파탄에 직면한 국가경제 내지 국가 재건정략의 일환으로 北學과 開京學을 수용하여 중국과 개성을 본받아 상업진흥 및 동전유통정책 등을 추진하였다. 이와 동시에 인조·효종조에는 다수의 개성유수 출신 고급관료들이 경제재건 등 제반 국가 재건정책의 운용에 적극 참여하여 실학지향적 정치경륜을 펴고자 노력하였다. 김육은 그 대표적 인물로서 북학과 개경학이 국가경제 내지 국가체제 재건정략으로 수용된 시기를 배경으로 하여 자신의 화폐정책론을 구상·체계화하였다. 이로써 김육은 개경학이 柳馨遠에게 전승되어 조선후기 실학으로서 그 학문적 체계를 이루는 데 연결고리의 역할을 수행한 대표적인 초기 실학자로 평가되어야 할 것이다.150)

3. 柳馨遠의 銅錢流通論

1) 貨幣政策論의 形成

동전 주조유통론을 골자로 한 柳馨遠의 화폐정책론이 형성된 배경을 이해하기 위해 우선 그의 생애와 그가 활약한 17세기 중엽의 화폐정책과 유통경제 발전 상황을 개관해 보겠다. 먼저, 유형원의 화폐정책론 형성에 적지 않은 영향을 준 그의 생애를 대강 살펴보자.

유형원은 1622년(光海君 14년) 서울 外家 李元鎭의 집에서 출생하였다. 본관은 文化, 자는 德夫, 호는 磻溪다. 2세에 부친, 23세에 조모, 27세에 모친, 30세에 조부를 여의었다. 服喪을 마치고 32세가 된 1653년(효종 4)에 전라도 扶安 愚磻洞으로 내려갔다. 그는 조부의 명을 받들어 딱 한 번 과거에 응시하여 진사가 되었을 뿐, 평생을 학문연구에만 몰두하였다. 즉, 전라도 부안으로 내려가 1673년(顯宗 14) 죽기까지만 20년간 은둔하며 『磻溪隨錄』을 저술하였다.151)

---

150) 元裕漢·朴在姬, 「開京學의 成立 및 實學과 連繫」, 『實學思想硏究』 21, 2001.
151) 千寬宇, 「磻溪 柳馨遠 硏究 - 實學發生에서 본 李朝社會의 一斷面(上) - 」,

유형원 家系의 연원은 고려왕조로부터 시작된다.152) 그의 9代祖 柳寬(1346~1433)153)은 고려말 황해도 문화현에서 태어났다.154) 유관이 고려 말에 관료생활을 했으며 조선왕조에 들어와서는 개성유수를 역임하였던 사실로 미루어 일찍부터 개성에서 생성된 실학지향적 사회사조를 체감하고, 개성 특유의 지역정서와 사회경제 발전을 견문·체험하였을 것이다. 그는 조선 초기에 布幣를 법화로 유통할 것을 주장하는 등 화폐문제에 깊은 관심을 가지고 국가의 화폐정책 운용에 참여, 자신의 견해를 제시하였다.155) 이렇게 볼 때 유형원이 동전 주조유통론을 구상·제시하게 된 것도 유관 이래의 家學 전통과 전혀 무관하다고는 볼 수 없을 것이다.

유관은 벼슬이 우의정에 이르렀으며, 그의 아들 柳季聞(1383~1445) 역시 개성유수를 역임하였다.156) 유형원의 증조부 柳湋는 현령, 조부 柳成民은 正郎을 지냈다. 그의 부친 柳𣴎은 翰林의 요직(藝文館 檢閱)에 있었으나 柳夢寅(1559~1623)의 옥사에 연좌되어 28세의 젊은 나이에 죽었다. 그의 모친은 우참찬 李志完(1575~1617)의 딸이며, 외삼촌 李元鎭은 실학자 李瀷의 堂叔이다.157) 妻는 鐵山府使 沈誾의 딸로, 심은의 5대조 沈貞(1471~1531)과 조부 沈守慶(1516~1599) 등은 모두 개성유수를 역임한 인물이다.158) 또한 심정의 동생 沈義(1475~?)는 開城敎授를 지내며 徐敬德과 교유했다는 기록이 『花潭集』여러 곳에 보인다.159) 유형원의 從叔으로는 閔維重(1630~1687)·閔鼎重(1628~1692) 형제가 있다. 이들은 유형원을 관직에 추천하려 하였

『歷史學報』 2, 1952.
152) 『世宗實錄』 卷60, 世宗 15年 5月 己未.
153) 柳寬의 초명은 柳觀이다.
154) 『太宗實錄』 卷6, 太宗 3年 12月 甲申.
155) 『太宗實錄』 卷1, 太宗 1年 4月 丁丑.
156) 『世宗實錄』 卷107, 世宗 27年 1月 丙子.
157) 『磻溪隨錄』, 行狀(吳光運), 東國文化社本, 1958.
158) 『明宗實錄』 卷28, 明宗 17年 9月 丁酉.
159) 『花潭集』 卷1, 「詩」.

으나, 유형원이 이를 사양하였다.160) 민유중의 아들 閔鎭厚(1659~1720) · 閔鎭遠(1664~1736) 등은 개성유수를 역임하였으며, 이들은 宋時烈(1607~1689)의 門人이자 宋浚吉(1606~1672)의 外孫이었다.

위와 같이 전형적인 사대부 가문에서 태어난 유형원은 5세 때 취학하여 전통적인 교육을 받았으며 算數에 뛰어났다.161) 그는 이원진과 뒷날 호조판서가 된 고모부 金世濂(1593~1646) 등 두 스승에게 修學하였는데162) 北人系인 이원진 가계의 학문적 연원은 서경덕의 개경학에 두고 있다.163) 이원진은 '하멜' 표류사건 당시 濟州牧使로 있었는데, 이 인연으로 유형원이 표류 和蘭人을 만날 수 있었을 것으로 짐작된다. 그리고 이 화란인을 통해 서양에서 銀錢이 사용되고 있다는 사실을 探聞하였던 것이다.164)

김세렴 가계의 학문적 연원 역시 서경덕의 개경학에 있다.165) 김세렴의 모친은 許筬(1551~1588)의 딸이고, 고모부는 許筠(1569~1618)이다. 즉 金孝元(1532~1590)의 아들 金克建은 許曄(1517~1580)의 아들 허봉의 딸과 혼인하고, 김효원의 딸은 허엽의 아들 허균과 혼인하였다. 허엽은 서경덕의 문인으로 개경학파 형성에 크게 기여한 인물이다. 허엽의 학풍은 아들 許筬(1548~1612) · 허봉 · 허균 등에게 전승되었으며, 이들 또한 서경덕의 문인으로 알려진 학자들과 두터운 친분을 유지하였다.166)

김세렴은 앞에서도 살펴보았듯이 개경학파의 한 사람으로서, 그의 학풍은 조선후기 실학을 체계화한 조카 유형원에게 전승되었다. 김세

---

160) 『磻溪隨錄』, 行狀(吳光運).
161) 『磻溪隨錄』, 傳(洪啓禧).
162) 『磻溪隨錄』, 行狀(吳光運).
163) 元在麟, 『朝鮮後期 星湖學派의 形成과 學風』, 연세대학교 박사학위논문, 2001.
164) 『磻溪隨錄』卷4,「田制後錄」下, 錢幣 ; 卷8,「田制後錄巧說」下, 錢貨 · 楮幣附 · 本國錢貨說附.
165) 김세렴 가계의 학문적 연원은 이 책, 제2장 Ⅵ. 開京學의 實學으로 傳承 참조.
166) 신병주, 「花潭門人의 學風과 處世」, 『韓國學報』 90, 1998.

렴이 평안도 및 함경도 관찰사를 역임하였을 때 유형원은 그와 함께 기거하면서 각지를 답사하였다.167) 이 때 개성 등 일부 지역에서 동전이 유통되고 있는 것을 견문·체험하였고, 이는 그의 화폐정책론 형성에 적지 않은 영향을 주었을 것이다. 김세렴이 죽자 유형원은 남인계 대학자 許穆(1595~1682)을 찾아가 碑銘을 부탁하였는데, 이를 통해 허목과의 관계도 짐작할 수 있다.168)

위와 같이 유형원은 중시조 유관 이래의 가학과 이원진·김세렴의 학문 내지 사상적 영향을 직접 받았음은 물론, 간접적으로 서경덕의 문인 허엽 가계와 혼인관계를 맺은 南以恭(1565~1640)·金藎國(1572~1657)·尹鑴(1617~1680)·李山海(1539~1609) 등의 가계로부터 학문적 영향을 받았을 것이다.169)

이처럼 가학의 전통과 개경학에 학문적 연원을 둔 유형원은 국내의 지형·지세 및 物産에 유의하여 각 지방을 두루 답사했던 것으로 보인다. 『반계수록』을 저술하기 전 평안도와 함경도를 찾아 관찰사로 재직 중인 김세렴과 함께 기거했으며, 영남과 호남 등 전국 각 지방을 답사하였다. 또한 『반계수록』을 저술하는 동안에도 여러 차례에 걸쳐 전국 각지를 답사·여행하였다. 이 때의 견문과 체험은 『반계수록』 저술에 참고·활용되었음은 물론, 역사지리에 관심을 가지게 되어 『東國輿地志』와 같은 歷史地理書를 펴내는 계기가 되었을 것으로 짐작된다.170)

한편, 유형원은 淸의 신흥세력에 밀려 華南으로 쫓겨간 明의 멸망 소문을 듣고, 그 사실을 확인하기 위해 호송되는 표류 중국인들을 만나고자 부안에서 서울까지 올라왔다. 유형원이 그들과 직접 만났다는 사실을 볼 때171) 견문과 체험을 통해 사실을 실험·實査하고 실증하

---

167) 千寬宇, 앞의 논문, 1952.
168) 朴枝華(1513~1592)의 문인 許喬(1567~1632)는 許穆의 아버지로 그의 아들에게 개경학을 전승하였다(『眉叟記言』 卷43, 「許氏先墓碑文」).
169) 이 책, 제2장 Ⅵ. 開京學의 實學으로 傳承 참조.
170) 李家源 校寫, 「磻溪先生年譜」, 『人文科學』 32, 연세대학교 인문과학연구소, 1974.
171) 『磻溪隨錄』, 傳(洪啓禧).

는 것을 중시한 그의 실천적 學究 자세를 엿볼 수 있다.

유형원은 性理學說은 물론 기타 문예와 詩賦·천문·지리·卜筮·陰陽의 理致·수학과 번역에 이르기까지 모두 습득하였다. 전국 道路 교통으로부터 오랑캐 풍속에 이르기까지 모르는 것이 없을 정도였을 뿐 아니라, 도교·불교의 敎理도 깊이 연구하여 그 옳고 그름을 따졌다.172) 博學하고 당시 이단시된 불교와 도교의 교리를 연구하고 수학에 능통했던 점은 서경덕의 학문 경향과도 매우 유사하다.

다음으로 유형원의 화폐정책론 형성에 영향을 준 17세기 중엽의 화폐정책과 유통경제의 실제를 살펴보고자 한다. 조선왕조는 米·布 등 물품화폐 유통체제를 극복하고 동전을 法貨로 유통보급하기 위해 화폐정책을 적극 추진하였다. 이러한 화폐정책은 봉건 조선사회가 내포한 여러 가지 제약적 요인으로 시행착오를 거듭하다가 17세기 50년대 말에 마침내 중단되었다. 그러나, 화폐정책의 중단과는 관계없이 상업이 발달한 開城을 중심으로 한 江華·豊湍·延白·喬桐 등 인근지방에서는 동전이 원활히 유통되었고, 義州·平壤·安州 등 대외무역이 활발히 전개된 평안도 일부 지방에서도 역시 유통되었다. 그리고 일부 유통계에서는 실용가치가 없는 麤布가 유통되고, 1678년(肅宗 4)부터 銅錢(常平通寶)이 법화로 유통보급되기까지 미·포 등 물품화폐와 秤量銀貨가 일반 유통계를 지배하였다.173)

유형원은 자신이 경험한 시기의 화폐정책과 유통경제 발전에 대한 견문과 체험, 고려 및 조선시대의 화폐정책에 관한 기록을 고찰하여 얻은 지식을 화폐정책론 구상 및 체계화에 참고·활용하였다. 특히, 고려왕조가 각종 동전을 주조유통하려 했으나 화폐정책의 모순과 정책담당자들의 無定見으로 계속 유통되지 못하였다고 비판하였다.174) 또

---

172) 『磻溪隨錄』, 傳(洪啓禧).
173) 元裕漢, 「조선후기의 금속화폐유통정책 - 17세기 전반의 銅錢流通試圖期를 중심으로 -」, 『東方學志』 13, 1972 ; 이 책, 제3장 Ⅱ, 2. 金堉의 銅錢流通論 참조.
174) 『磻溪隨錄』 卷8, 「田制後錄攷說」 下, 錢貨 ; 元裕漢, 「실학자의 화폐사상발

한 기록을 통해 周代 이후 宋代 등 중국의 역대 왕조 및 주변 여러 나라의 화폐정책과 주요 인물들의 화폐정책론을 분석·검토하여 자신의 화폐정책론 구상·체계화에 참고하는 동시에, 동전을 주조유통해야 한다는 자기주장의 논거로 삼았다. 뿐만 아니라, 당시 조선사회에 충분히 알려지지 않은 서양의 화폐문제에 대해서도 깊은 관심을 가지고 서양의 화폐유통에 대한 소식을 자신의 화폐정책론을 정리·체계화하는 데 참고·활용하였다.175) 韓國貨幣史 발전과정에서 볼 때, 처음으로 서양의 화폐유통 사실을 탐문하여 동전유통이 가능하다는 주장의 논거로 삼았다는 점에서 그 역사적 의미는 크다고 할 것이다.

끝으로 유형원의 화폐정책론은 앞에서 살펴본 金堉으로부터 적지 않은 영향을 받으며 형성되었던 것으로 보인다. 김육은 17세기 50년대의 화폐정책을 주도한 실천적 초기 실학자요, 진보적 개혁사상가이며 고급관료였다. 뿐만 아니라, 동전유통을 중시한 李珥·趙憲·李晬光·金盡國 등의 화폐가치관 내지 화폐정책론도 유형원의 화폐정책론 형성에 영향을 주었을 것으로 짐작된다.176)

위에서 살펴보았듯이, 유형원은 자신이 활약한 17세기 중엽의 화폐정책과 유통경제의 발전을 필요로 하는 사회경제 발전을 견문·체험하고, 기록을 통해 고려시대와 조선전기 및 중국을 비롯한 그 주변 여러 나라의 화폐문제에 관한 역사적 사실을 분석·고찰했으며, 서양의 화폐유통에 관한 단편적인 소식을 전해들을 수 있었다. 이 같은 실제적 경험과 역사적 고찰을 통해 얻은 지식 및 전해들은 소식을 토대로

전에 대한 고찰 - 金·銀貨의 통용론을 중심으로 - 」,『동방학지』 23·24, 1980.
175)『磻溪隨錄』卷4,「田制後錄」下, 錢幣 ; 卷8,「田制後錄攷說」下, 錢貨·楮幣附·本國錢貨說附 ; 元裕漢,「磻溪 柳馨遠의 긍정적 화폐론」,『柳洪烈博士華甲紀念論叢』, 1970, 287~302쪽.
176)『芝峰類說』卷3,「君道部」, 制度 ;『增補文獻備考』卷159,「財用考」6, 錢貨 ; 金龍德,「北學派思想의 源流硏究 - 重峰의 實學思想 - 」,『東方學志』 15, 1965 ; 元裕漢,「芝峯 李晬光의 國富論」,『貨幣界』Vol 7-9·7-10, 1979 ; 이 책, 제3장 Ⅱ, 1. 金盡國의 銅錢流通論·2. 金堉의 銅錢流通論 참조.

동전을 유일한 법화로 주조유통하는 것을 골자로 한 화폐정책론을 구상·제시하였다.

2) 貨幣 價値認識論

柳馨遠은 그 화폐정책론에서 화폐는 식량과 함께 民生의 근본이 된다 하여 화폐의 가치와 기능을 중시하였다.

> 상고해 보면 錢幣(동전)는 나라의 財用을 돕고 백성의 생활을 넉넉히 하는 것이다. 나라를 보유함에 있어서 반드시 사용해야 할 것이어늘 우리 나라에서 사용하지 못하는 것이 어찌 제도의 결함이 아니겠는가.……177)

유형원처럼 국가재정과 민중생활 면에서 화폐가 점하는 비중을 크게 평가하는 태도는 그의 학문과 사상에 영향을 준 李珥·趙憲·李睟光·金藎國·金堉 등의 화폐가치관에서도 찾아볼 수 있다. 특히 김육은 국가 경제면에서 화폐가 점하는 위치를 중시하였다.

> ……우리 나라는 物産이 적고 諸國의 화폐가 통용되지 않으며 오직 미·포(물품화폐)가 사용될 뿐, 달리 사용되는 화폐가 없어서 公과 私가 다함께 궁핍한 것은 진실로 이 때문이다. 前日 동전을 사용하고자 하였으나 亂(丁卯胡亂)으로 인해 중단된 것이 실로 애석한 일이다.178)

국가 경제면에서 화폐의 가치를 중시한 것은 유형원이 학문 내지 사상적으로 영향을 받은 이이·조헌·이수광·김육 등뿐만 아니라 같은 시기 당국자들의 화폐가치관에서도 찾아볼 수 있다. 李德馨·김신국·金起宗(1585~1635)·許積(1610~1680) 등은 그 대표적 인물들이다.179) 이들 중 허적은 유형원과 같은 시기의 화폐정책과 유통경제의

---

177) 『磻溪隨錄』 卷8, 「田制後錄攷說」 下, 錢貨.
178) 『潛谷全集』, 「潛谷先生遺稿」 3, '疏箚', 論兩西事宜疏.

발전을 견문·체험했고, 특히 17세기 50년대의 화폐정책 운용에 직접·간접적으로 참여하였다. 그는 화폐정책의 운용과정에서 얻은 경험과 지식을 토대로 하여 유형원이 죽은 5년 후 1678년(숙종 4)에 영의정으로서 銅錢(常平通寶)을 法貨로 주조유통하는 문제를 결정하는 데 주도적 역할을 하였다. 그의 건의에 따라 동전 주조유통 문제를 결정할 당시에는 人情이 모두 동전유통을 바라고 大臣 諸宰가 동전유통이 편리하다 하여 국왕 肅宗도 재가한다고 하였을 만큼,180) 각 계층은 화폐가치를 중시했던 것으로 보인다.

위와 같이 유형원은 당국자를 비롯하여 각 계층의 상당수의 인물들과 거의 같은 입장에서 국가 경제면에서 점하는 화폐의 가치를 높이 평가했던 것으로 보인다. 즉, 그는 화폐가 일반 유통계에서 가치척도·교환매개·지불수단 등 제반 기능을 발휘하여 상품화폐경제의 발전과 사회생산력을 높임으로써 국가 경제발전을 증진한다는 점에서 화폐가치를 중시하게 된 것으로 보인다. 유형원은 국가재정과 민중생활에 유익한 화폐가 중국과 주변 여러 나라 및 서양 등지에서 모두 사용되는데, 유독 국내에서만 유통되지 못하는 것은 크나큰 제도적 결함이라고 지적·비판하는 동시에, 천하에 화폐가 유통되지 못할 나라가 없다고 주장하였다.181)

　……우리 나라는 땅에 곡식을 심고 거두는 것이 다른 나라와 다를 것이 없다. 士·農·工·商의 네 계급이 각기 그 생활을 資賴하여 가진 물건과 갖지 못한 물건을 교환하는 것이 또한 다름이 없다. 이러한 몇 가지 사실들이 다를 것이 없은즉 어찌 화폐가 통용되지 못하겠는가.……182)

---

179) 元裕漢,「李朝 肅宗朝의 鑄錢動機」,『東國史學』9·10, 1966 ; 앞의 논문, 1972 ; 이 책, 제3장 Ⅱ, 1. 金藎國의 銅錢流通論 2) 貨幣 價値認識論 참조.
180) 元裕漢, 앞의 논문, 1966.
181)『磻溪隨錄』卷8,「田制後錄攷說」下, 錢貨.
182)『磻溪隨錄』卷8,「田制後錄攷說」下, 錢貨.

유형원이 국내에서도 화폐유통이 가능하다고 주장한 것은, 당시 국내의 제반 사회경제적 여건과 각 계층의 생활양식이 화폐가 원활히 유통되는 중국을 비롯한 다른 여러 나라와 다를 것이 없다는 사실에 근거를 두고 있다. 뿐만 아니라 그는 17세기 50년대 화폐정책을 주도한 김육처럼 당시 국내에서도 개성을 중심으로 한 인근 지방에서는 동전이 원활히 유통되고 있으니 다른 지방에서도 동전유통은 가능하다고 믿고 있었던 것으로 보인다.183)

한편, 유형원은 실용가치가 없는 麤布가 계속 화폐기능을 발휘한 유통계의 실정으로 미루어 명목화폐인 동전이 유통될 수 있다고 믿었던 것으로 보인다.184) 그는 당시의 국내 제반 사회경제적 여건이 동전유통이 가능할 만큼 충분히 성숙했다는 점을 강조하면서, 당국자가 화폐정책 방침을 확정하여 합리적으로 추진하면 동전이 원활히 유통보급되어 마침내 國利民福을 증진하는 영원한 利器가 될 것이라고 하였다.185)

3) 銅錢 鑄造管理論

柳馨遠은 자신의 화폐 주조관리 방안에서 화폐주조의 국가관리, 화폐체재·품질의 통일, 화폐원료의 공급 및 화폐주조량의 결정문제 등에 관한 견해를 제시하였다.

첫째, 유형원은 화폐주조의 국가관리를 주장하였다. 그는 화폐주조에 관계되는 일체의 업무를 왕조당국이 관리해야 한다고 주장하였다.

……처음 주조할 때에는 지금 예에 따라 鑄錢都監을 설치할 일이다. 후에는 司贍寺에게 맡겨 주조사업의 관리를 專擔하게 할 것이며 여러 가지 동전을 크고 작게 만들지 말고 다만 한 가지 종류만 주조하여 통용할 것이다.……186)

---

183) 元裕漢, 앞의 논문, 1972 ; 이 책, 제3장 Ⅱ, 2. 金堉의 銅錢流通論 참조.
184) 『磻溪隨錄』 卷8, 「田制後錄攷說」 下, 錢貨.
185) 『磻溪隨錄』 卷4, 「田制後錄」 下, 錢幣.

유형원은 국가가 동전 주조사업을 집중적이고 능률적으로 관리하기 위해서 처음에는 임시적 조폐기관으로 '鑄錢都監'을 설치하여 동전을 주조하게 할 것이나, 일정 기간이 지난 후에는 조선 초기에 楮貨의 印造를 담당한 '司贍寺'에서 화폐 주조관리를 전담하게 할 것을 제의하였다.

유형원이 동전 주조사업의 국가관리를 주장하고 동전의 민간 私鑄造를 반대한 것은, 중앙집권적 조선왕조가 전통적으로 내세운 '貨權在上' 내지 '利權在上'의 원칙론에 충실하려는 한편, 후론하겠지만 화폐의 체재·품질을 철저하게 통일시키려는 데 그 이유가 있었다.

> 우리 나라에는 동전이 없으니 만일 화폐 주조사업의 設行 초에 동전 私鑄를 허가하게 되면 동전을 주조하기 쉬울 것이다. 그러나, 동전이란 나라에서 天下의 利를 저울질하여 穀食·布帛의 停滯됨을 건져서 유통케 하는 물건이다.…… 다만 마땅히 국가에서 동전을 주조하고 결코 사주조를 허용해서는 안 된다.[187]

유형원은 민간인에 대한 銅錢私鑄의 허가에 반대하는 동시에 동전을 사주거나 동전을 녹여서 鍮器를 만드는 자는 옛 법에 따라서 처벌할 것을 주장하였다.[188] 일찍이 유형원은 17세기 前半에 동전주조의 국가관리 원칙에서 벗어나, 동전 체재와 품질을 통일하는 데 적지않은 문제가 있는 사주전을 허가한 사실을 알고 있었을 것이다.[189] 또한 기록을 통해 중국 漢代에 민간인에게 동전사주를 허가해 줌으로써 화폐정책 내지 사회경제면에 야기되었던 여러 가지 모순과 폐단을 파악하고 있었다.[190] 이처럼 유형원은 실제적 경험과 기록을 통해 민간인의 동전사주를 비판적으로 인식했고, 이 같은 인식은 동전사주를 부정하

---

186) 『磻溪隨錄』 卷4, 「田制後錄」 下, 錢幣.
187) 『磻溪隨錄』 卷4, 「田制後錄」 下, 錢幣.
188) 『磻溪隨錄』 卷4, 「田制後錄」 下, 錢幣.
189) 元裕漢, 앞의 논문, 1972.
190) 『磻溪隨錄』 卷4, 「田制後錄」 下, 錢幣.

고 화폐주조의 국가관리를 주장하는 직접적 원인이 되었을 것이다.

그러나 유형원이 견문·체험한 시기의 화폐정책을 주도한 金堉은 국가 경제면에서 화폐유통을 중시하는 등 유형원과 화폐 가치인식을 같이하면서도, 민간인의 동전사주를 국왕에게 건의·실시하는 데 주도적 역할을 하였다.191) 여기서 當局者와 局外者가 당면한 현실 상황을 인식하고 대응하는 과정에서 보여주는 가치평가기준의 차이를 엿볼 수 있다. 민간인의 동전사주 문제는 동전이 유일한 法貨로서 유통보급되고 화폐주조의 국가관리 원칙이 강조된 17세기 말 이후에도 거듭 제기·논의되었다. 19세기 중엽에는 민간인에게 都給鑄錢을 허가해 주었는데, 사실상 민간인의 도급주전이 화폐경제의 확대·발전에 기여한 점도 적지 않았다.192) 이로써 유형원은 원칙론에 집착하여 당면한 현실 상황을 실제적으로 파악하고 탄력성 있는 대응방안을 제시할 수 없었다는, 국외자로서 가지는 한계를 느끼게 된다.

둘째, 유형원은 왕조당국이 동전 주조사업을 집중적으로 관리하되, 화폐의 종류와 체재 및 품질을 통일할 것을 제의하였다. 이 같은 사실은 "……大小錢 및 諸色錢을 주조하지 말고 오직 한가지 품질의 鑄貨만을 주조유통해야 한다."193)는 그의 견해를 통해 알 수 있다. 우선, 유형원은 大·小錢 즉, 액면가치가 서로 다른 高額錢과 小額錢을 동시에 주조유통해서는 안 된다고 하였다. 그가 고액전의 유통을 반대하고 고액전과 소액전의 倂用을 부정적으로 평가한 것은 기록을 통해 일찍이 중국에서 고액전을 주조유통함으로써 나타난 모순과 폐단을 알고 있었고,194) 왕조당국이 十錢通寶·錫錢·銅錢 등 액면가치가 서로 다른 鑄貨를 병용함으로써 화폐정책과 유통경제 면에서 어떤 모순과 폐단이 야기되었는지 경험할 수 있었기 때문인 것으로 짐작된다.195)

---

191) 이 책, 제3장 Ⅱ, 2. 金堉의 銅錢流通論 참조.
192) 元裕漢,「이조후기 화폐주조업의 私營化 경향」,『사학회지』17·18, 1971 ;
   『朝鮮後期 貨幣史研究』(韓國研究叢書29), 한국연구원, 1975, 71~84쪽.
193) 『磻溪隨錄』 卷4,「田制後錄」 下, 錢幣.
194) 『磻溪隨錄』 卷8,「田制後錄攷說」 下, 錢貨.
195) 『磻溪隨錄』 卷4,「田制後錄」 下, 錢幣 ; 이 책, 제3장 Ⅱ, 2. 金堉의 銅錢流通

한편, 유형원은 諸色錢, 즉 여러 종류의 주화를 유통해서는 안 된다고 했는데, 여러 종류의 주화란 鐵錢·銀錢·석전 등을 의미하는 것으로 생각된다. 또한 저화를 사용해서도 안 된다고 하였다. 기록을 통해 국내 또는 중국에서 철전·은전·동전 등의 주화는 물론, 저화를 사용한 역사적 선례와 실제 경험을 근거로 하여 동전 이외의 다른 주화나 저화를 법화로 사용하는 것은 부적합하다고 보았기 때문이다.196)

유형원이 가장 적합하다고 생각한 주화는 銅과 錫을 주원료로 하는 동전이었다. 그는 동전을 법화로 채택하여 유통시키되, 무게는 1錢, 錢文은 '東國通寶'로 하고, 형태는 正圓方孔으로 해야 한다고 하였다. 즉 동전 테두리는 둥글고 錢面 중앙에 정사각형 구멍을 뚫어야 한다는 것이다.

> 모든 錢貨는 豆錫으로 주조할 것이다.……두석은 본래 銅을 녹여 만드는 것인데 보통 놋 주석과 같은 것으로서 옛날에는 모두 동이라고 불렀다.……모양은 둥글고 구멍은 네모 나며 중량은 1錢이며 새긴 문자는 '東國通寶'라고 하여 현재 중국에서 통용되고 있는 동전과 같이 하되 정밀하고 아름답게 하기 위하여 테두리는 둥글고 바르게, 그리고 새기는 글자는 분명하게 할 것이다.197)

유형원이 동전의 전문을 동국통보로 할 것을 제의한 것은 고려시대의 三韓重寶·海東重寶·海東通寶·東國重寶 등과 함께 동국통보를 주조유통한 역사적 사실에서 발상한 것으로 짐작된다. 그는 기록이나 경험을 통해 조선 초기 세종조와 조선후기 仁祖 초에 朝鮮通寶, 1634년(인조 12)부터 '八分書 朝鮮通寶'를 주조유통한 사실을 알고 있었을 것이다. 그런데 동전의 전문을 동국통보로 하자고 제의한 것은 유형원의 문화 내지 역사 인식에 고려지향성이나, 또는 중국 내지 중국문화

論 참조.
196)『磻溪隨錄』卷8,「田制後錄攷說」下, 錢貨.
197)『磻溪隨錄』卷4,「田制後錄」下, 錢幣.

와 관련하여 한반도나 한국문화의 위치를 인식하려는 경향, 즉 華夷論 的 인식경향이 잠재되어 있음을 의미하는 것으로 이해할 수 있을 것이 다.

유형원은 이처럼 동전의 체재를 통일하는 동시에 동전 품질의 粗惡 化를 방지하며 정밀하고 아름답게 주조하여 오랫동안 사용할 수 있게 하자고 하였다. 그는 동전의 품질을 규격화하여 良質의 동전을 주조하기 위해서는 주조기술을 精銳化하고, 동전 鑄造工程의 관리체계를 합리화 내지 능률화해야 한다고 강조하였다. 이와 함께 민간인에게 동전 사주를 금하여 동전의 품질이 조악해질 가능성을 예방할 것을 제의하였다. 또한 왕조당국이 동전을 주조할 경우라도 원료를 절약한다는 이유로 동전의 품질을 조악하게 해서는 안 된다는 점을 강조하였다.[198] 앞에서도 지적했듯이, 액면가치와 실질가치 사이에 격차가 큰 고액전의 주조유통을 반대한 것도 엄격한 의미에서 보면, 동전의 품질이 조악해질 우려가 있었기 때문일 것이다. 화폐가치를 實用性을 중심으로 하여 평가하는 화폐가치관이 완전히 불식되지 않은 사회경제적 여건 하에서 실용가치보다 액면가치가 훨씬 높은 고액전 역시 악화로 판단되지 않을 수 없었기 때문이다.

요컨대, 유형원이 동전만을 사용하는 單一法貨制의 채용을 주장한 것은 물품화폐와 칭량은화가 지배한 자연경제적 유통체제 하에서 예상되는 불필요한 혼란과 폐단을 억제하려는 데 중요한 이유가 있었을 것이다. 또한 화폐 체재와 품질의 철저한 관리와 통일을 주장한 것은 良貨를 주조유통함으로써 일반 민중에게 국가의 화폐정책 내지 화폐에 대한 신뢰와 公信性을 높이는 한편, 화폐의 보존성을 강화하여 화폐유통을 원활하게 하려는 데 중요한 이유가 있었던 것으로 보인다. 이러한 견해와 주장은, 화폐는 유통경제와 제반 사회생산력을 증진하여 국가재정과 민중생활에 유익하고 영원한 利器가 된다고 생각한 그의 화폐가치관을 전제로 하여 제시되었을 것이다. 17세기 50년대의 화

---

198) 『磻溪隨錄』 卷4, 「田制後錄」 下, 錢幣.

폐정책을 주도한 김육은 고액전인 十錢通寶를 주조하여 동전과 병용하고, 심지어 중국동전을 수입유통할 것을 주장하는 한편, 민간인에게 동전의 사주를 허락해줄 것을 건의·실시하게 하였다.199) 유형원과 김육 사이에 보이는 위와 같은 견해 차이는 국외자와 당국자라고 하는 상호간의 입장 차이에서 비롯되었다고 할 수 있다.

셋째, 유형원은 동을 비롯한 동전원료를 외국으로부터 수입해서 충당할 것을 제의하였다. 일찍부터 조선왕조가 동전을 법화로 유통보급하려 할 때, 원료의 공급문제는 극복해야 할 중요한 과제의 하나였다. 동·석을 비롯한 화폐원료의 공급 가능성 여부는 곧 화폐정책의 성패를 판가름하는 요인이 되었기 때문이다.

일찍이 조선전기, 특히 世宗朝에 동전 유통정책을 시행하게 됨으로써 화폐원료인 동의 수요가 급격히 증가하였다. 이에 동전원료를 공급하기 위해 주로 日本銅을 수입하고, 국내의 銅鑛을 개발하거나 각종 破銅을 수집하였다. 그러나 왕조당국의 전통적인 광업개발 소극화 정책의 타성과 미숙한 採鑛技術 등 때문에 동광개발의 성과는 미흡하였다. 이에 동전원료의 공급은 거의 일본동의 수입에 의존하지 않을 수 없었다. 17세기 초부터 그 50년대 말까지 동전을 법화로 유통보급하기 위해 화폐정책을 적극 추진하는 동안에도 역시 조선 초기처럼 동전원료의 주종을 이루는 동은 일본동의 수입에 의존하였다.200)

당시 화폐정책과 유통경제 발전을 경험한 유형원 역시 동전의 주요 원료인 동·석을 國外로부터 수입하여 충당할 것을 제의하고, 수입을 통한 동전원료의 공급 전망을 낙관하였다. 그는 동전원료로서 동·석을 국외에서 수입한다 해도 비용은 그다지 많지 않아서 산골짜기의 초막집까지 유기를 사용하고 있다는 사실을 지적하면서, 동·석의 수입을 적극 추진하면 동전원료를 공급하는 데는 별 어려움이 없을 것으로 판단하였다.201) 이러한 동전원료의 공급 전망은 당시의 실정을 철저하

---

199) 이 책, 제3장 Ⅱ, 2. 金堉의 銅錢流通論 참조.
200) 元裕漢, 앞의 책, 1975, 33~54쪽.
201) 『磻溪隨錄』 卷8, 「田制後錄攷說」 下, 錢貨.

게 분석하고 객관적으로 미래를 전망한 것이었다고는 볼 수 없다. 그가 경험한 17세기 전반기 역시 외국, 특히 일본으로부터 화폐원료의 수입 실적은 부진하였다. 화폐원료의 공급은 항상 수요량에 미치지 못하였고, 동전원료의 공급난은 조선 초기에 그러했던 것처럼 당시 화폐정책이 중단되는 중요 원인이 되었다.[202] 17세기 50년대에 김육이 중국동전을 싼값으로 수입유통하려 하고, 십전통보와 같은 고액전을 주조유통한 것도 만성적인 원료 공급난을 극복하려는 데 주요 동기가 있었다.[203] 이로써 유형원은 자신이 경험한 시기의 동전원료 공급문제 내지 화폐정책의 실제를 본질적이고 객관적으로 평가·인식하였으나, 현실적으로 그 대응 방안을 구상·제시하는 데 있어서는 국외자로서의 한계를 갖고 있었음을 볼 수 있다.

넷째, 유형원은 일반 유통계의 동전 수요량을 감안하여 동전 주조량을 결정할 것을 제의하였다. 그는 만일 經常稅가 백만 섬이면 화폐는 1~2백만 냥이 있어야 널리 유통할 수 있고, 7~8천만 냥에 달하면 두루 유통하기에 넉넉하여 더 주조하지 않아도 될 것이라 하였다. 그는 일찍이 동전의 유통보급을 거듭 시도한 조선왕조가 이를 중단해야 했던 중요한 이유가 田稅의 일부분을 동전으로 징수하지 않은 데 있다고 주장하였다.[204] 이러한 생각을 가진 그가 화폐 수요량, 특히 국가에서 징수하는 경상세액을 기준으로 삼아 동전 주조량을 결정하려 한 것은 극히 당연할 것이다. 또한 당시 국가의 주요 收入源을 잣대로 하여 동전의 주조유통량을 결정하고자 한 것은 합리적인 발상이라고 할 수도 있을 것이다.

그러나, 유형원이 국가 동전 주조유통량으로 추정, 제시한 1~2백만 냥이나 7~8천만 냥이라는 액수는 그 당시 원료의 공급전망이나, 제반 국내 현실여건을 미루어 볼 때 실현 불가능한 이상론적인 計數에 해당한다. 그가 제시한 동전 주조유통량은 자신이 경험한 17세기 前半에는

---

202) 元裕漢, 앞의 책, 1975, 33~54쪽.
203) 이 책, 제3장 Ⅱ, 2. 金堉의 銅錢流通論 참조.
204) 『磻溪隧錄』 卷4, 「田制後錄」 下, 錢幣.

물론, 그 이후 동전이 법화로서 계속 유통보급되어 화폐경제가 확대·발전한 시기에도 실감나지 않을 만큼 많은 수치다.205) 19세기 70년대에 국내에 유통되고 있던 동전의 수량이 1천 3~4백만 냥에 지나지 않기 때문이다.206) 유형원이 동전 주조유통량을 그처럼 높게 추정한 것은, 그의 화폐정책론이 중국 측의 영향을 적지않게 받으며 형성되었다는 점을 염두에 둘 때, 다량의 화폐주조가 가능했던 중국의 실정을 철저한 비판 없이 참고한 데 원인이 있는 것으로 짐작된다.

4) 銅錢 流通普及論

柳馨遠은 동전을 유통보급하는 방안으로서 동전의 유통가치를 적절히 결정하고, 국가의 수입지출을 화폐화하며, 상업을 진흥시킬 것을 주장하였다. 또한 官吏 宿食費의 화폐화와 물품화폐의 유통금지를 통한 동전의 유통보급을 주장하기도 하였다.

첫째, 유형원은 동전을 유통보급하는 한 방안으로서 동전의 유통가치를 적절히 결정해야 한다고 주장하였다. 동전의 유통가치를 지나치게 높이 결정할 경우 적은 비용으로 많은 가치를 조성할 수 있기 때문에 동전의 불법 주조가 자행될 가능성이 그만큼 커진다. 동전의 유통가치가 너무 낮게 결정되어 素材價値보다 낮을 경우 동전을 녹여서 鍮器를 제조하는 것이 더 많은 수익을 얻을 수 있기 때문에 동전이 유기원료로 전용될 가능성이 커진다. 유형원은 동전의 유통가치를 동전원료의 값에 주전비용을 가산한 수준과 큰 차이가 없도록 적절히 결정함으로써 민간인의 동전 私鑄와 유기원료로 전용되는 폐단을 막는 방안을 제시하였다.207)

유형원은 秤量銀貨와 米·布 등 물품화폐에 대하여 가장 적절하다고 생각한 동전의 유통가치를 결정·제시하였다.

---

205) 元裕漢, 앞의 책, 1975, 84~108쪽.
206) 元裕漢,「이조후기 淸錢수입유통에 대하여」,『사학연구』21, 1969.
207)『磻溪隨錄』卷4,「田制後錄」下, 錢幣.

백미 1斗는 면포 5尺, 동전 20文, 은 1錢 중에 준하고, 면포 1匹(6승 포로서 길이 30尺, 넓이 8寸)은 백미 6두, 동전 120문, 은 6전 중에 준하고, 동전 20문은 백미 1두, 면포 5척, 은 1전 중에 준하고, 은 1兩은 백미 1斛, 면포 1필(50척) 동전 200문에 준할 것이다.208)

유형원은 동전 1兩(10錢 또는 100文)에 銀(칭량은화) 5錢(무게단위), 白米 5斗, 綿布 25尺(1匹은 30尺)으로 동전의 유통가치를 결정·제시하였다. 동전의 유통가치를 결정하는 주요 기준이 된 동전의 주요 원료인 銅의 時價를 조사하고,209) 17세기 前半에 동전의 유통가치가 거듭 조정된 사실과 유통가치가 계속 하락된 원인을 파악하여 적절하다고 생각한 동전의 유통가치를 결정·제시하였던 것으로 짐작된다.

유형원은 일단 결정·제시한 동전의 유통가치는 가급적 변경하지 말고 오랫동안 準用하는 것이 바람직하다고 생각하였다. 동전의 유통가치를 자주 변경하면 일반 민중이 국가의 화폐정책을 불신하고 화폐가치에 대해 확신을 갖지 못하기 때문이다. 그렇다고 동전의 유통가치를 재조정할 수 있는 가능성을 배제한 것은 아니다.210)

동전을 유통보급하는 과정에서 유통가치를 적절히 결정하는 일이 중요하다는 주장은 타당성이 크다. 또한 미·포 등 물품화폐나 칭량은화에 대하여 그가 결정·제시한 동전의 유통가치는 비교적 적정 수준으로 보인다. 이 점은 유형원이 타계한 5년 후에 동전을 法貨로 다시 유통보급하는 과정에서 동전의 유통가치 결정 문제가 중요 과제로 제기되었는데 그가 일찍이 결정·제시하였던 동전의 유통가치가 당시 왕조당국이 결정한 것과 거의 일치한다는 사실에서 미루어 짐작할 수 있다.211)

둘째, 유형원은 동전을 유통보급하기 위해 국가 수입지출의 화폐화

---

208) 『磻溪隨錄』 卷4, 「田制後錄」 下, 錢幣.
209) 『磻溪隨錄』 卷4, 「田制後錄」 下, 錢幣.
210) 『磻溪隨錄』 卷4, 「田制後錄」 下, 錢幣.
211) 元裕漢, 앞의 책, 1975, 151~153쪽 참조.

를 적극 추진할 것을 제의하였다. 그는 고려시대에 거듭 시도된 화폐 정책이 번번이 실패한 역사적 사실을 지적하면서, 화폐정책의 성공적인 추진을 위해서는 국가의 수입지출을 화폐화하는 것이 중요하다는 점을 강조하였다.212) 또한 그가 견문·체험한 17세기 전반에 왕조당국이 동전을 법화로 유통보급하고자 했으나, 중단하지 않을 수 없었던 중요한 이유가 田稅 등 국가수입, 관원 등의 녹봉과 같은 국가지출을 부분적으로 화폐화하지 않은 데 있었다고 하였다. 유형원은 이 같은 역사적 고찰과 현실 상황에 대한 견문·체험을 통해 볼 때, 국가 수입지출의 화폐화는 중요하고 효과적인 동전 유통보급 방안의 하나라는 점을 강조하였다.

……田稅를 받을 때에 모두 쌀과 동전을 비례로 하여 받을 것이다.……2분은 쌀로 1분은 동전으로 받거나 포를 받는 곳에서는 2분을 포로 1분은 동전으로 받을 것이다.……王宮의 수요 경비로부터 百官·吏隷·下級軍官 등의 녹봉과 제반 비용 지출 등도 모두 쌀과 동전을 비례로 해서 지출할 것이다.……역시 2분은 쌀로 1분은 동전으로 주거나 포를 쓸 곳에서는 포와 동전을 비례로 해서 지출할 것이다. 전세를 받을 때에 3분의 1을 동전으로 받을 것으로 정하나 처음 실행할 때 먼 곳에는 더러 고루 알리지 못할 것이니 처음에는 10분의 1 혹은 5분의 1로 정했다가 점차 동전이 고르게 유통된 이후에 3분의 1을 받는 것이 事理에 적당할 것이다.……213)

유형원은 국가 수입지출의 화폐화 비율은 쌀 3분의 2, 동전 3분의 1로 하되 수입지출이 포일 경우에도 역시 같은 비율로 적용할 것을 제시하였다. 그러나, 전세를 금납화할 경우, 화폐 유통보급 초기에 동전 유통이 각 지방까지 보편화되지 못했을 때는 전세의 5분의 1, 혹은 10분의 1만을 우선 동전으로 징수해야 한다고 하는 등, 동전 유통보급의

---

212) 『磻溪隨錄』 卷8, 「田制後錄攷說」 下, 錢貨.
213) 『磻溪隨錄』 卷4, 「田制後錄」 下, 錢幣.

상황에 따라서 전세의 금납화 비율을 적절히 調定하는 융통성을 인정하였다. 국가가 租稅를 화폐화하기 위한 사전 조치로서 祿俸과 각 항목의 경비를 규정에 따라 동전을 섞어서 지급하고 동전으로 수납한다는 사실을 告示할 것을 주장하였다. 또 各 道의 經常稅 총액수를 계산하여 중앙으로부터 동전을 운반하여 한 도에 한두 곳, 혹은 서너 都會處에서 민중들에게 一定價로 換錢해 주면, 그들은 전세 등으로 바칠 동전을 미리 마련할 수 있고, 또한 동전은 자연히 각 지방으로 유통보급될 수 있다고 보았다.

한편, 국가 수입지출의 화폐화를 통해 화폐유통을 보다 합리적이고 능률적으로 확대·보급하기 위해서는 각 지방에서 동전을 징수·관리·상납하는 체계를 확립하고, 동전을 징수하는 과정에 나타나는 防納 등의 폐단을 엄격히 금지할 것을 제의하였다.214)

일찍이 조선왕조는 초기부터 동전이나 楮貨 등 명목화폐를 법화로 유통보급하는 과정에서 화폐 유통보급을 위한 한 가지 방안으로 국가 수입지출의 화폐화를 시도하였다. 또한, 유형원이 견문·체험한 17세기 전반에도 동전을 유통보급하기 위한 방안으로 각종 국가 수입지출의 화폐화를 시도하였다. 그가 타계한 5년 후인 1678년(肅宗 4)부터 동전이 법화로 계속 유통보급되는 과정에서도 국가 수입지출의 화폐화를 중요한 유통보급 방안으로 활용하였다.215) 국가 수입지출의 화폐화 방안은 사실상 국가권력을 배경으로 하여 실시하는 것이기 때문에 물물교환 내지 물품화폐가 지배한 농촌사회를 화폐경제권으로 포용하는 등 17세기 말 이후 화폐경제를 국내 각 지역으로 확대·보급하는 데 크게 기여하였다.216) 이로써 유형원이 동전 유통보급 방안으로 구상·제시한 국가 수입지출의 화폐화는 실제적이고 효과적 방법이라 할 수

---

214) 『磻溪隨錄』卷4,「田制後錄」下, 錢幣.
215) 宮原兎一,「朝鮮初期の銅錢について」,『朝鮮學報』2, 1951 ;「朝鮮初期の楮貨について」,『東洋史學論叢』3, 1954 ; 李鍾英,「조선초 화폐제의 변천」,『인문과학』7, 1962 참조.
216) 元裕漢, 앞의 책, 1975, 145~149쪽.

있을 것이다.

　셋째, 유형원은 동전을 유통보급하기 위한 한 방안으로서 常設店鋪를 설치운용하는 방안을 골자로 한 商業振興論을 구상·제시하였다. 그의 상업진흥론은 화폐를 효과적으로 유통보급하기 위해 상인의 활동 내지 상품교환경제의 발달이 선행되어야 한다는 인식에 근거를 둔 것으로 보인다.

　　京中의 部·坊의 거리와 各邑·鎭·驛·站에는 모두 점포를 세우고, 또한 큰 마을에도 점포설치를 허락하여 민중으로 하여금 동전사용의 利를 일으키게 한다.[217]

　유형원은 상거래를 통해 일반 민중에게 화폐가치를 널리 인식시키고, 동전의 유통보급을 촉진하기 위해 상업진흥론을 구상·제시하였다.

　상업진흥을 통해 동전을 유통보급하는 방안은 정도의 차이는 있지만 일찍이 고려시대 이래로 저화나 동전 등을 유통보급하고자 할 때 자주 논의되었고 거듭 시도되었던 것이다.[218] 務本抑末策을 추진한 조선전기에도 저화나 동전의 유통보급 방안으로서 기존 상업조직을 활용하는 문제와 함께, 한계가 있으나 상업진흥을 시도하였다.[219] 특히 조선후기에는 동전의 유통보급 방안의 하나로서 일반 민중에게 화폐가치를 널리 인식시키기 위해 기존 상업조직을 이용하거나 상설점포를 설치운용하는 등, 상업을 진흥하는 것이 필요하다고 느꼈던 것이다. 그리하여 왜란 이후 17세기 초부터 동전을 법화로 유통보급하기 위해 상설점포의 설치운용 방안을 보다 활발히 논의·모색하였다.[220]

　유형원은 국가의 화폐정책과 유통경제의 발전을 견문·체험하고, 동

---

217) 『磻溪隨錄』 卷4, 「田制後錄」 下, 錢幣.
218) 『高麗史』 33, 「食貨」 2, 貨幣.
219) 宮原兎一, 앞의 논문, 1951 ; 앞의 논문, 1954 ; 李鍾英, 앞의 논문, 1962.
220) 元裕漢, 앞의 책, 1975, 143~145쪽.

전을 보다 효과적으로 유통보급하기 위해 상인의 활동 내지 상품교환 경제의 발전이 선행되어야 한다는 점을 인식하였다. 이러한 인식을 토대로 하여 상설점포의 설치운용론을 구상·제시하였다. 상업진흥을 통해 동전을 유통보급하는 방안은 국가 수입지출의 화폐화 방안에 비해 소극적인 것이기는 하지만 보다 본질적인 방안이라 할 수 있다.

상업진흥은 비단 중요한 동전 유통보급 방안으로 평가되었을 뿐만 아니라, 전통적으로 상업발전이 억제되었던 역사적 상황 하에서 당국자를 비롯한 각계 지식계층이 한계는 있지만 상업진흥의 필요성을 느끼게 한 중요한 계기가 되었다는 점에서도 역사적 의미가 적지 않다.

넷째, 유형원은 동전 유통보급 방안으로서 일반 유통계에서 일종의 물품화폐로 사용된 麤布, 즉 품질이 나빠서 실용성이 없는 포의 유통을 금지할 것을 제의하였다. 역사적으로 布貨는 일찍부터 물품화폐로 사용되었고, 조선시대에도 왕조 초기 이래 저화나 동전 등 명목화폐를 法貨로 유통보급하려 하였으나, 실제적으로 포가 미와 함께 유통계를 지배하였다. 특히 16세기 중반에는『經國大典』「國幣」條에 물품화폐 포화는 上幣·中幣로서 下幣 저화와 함께 國定貨幣(법화)로 규정되었으나 실제로는 명목화폐인 저화의 유통은 중단되고 포와 미가 유통계를 지배하는 형편이었다. 이로써 왕조당국은 포화의 품질·체제를 규격화하려 했으나 점차 품질이 조악해져서 마침내 추포가 출현하게 되었다.

> 현재 추포를 화폐(매개)로 하여 물품을 교환하는 것을 본다면 말할 나위 없이 동전을 반드시 화폐로 써야 할 것은 명백한 일이다. 지금 통용하는 추포는……도대체 베[布]라고 할 수 없고 모두 쓸모가 없음에도 불구하고 그것이 교역하는 데 서로 통하기 때문에 그런 베를 짜지 못하게 하여도 계속 나오고 있는 것이니……221)

유형원은 포화가 품질이 나빠져서 麤布化하는 경위와 추포의 유통

---

221)『磻溪隨錄』卷8,「田制後錄巧說」下, 本國錢貨說附.

으로 인한 물가상승 등 여러 가지 사회경제적 모순과 폐단을 지적·비판하면서, 추포의 유통을 엄격히 금지할 것을 주장하였다.

　……이 추포는 국가나 개인이 아무리 積置해 두어도 쓸 데가 없을 뿐만 아니라……그렇기 때문에 추포는 일체 통용금지해야 한다. 그러나 명령을 내려 백성들로 하여금 이런 추포를 만들지 말고 실을 풀어 고쳐 짜게 하는 동시에 서울이나 지방의 시장에 엄금하여 추포를 가진 자를 조사하여 그것을 소유한 자면 반드시 매를 때려 治罪하고 추포를 아주 없애버려야 한다. 그러나 이렇게 하면 금지는 할 수 있지만, 이것도 반드시 錢幣(동전)제도를 실행한 후에만 명령이 용이하게 실행된다.222)

유형원은 추포유통을 금지하기 위해서는 그 생산을 막는 한편, 추포를 풀어서 품질 좋은 포로 다시 짜게 할 것을 제의하였다. 그리고 서울과 地方場市에서 추포를 사용하는 자를 처벌하는 동시에 잘라서 되돌려주는 조치를 취해야 한다고 하였다. 또한 추포의 유통금지 조치는 목적이 이루어질 때까지 중단해서는 안 된다고 강조하였다. 그가 추포의 유통금지를 주장한 것은 앞에서도 지적했듯이, 동전을 유통보급하기 위해서였다. 즉, 추포의 유통을 금지하면 유통계에서는 동전의 수요가 그만큼 증대되는 동시에 동전의 유통영역 또한 그만큼 확대되는 셈이 되기 때문이다. 그러나 추포금지는 동전유통과 병행되어야 한다는 사실을 잊지 않고 지적하였다.

일찍이 고려시대나 조선전기에 저화나 동전을 법화로 유통보급하는 과정에서 추포유통을 금지한 일이 있듯이,223) 조선후기에도 동전을 유통보급하기 위한 하나의 방안으로 秤量銀貨와 함께 추포의 유통을 금지하려 하였다. 유형원이 견문·체험한 17세기 전반의 화폐정책을 주도한 金堉도 동전을 유통보급하기 위한 한 방안으로서 추포의 유통금

---

222) 『磻溪隨錄』 卷4, 「田制後錄」 下, 錢幣.
223) 李鍾英, 앞의 논문, 1962.

지를 주장하였다.224) 유형원의 추포 유통금지론 역시 위와 같은 시기의 화폐정책과 유통경제의 실제를 견문·체험하여 얻은 지식을 토대로 구상·제시하였을 것이다. 그러나, 화폐가치를 실용성 중심으로 평가한 전근대적 화폐가치관이 지배하는 사회경제적 여건 하에서 물품화폐인 추포의 유통금지를 전제로 한 동전의 유통보급 방안이 저항없이 성과를 거두기란 쉽지 않았을 것이다. 이 점은 유형원이 "지금 추포는 겨우 1~2升布로서 본시 포를 이루지 못하여 아무곳에도 쓸 데가 없으되, 추포는 사고 파는 데서 서로 유통되기 때문에 금지하려 해도 유통이 그치지 않는다."225)고 말한 점을 미루어 짐작할 수 있다.

다섯째, 유형원은 동전의 유통보급 방안으로서 관리가 大·小 公務로 出張중 道路를 따라 각처에 설치된 站店에서 宿食할 경우 房火錢, 즉 숙식비를 모두 동전으로 지불하게 할 것을 제의하였다. 그는 아침밥을 먹거나 하룻밤을 자는 사람은 한 사람마다 동전 1문씩을 지불하고, 말을 가진 사람은 말 한 필마다 1문을 가산해서 지불하되, 이 같은 규정은 豊凶年을 가리지 말고 영구히 시행할 것을 제의하였다. 또한 양반들은 으레 숙식비를 지불하지 않는다는 사실을 지적·비판하면서, 양반과 천인, 公·私行을 막론하고 站店에서 숙식할 경우 모두 규정에 따라 방화전을 지불케 하고, 같은 고을의 수령일지라도 역시 방화전을 지불케 해야 한다고 하였다.226)

유형원이 구상·제시한 위의 동전 유통보급 방안은 당시 당국자를 비롯한 各階人 가운데 아무도 주장한 일이 없다. 이 방안은 중앙과 각 지방에 점포를 설치하고 동전으로 상품을 거래하게 한 동전 유통보급 방안과 본질적으로 그 성격을 같이하는 것이다. 다만 참점에 숙식하는 사람들 가운데 대·소 관리층이 포함되어 있기 때문에 앞에서 지적한 상설점포를 이용하는 서민층과는 신분 차이가 있고, 또한 참점의 숙식비 금납화에는 국가 행정력이 쉽게 미칠 수 있기 때문에, 숙식비의 금

---

224) 이 책, 제3장 Ⅱ, 2. 金堉의 銅錢流通論 참조.
225) 『磻溪隨錄』 卷8, 「田制後錄攷說」 下, 錢貨.
226) 『磻溪隨錄』 卷4, 「田制後錄」 下, 錢幣.

제3장 朝鮮後期 實學의 發展 153

납화가 점포의 상품값을 금납화하는 것보다 철저히 시행될 수 있을 것이다.

이상에서 살펴본 사실들 이외에도 화폐 주조관리 방안에서 살펴보았듯이, 유형원이 동전의 사주를 막고 동전을 녹여서 유기 등 다른 器物을 제조하는 폐단을 엄금하자고 한 것은 동전의 원활한 유통보급을 도모하기 위해서였다. 동전의 사주를 엄금할 것을 주장한 것은 동전품질의 粗惡化를 방지하여 화폐의 원활한 유통보급을 꾀하기 위해서였고, 동전을 녹여서 기물을 제조하는 것을 엄금하자고 주장한 것은 동전 유통량 부족의 폐단을 극복하기 위해서였다. 이러한 견해와 주장은 비단 유형원의 화폐정책론에서만 보이는 것이 아니고, 화폐정책에 대해 관심을 가졌거나 화폐정책의 운용을 담당한 당국자를 비롯한 各階 지식계층의 화폐정책론에서도 흔히 찾아볼 수 있다.

5) 貨幣政策論의 意義

위에서 동전 주조유통론을 골자로 한 柳馨遠의 화폐정책론을, 형성배경·화폐 가치인식론·동전 주조관리론 및 동전 유통보급론으로 나누어 살펴보았다. 다음에서는 그가 구상·제시한 화폐정책론의 성격과 역사적 의의를 대강 살펴보기로 한다.

첫째, 유형원의 화폐정책론에서 다음과 같은 연구방법론의 특징을 지적할 수 있을 것 같다. 그는 포괄적 시각을 통해 實用·實利·實際의 문제를 선택하고, 다방면에 걸친 구체적 자료를 수집하여 實査·實證·批判的으로 분석·고찰하고, 그 분석·고찰을 통해 밝혀진 사실의 역사적 의미를 대체로 객관·합리적으로 평가·인식하였다. 이 같은 학문 연구방법은 조선후기 실학자들의 사회개혁론에서 전반적으로 찾아볼 수 있는 것임은 물론, 일찍이 개성에서 생성된 실학지향적 사회사조나 開京學과 본질적으로 공통되는 것이라 하겠다.

둘째, 유형원의 화폐 가치인식론을 보면, 동전은 국가재정과 민중의 경제생활을 증진하는 데 중요한 역할을 담당하는 것이라 하여 동전의 가치를 높이 평가·인식하였다. 국가경제 발전에 그처럼 중요한 역할을 담당하는 동전은 당시의 국내 제반 사회경제적 여건으로 보아 일찍이 화폐경제가 발전한 중국 등 다른 나라와 다를 것이 없기 때문에 충분히 유통될 수 있다고 확신하였다. 그는 동전이 국내에서 유통보급되지 못하는 것을 크나큰 제도적 결함이라고 비판하는 동시에, 그 중요한 이유는 당국자들의 無定見과 화폐정책의 모순성 내지 정책운용의 불합리성에 있다고 지적하였다. 여기에서 그가 제시한 화폐정책론은 앞서 살펴본 관료학자 金藎國, 초기 실학자 金堉 등과 본질적으로 공통되는 것으로 볼 수 있다.

셋째, 유형원의 화폐정책론에서 개경학 지향적 성격을 엿볼 수 있다. 앞에서 지적했듯이, 조선 초기부터 개성에서 생성한 실학지향적 사회사조는 16세기 前半 徐敬德에 의해 개경학으로 학문적 체계를 이루고, 유형원은 개경학을 傳受하여 조선후기 실학으로 학문적 체계를 이루었다.227) 이로써 유형원은 실학지향적 사회사조나 개경학이 포용한 사회경제의식의 실현으로 볼 수 있는 그 당시 화폐정책과 유통경제 발전을 견문·체험하여 화폐정책론을 구상·체계화하는 데 참고·활용한 것으로 이해할 수 있다.

넷째, 유형원의 화폐정책론에서 중국의 전통적인 天圓地方의 宇宙觀에 바탕한 華夷論的 성격을 엿볼 수 있다. 이 점은 유형원이 주조유통할 것을 주장한 동전의 錢文을 종래의 朝鮮通寶에서 東國通寶로 바꿀 것을 제의한 사실과, 그의 농도 짙은 崇明·排淸意識을 통해 짐작할 수 있다. 이로써 그의 對中國意識은 명분지향적 숭명의식, 즉 前北學論이 功利지향적 北學論으로 전환하는 과도기적 상황에서 형성된 것으로 이해할 수 있을 것이다.

다섯째, 유형원의 화폐정책론에서 비현실적인 이상론적 성격을 엿볼 수 있다. 그는 화폐정책론을 구상·체계화하면서 주로 문헌을 통해 중국 역대 왕조의 화폐정책과 그 당시 당국자나 개혁사상가들의 화폐론

---

227) 원유한·박재희, 「開京學의 成立 및 實學과 連繫」, 『實學思想硏究』 21, 2001.

을 참고·인용하였다. 따라서 그의 화폐정책론에는 중국에 비해 화폐경제 발전이 뒤진 국내 현실에 적합하지 않은 비현실적 내지 이상론적인 내용이 적지않게 포함되어 있다. 이처럼 이상론적이고 비현실적인 성격은 17세기 50년대의 화폐정책을 주도한 김육의 화폐정책론과는 대조를 보인다. 두 사람 간의 차이는 당면한 현실상황을 외면할 수 없는 당국자인 김육과, 국외자인 유형원의 입장 차이에 원인이 있는 것으로 이해해야 할 것이다.[228]

여섯째, 유형원의 화폐정책론에서 서양문물 내지 서학지향적 성격을 엿볼 수 있다. 그는 漂流 서양인을 친히 찾아가서 서양에서는 銀錢을 사용한다는 사실을 探聞하는 동시에, 서양은 화이론적 시각에서 본 南蠻, 즉 중국 중심의 동양권에 속하지 않고 서역의 남쪽에 위치한다는 사실을 확인하였다. 그 당시 유형원이 표류 서양인을 찾아간 목적은 비단 화폐나 서양의 위치를 확인하는 데 그치지 않고 서양문물 전반에 대한 궁금증을 푸는 데 있었을 것으로 짐작된다. 유형원이 서양의 화폐문제에 관한 지식을 수용하여 화폐정책론 구상에 참고·활용한 것은 한국 역사상 처음 있는 일로서 역사적 의미를 주목해야 할 것이다.

일곱째, 유형원의 화폐정책론에서 동전 주조관리 체계의 중앙집중지향적 성격을 엿볼 수 있다. 그는 동전유통 초기에는 鑄錢都監, 그 이후부터는 司贍寺와 같은 특정 관청이 동전 주조사업을 專擔하여 집중적으로 관리하는 동시에, 자신이 경험한 시기에 慣行된 민간인의 銅錢私鑄를 허용하지 말 것을 주장한 것 등을 미루어 짐작할 수 있다. 이같은 주장은 중앙집권적 조선왕조가 전통적으로 강조한 '貨權在上'의 원칙론에 따라 화폐 주조관리 업무를 국가 내지 관청에서 전담케 하고자 했던 관례에 따른 것으로 짐작된다. 또한, 兩亂 이후 이완된 중앙집권적 지배체제를 재정비·강화하기 위해 추구한 국가 정책방침의 표출로 이해할 수도 있을 것이다.

여덟째, 유형원의 화폐정책론에서 商業振興 지향적 성격을 엿볼 수

---

228) 이 책, 제3장 Ⅱ, 2. 金堉의 銅錢流通論 참조.

있다. 그는 務本抑末的 경제정책에 한계를 느끼고 末業으로써 本業을 보완한다는 소위 以末補本策의 실시가 필요하다고 생각했던 것으로 보인다. 그리하여 농업을 위축시키지 않는 범위 내에서 상업을 진흥할 것을 주장하였다. 또한, 동전의 유통보급 방안으로서 상설점포 설치운용론을 구상·제시하는 동시에 租稅의 점진적 금납화를 실시해야 한다고 주장하였다. 대외통상의 필요성도 인정하였던 것으로 보인다. 그는 왕조당국이 정책적으로 외국에서 銅을 수입하면 만성적인 동전원료 공급난을 극복할 수 있을 것이라 전망하고, 서경덕의 문인 李之菡이 주장한 琉球와의 통상론을 높이 평가하기도 하였다. 이 사실은 후일 실학자 등의 대외통상론에 영향을 주었던 것으로 보인다.

아홉째, 유형원의 화폐정책론에서는 변화수용적 진보의식을 엿볼 수 있다. 이 같은 사실은 왕조당국이 양란 이후 국가경제 내지 국가체제의 재건정략으로 북학과 개경학을 수용하여 상품화폐경제가 발전한 중국과 개성처럼 상업을 진흥하고 동전을 유통보급하며 조세를 점차적으로 금납화할 것 등을 제의한 사실에서 미루어 알 수 있다. 이로써 유형원의 화폐정책론에 구상·제시된 상업진흥론이나 화폐 유통보급론 등은 상품화폐경제가 발전한 중국이나 개성에서 생성·발전한 개경학과 밀접한 관계 속에서 형성된 것으로 볼 수 있다.

한편, 유형원은 당시 국내의 제반 사회경제적 여건이 화폐가 원활히 유통되는 중국과 다를 것이 없다는 이유를 들어 동전을 주조유통할 것을 주장하였다. 국내 사회경제적 여건을 중국과 비교·평가한 의식의 밑바탕에는 민족의식이 깔려 있는 것으로 보아야 할 것 같다. 그 같은 현실 인식태도는 이민족에 비해 자기 민족의 문화 내지 역사가 우월하다고 생각하는 민족적 자긍심의 표출로 이해할 수 있기 때문이다. 그러나 그의 화폐정책론에는 진보의식 만큼 뚜렷한 민족의식이 나타나 있지 않은 것으로 보인다.

열째, 유형원의 화폐정책론은 화폐경제가 확대·보급되어 李瀷(1681~1763)시대에 충격적인 문제로 제기된 역사적 상황에 대응할 방안은 구상·제시하지 못한 한계가 있다. 동전이 유통보급됨으로써 봉건사회의 전통적인 성리학 중심 가치체계와 농업 중심 생산양식의 해체가 촉진되리라는 역사적 상황을 전망하지 못해, 그에 대응할 방안도 제시하지 못했다는 것이다. 이로써 그는 미래의 역사발전을 전망하는 데 있어 극복하지 못한 豫視力의 한계를 갖고 있었던 것으로 보인다.

위에서 유형원이 구상·제시한 화폐정책론의 주요 성격을 대강 살펴보았다. 그의 화폐정책론이 점하는 역사적 의의 내지 위치를 다음과 같이 평가해 보고자 한다.

첫째, 한국 화폐사 발전과정에서 볼 때, 유형원의 화폐정책론은 1097년(고려, 숙종 2) 大覺國師 義天(1055~1101)이 구상·제시한 화폐정책론과 비슷한 역사적 의의를 가지는 것으로 보인다. 의천이 宋代를 중심으로 한 중국의 화폐정책과 유통경제에 대한 경험과 지식을 기반으로 하여 구상·제시한 화폐정책론은 고려 肅宗朝의 화폐정책을 기획·실시하는 데 결정적 영향을 주었다.229) 한편, 17세기 후반에 구상·제시된 유형원의 화폐정책론은 조선후기 화폐경제 발전상에 획기적인 역사적 의미를 가진다고 할 수 있을 것이다. 그의 화폐정책론은 1678년(숙종 4)에 銅錢(常平通寶)의 주조유통을 결정·실시한 '화폐유통보급기'(17세기 초~90년대 말)의 화폐정책론을 대변한 것으로 볼 수 있기 때문이다. 의천과 유형원의 화폐정책론은 역사적 의의뿐만 아니라, 그 體裁가 종합적이고 논리·체계적이며, 내용이 중국지향적이고 포괄·구체적이라는 점에서 역시 공통되는 것으로 보인다.

둘째, 유형원의 화폐정책론의 역사적 위치를 조선후기 화폐경제 발전과 관련하여 생각해볼 때, 그는 '화폐(동전) 유통보급기'의 화폐정책과 유통경제 발전을 견문·체험하면서 동전 주조유통론을 골자로 한 화폐정책론을 구상·제시했다. 그의 화폐정책론이 추구한 궁극적 목표는 그 당시 유통계를 지배한 米·布 등 물품화폐와 칭량은화의 유통체제를 극복하고 명목화폐인 동전을 法貨로 주조유통하는 것이었다. 이

---

229) 『國譯 大覺國師文集』 12, 「鑄錢論」, 韓國精神文化研究院, 1989.

로써 그의 화폐정책론은 물품화폐와 칭량은화 등이 유통계를 지배한 자연경제적 유통질서가 전근대적 鑄貨(동전) 유통체제로 이행하는 과도기의 화폐경제 발전에 대응할 목적으로 구상·제시된 것으로서 역사적 의의를 가진다고 이해할 수 있을 것이다.

셋째, 유형원이 구상·제시한 화폐정책론의 역사적 의의를 개경학과 조선후기 실학과의 연계성 문제와 관련하여 생각해 보아야 할 것이다. 개성은 고려 수도로서의 역사전통을 배경으로 하여 일찍이 조선 초기부터 상품교환경제 발전의 중심지였다. 특히, 조선후기 松商은 국내상업과 대외무역을 주도하고, 개성 중심 인근지방에서는 동전이 원활히 유통되는 등 개성은 화폐경제의 요람이 되었다. 兩亂 이후 김육 등 개성유수 출신 고급관료들은 국가경제 내지 국가 재건정략의 일환으로서 개성지방을 본받아 상품화폐경제를 국내 각 지방으로 확대·보급하고자하는 등 주요 국가 경제정책 운용을 주도하였다. 이처럼 유형원은 개경학이 포용한 경제의식의 실현이라 볼 수 있는 상품화폐경제가 발전한 시대를 배경으로 하여 화폐정책론을 구상·제시하였다. 이로써 유형원의 화폐정책론은 그가 局地的 성격을 띤 개경학을 전수하여 조선후기 실학으로 학문적 체계를 이루었다는 사실과 본질적으로 공통된 역사적 의미를 가지는 것이다.

넷째, 유형원이 최초로 서양에서 은전을 사용한다는 소식을 탐문하여 화폐정책론을 구상·체계화하는 데 참고했다는 사실과 관련하여 그의 화폐정책론이 가지는 역사적 의의를 생각해 보아야 할 것이다. 흔히, 조선후기 실학자의 화폐정책론의 발전 내지 실학 발전의 요인으로는 자생적인 것과 외래적인 것이 있다고 알려져 있다. 실학자의 화폐정책론 발전의 외래적 요인의 변천과정을 살펴보면, 前北學論으로부터 北學論을 거쳐 西學論에 이른다. 그런데 서학론은 일찍이 유형원이 전북학론이 북학론으로 전환하는 과도기, 즉 17세기 60년대에 구상·체계화한 화폐정책론에 孕胎되어 있어 주목된다. 이 사실을 주목하는 이유는 19세기 초 丁若鏞(1762~1836)의 서학지향적 화폐정책론과 19세기 90년대 초기 개화사상가 兪吉濬(1856~1914)의 서학적 화폐정책론 등과 무관한 것으로 보기는 어렵다고 생각하기 때문이다. 다시 말해서, 유형원의 화폐정책론에 서양 근대 화폐제도의 씨가 뿌려지고, 정약용의 화폐정책론에서 싹이 트고, 유길준의 화폐정책론에서는 서양 근대 화폐제도가 꽃을 피웠다고 이해할 수도 있기 때문이다.230)

다섯째, 유형원의 화폐정책론의 역할과 관련하여 그 역사적 의의를 생각해 보아야 할 것이다. 화폐의 유통보급은 물론, 일정한 범위 내에서 상업을 진흥할 것과 조세의 점차적 금납화를 주장하는 등, 그의 화폐 유통보급론 중에는 진보적 성격을 띤 방안이 포함되어 있다. 그의 화폐정책론은 앞에서 지적했듯이, 이상론적이고 원칙론적인 것이었기 때문에 비현실적인 점이 없지 않지만, 후배 실학자들의 화폐정책론 발전에는 물론, 고급관료 등 당국자들의 화폐정책론 구상 및 국가 화폐정책의 운용에 참고되는 등 간접적인 영향을 주었던 것으로 보인다.

4. 許積의 銅錢流通論

1) 貨幣政策論의 形成231)

고급관료 許積은 동전 주조유통론을 골자로 한 화폐정책론을 구상·제시하였다. 허적의 화폐정책론 형성배경을 이해하기 위해서는 그가 활약한 시기의 화폐정책 내지 유통경제 발전에 대한 견문·체험과 그의 생애를 살펴보아야 할 것이다.

허적은 1610년(光海君 2)에 府使 許僩의 아들로 태어나, 1680년(肅宗 6) 71세로 죽었다. 본관은 陽川이고, 자는 汝車이며, 호는 默齋 및 休翁이다. 그리고 당색은 南人이다. 1633년(仁祖 11) 사마시에 합격하

---

230) 이 책, 제4장 實學의 開化思想으로 傳承 - 兪吉濬의 金本位制度 受容論 - 참조.
231) 貨幣政策論의 形成 내용 중 허적의 생애와 관계되는 기사는 『仁祖實錄』·『孝宗實錄』·『顯宗實錄』·『肅宗實錄』·『芝陽漫錄』·『燃藜室記述』에 나타난 기록을 중심으로 작성하였다.

고, 38세 된 1637년(인조 15) 정시문과에 丙科로 합격, 官界에 진출하였다. 대체로 과거시험을 준비하는 과정에서는 經・史・詩・文에 관해서는 물론, 時政 전반에 관한 폭넓은 지식을 습득해야만 하였다. 허적 역시 시행착오를 되풀이한 화폐정책과 유통경제 발전에 대해 적지 않은 관심을 가지는 한편, 자기 나름의 화폐정책론을 구상하였을 것으로 짐작된다.

허적은 관계에 진출, 1638년(인조 16)에 검열・봉교・수찬을 역임하였다. 1639년(인조 17)에 부수찬・지평, 이듬해 평안도都事, 1641년(인조 19)에 의주부사兼運餉使, 1645년(인조 23) 동부승지・경상도관찰사, 1648년(인조 26)에 전남관찰사가 되었다. 그는 관계에 진출한 뒤 초기 10년간, 즉 仁祖朝 후반에 국가의 화폐정책 운용과 직접적 관련이 없는 內外 관직을 역임하였으나, 관료적 입장에서 화폐문제에 관심을 가지게 되었을 것으로 짐작된다.

허적은 孝宗朝에 들어와서 1649년(효종 즉위년)에 평안도관찰사가 된 이후 다음의 내외 요직을 역임하였다. 1650년(효종 1)에 호조참판, 1651년(효종 2)에 형조참판・동지의금부사, 1652년(효종 3)에 호조참판・대사헌・同知中樞府使・형조참판・암행어사, 1653년(효종 4)에 査問使・평안도관찰사, 1655년(효종 6)에 遠接使・伴送使・호조판서, 1656년(효종 7)에 형조판서・한성부판윤・호조판서・병조판서, 1657년(효종 8)에 원접사, 1658년(효종 9) 右參贊, 이듬해에 冬至使・형조판서・한성부판윤・호조판서 등의 요직을 역임하였다.

허적은 위의 주요 관직을 두루 거치면서 대개 17세기 50년대에 해당하는 효종조의 화폐정책 운용에 직접・간접적으로 참여하였다. 특히, 형조참판・호조참판・평안도관찰사 및 호조판서 재직 시에 화폐정책 운용에 참여하여 중요한 역할을 담당하였다. 그 역사적 사실을 들어보면, 1652년(효종 3) 2월 형조참판으로서 金堉의 제의로 평안도와 황해도 지방에 동전을 시험적으로 유통하는 문제를 논의하는 과정에 참여하여 화폐정책이 급진적으로 운용되고 있다는 점을 지적・비판하였다.232) 이 해 4월 호조참판으로 중국동전의 수입유통 방안, 米市廛을 통해 동전을 유통보급하는 방안, 그리고 서울로부터 동전 유통영역을 점점 확대해 나가는 것이 편리하다는 화폐정책 추진방안을 제의하였다.233) 또한 11월에는 동전의 유통보급을 위해 大同米 중 1斗를 동전으로 징수하되, 가능한 지역부터 점차적으로 시행할 것을 주장하였다.234) 1653년(효종 4) 7월 평안도관찰사로서 그 지방에 동전을 유통보급하는 방안을 작성하는 일을 맡아서 논의·계획하였다.235) 1655년(효종 6) 7월 및 12월에는 호조판서로서 병조판서 元斗杓(1593~1664)와 함께 김육의 제의로 시도된 동전 유통보급 방안을 수정·보완하는 과정에 참여해서 중요한 역할을 담당하였다.236)

이처럼 허적은 효종조에 호조참판·호조판서 등 화폐정책 담당 부서를 관장한 고급관료로서, 또는 화폐의 시험적 유통대상지를 관할하는 평안도관찰사로서 김육이 주도한 화폐정책의 立案과 施行 과정에 직접 참여하였다. 그는 효종조의 급진적 화폐정책 운용을 비판·견제하면서, 점진적 정책운용론을 기초로 한 화폐정책론을 구상·제시하였다. 김육이 주도한 효종조의 화폐정책은 1657년(효종 8)에 중단되었다. 그 이후 顯宗朝에 들어와서는 동전을 주조유통하기 위한 화폐정책문제가 제기·논의된 적이 없다. 그 중요한 이유는, 현종조에는 西人 김육과 같이 화폐정책을 적극적으로 추진할 의욕적인 인물이 없었고, 남인 허적처럼 김육의 화폐정책에 대해 비판적인 고급관료들이 政局을 주도했기 때문인 것으로 짐작된다.

허적은 현종조에 들어와서 1662년(현종 3) 판중추부사·좌참찬·예조판서·병조판서·進賀副使·한성부판윤, 1663년(현종 4) 형조판서·원접사·한성부판윤, 1664년(현종 5) 호조판서·우의정, 1665년(현

---

232) 『孝宗實錄』 卷8, 孝宗 3年 2月 己酉.
233) 『孝宗實錄』 卷8, 孝宗 3年 4月 辛亥.
234) 『孝宗實錄』 卷9, 孝宗 3年 11月 壬申.
235) 『孝宗實錄』 卷11, 孝宗 4年 閏7月 辛亥.
236) 『孝宗實錄』 卷15, 孝宗 6年 7月 辛卯.

종 6)에 좌의정·판중추부사, 1666년(현종 7) 謝恩兼陳奏正使, 1668년 (현종 9) 좌의정, 1669년(현종 10)에 훈련도감도제조·世子傅, 1671년 (현종 12) 영의정, 1672년(현종 13)에 행판중추부사, 이듬해에 영중추부사·영의정, 1674년(현종 15)에 영중추부사·영의정이 되는 등 주요 관직을 두루 역임하였다. 허적이 주요 관직을 역임한 현종조 15년간에는 비록 화폐정책이 논의·시도되지 않았지만, 이 기간을 통해 그는 자신의 화폐정책론을 보다 정리·체계화한 것으로 짐작된다. 효종조에 김육의 급진적 화폐정책을 비판·견제하면서 구상·체계화된 그의 화폐정책론은 현종조를 거치는 동안 보다 객관적인 입장에서 재정리·보완되었을 것이기 때문이다. 이 같은 허적의 화폐정책론은 그가 주도한 肅宗朝의 화폐정책 운용의 기초가 되었을 것이다.

허적은 숙종조에 들어서면서, 1674년(숙종 즉위) 院相·영의정이 되어 정국을 주도하였다. 1675년(숙종 1) 화폐원료의 공급난을 극복하면서 응급한 국가재정을 조달하기 위한 방편으로 중국동전의 수입유통이 시도되었다.237) 이 시도는 당시 정국을 주도하고 있던 허적이 제의한 것이거나 아니면 그의 승인 하에 이루어졌을 것이다. 이는 1678년(숙종 4) 1월에 銅錢(常平通寶)을 法貨로 주조유통할 것을 건의하여, 그 주조유통 업무를 주관한 인물이 바로 허적이었다는 사실에서 미루어 짐작할 수 있다.238) 허적은 인조조에 김육이 주도한 중국동전 수입유통에 대해서는 동전을 주조유통하는 것보다 편리하지 못하다며 비판적인 태도를 취했지만,239) 정국 주도자로서 국가 재정난이 심각한 상황에 직면하여 수익이 많은 중국동전 수입유통의 유혹을 받지 않을 수 없었을 것이다.

1678년 1월 허적의 건의로 동전의 주조유통 문제가 결정되고, 戶曹·常平廳 등 7개 중앙관청에서 동전 주조사업을 開設하였다.240) 그

---

237) 『通文館志』 乾 9, 肅宗元年條.
238) 元裕漢,「이조 숙종대의 鑄錢動機」,『東國史學』 9, 1966.
239) 『孝宗實錄』 卷8, 孝宗 3年 4月 辛亥.
240) 『肅宗實錄』 卷7, 肅宗 4年 1月 乙未.

해 3월에 동전을 4월부터 유통시킬 것을 결정하는 동시에 사용범위는 각 관청의 收贖을 징수하는 것으로 제한하였다.241) 6월에는 중앙관청뿐 아니라 關西 및 湖南 지방의 監營과 兵營에서도 동전을 주조유통하게 하고,242) 9월에는 민간인의 銅錢私鑄를 금지하였다.243) 1679년(숙종 5) 1월에 동전원료의 부족을 해소하기 위해 內藏銅을 진휼청에 내려보내 동전원료로 사용하게 하고, 9월에는 동전 유통정책의 일환으로 동전의 유통가치를 적절히 조절하게 하였다. 또한 동전의 公信性 내지 兌換力을 보강하기 위해 민간소유 동전을 환수하는 조치를 취했다.244) 1680년(숙종 6) 2월 일반 유통계의 동전 유통가치 하락을 막기 위해 민간 소유 동전을 布로 바꾸어 수년 동안 退藏했다가 다시 유통함으로써 동전 유통가치의 상승을 유도하였다.245) 숙종조 초기의 화폐정책은 허적의 주도 하에 운용되었기 때문에 위에서 열거한 것 이외에도 대부분의 조치에 그의 정책적 의욕이 반영되었을 것으로 보인다. 이 같은 허적의 역할은 그가 1680년 4월 서자 許堅의 모역죄로 영의정 직에서 파직되고 5월에 賜死됨으로써 중단되었다. 이로써 동전을 법화로 주조유통하기 시작한 1678년부터 1680년에 이르는 3년 동안은, 17세기 20년대 이후 구상·체계화시킨 허적의 화폐정책론이 자신의 주도 하에 추진된 화폐정책의 기초가 되어 동전, 즉 상평통보가 국가의 유일한 법화로서 계속 유통되기에 이르렀다.

한편, 허적의 생애와 관련하여 화폐정책론 형성과정을 이해하고자 할 때, 그가 여러 차례 중국에 使行하여 그 곳의 화폐경제 발전상을 견문·체험한 사실을 간과해서는 안 된다. 허적은 1659년(효종 10) 2월 동지사, 1662년 5월 진하부사 및 1666년 9월 사은겸진주정사로 중국에 세 차례 사행하여 화폐경제 발전상을 직접 견문·체험하고, 영의정이

---

241) 『肅宗實錄』卷7, 肅宗 4年 閏3月 丙辰.
242) 『肅宗實錄』卷7, 肅宗 4年 6月 壬申.
243) 『肅宗實錄』卷7, 肅宗 4年 9月 丙寅.
244) 『備邊司謄錄』11冊, 肅宗 5年 1月 18日;『肅宗實錄』卷8, 肅宗 5年 9月 丁未;卷8, 肅宗 5年 9月 戊申.
245) 『肅宗實錄』卷9, 肅宗 6年 2月 癸亥.

나 예조판서 등 고급관료로서, 또는 여러 차례에 걸쳐 원접사와 반송사가 되어 중국사절단 일행과 접촉하는 과정에서 중국의 화폐경제 발전에 대한 소식을 전해들었을 것이다. 이로써 중국의 화폐경제 발전에 대한 직접·간접적인 허적의 견문과 체험은 그의 화폐정책론 형성에 적지않은 영향을 주었을 것으로 짐작된다.

2) 銅錢 鑄造流通 經緯

고급관료 許積의 생애와 관련하여 그의 화폐정책론이 형성된 배경을 살펴보았다. 그가 구상·제시한 화폐정책론의 내용 및 성격은 과연 어떠한 것인가. 그의 화폐정책론 내용을 이해하기 위해서는 1678년(숙종 4) 1월에 銅錢(常平通寶) 주조유통 문제를 국왕에게 건의하게 된 동기 혹은 경위를 살펴보아야 할 것이다.

대체로 肅宗朝 초기에 허적 이외의 다른 고급관료들이 제시한 화폐정책론은 허적의 화폐정책론에 포괄되어 있다고 보아도 별 문제는 없을 것으로 생각한다. 그 당시 제기·논의된 다른 관료들의 화폐정책론 역시 실제로는 허적의 동의 내지 승인 하에 채택·시행되었을 것이기 때문이다.

흔히, 모든 나라에 유통되고 있는 동전의 주조유통이 국내에서도 일찍부터 시도되었음에도 계속 유통되지 못한 이유로서 다음의 사실들이 지적되고 있다. 첫째 동전의 주요 원료인 銅이 국내에서 생산되지 않기 때문에 절대 수요량의 공급이 불가능하고, 둘째 우리 나라의 民俗은 동전이 원활히 유통되고 있는 중국과 서로 다르며, 셋째 화폐정책의 운용이 너무 급진적으로 추진되었고, 넷째 물품화폐인 麤布(품질이 나쁜 綿布)의 사용이 편리하다는 것 등이다.246)

역사적으로 볼 때, 처음 동전을 주조유통하기 시작한 고려 숙종조 이래로 주요 원료인 동의 공급난은 화폐정책 중단의 직접적이고 중요

---

246)『肅宗實錄』卷7, 肅宗 4年 1月 乙未 ;『備邊司謄錄』34冊, 肅宗 4年 1月 24日 ; 34冊, 肅宗 4年 閏3月 24日.

한 원인이 되었다. 허적이 견문・체험한 仁祖 및 孝宗朝에도 日本銅의 수입 부진으로 인한 동의 공급난이 화폐정책 중단의 중요한 원인이 되었다. 조선왕조 초기 이래로 동전의 주조유통을 시도할 때마다 동의 절대수요량 부족을 극복하기 위해 일본으로부터 동을 수입하는 데 힘쓰거나, 破亡寺의 銅鍾과 鍮器를 수집하였다. 특히, 허적이 화폐정책 운용에 참여한 효종조에는 동전원료의 공급난을 극복하기 위한 방편으로 중국동전을 싼값으로 수입유통하기도 하였다.247)

조선왕조는 효종조의 화폐정책이 중단된 지 17년 만인 1675년(숙종 1)에 외교적 교섭을 통해 중국동전을 값싸게 수입유통하려 하였다. 이것은 허적이 효종조에 겪은 실제 경험을 토대로 구상・체계화한 자신의 화폐정책론을 실현하기 위해 취한 최초의 시도로 짐작된다. 효종조와는 달리 공식절차를 통해 시도한 중국동전의 수입계획은 중국 측의 반대로 실현될 수 없었다. 이에 대응하여 영의정 허적이 1678년 1월에 동전 주조유통을 제의하게 되었을 가능성도 없지 않다. 여기에 당시 일본동의 수입량 증가로 동전원료의 공급난이 일정하게 해소될 전망을 보였다는 점248)이 동전의 주조유통을 건의하는 데 영향을 주었을 것으로 짐작된다.

우리 나라의 민속, 즉 일반 민중의 화폐 가치인식이나 생활습속이 일찍부터 화폐경제가 발달한 중국과 다르기 때문에 동전이 유통될 수 없다고 보는 견해는 고려왕조 이래로 동전의 주조유통을 반대하는 주장의 논리적 근거가 되어 왔다.249) 허적은 이러한 역사적 사실을 기록을 통하거나, 인조 및 효종조의 화폐정책과 유통경제 발전에 대한 견문과 체험을 통해 알고 있었을 것이다.

---

247) 元裕漢, 『朝鮮後期 貨幣史硏究』(韓國硏究叢書 29), 한국연구원, 1975 ; 이 책, 제3장 Ⅱ, 2. 金堉의 銅錢流通論 참조.
248) 『備邊司謄錄』 34冊, 肅宗 4年 閏3月 24日.
249) 李能植,「麗末鮮初의 貨幣制度」,『震檀學報』 16, 1946 ; 李鍾英,「朝鮮初 貨幣制의 變遷」,『人文科學』 7, 1962 ; 元裕漢,「朝鮮後期 金屬貨幣流通政策 - 17세기 前半의 동전유통시도기를 중심으로 - 」,『東方學志』 13, 1972.

대체로 효종조에는 우리 나라 민속이 중국과 달라 동전유통이 불가능하다는 주장과 민속이 중국과 다를 바 없기 때문에 유통될 수 있다는 상반된 주장이 엇갈리고 있었다. 그 당시 화폐정책의 급진적 운용을 주도한 金堉은 물론 柳馨遠은 민속 등 제반 사회경제적 여건이 화폐유통이 원활한 중국과 다를 것이 없다는 점을 강조하면서, 동전의 주조유통을 적극 주장하였다.250)

허적의 경우는, 역사적 선례나 효종조 당시의 현실을 통해 보건대 화폐정책이 부진하거나 거듭 중단된 중요한 원인이 정책운용의 급진성에 있다고 보았다. 그는 김육이 주도한 효종조의 화폐정책이 급진적으로 추진되었다는 점을 비판하는 한편, 화폐정책을 점진적으로 시행하는 방안을 제의하여 정책운용에 반영시키고자 하였다.

허적이 동전 주조유통을 제의할 당시의 유통계 실정은 秤量銀貨와 함께 유통되었던 麤木(布)의 유통이 단절되고 땔감이나 채소 같은 일용잡화까지 칭량은화로 거래가 이루어졌던 것으로 보인다.251) 사실상 실용성이 없었던 추포는 고려왕조 이래로, 또한 추목은 조선왕조부터 물품화폐로 유통되었다. 실용가치가 없는 추포와 추목이 유통계에서 화폐로서 기능하고 있었다는 사실은 명목화폐인 楮貨와 동전이 유통될 수 있다는 주장의 논리적 근거가 되었다. 한편 추포와 추목은 저화나 동전 등 명목화폐를 法貨로 유통보급하고자 할 때, 흔히 명목화폐의 유통영역을 넓히기 위해 유통금지의 대상이 되기도 하였다. 효종조의 화폐정책이 중단된 이후 숙종조에 이르러 다시 동전 주조유통을 결정하게 될 무렵에는 물품화폐인 추목은 유통이 단절되고, 추목과 함께 사용되던 칭량은화가 일반 유통계를 지배했던 것으로 보인다.

칭량은화는 조선왕조 초기에 유통이 금지되었다가 왜란중에 응급한 군사비를 조달할 목적으로 다시 유통된 것으로서, 화폐로서의 문제점이 적지 않았다. 그 당시 칭량은화는 국내 생산량이 적고 수요는 컸기

---

250) 元裕漢, 앞의 논문, 1972 ;「實學者의 貨幣經濟論」,『東方學志』26, 1981 ; 이 책, 제3장 Ⅱ, 2. 金堉의 銅錢流通論・3. 柳馨遠의 銅錢流通論 참조.
251)『備邊司謄錄』34冊, 肅宗 4年 閏3月 24日.

때문에 유통계의 수요량을 충족시킬 수 없었다. 칭량은화는 유통량 부족으로 손쉽게 취득할 수 없고, 또한 소액거래에 불편하여 화폐로서의 중요한 구성요건인 一般性이 결여되어 있었다. 뿐만 아니라 칭량은화는 본시 귀금속으로서 소재가치가 높은 데다가, 절대수요량이 부족해짐에 따라 희소가치를 노리는 위조행위가 성행하여 품질이 조악해졌다. 이에 영의정 허적은 동전유통의 필요성을 강조하면서 동전을 법화로 주조유통할 것을 국왕에게 건의하였던 것이다.252)

　　……동전은 곧 天下에 통용하는 화폐임에도 오직 우리 나라에서 유통되지 못하고 있어서 전부터 여러 차례 유통시키려 했으나 시행되지 못하였습니다. 지금은 상품이 유통되지 않으므로 사람들의 마음은 모두 동전의 통용을 원하고 있고, 대신과 여러 宰臣들도 동전 사용이 편리하고 이롭다고 생각하고 있으니, 동전 통용을 단행하는 것이 마땅할 듯 합니다.253)

뒤이어 開城留守 출신 좌의정 權大運(1612~1699)은 허적이 제의한 동전의 주조유통론을 지지하는 발언을 하였다.

　　……松都의 경우에는 동전이 통용된 지 오래되어 인근 邑에서도 모두 통용되고 있으며, 사람들은 동전유통이 편리하다고 하니 어찌 송도에만 편리하고 다른 곳은 불편하겠습니까. 헛된 논의에 동요되지 말고 꾸준히 시행하면 두어 해가 지나지 않아 전국적으로 유통될 것입니다.……254)

동전유통의 가능성에 관한 권대운의 견해는 김육・유형원 등과 공통된다.255) 허적의 견해도 대체로 권대운 등 세 사람과 공통되었을 것

---

252) 『備邊司謄錄』 34冊, 肅宗 4年 1月 24日 ; 34冊, 肅宗 4年 閏3月 24日.
253) 『備邊司謄錄』 34冊, 肅宗 4年 1月 24日.
254) 『備邊司謄錄』 34冊, 肅宗 4年 1月 24日.
255) 이 책, 제3장 Ⅱ, 2. 金堉의 銅錢流通論・3. 柳馨遠의 銅錢流通論 참조.

이다. 허적 또한 인조·효종조의 화폐정책 운용에 참여하면서 17세기 40년대 이래로 개성을 중심으로 한 인근지방에서 동전이 원활히 유통되고 있다는 사실을 잘 알고 있었을 것이기 때문이다. 이처럼 그는 실제적 견문과 경험을 바탕으로 동전의 주조유통을 건의하였고, 숙종은 허적의 건의를 받아들여 마침내 동전의 주조유통을 결정하기에 이르렀다.

……錢貨(銅錢)의 통용이 이익은 있고 害는 없는 것으로, 백성이 원하는 바요 여러 논의들이 같으니 단행하는 것이 옳다.……256)

이로써 동전을 법화로 유통하기 위한 왕조당국의 화폐정책이 1657년(효종 8)에 중단된 지 20여 년 만에 재개되었다. 즉 1678년 1월 허적의 건의로 동전의 주조유통이 결정되고, 2개월이 지난 윤3월에 비변사는 허적의 동의 내지 승인을 거쳤을 것으로 짐작되는 동전 주조유통에 관한 啓目을 작성해 올렸다.257)

3) 銅錢 鑄造管理論

왕조당국은 許積의 건의에 따라 1678년(숙종 4) 1월에 동전을 法貨로 주조유통하기로 결정하고 동전의 명칭을 '常平通寶'라고 하였다.258) 고려왕조 이래로 乾元重寶·三韓通寶·東國通寶·朝鮮通寶 등과 같이 年號나 國名으로 화폐명칭을 삼았던 것과는 달리, 화폐의 실제적 내지 실질적 기능을 특징으로 하여 화폐명칭을 상평통보라고 하였다. 이는 항상 거래의 공평성을 유지하며 유통되는 보배라는 뜻이다. 화폐명칭의 의미에 새로운 경향이 나타나기 시작한 것은 金堉의 제의로 1651년(효종 2) 開城 민간인에게 私鑄를 허락한 고액전의 명칭인 十錢通寶로부터였다.259) 이러한 새로운 경향은 명분·의리·전통 등을 중

---

256) 『備邊司謄錄』 34冊, 肅宗 4年 1月 24日.
257) 『備邊司謄錄』 34冊, 肅宗 4年 閏3月 24日.
258) 『肅宗實錄』 卷34, 肅宗 4年 1月 乙未.

시하는 성리학 중심의 가치체계가 실용·실증·실제성 내지 객관·합리성을 중시하는 실학지향적인 가치체계로 전환하는 과정에서 나타난 사회의식의 진보적 변화를 의미하는 것으로 이해할 수도 있다. 이러한 변화는 김육이나 허적 등과 거의 같은 시기의 화폐정책과 유통경제 발전을 경험한 崇明排淸論者인 柳馨遠이 동전의 명칭을 동국통보로 할 것을 제의한 것과는 대조적이다.260)

동전을 주조유통하기로 결정한 이후 戶曹·常平廳·賑恤廳·精抄廳·司僕寺·御營廳·訓練都監 등에서 동전 주조사업을 開設하였다. 대체로 호조와 어영청 등 경제 및 군사 담당 7개 중앙기관이 동전 주조사업을 담당하였다.261) 동전주조 초기에는 호조와 상평청 등 7개 기관이 鑄造施設과 기술인력 동원난은 물론, 특히 주요 동전원료인 銅의 부족으로 주조사업을 일시에 개설하기 어려웠던 것으로 보인다. 이 점은 원료부족으로 동전의 주조실적이 보잘것 없다는 논의가 일어난 사실을 통해 짐작할 수 있다.262) 日本銅의 수입량이 점차 증가될 가능성은 전망되었던 것으로 보이나,263) 동전주조 초기에는 원료난이 심각했던 것으로 짐작된다. 이에 동전원료를 마련하기 위한 임시방편으로 궁중에 소장된 동을 지급하는 한편, 鍮器 사용을 부분적으로 통제하는 조치를 취하는264) 동시에 국내 銅鑛 개발을 시도하였다.265)

1678년 6월경에는 "동전이 이미 통용되어 민중이 즐겨 사용하고 있지만 주조량이 부족하여 널리 유통시킬 수 없다."266)고 하였다. 이에 허적의 제의에 따라 동전유통이 가장 편리한 평안도와 인물이 번성한

---

259) 이 책, 제3장 Ⅱ, 2. 金堉의 銅錢流通論 참조.
260) 元裕漢, 앞의 논문, 1981 ; 이 책, 제3장 Ⅱ, 3. 柳馨遠의 銅錢流通論 참조.
261) 『肅宗實錄』권7, 肅宗 4年 1月 乙未 ; 『備邊司謄錄』34冊, 肅宗 4年 1月 24日.
262) 『肅宗實錄』卷8, 肅宗 5年 1月 壬子 ; 卷8, 肅宗 5年 1月 乙卯 ; 『備邊司謄錄』35冊, 肅宗 5年 2月 3日 ; 元裕漢, 앞의 논문, 1972.
263) 『備邊司謄錄』34冊, 肅宗 4年 閏3月 24日 ; 元裕漢, 앞의 논문, 1966.
264) 『備邊司謄錄』35冊, 肅宗 5年 2月 4日.
265) 『備邊司謄錄』34冊, 肅宗 4年 10月 17日.
266) 『承政院日記』265冊, 肅宗 4年 6月 3日.

전라도의 監營과 兵營에서 동전을 주조유통하여, 동전 주조량 부족으로 부진한 동전유통을 원활하게 하려 하였다.267)

허적은 일찍이 仁祖 및 孝宗朝의 화폐정책에 대한 직접·간접적인 경험을 바탕으로 8道 중 평안·전라 兩道의 감영과 병영에서 동전을 주조하는 문제를 건의하게 되었던 것으로 짐작된다. 양도의 감영과 병영으로 하여금 동전을 주조유통케 한 것은, 원료의 공급난과 중앙으로부터 지방까지 동전을 운반하는 과정에 따르는 불편을 극복하기 위한 임시방편이었을 것이다.268) 왕조당국이 '貨權在上'이라는 원칙론을 내세워 국가의 중요한 이권사업인 동전 주조사업은 중앙에서 담당·관리하기로 되어 있었기 때문이다.269)

화권재상의 원칙론에 입각해서 1678년 10월에, 효종 때 민간인에게 동전의 사주를 허락했던 것과는 달리, 허적 등의 제의로 동전의 사주행위를 엄히 처벌하는 동시에 고발자에게 큰 상을 주기로 결정하였다.270) 뿐만 아니라 동전원료의 공급난을 극복하기 위해 종래처럼 중국동전의 수입을 시도하지 않고, 유기 사용을 제한하는271) 동시에 국내 동광 개발을 시도하였다.272) 이 같은 화폐정책의 운용 면에서 나타난 일련의 변화를 통해 양란 이후 혼란해진 『經國大典』적 사회질서를 재정비·강화하려는 정치적 의지를 엿볼 수 있다. 또한 그 같은 변화는 화폐정책 운용 면에 나타난 민족의식의 성장, 즉 중국의 영향으로부터 벗어나 자급자족하려는 주체적 민족의식의 성장을 의미하는 것으로도 이해할 수 있을 것이다.

---

267) 『肅宗實錄』 卷7, 肅宗 4年 6月 壬申 ; 『承政院日記』 265冊, 肅宗 4年 6月 3日.
268) 元裕漢, 앞의 논문, 1972.
269) 元裕漢, 앞의 논문, 1966.
270) 『備邊司謄錄』 34冊, 肅宗 4年 10月 1日.
271) 『備邊司謄錄』 35冊, 肅宗 5年 2月 4日.
272) 『備邊司謄錄』 34冊, 肅宗 4年 10月 17日.

4) 銅錢 流通普及論

許積은 金堉이 주도한 효종조의 급진적 화폐정책은 물론 동전의 유통을 반대하는 일부 관료들의 주장을 비판하고 중도적인 입장에서 자신의 동전 유통보급론을 제의, 화폐정책 운용에 반영하기 위해 힘썼다. 그가 구상·제시한 동전 유통보급론의 내용은 다음과 같다.

첫째, 허적은 米市廛의 매매거래에 동전을 결제수단으로 사용하게 함으로써 민중들로 하여금 동전유통이 편리하고 유익하다는 점을 널리 인식시키자고 하였다.[273] 역사적으로 볼 때, 상거래를 통해 민중에게 동전가치의 중요성을 널리 인식시키려 한 것은 긴요하고 기본적인 동전 유통보급 방법이었다. 이 방법은 고려시대 이래로 동전이나 楮貨 등 명목화폐를 法貨로 유통보급하고자 할 때마다 우선적으로 채용되었다. 허적과 거의 같은 시기의 화폐정책과 유통경제 발전을 경험하고 정책운용을 주도한 김육의 경우, 동전의 유통보급 방안으로서 都會地와 교통 要路에 常設店鋪를 설치운용하는 것을 제의하였다.[274] 柳馨遠 역시 동전의 유통보급을 위한 상설점포 설치운용론을 구체적으로 구상·제시하였다.[275]

일찍이 영의정 申叔舟(1417~1475)는 김육이나 유형원보다 거의 2세기 전인 15세기 70년대에 저화의 유통보급 방안으로서 地方場市의 開設을 주장한 바 있다. 그가 영의정으로서 저화의 유통보급 방안으로서 지방장시 개설론을 생각하였던 데서 以末補本策으로써 전통적인 務農抑末策의 한계를 보완하려 했던 고급관료의 현실개혁의식을 엿볼 수 있을 것이다.[276]

둘째, 허적은 동전을 상거래의 결제수단으로 사용하기보다, 적극적이며 효과적인 동전 유통보급 방안으로서 일부 租稅의 金納化를 제

---

273) 『孝宗實錄』 卷8, 孝宗 3年 4月 辛亥 ; 『備邊司謄錄』 34冊, 肅宗 4年 閏3月 24日.
274) 元裕漢, 앞의 논문, 1972 ; 이 책, 제3장 Ⅱ, 2. 金堉의 銅錢流通論 참조.
275) 이 책, 제3장 Ⅱ, 3. 柳馨遠의 銅錢流通論 참조.
276) 『成宗實錄』 卷27, 成宗 4年 2月 壬申.

의·실시하게 하였다. 그는 국가가 일방적으로 동전을 주조하여 민중들에게 상거래를 통해 동전의 가치를 인식하게 하는 것만으로는 충분하지 않다고 생각했던 것으로 보인다. 즉, 국가는 동전이 지속적으로 유통될 수 있는 법화라는 사실을 보장하는 조치가 필요하다고 생각했던 것이다. 이를 위해 조선 초기 이래로 동전을 유통보급하기 위해 실시한 것처럼, 일반 유통계에 유통되고 있는 동전을 적절한 방법을 통해 換收함으로써 동전의 公信性 내지 兌換力을 보강하고자 하였다. 이와 관련하여 조세의 점진적인 금납화 조치는 동전의 유통보급 방법으로서 농촌사회를 화폐유통권으로 포괄하는 데 있어 중요한 의미를 가진다고 할 수 있다. 동전유통 초기인 1678년(숙종 4) 윤3월 유통계에 유통되고 있는 동전을 환수하기 위해 소극적인 방법이기는 하지만, 刑曹·司憲府·漢城府 및 義禁府의 贖木과 賑恤廳의 還上만은 동전으로 징수하였다.277) 1679년(숙종 5) 4월에는 광범한 부문에 걸쳐 보다 적극적으로 조세의 금납화를 시도하였다. 즉 大同木의 7·8분의 3, 혹은 5·6분의 2를, 또한 각 관청의 軍布·奴婢貢木 및 제반 身役布를 형편에 따라 전부 혹은 절반을 동전으로 代納하도록 하였다.278) 이 같은 조세의 금납화 조치 과정에는 적지않은 모순과 폐단이 뒤따르겠지만,279) 국가의 공권력을 배경으로 하여 일정한 강제성을 띤 것이기 때문에 보다 적극적이고 효율적인 동전 유통보급 방안이었다 할 것이다.

허적은 역사적 경험에 비추어볼 때, 조세의 금납화 조치는 점진적으로 실시해야만 효과를 거둘 수 있다는 점을 강조하고, 자신의 주장을 화폐정책 운용에 적극 반영하려 하였다.280) 동전 유통보급 방안으로서 조세의 금납화를 중시하는 것은 조선 초기 이래로 거듭 시도된 화폐정책 운용 과정에 나타난 일반적 현상이라 할 수 있다. 다만 화폐정책을 주도한 인물과 시대에 따라서 조세 금납화 적용범위의 넓고 좁음과 실

---

277) 『備邊司謄錄』 34冊, 肅宗 4年 閏3月 24日.
278) 『備邊司謄錄』 35冊, 肅宗 5年 4月 9日.
279) 『備邊司謄錄』 34冊, 肅宗 4年 1月 24日.
280) 『備邊司謄錄』 34冊, 肅宗 4年 1月 24日.

시방법의 緩急의 차이가 있을 뿐이었다. 대체로 허적은 김육과는 달리 조세의 금납화 범위를 점진적으로 넓혀 나가는 방법을 취하려 하였다.281) 유형원은 김육이나 허적에 비해 조세의 금납화뿐 아니라, 국가 지출의 화폐화 범위를 점진적으로 확대해 나갈 것을 주장하는 한편, 조세의 금납화 실시방안을 보다 조직·체계적으로 구상·제시하였다.282)

셋째, 허적은 동전의 유통보급 방안으로서 화폐의 유통가치를 적당하게 결정하는 것이 중요하다고 주장하였다. 동전의 유통가치가 낮으면 동전을 녹여 鍮器 원료로 쓰는 한편, 유통가치가 지나치게 높으면 동전의 私鑄, 즉 동전의 불법주조 행위가 성행하여 화폐정책 운용과정에 적지않은 폐단을 불러일으킬 것이라고 생각했기 때문이다. 1678년 윤3월에 大明律을 고증하고, 개성지방의 화폐 유통가치를 참작하여 銀(秤量銀貨) 1兩을 동전 400文으로 准定하여 恒式으로 규정하였다. 그리고 동전 400문을 米 10斗로 준정했으나 수시로 변동할 수 있게 하였다. 그 당시 칭량은화는 동전 유통가치의 결정 기준이 되어 본위화폐로서의 기능을 담당했던 것으로 보인다.283) 그러나 米價를 비롯한 물가의 변동으로 칭량은화 1냥에 대해 동전 400문으로 결정한 동전 유통가치는 200문 또는 800문이 되는 등 동전 유통가치의 변동폭이 컸다.284) 이후 동전의 유통범위가 확대됨에 따라 1680년(숙종 6) 5월에는 칭량은화에 대한 동전 유통가치를 일반 민중들이 편리하다고 생각하는 수준에서 자유롭게 결정하도록 하였다.285)

김육이나 유형원 등 역시 동전의 원활한 유통보급을 위해 동전의 유통가치를 적절히 결정하고 적당히 조정하는 조치가 중요하다는 점을

---

281) 元裕漢, 앞의 논문, 1966 ; 앞의 논문, 1972 ; 이 책, 제3장 Ⅱ, 2. 金堉의 銅錢流通論 참조.
282) 이 책, 제3장 Ⅱ, 3. 柳馨遠의 銅錢流通論 참조.
283) 『備邊司謄錄』 34冊, 肅宗 4年 閏3月 24日 ; 元裕漢, 앞의 논문, 1981.
284) 『備邊司謄錄』 34冊, 肅宗 4年 閏3月 24日 ; 35冊, 肅宗 5年 2月 3日 ;『肅宗實錄』 卷9, 肅宗 6年 2月 癸亥.
285) 『肅宗實錄』 卷9, 肅宗 6年 5月 辛亥.

강조하면서 칭량은화와 布나 미가에 대비하여 동전 유통가치를 결정·제시하였다. 유형원이 동전 유통가치를 칭량은화와 포 및 미가에 대비해 결정·제시한 내용은 1678년 결정 초기의 동전 유통가치와 거의 일치하고 있다는 사실이 주목된다.286)

5) 貨幣政策論의 意義

위에서 고급관료 許積이 구상·제시한 화폐정책론의 구성내용을 살펴보았다. 이를 통해 밝혀진 사실들을 중심으로 하여 화폐정책론의 성격과 역사적 의의를 살펴보고자 한다.

첫째, 허적이 역임한 관직 내용을 통해 볼 때, 그는 경제분야 담당 관료에 적합한 인물이었던 것으로 생각된다. 그의 관료경력 중 국가 경제정책을 주관하는 戶曹의 참판을 두 차례, 판서를 네 차례나 역임하였다는 사실을 통해 짐작할 수 있다. 또한 국가 경제정책 운용과 비교적 밀접한 관계가 있는 刑曹의 참판을 두 차례, 판서를 세 차례, 그리고 兵曹의 참판을 한 차례, 판서를 두 차례 역임하였다. 이처럼 경제 담당관료로서의 소질이 돋보이는 허적은 국가의 경제정책 담당 관청의 책임자가 되어 효종조, 즉 북벌정책과 국가경제 재건이 중요한 정책과제로 제기되었던 시기의 화폐정책 운용에 참여하여 자신의 주장을 정책운용에 반영하기 위해 힘썼다. 뿐만 아니라 허적은 南人이 정국을 주도하는 현종조 말부터 숙종조 초까지는 국가정치 전반을 총괄하는 領相의 자리에서 국왕의 두터운 신임을 받으며 화폐정책 운용을 주도하여 銅錢(常平通寶)의 주조유통이라고 하는 중요한 역사적 과제를 해결하였다.

둘째, 허적의 화폐정책론에서 진보적 성격을 엿볼 수 있다. 남인 허적은 효종조의 화폐정책 운용에 참여하여 동전유통 반대론자인 西人 李敬輿(1585~1657) 등의 주장에 반대하는 동시에,287) 역시 서인 金堉

---

286) 元裕漢, 앞의 논문, 1981 ; 이 책, 제3장 Ⅱ, 2. 金堉의 銅錢流通論·3. 柳馨遠의 銅錢流通論 참조.

이 주도한 급진적인 화폐정책 운용의 비현실성을 비판하면서 점진적 정책운용론을 골자로 하는 자신의 화폐정책론을 실현하고자 하였다. 효종조의 화폐정책 운용과정에서 쌓은 견문과 체험을 바탕으로 하여 그는 물품화폐와 칭량은화가 지배한 자연경제적 유통질서의 한계를 극복하고 전근대적 명목화폐제 수용에 대한 사회적 요구에 대응하여 1678년(숙종 4)에 동전의 주조유통을 주도하는 등, 한국 화폐사상 획기적인 업적을 이루었다. 또한 그의 화폐정책론에서는 진보의식과 함께 민본의식 내지 위민의식을 엿볼 수 있다.[288]

셋째, 위의 사실을 통해 허적의 화폐정책론에서는 상반되는 파당적 입장과 대립되는 정책론을 절충·조정하는 등, 탄력적 성격을 엿볼 수 있다. 그는 서인이 정국을 주도한 인조 및 효종조에 남인으로서 내외의 주요 관직을 역임하였고, 또한 동전의 주조유통 문제를 놓고 주장이 서로 엇갈리는 서인 관료들 간의 대립·갈등을 탄력적으로 절충·조정하여 화폐정책을 점진적으로 추진해야 한다는 자기 중심의 정책론을 제시하였다.[289] 이로써, 흔히 조선왕조의 인사정책이 黨色에 의해 좌우되고 있는 것처럼 생각하는 태도와 政爭의 주요 원인을 지나치게 당색 간의 갈등으로 보려고 하는 역사 인식태도에 문제가 있다는 점을 지적할 수 있다.

넷째, 허적의 화폐정책론에서는 중국 등 외국의 영향을 벗어나겠다는 주체적 민족의식이 깔려 있음을 엿볼 수 있다. 그의 화폐정책론에는 주로 화폐원료의 공급난을 극복하기 위해 시도해 온 중국동전의 수입을 한때 묵과하기도 했지만, 동전 주조유통이 더 유익하다고 보았으며, 또 허적 주도 하에 이루어진 동전 주조유통 초기에 거의 日本銅의 수입에 의존한 원료공급 방법의 취약성을 보완하기 위해 국내 銅鑛을

---

287) 『孝宗實錄』 卷11, 孝宗 5年 6月 戊寅.
288) 『肅宗實錄』 卷7, 肅宗 4年 1月 乙未 ; 『備邊司謄錄』 34冊, 肅宗 4年 1月 24日 ; 元裕漢, 앞의 논문, 1966.
289) 『孝宗實錄』 卷11, 孝宗 5年 6月 戊寅 ; 이 책, 제3장 Ⅱ, 2. 金堉의 銅錢流通論 참조.

개발하려 하는 등,290) 다른 나라의 영향 내지 간섭을 극복하겠다는 의식이 깔려 있는 것이다. 이 같은 주체적 민족의식은 조선후기 실학자·관료 등 대다수 지식계층의 의식 속에 파급·성숙되어 華夷論을 극복하고, 주체적 역사의식 내지 문화의식을 제고시킨 정신적 기반이 되었던 것으로 보인다.

다섯째, 허적이 주도한 숙종조 초기의 화폐정책 운용과정에서는 주로 '貨權在上'의 원칙론에 충실하기 위해 임시방편으로 시도한 중국동전 수입을 비판하고, 민간인의 銅錢私鑄를 억제하고자 했음은 물론, 가능하면 지방 관청에서 동전을 주조유통하는 것도 허락하려 하지 않았다. 이로써 허적의 화폐정책론에서는 집권적 조선왕조의 전통적 정치이념인 '화권재상'의 원칙론에 충실하겠다는 의지를 엿볼 수 있다. 다른 나라에 의존한 동전원료의 공급난을 극복하기 위해 국내의 동광개발을 시도한 것도 본질적으로 '화권재상'의 원칙론에 충실하려는 의지의 표출로 이해하여야 할 것이다. 보다 본질적인 면에서 보면, 양란을 겪는 과정에서 이완된 중앙집권적 지배체제를 재정비·강화하겠다는 정책적 의욕이 화폐정책론에 표출된 것으로 이해할 수도 있다.

여섯째, 허적의 화폐정책론에서는 명분·의리·전통 및 관념지향적 가치체계를 극복하고 실용·실질 및 실제성 지향적 가치를 추구하려는 경향을 엿볼 수 있다. 이러한 점은 고려왕조 이래로 乾元重寶·海東通寶·東國通寶·朝鮮通寶 등과 같이 화폐명칭에 연호나 국명을 붙여 왔으나, 김육이 十錢通寶라고 액면가치를 화폐명칭으로 붙였듯이 허적 역시 常平通寶라는 화폐명칭을 표시한 사실을 미루어 짐작할 수 있다. 이 같은 변화를 통해 실학지향적 開京學이 포용한 사회경제의식이 그 당시 실학자·관료 등 각계 지식계층의 화폐정책론 형성에 영향을 주었다는 사실을 짐작할 수 있다. 金蓋國·김육·柳馨遠 등의 화폐정책론과 마찬가지로, 허적의 화폐정책론 역시 北學과 개경학을 국가경제 내지 국가체제의 재건정략으로 수용하여 중국과 개성을 본

---

290) 『備邊司謄錄』34冊, 肅宗 4年 10月 17日.

받아 상업진흥 및 동전 유통정책을 적극 추진하고 있던 시대를 배경으로 형성되었기 때문에 개경학의 영향을 받은 것은 당연한 일로 생각된다.

일곱째, 허적의 화폐정책론은 각 시기의 화폐정책에 대한 다양한 견문·체험을 바탕으로 형성되었다는 점을 특징으로 들 수 있다. 그는 과거시험 준비기와 관료생활 초기에 국가 화폐정책 운용을 간접적으로 경험했고, 김육이 주도한 효종조의 급진적 화폐정책 운용과정에서는 호조참판 및 판서로서 직접 참여, 화폐정책에 관한 경륜을 쌓았다. 顯宗朝에는 영의정 등 고급관료로서 물품화폐 및 칭량은화 유통체제가 갖는 한계와 함께 동전유통의 필요성을 절실히 느꼈을 것으로 짐작된다. 특히 개성을 중심으로 한 인근 지방에서는 화폐정책의 중단과 관계없이 동전이 원활히 유통되고 있음을 견문·체험하였을 것이다. 이처럼 허적 특유의 다양한 견문과 체험을 바탕으로 숙종조 초기의 화폐정책을 보다 실질적이며 효과적인 방향으로 추진하게 되었다.

여덟째, 허적의 화폐정책론의 중요한 성격으로서 실천적 성격을 들 수 있다. 그는 김육이 주도한 효종조의 화폐정책 운용과정에 비판적 입장으로 참여하여 자신의 정책론을 반영시키려 하였다. 숙종조 초기에는 영의정으로서 화폐정책 운용을 총괄하는 등, 정책운용을 주도하였다. 허적의 화폐정책론이 실천적 성격을 띤 것은 숙종조 초기에 그의 주도로 주조유통되기 시작한 동전이 조선 말기까지 지속적으로 유통보급된 사실과도 무관하지 않을 것이다. 화폐정책론의 실천적 성격은 효종조 화폐정책 운용을 주도한 김육은 물론, 그 이전 시기의 김신국의 화폐정책론에도 나타난 성격과 공통된다.[291]

아홉째, 허적이 구상·제시한 화폐정책론의 북학지향적 성격을 지적할 수 있다. 그는 세 차례나 중국에 使行, 그 곳의 화폐경제 발전상을 견문·체험하였다. 또한 영의정 등 고급관료로서는 물론 接伴使나 遠接使가 되어 중국 使節團 일행과 접촉하면서 화폐경제가 발전한 중국

---

291) 이 책, 제3장 Ⅱ, 1. 金藎國의 銅錢流通論·2. 金堉의 銅錢流通論 참조.

측의 소식을 전해들었을 것이다. 이를 통해 화폐경제가 발전한 중국처럼 국내에서도 화폐의 유통이 가능할 것이라는 신념을 갖게 되어, 이러한 신념을 바탕으로 효종조의 화폐정책 운용에 참여하고 숙종조 초기의 화폐정책 운용을 주도하였을 것이다. 허적의 화폐정책론에서 엿보이는 북학 지향의식은 대체로 인조 및 효종조의 화폐정책 운용을 함께 경험한 김육과 유형원 등의 화폐정책론에서 엿보이는 것처럼 前北學論이 北學論으로 전환하는 과도기에 생성된 것으로 짐작된다.[292]

위와 같이 다양한 성격을 띤 허적의 화폐정책론이 가지는 역사적 의의 내지 위치는 다음과 같이 평가할 수 있다.

첫째, 고급관료 허적의 주도 하에 1678년에 동전(상평통보)을 주조 유통한 사실은 여러 가지 면에서 중요한 역사적 의의를 가진다. 작게는 '화폐(동전) 유통보급기'(17세기 초~90년대 말)에 동전 주조유통을 주장한 김신국·김육·유형원 등과 함께 허적이 추구한 화폐정책론의 목표가 실현되었다 할 것이다. 한국사 발전과정에서 996년(고려 성종 15)에 鐵錢이 주조유통된 이래 추구되었던 역사적 목표가 달성된 것으로 이해하여야 한다.

둘째, 조선시대 화폐경제 발전과정에서 볼 때, '화폐 유통시도기'(14세기 말~16세기 말)에는 저화·동전 등 명목화폐를 법화로 유통보급하기 위해 화폐정책을 추진했으나 시행착오만 되풀이했을 뿐 저화나 동전 중 어느 것도 지속적으로 유통될 수 없었다. 시행착오를 되풀이하는 과정을 통해 왕조당국자를 비롯한 각계 지식계층은 동전(鑄貨)·저화 중에 동전이 국내 현실에 가장 적합한 화폐라는 사실을 공감하게 되었다. '화폐 유통보급기' 초부터 동전을 법화로 주조유통하기 위하여 화폐정책을 거듭 시행하였다. 그 결과 17세기 40년대에 개성을 중심으로 한 인근 지방에서는 동전이 원활히 유통되었고, 그 50년대에는 평안도와 황해도 일부 지방에 동전이 유통되었다. 허적은 이 시기의 화폐정책과 유통경제 발전을 견문·체험하거나 정책운용에 직접 참여,

---

292) 이 책, 제3장 Ⅱ, 2. 金堉의 銅錢流通論·3. 柳馨遠의 銅錢流通論 참조.

자신의 화폐정책론을 구상하여 효종조의 화폐정책 운용에 반영시켰다. 대체로 李睟光(1563~1628)과 김신국·金起宗(1585~1635)·김육 등의 화폐정책론이 인조조 및 효종조를 포괄하는 시기에 화폐정책 운용의 논리적 근거가 되었으나,[293] 이 시기의 화폐정책은 거듭 중단되었다. 이로써 허적의 화폐정책론은 그 당시의 화폐정책 운용과정에 논리적 근거로 수용되었다고 할 수 있다.

특히 허적이 효종조의 화폐정책 운용과정에 비판적 입장으로 참여하면서 구상·체계화한 화폐정책론은 숙종조 초기에 동전의 주조유통을 제의·실시하게 하는 등, 당시 화폐정책 운용의 논리적 근거로 수용되었다. 다시 말해서, 허적의 화폐정책론은 종래의 물품화폐 및 칭량은화 유통체제를 극복하고 명목화폐(동전)가 개성을 중심으로 한 인근지방에 활발히 유통되는 데 기여했을 뿐만 아니라, 명목화폐의 유통체제가 점차 국내 각 지방으로 확대·발전하는 데 기여했던 것이다.

셋째, 허적의 화폐정책론은 당시 화폐정책 운용에 직접 반영되어 화폐경제의 발전 내지 역사 발전을 촉진하는 데 기여하였다. 허적의 주도로 동전이 주조유통된 이래, 화폐경제는 점차 확대·발전하여 봉건조선사회가 근대사회로 이행하는 역사 발전을 촉진한 요인의 하나가 되었다. 이처럼 허적의 화폐정책론이 실천적 성격을 띠고 있다는 점에서 그 역사적 의의는 더욱 높이 평가되어야 할 것이다.

넷째, 한국 화폐사 발전과정에서 볼 때, 허적의 화폐정책론은 봉건조선사회가 근대로 이행하는 과정의 역사발전에 대응할 논리적 근거의 하나가 되었다. 1678년에 허적의 건의로 동전(상평통보)을 주조유통하게 되자, 그 유통영역이 점차 확대되고 각 계층의 화폐 가치인식이 심화되어 17세기 90년대 말에는 국가의 유일한 법화로서 유통기반을 이룩하였다. 그 이후 화폐경제는 동전원료의 공급난, 동전유통에 대한 봉건사회의 보수반동 및 동전 유통량 부족현상인 錢荒 등 여러 가지 저해적 요인을 극복하면서 지속적으로 확대·발전하였다. 동전은

---

293) 이 책, 제3장 Ⅱ, 1. 金藎國의 銅錢流通論·2. 金堉의 銅錢流通論 참조.

1866년(高宗 3)에 當百錢294)과 1883년(고종 20) 當五錢295) 등 고액전이 주조유통됨으로써 그 체제가 정비·보완되는 동시에, 물품화폐와 칭량은화 유통이 지배한 자연경제적 유통질서를 극복하면서 近代 銀本位制가 도입된 1894년(고종 31)까지 주조유통되었다.296) 이로써 동전의 유통보급은 성리학 중심의 중세적 가치체계와 농업 중심의 생산양식 등, 봉건 조선왕조의 제반 사회질서의 해체 내지 근대지향을 촉진한 중요한 역사적 역할을 수행하였다고 할 수 있다.

다섯째, 화폐 유통보급기의 인물 중, 특히 유형원과 허적의 화폐정책론을 살펴보는 과정에서 특기할 만한 사실을 발견하였다. 즉 조선 초기에 실학지향적 사회사조가 개성에서 생성되어 局地的 학문으로서 체계를 이룬 개경학이 유형원에게 전승되어 조선후기 실학으로 학문적 체계를 이루게 되었다. 이와 동시에 개성을 요람으로 한 화폐경제는 특별히 주목할 만한 진전을 보이지 않다가 허적의 주도 하에 동전이 법화로서 유통기반을 이룩한 이후 확대·발전하게 되었다. 이를 미루어 실학과 화폐경제는 근대지향적 요인으로서 역사적 역할이 본질적으로 공통되고 있다는 사실을 짐작할 수 있다.

여섯째, 조선후기 실학의 생성·발전과 관련해서 개성유수 출신 우의정 權大運이 동전을 주조유통하자는 허적의 주장을 지지했다는 사실을 주목해야 할 것이다. 개성은 조선시대의 상품화폐경제 발전의 중심지이며 조선후기 실학의 요람이다. 그는 개성유수 재직 시의 견문과 체험을 통해 축적한 정치경륜을 기반으로 허적의 주장을 지지했다. 개성은 조선 초기부터 생성·발전된 실학지향적 사회사조가 徐敬德에 의해 개경학이 체계를 이룬 중심 거점이라 할 수 있다. 특히 倭亂 이후 개성유수 출신 고급관료들이 실학지향적 정치활동에 참여하거나 제반 정책운용을 주도했는데, 그 대표적 인물이 초기 실학자 김육이다. 그는 17세기 50년대에 大同法 확대시행과 동전의 주조유통을 주도하는 등

---

294) 元裕漢,「大院君 執權期의 貨幣政策에 대한 考察」,『사회과학연구』1, 1973.
295) 元裕漢,「當五錢攷」,『歷史學報』35·36, 1967.
296) 元裕漢,「典圜局攷」,『歷史學報』37, 1968.

제반 실학지향적 정치활동에 적극 참여하였음은 물론, 개경학이 조선후기 실학으로 전승하는 데 연결 고리의 역할을 하였다. 이로써 권대운이 개성과 인근 지방에서 원활히 유통된 동전이 다른 지방에 유통되지 않을 까닭이 없다고 허적의 입장을 지지한 발언은 개성유수 출신 고급관료의 실학지향적 정치활동의 일부로 이해할 수 있다. 한편, 국왕과 다른 고급관료들이 권대운의 지지를 받은 허적의 건의를 반대없이 받아들인 사실을 통해, 그들이 현실을 인식하고 대응하는 과정에서 실학지향적인 진보적 성격을 엿볼 수 있다. 국왕을 비롯한 당국자들의 진보적 의식 형태를 조선후기 실학과 관련하여 생각해 볼 때, 실학이 점하는 역사적 위치를 보다 확대인식하는 데 도움이 될 것으로 보인다. 이로써 허적의 주도 하에 동전의 주조유통이 결정되었다거나, 동전이 법화로서의 유통기반이 이루어졌다고 하는 사실은 개경학 내지 조선후기 실학(유형원 단계)이 포용한 상품화폐경제 의식의 실현으로서, 그 역사적 의의는 주목되어야 할 것이다.

Ⅲ. 貨幣流通에 대한 反動期

조선시대의 화폐경제 발전과정에서 볼 때, 실학자 李瀷(1681~1763)·鄭尙驥(1678~1752)·柳壽垣(1694~1755) 등과 英祖(1694~1776)·朴文秀(1691~1756) 등 당국자들의 화폐정책론은 대체로 '화폐유통에 대한 반동기'(18세기 초~40년대 초)를 배경으로 하여 형성되었던 것으로 보인다. 이 시기에는 '화폐 유통보급기'(17세기 초~17세기 90년대 말) 말 이후 상품화폐경제가 확대·발전하는 한편, 유통계에는 錢荒의 폐단이 심각해지자 성리학에 기반을 둔 봉건 조선왕조의 『經國大典』적 제반 사회질서의 해체 내지 근대지향적 변화가 촉진되었다. 이로써 국가 화폐정책은 상업발전을 억제하는 동시에 명목화폐인 동전의 유통을 금지하고 물품화폐와 칭량은화 등이 지배한 자연경제적 유통체제로의 복귀를 추구하게 되었다. 이러한 사회경제적 여건 하에서 대체로 실학자와 국왕이 동전의 유통금지를 주장하는 등 보수적 화폐정책론을 제시하는가 하면, 실학자와 고급관료가 동전 주조유통을 주장하는 등 진보적 화폐정책론을 구상·제시하였다. 이 같은 사실은 조선후기 실학의 역사적 위치 및 실학 내지 실학자의 범주를 재평가·규정하는 데 도움이 될 것이다. 특히, 고급관료가 제시한 진보적인 화폐정책 개혁론이 수용되어 금지를 고려했던 동전의 주조유통을 재개하게 됨으로써 '화폐유통에 대한 반동기'가 '화폐경제 확대발전기'(18세기 40년대 초~19세기 60년대)로 전환하는 계기가 되었다는 점이 주목된다.

1. 李瀷의 銅錢 流通禁止論

1) 貨幣政策論의 形成

星湖 李瀷은 동전이 지속적으로 유통되기 시작한 1678년(肅宗 4)으로부터 3년 후인 1681년(숙종 7)에 부친 李夏鎭(1628~1682)의 유배지 평안도 雲山에서 태어났다. 그는 출생 다음 해에 부친을 여의고, 서울에서 가까운 廣州 瞻星村으로 와 偏母 슬하에서 유·소년기를 보냈다. 25세 된 1705년(숙종 31) 增廣試에 응시했다가 실패하고, 생애 대부분을 광주에서 살다가 1763년(英祖 39) 83세로 죽었다.[297]

이익의 가계는 曾祖 李尙毅(1560~1624)대에 이르러 크게 번창하였다. 이상의는 光海君代에 柳希舊·南以恭(1565~1640) 등과 함께 小北系로서 중앙 정계에서 활동하였다. 이상의의 아들 李志安과 李志定, 즉 이익의 祖父와 從祖父는 徐敬德의 再傳第子 鄭彦訥에게 수학하였다. 한편 이익의 재종숙 李元鎭은 柳馨遠의 외삼촌이자[298] 스승으로서 유형원에게 학문을 전수하였다. 부친 이하진은 숙종대에 許穆(1595~1682)·尹鑴(1617~1680) 등과 함께 淸南系로 활동하였다. 이처럼 이익의 가계는 開京學을 전수받은 사람들과 긴밀히 교류하였다.

---

297) 韓沽劢,「諦念과 憂國의 열매＝李瀷」,『韓國의 人間像 4』, 1965.
298)『磻溪隨錄』,「行狀」(吳光運).

이익의 학문은 驪州 李氏 가문의 家學을 전수받은 것으로 볼 수 있다. 특히 그는 吳光運(1689~1745)과 함께 이복형 李潛에게 어렸을 때부터 학문을 배웠다. 오광운이 이잠에게 수학할 수 있었던 것은 그의 가계와 이익의 가계와의 혼인이 인연이 되었던 것으로 보인다.[299] 즉 이잠이 吳始復(1637~)의 딸과 혼인하였던 것이다. 오시복은 오광운의 일가로서 그의 가문에는 開城留守 출신인물들이 많다. 오시복·오광운뿐만 아니라 오광운의 종증조부 吳挺緯(1616~1692)·吳挺一(1610~1670) 형제,[300] 그들의 할아버지 吳億齡(1552~1618), 오억령의 증손자인 吳始壽(1632~1681) 등이 개성유수를 역임하였다.[301] 이처럼 오광운 가계에는 다수의 인물이 직접·간접적으로 개경학의 영향을 받았다. 이익은 오광운과 함께 이잠에게 수학하면서 상호 영향을 주고받았을 것으로 짐작된다. 이익은 후에 부친과 형 이잠의 文集을 간행할 때 오광운에게 서문의 작성을 부탁하였다. 이익의 재종숙 이원진과 유형원의 관계를 미루어 보면, 양 가문도 서로 교류가 있었던 것으로 보인다. 그러므로 이익이 유형원의 학문적 영향을 받았을 것은 충분히 짐작할 수 있다. 오광운은 유형원의 『磻溪隨錄』 서문을 썼고,[302] 위에서 지적한 이익과 유형원의 관계를 고려한다면 이익이 『반계수록』을 접했을 가능성이 있다고 보아야 할 것이다. 이로써 이익은 가학과 오광운 및 유형원 가계의 학문적 영향을 받아 자신의 학문 내지 사상을 성숙시켜 나갔다.

위에서 이익의 학문, 즉 실학이 개경학풍과 직접·간접적인 관련을 가지며 형성된 배경을 대강 살펴보았다. 이익이 태어나 과거시험에 응

---

299) 元在麟,「英祖代 前半期 星湖學派의 學問과 實踐 - 李瀷과 吳光運의 從遊關係를 중심으로 - 」,『韓國史의 構造와 展開 - 河炫綱敎授定年紀念論叢 - 』, 혜안, 2000 ;「英·正祖代 星湖學派의 學風과 政治 指向」,『東方學志』111, 2001.
300)『肅宗實錄』卷4, 肅宗 1年 6月 辛酉.
301) 정호훈,『17세기 北人系 南人學者의 政治思想』, 연세대학교 박사학위논문, 2001, 65쪽.
302)『磻溪隨錄』,「隨錄序」(吳光運).

시하고 壯年期를 보내기까지의 화폐경제 발전상을 살펴보면, 동전은 유통보급 단계를 지나 일반 유통계에서 가치척도·교환수단·지불수단 및 가치저장수단 등, 法貨로서 제반 화폐기능을 발휘하여 봉건 사회질서의 해체를 촉진하였다.303) 이제 이익이 구상·제시한 동전 유통 금지론을 골자로 한 화폐정책론이 형성된 시대적 배경을 대강 살펴보기로 한다.

첫째, 화폐경제가 보급됨으로써 戶曹·宣惠廳 등 주요 재정관리관청의 수입지출과 소작료나 노임 등의 화폐화가 증진되었고, 이로써 봉건 왕조당국의 국가 예산편성·운용과 같은 公經濟나 일반 민중의 일상 생활과 같은 사회경제 운용의 합리화 내지 객관화가 이루어질 수 있었다.

둘째, 화폐경제가 발전하자, 貨幣資本化한 상업자본의 성장이 증진되었다. 화폐자본화한 상업자본은 보다 유동성이 크기 때문에 쉽게 농업·수공업·광업 등의 생산부문에 투입되는 등, 전기적 상업자본의 산업자본으로의 전환 가능성이 그만큼 증대되었던 것이다.

셋째, 화폐경제가 발전하면서 軍器나 鍮器의 원료는 물론, 秤量金·銀貨 및 동전 원료의 수요가 급증되었다. 이에 금·은·동·철 등 주요 광산물의 수요에 충당하기 위해 광업개발이 보다 활발해졌다. 특히, 금·은·銅鑛의 개발경영에 富商大賈 등이 자본을 투입하고, 임노동자를 고용하여 광산물을 채굴, 일정한 鑛稅를 바치고 이윤을 추구하는 등, 근대 자본주의적 생산양식의 맹아가 엿보이고 있다.

넷째, 화폐경제가 발전하자, 봉건 조선사회의 관·민영 수공업은 상품화폐경제와 보완관계를 가지면서 보다 빨리 성장하였다. 유기나 군기 및 동전의 주조사업 등 관·민영 수공업은, 그 작업 공정이 분업화된 공장제 수공업체제로 관리·운영되었다. 특히, 배타성이 강한 특권적 관영수공업인 동전 주조사업에까지도 부상대고 등 민간인 자본주

---

303) 元裕漢, 「한국개화기의 근대화폐제 수용에 대한 고찰」, 『향토서울』 35, 1977 ; 『조선후기 화폐유통사』(正音文庫165), 1978, 121~153쪽.

가 자본을 투입하고 임노동자를 고용하여 동전을 都給鑄造하는 등, 근대 자본주의적 생산양식의 맹아를 보여주고 있다.

다섯째, 화폐경제가 발전함에 따라서 상업자본의 성장과정에서도 그러했던 것처럼, 화폐자본화한 高利貸資本의 성장이 증진되었다. 고리대자본이 농촌사회에 침투하자 농촌사회의 분화과정이 급진전되었다. 당시의 농촌사회 분화과정은 상업자본의 침투와 지방관리의 농민착취로 가속화되었다. 농촌사회의 분화는 농민몰락, 농업생산의 위축, '富益富貧益貧' 현상을 수반하였기 때문에, 민본주의·농본주의 및 균산주의를 중요한 정치이념으로 강조한 봉건 조선사회에서 심각한 사회경제적 모순 내지 폐단으로 인식되었다. 그러나 화폐경제의 발전으로 촉진된 농촌사회의 분화과정에서 나타난 새로운 변화, 즉 다수의 임노동자가 창출되고, 특권층은 물론 서민층에 의한 대토지 점유는 농업기업화의 전제가 되었으며, 보다 많은 이윤 추구를 위한 상업적 농경이 확대·보급되는 등의 사실은 진보적 현상으로 주목해야 할 것이다.

여섯째, 화폐경제의 발전으로 국가재정의 관리·운용이나 일반 민중의 경제생활이 보다 실용·실제화되고 객관·합리화되었다. 한편 농민을 비롯한 각 계층의 소비·사치성향과 투기·사행심이 조장되어 절약과 검소, 그리고 근면을 생활미덕으로 강조한 봉건 조선사회의 전통적 경제윤리가 변질되었다. 이처럼 전통과 인습에 얽매이는 속성이 강한 경제윤리가 변질됨에 따라 양반층이 財富蓄積과 고리대업에 보다 깊은 관심을 가지게 되고, 농민층은 보다 쉽게 농토를 이탈하여 상업이나 고리대업에 종사하게 되었다.

일곱째, 화폐경제가 발전됨에 따라서 관직의 상품화가 촉진되어 중앙정계에는 매관매직이 성행하고, 지방관리의 賄賂와 請託은 물론 농민착취가 자행되는 등, 관기문란 내지 행정질서의 문란이 조장되었다. 한편, 농경사회 본래의 순박하고 두터운 인심은 각박해지고, 농촌사회 분화과정에서 창출된 일부 임노동자나 도적집단의 반체제적 내지 반봉건적 저항의식이 성장하는 등, 중세적 사회윤리의 변화 내지 와해현상을 엿볼 수 있다.

여덟째, 화폐경제가 가족경제에 침윤됨에 따라 가족 구성원 각자는 이기적 타산에 보다 민감해져서 공동체의식이 약화되었다. 이는 효도와 우애를 근간으로 하는 성리학적 가정윤리에 기반을 둔 가부장적 대가족제도가 와해되는 조짐으로 이해될 수도 있다.

아홉째, 화폐경제의 발전으로 문벌이나 정치권력 지향적인 봉건 조선시대의 社會威信尺度가 財富 중심적인 것으로의 전환이 촉진되었던 것으로 보인다. 이 같은 사회위신척도의 변화를 통해서 중세적 신분질서 해체현상의 일면을 엿볼 수도 있다.

위와 같은 봉건 사회질서의 해체 내지 근대지향적 발전은 보수·전통적 가치관에서 볼 때 심각한 사회경제적 폐단과 가치체계상의 모순으로 인식되어 당국자를 비롯한 각 계층에는 동전유통을 극히 비판 내지 부정적으로 평가하는 사람이 적지 않았다. 이익도 감수성이 예민한 10대와 청운의 뜻을 품고 과거시험을 준비하고 있었을 20대에 이를 경험하며 심각한 사회경제적 모순이자 폐단으로 느꼈을 것이다.

동전유통에 대한 각 계층의 부정적 평가·인식은 1724년, 즉 이익의 나이 45세 때 왕위에 오른 英祖 초에 한층 더 심화되었다. 영조는 즉위 초부터 동전유통에 대한 반동으로 동전 주조사업을 억제하고, 유통범위를 제한하며, 楮貨나 常木을 동전 대신 법화로 유통하려하는 등, 동전 유통금지를 위한 일련의 조치를 취했다.304) 이 같은 동전 유통금지 조치는 동전 주조사업을 대대적으로 다시 개설하기 시작한 1742년(영조 18)에 중단하지 않을 수 없었다.305) 이 때 이익의 나이 61세 되는 해였다. 그가 『星湖僿說』을 40세 가까이서부터 집필하기 시작했다고 하면, 동전유통을 금지하려는 당국자들의 노력은 대개 이익이 『성호사설』을 쓰기 시작한 20여 년 후까지 지속된 셈이다. 따라서 동전 유통금지를 골자로 한 이익의 화폐정책론은 대개 위의 시기를 배경으로 하여

---

304) 元裕漢, 「英祖의 銅錢通用禁止試圖」, 『史學會誌』 12, 1969.
305) 元裕漢, 앞의 논문, 1969 ; 「耆隱 朴文秀의 貨幣經濟論-官僚들의 貨幣經濟論과 比較 檢討-」, 『實學思想研究』 5·6, 1995.

구상·제시되었을 것임을 짐작할 수 있다.

　이익은 18세기 40년대 초, 즉 그의 나이 60대 초부터 왕조당국이 동전유통을 전제로 하고 화폐 유통구조의 개선을 모색하는 시기의 화폐경제 발전도 견문·체험하였을 것이다. 그러나, 이익의 화폐정책론은 대체로 '화폐유통에 대한 반동기'(18세기 초~40년대 초)에 이르는 시기의 화폐정책과 유통경제의 발전을 견문·체험하면서 구상·제시되었던 것으로 짐작된다. 또한 그는 문헌을 통해 중국 고대 이래의 화폐문제에 관계되는 역사적 사실과 당국자 및 개혁사상가의 화폐정책론, 그리고 고려왕조나 조선시대의 화폐문제에 관계되는 역사적 사실들을 분석·고찰하여 동전 유통금지를 주장하는 내용의 화폐정책론을 구상·제시하였다.306) 이익의 화폐정책론은, 앞에서 살펴보았듯이 金藎國·金堉·유형원 및 許積 등이 제시한 동전 주조유통론을 골자로 하는 화폐정책론과는 대조적인 것이다. 대체로 이익과 같은 시기의 화폐경제 발전을 배경으로 하여 화폐정책론을 구상한 인물로는 영조(1694~1776)·고급관료 朴文秀(1691~1756)·실학자 鄭尙驥(1678~1752)·柳壽垣(1694~1755) 및 농촌지식인 李日章 등을 들 수 있다.307)

2) 貨幣 價値認識論

　李瀷은 "천하가 지극히 넓어서 産財가 각기 다르기 때문에 그 형편이 옮겨 유통시키지 않을 수 없어서 錢(銅錢)을 만들게 되었다."308)고 했듯이, 각 지방에서 생산되는 서로 다른 생산물을 운반해서 유통시키기 위해서는 상품 교환매개로서의 화폐, 즉 동전이 필요하다고 생각하였다. 동전 자체는 쓸모 없는 물건이나 상품을 교환하는 物貨의 유통

---

306) 『藿憂錄』,「錢論」;『星湖僿說』,「萬物門」, 錢鈔會子;「人事門」, 錢害·米賤傷農;『星湖僿說類選』,「錢害」·「米賤傷農」 등, 성호문집 중 각처에 그의 부정적 화폐정책론이 제시되어 있다.
307) 元裕漢,「18세기 전반기 농촌유생 李日章의 화폐사상」,『한국학보』 4, 1976 ; 이 책, 제3장 Ⅲ. 화폐유통에 대한 반동기 참조.
308) 『藿憂錄』,「錢論」.

에는 유용하다고 본 것이다. 단, 동전의 유통이 유용하기는 해도 本業인 농업을 위축시키는 등의 문제가 있으므로 동전유통을 금지하고 농업에 全力할 것을 제의하였다.

……동전 자체는 쓸데없는 물건이지만 이 물건 저 물건을 저울질하여서 알맞게 하는 것으로 재물을 다 이용토록 하는 것이다.……동전의 쓰임은 물자를 유통하도록 하는 것뿐인데 곡식과 베도 오히려 유통하도록 할 수 있다. 추위도 입을 수 없고 배고파도 먹을 수 없는 것이 농사를 해롭게 한다. 그러므로 동전을 사용하여서 농사가 해를 받을 바에는 차라리 하나를 버려서 근본에 전력하도록 할 것이다.……309)

이익은 柳馨遠이 그랬듯이, 여러 가지 화폐 중에서 동전을 가장 이상적인 화폐로 보고 있다. 그 이유는 粟・布가 은화만 못하고 은화는 동전에 비해 희소하기 때문에 보다 보편성이 큰 동전이 사용에 편리하기 때문이다.310) 그는 상품 교환매개로서 동전의 가치를 원칙론적으로 인정하였으나, 우리 나라는 중국과 달라서 지역이 협소한 데다 해로 및 수로 교통이 편리하여 재화의 운반이 불편하지 않기 때문에 輕貨로서 동전의 유통은 필요하지 않다고 하였다.

……우리 나라는 지역이 협소하여 貢物을 서울까지 운반하는 路程이 천리를 넘는 곳이 극히 드물다. 또 三面이 바다로 둘러싸여 있고, 內陸에 水路가 얽혀 있어서 財貨를 운송하는 번거로움이 중국과는 다르다. 등짐을 지고 여행해도 쉽게 변경지방까지 도달할 수 있으니, 또한 輕貨(銅錢)에 기댈 필요가 없다.……311)

이익은 당시 국내에서 동전을 사용할 필요가 없다는 주장의 논리적 근거로서 한반도의 지형 내지 교통 조건의 특수성만 내세운 것은 아니

---

309)『藿憂錄』,「錢論」.
310)『星湖僿說類選』,「錢害」.
311)『藿憂錄』,「錢論」.

다. 그는 물물교환 내지 물품화폐가 지배하는 사회경제적 여건 하에서는 동전의 유통보급이 봉건사회의 전통적 생산양식과 가치체계의 해체를 촉진한다고 보았다. 당국자를 비롯한 各階人 상당수가 그러했듯이 이익도 이 같은 화폐경제의 영향을 심각한 사회경제적 모순 내지 폐단으로 생각하였다. 즉, 이익은 동전의 유통보급으로 인해 상업발달, 고리대 성행, 농민의 몰락 내지 농업의 위축, 관리의 貪虐, 도적의 橫行, 소비·사치성향의 助長 및 民心 변화가 일어나고 있다고 생각하였던 것이다. 이 같은 여러 가지 사회경제적 변동은 重農思想·民本意識 및 均産主義 등을 국가 정치이념으로 중시하였던 이익의 가치관에서 보면 충격적인 사실이었을 것이다. 그는 동전의 유통을 부정적으로 평가하여 '百害無一益'한 것이라고 하였다. 이익은 설사 국가가 동전을 유통시킨다 해도 그것은 백성들이 굶주리고 곤핍할 때 임시 방편으로 실시하는 제도일 뿐 화폐법은 항시 시행할 것이 못 된다고 주장하였다.312) 이로써 이익은 그 당시 法貨로 사용되는 동전의 유통을 금지해야 한다고 주장하면서 동전 유통금지론을 골자로 한 화폐정책론과 그에 대응할 방안으로서 물품화폐 유통체제로의 復歸論을 구상·제시하였다.

이익처럼 동전유통을 부정적으로 평가하는 화폐 가치인식 태도는 같은 시기에 화폐정책과 유통경제발전을 경험한 英祖·실학자 鄭尙驥·농촌지식인 李日章 등과도 본질적으로 성격을 같이한다.313)

3) 銅錢 流通禁止論

李瀷은 동전이 유통보급됨에 따라서, 상업발달과 농민의 土地離脫, 고리대의 성행, 농민의 몰락 등 제반 사회경제적 모순과 폐단이 촉진·심화된다는 점을 지적·비판하면서 동전의 유통금지를 주장하였

---

312) 『藿憂錄』, 「錢論」.
313) 元裕漢, 「農圃子 鄭尙驥의 화폐정책론」, 『編史』 2, 1968 ; 앞의 논문, 1969 ; 앞의 논문, 1976.

첫째, 이익은 화폐가 유통보급됨으로써 상업이 발전하는 반면 농민이 토지를 이탈하게 되어 농업생산이 위축되고, 이로 인해 국가재정과 백성의 재산이 날로 고갈되므로 동전유통을 금지하자고 주장하였다. "내[이익]가 보았더니 동전이 사용된 뒤에 運輸가 극히 편해졌다."314)고 했듯이, 동전의 유통보급으로 財貨의 운반이 편리해지고, "한 번 동전을 유통한 뒤로 貿遷이 活性化되고 편리해졌다."315)고 한 것처럼 상업발달이 촉진되었다. 17세기 70년대 말부터 동전이 유통보급되자 16세기 이래로 활기를 띠기 시작한 상업 발달추세는 더욱 가속화되었다. 화폐경제의 확대·보급으로 상업발달이 촉진되자 농민은 보다 많은 이윤을 추구할 수 있는 상업에 종사하기 위해 토지를 이탈, 농업생산이 위축된 것으로 보인다.316) 이 점은 이익이 "동전을 유통하면서부터 백성들이 일체의 利를 僥倖을 바라서 혹 쟁기를 버리고 場市에 놀아나는 자가 많아져서 농업이 폐해를 입는다."317)라고 하거나 "……한 번 동전이 유통된 뒤로……상업에 종사하려는 풍속이 날로 성해서 농민이 병든다."318)고, 동전유통의 사회경제적 폐단을 지적·비판한 기록을 통해 짐작할 수 있다.

　화폐경제가 자급자족적이며 물물교환이 지배한 농촌사회에 침투함에 따라 농민들 중 상업에 종사하는 자가 증가하여 농업생산이 위축되는 것은, 당국자나 실학자 등 각계 지식층에게 있어 '務農抑末策'에 위배되는 현상으로 인식되었다. 더구나 농민이 토지를 이탈하여 상인이 된다고 하는 것은 농토를 황폐화시키고 농업생산력을 위축시키는 한편, 농촌사회에 상품화폐경제의 침투를 촉진하여 농민의 擔稅力을 약화시킴으로써 봉건 조선왕조의 전통적 貢租관계를 위태롭게 하는 것

---

314) 『星湖先生文集』, 「雜著」, 論錢貨.
315) 『肅宗實錄』 卷29, 肅宗 21年 12月 戊戌.
316) 『肅宗實錄』 卷29, 肅宗 21年 12月 戊戌 ; 『星湖先生文集』, 「雜著」, 論錢貨 ; 『星湖僿說』, 「人事門」, 錢害.
317) 『星湖僿說』, 「人事門」, 錢害.
318) 『肅宗實錄』 卷29, 肅宗 21年 12月 戊戌.

으로 인식하였다. 이것은 이익이 동전의 유통보급으로 백성의 재산이 날로 고갈되고 국가의 저축이 날로 匱竭하며 세입이 해마다 줄어든다고 지적・비판한 사실을 통해 짐작할 수 있다.319) 英祖를 비롯한 당국자나 이익 등의 실학자들 가운데는 이처럼 '務農', 즉 농업생산력의 회복 내지 증진의 필요성을 강조하면서 상업발달을 촉진하는 동전유통을 금지할 것을 주장하는 이들이 있었다.320)

둘째, 이익은 동전의 유통보급이 富商大賈 등의 고리대업을 조장하여 그들의 착취대상이 된 농민이 몰락하고 농촌사회의 분화가 촉진되는 동시에, '富益富貧益貧'이라 했듯이 社會財富의 배분이 특수계층에 편중된다고 하였다. 이를 이유로 들어 고리대업을 억제하기 위해 동전유통을 금지해야 한다고 주장하였다. 또한, 그 당시 마을 書生은 고리대를 통해 거두어들인 동전 꿰미를 창문을 닫고 헤아리는 등 巨金을 쉽게 모을 수 있게 된 반면, 몰락하는 백성은 대부분 고리대업자의 착취 때문이라는 점을 지적・비판하였다.321)

이익과 같은 시기의 고리대 현상을 견문・체험한 농촌지식인 李日章 역시 동전유통으로 조장된 고리대업에 의해 농민몰락 내지 농촌사회의 분화가 촉진되고 있다는 점을 지적・비판하였다.

> ……전일에 100호였던 마을은 지금 10호도 남아 있는 것이 없고, 전일 10호였던 마을은 지금 1호도 남은 것이 없다. 人煙이 끊어지고 市里가 쓸쓸해졌으니 이런 것들이 동전의 流毒 때문이 아닌 것이 없다.……322)

조선후기의 대다수 농민은 빈곤의 악순환 속에 私債를 중요한 生界方便으로 삼았던 것으로 보인다. 米 등 곡식으로 私債關係가 이루어

---

319) 『藿憂錄』, 「錢論」.
320) 元裕漢, 앞의 논문, 1969 ; 앞의 논문, 1976.
321) 『星湖僿說』, 「人事門」, 錢害.
322) 『承政院日記』 636冊, 英祖 3年 閏3月 16日.

질 경우, 年間 利子는 本色의 3분의 1 내지 2분의 1에 지나지 않기 때문에 이자 상환이 그리 큰 부담으로 생각되지는 않았다. 그런데 동전이 유통보급된 이후 동전으로 사채관계가 이루어지면서 高利債의 이자는 700~800%, 심한 경우 1000%에 이르렀다는 기록이 보인다. 이로써 대다수 零細農民은 한 해 동안 땀흘려 농사를 지어도 한두 달 먹고 살기 위해 얻은 錢債를 상환하고 나면 남은 것이 없어서, 그 해가 지나가기 전에 다시 고리채를 얻지 않을 수 없는 형편이었다.323)

고리대업은 농민몰락 내지 농업위축, 사회재부의 偏重 현상을 심화시킨다는 이유로 상업발전과 함께 당국자를 비롯한 각계 지식계층에 의해 심각한 사회경제적인 폐단으로서 지적·비판되었다. 그리고, 마침내 고리대업을 조장한 동전유통을 금지해야 한다고 주장하기에 이르렀다.324)

셋째, 동전의 유통보급으로 재화운반이 편리해짐에 따라 도적행위는 쉬워지고, 대집단화한 도적의 횡행은 반사회적 내지 반체제적 성격을 띤 사회불안의 요인이 되었던 것으로 보인다. 이익이 "동전은 도적이 원하는 것이다."325) 또는 "동전은 도적에게 편리하다."326)고 말했듯이, 동전이 法貨로 유통보급된 이후 도적행위는 조장되어 전보다 심각한 사회불안의 요인이 되었다. 즉, 화폐경제가 확대·보급되자 동전은 미·布 등 종래의 물품화폐와는 달리, 운반과 보관이 쉽고 사용이 편리하기 때문에 도적행위가 빈발하고, 또한 도적집단의 규모도 훨씬 커져서 보다 심각한 사회불안의 요인이 되었다. 농촌지식인 이일장의 상소문에 의하면 동전유통으로 도적이 날로 熾盛해진다 했고, 또한 도적집단의 규모도 작은 것이 수십 명이고 큰 것은 천여 명에 이른다고 하였다. 대집단화한 도적의 피해나 도적집단에 대한 두려움은 일시적인

---

323) 元裕漢, 앞의 논문, 1976.
324) 『承政院日記』 636冊, 英祖 3年 閏3月 16日 ; 元裕漢, 앞의 논문, 1969 ; 앞의 논문, 1976.
325) 『星湖僿說』, 「人事門」, 米賤傷農.
326) 『星湖僿說』, 「人事門」, 生財.

사회불안의 요인에 그치지 않았다. 도적집단을 억제하지 못하면 黃巾·錄林賊과 같은 큰 도적집단으로 발전하여 국가의 危亡이 멀지 않았다고 했을 만큼 도적집단의 횡행에 대한 우려는 매우 심각했던 것으로 짐작된다.327)

도적들이 스스로 義賊을 자처했다든지, 두목을 守令 또는 邊將이라고 불렀다는 데서 알 수 있듯이, 도적행위를 불법적인 것이라고 생각하지 않고 의롭고 정당한 행위로 생각했던 것 같다. 이 같은 사실은 곧 당시 도적집단이 반사회적 내지 반체제적 성격을 띤 것으로서, 19세기에 접어들어서 거의 국내 전역으로 파급된 농민 난의 성격과도 연결되는 듯한 느낌을 준다. 이로써 이익이 동전의 유통보급으로 도적행위가 조장되고 있다는 사실을 동전 유통금지의 한 이유로 내세우게 된 입장을 이해할 수 있을 것이다.328) 또한 조선후기에 심각한 사회불안의 한 요인이 된 도적행위의 빈발 내지 도적집단의 대규모화를 조장한 동전의 유통보급, 즉 화폐경제 발전의 역사적 의미를 보다 확대 해석해 볼 필요성을 느끼게 된다.

넷째, 동전이 유통보급됨으로써 재화운반이 편리해지자 도적이 치성해지는 것과 함께 지방관리의 농민수탈이 조장되어 농민몰락 내지 농촌사회의 분화가 촉진되었다. 이익은 "동전은 탐욕 많은 吏胥에게 편리하고,"329) "掊克者(조세를 부과 징수하면서 백성을 해치는 자)가 원하는 것이라."330)고 했다. 같은 시기의 이일장도 동전유통 폐단의 하나로서 "수령의 貪饕"331) 즉 수령이 많은 재화를 탐내게 되었다는 사실을 지적하였다. 또 이일장의 상소문에 따르면, 동전이 유통보급되자 수령은 미·포보다 부피가 작고 가벼워서 옮기기 쉬운 동전을 다량 모아서 포장·운반하여 집을 짓거나 토지와 노예를 살 수 있게 되었다는

---

327) 『承政院日記』 636冊, 英祖 3年 閏3月 16日.
328) 元裕漢, 앞의 논문, 1976.
329) 『星湖僿說』, 「人事門」, 生財.
330) 『星湖僿說』, 「人事門」, 米賤傷農.
331) 『承政院日記』 636冊, 英祖 3年 閏3月 16日.

것이다. 그리고 각 읍 吏胥輩도 동전은 뇌물로 받아도 흔적이 없고, 감추는 데도 남에게 쉽게 발각되지 않기 때문에 대낮에도 賄賂가 성행하여 小民을 割剝했다고 할 만큼 가혹하게 농민을 착취했다는 기록이 보인다.332) 이익과 영조 등 일부 당국자들은 지방관리의 농민수탈을 조장하는 원인의 하나로서 동전유통을 들고, 그것을 방지하기 위한 방안으로서 동전의 유통금지를 적극 주장하였다.333) 농민수탈을 비롯한 지방관리의 부정부패는 흔히 조선후기, 특히 19세기 초부터 심각한 사회경제적 모순과 폐단으로 제기된 삼정문란 또는 반체제적 성격이 엿보이는 농민란 등과 밀접한 관계를 가지는 문제로 흔히 이해되고 있다. 이로써 지방관리의 부정부패를 조장·심화시킨 동전의 유통보급, 즉 화폐경제의 발달이 가지는 역사적 의의는 보다 중시되어야 할 것으로 보인다.

　다섯째, 동전의 유통보급으로 농민을 중심으로 한 일반 민중의 소비와 사치풍조가 조장되어 농민생활의 궁핍화를 더욱 부채질하게 되었다. 이는 검소와 절약을 중요한 생활미덕으로 강조한 봉건 조선사회의 전통적 가치관에서 볼 때, 심각한 사회경제적 폐단으로 받아들여졌다.

　　……동전이 유통되면서부터 백성이 더욱 곤궁해졌다. 내[이익]가 場市를 돌아보니 마을마다 사람들이 동전꿰미를 차고 나갔다가 술에 취해 서로 붙잡고 돌아온다. 이로써 재화의 허비함이 지극히 심하다.……동전이 있는 자는 반드시 遠近지방에서 물건을 사오고 東西에서 마음껏 자신을 받들되, 오직 사치스럽지 못할까 두려워하다가 마침내 재산을 탕진하게 된다.……이를 미루어 본다 하더라도 동전은 백 가지가 해롭고 한 가지도 이로운 것이 없다.……334)

　이로써 이익이 동전의 유통보급으로 조장된 소비와 사치풍조의 폐

---

332)『承政院日記』636冊, 英祖 3年 閏3月 16日 ; 元裕漢, 앞의 논문, 1976.
333) 元裕漢, 앞의 논문, 1969 ; 앞의 논문, 1976.
334)『星湖僿說』,「萬物門」, 錢鈔會子.

해를 얼마나 심각하게 느끼고 있었는지 짐작할 수 있겠다. 이는 실학자 鄭尙驥나 영조 등 일부 당국자들에게도 공감되었던 것으로 보인다.335)

조선시대의 국가경제는 거의 빈약한 농업생산에 의존하였다. 따라서, 국가재정 운용에서는 물론, 일반 민중의 경제생활에서도 절약과 검소는 중요한 생활미덕 내지 생활윤리로서 계몽·권장되었다. 이 점은 이익이 "현명한 임금은 백성의 재산을 다스림에 있어 반드시 검소함을 가르친다."336)고 말한 데서 단적으로 엿볼 수 있다. 절약과 검소가 중요한 생활윤리로 권장된 조선후기의 당국자들은 민중으로 하여금 노동력의 재생산이 가능한 범위 내에서 최소한의 물질적 생활로써 자족하게 하려고 했다. 따라서, 이익은 소비와 사치풍조를 조장하여 농민의 궁핍화를 심화시킨 동전유통을 금지함으로써 그들의 경제생활을 안정시키는 동시에 농민의 생산활동에 의존하는 국가경제의 기반을 튼튼히 하자는 것이었다.337)

여섯째, 동전이 유통보급되자 미·포 등 물품화폐가 지배한 종래와 달리, 봉건 조선사회의 人心 내지 民風이 급격히 변질되고, 이것은 동전의 유통금지를 주장하는 하나의 이유가 되었다.

화폐경제가 확대·보급됨에 따라서 상업이 발전하고 고리대업이 성행하여 민중의 가치평가 기준이 타산과 실리를 추구하는 방향으로 점차 기울어졌던 것으로 보인다. 이에 이익은 명분과 의리 등을 중시하는 속성이 강한 인심과 민풍이 날로 투박해지고 있다 하였다.338) 비단 이익뿐만 아니라, 같은 시기의 농촌지식인 이일장 역시 동전유통으로 인심이 淆雜 또는 날로 투박해진다고 하였다.339) 영조 또한 동전유통 이후로 奸計가 백출하고 있기 때문에, 동전유통을 금지한 뒤에 인심이

---

335) 元裕漢, 앞의 논문, 1969 ; 앞의 논문, 1968.
336) 『藿憂錄』, 「錢論」.
337) 『星湖僿說』, 「萬物門」, 錢鈔會子 ; 『藿憂錄』, 「錢論」 ; 元裕漢, 앞의 논문, 1976.
338) 『星湖僿說』, 「人事門」, 生財.
339) 『承政院日記』 636冊, 英祖 3年 閏3月 16日.

맑아지며 교활하고 거짓됨이 없어질 것이라고 했듯이,340) 동전 유통보급으로 촉진된 인심과 민풍의 변질을 크게 우려하였다.

일곱째, 이익은 국가의 화폐정책 자체가 내포한 모순과 정책 시행과정에서 나타난 폐단을 지적하여 동전유통을 비판 내지 부정하는 자기 주장의 논리적 근거로 제시하였다. 그는 왕조당국이 화폐를 주조유통한 중요한 동기가 화폐의 유통량을 적절히 조절하거나, 민중생활과 밀접한 관계를 가지는 물가를 안정시키려는 데 있지 않고, 국가의 응급한 재정수요에 충당하려는 데 있다는 점을 비판하였다.341) 또한 한정된 화폐원료를 가지고 보다 많은 유통가치를 조성하기 위해 동전을 악주·남발함으로써 품질이 조악해지는 폐단이 나타나게 된다는 점을 지적하였다.342) 그리고, 국가가 다량의 화폐를 주조유통한다 해도 貴臣이나 豪商 등 특수계층에 退藏되고 貧戶에는 거의 축적되지 않아, 농민들은 조세의 금납화와 동전으로 거래된 사채의 償還 과정에서 적지않은 타격을 받게 된다는 점을 들어 동전의 주조유통을 반대하였다.343) 이익은 위와 같은 화폐정책의 모순과 그 시행과정에서 나타나는 폐단을 是正·補完하기 위한 방안을 구상·제시하기보다는, 그러한 폐단과 모순을 이유로 동전의 유통금지를 주장하였다.

4) 物品貨幣制 復歸論

(1) 銅錢 流通禁止 方案

李瀷은 유일한 法貨로 사용된 동전의 유통을 금지할 것을 주장하는 한편, 그에 대응하여 종래의 물품화폐 및 秤量銀貨 유통체제로 복귀하는 방안을 구상·제시하였다. 먼저, 그가 구상·제시한 동전의 유통금지 방안을 살펴보겠다.

---

340) 『備邊司謄錄』88冊, 英祖 3年 5月 11日 ; 元裕漢, 앞의 논문, 1969.
341) 『藿憂錄』, 「錢論」.
342) 『星湖僿說』, 「萬物門」, 錢鈔會子.
343) 『星湖僿說類選』, 「錢害」;『星湖先生文集』, 「雜著」, 論錢貨 ;『星湖僿說』, 「人事門」, 米錢傷農.

이익은 동전유통을 금지하되, 一朝一夕에 금지를 단행할 수 없는 일이라 하였다. 그는 동전 유통금지를 조급히 단행하여 서울과 지방의 각 관청과 富豪집에 退藏된 다량의 동전이 쓸모 없게 되면 국가경제에 끼치는 타격과 피해가 크다고 보았다. 이익은 동전의 유통금지는 신중하고 점진적인 방법을 써야 한다고 했다. 이러한 그의 주장은 같은 시기의 실학자 鄭尙驥는 물론 英祖를 비롯한 일부 당국자들의 주장과도 일치하고 있다.344) 이익이 제시한 동전의 유통금지 방안은 동전의 유통범위를 제한하여 동전이 법화로서 가지는 公信性 내지 名目價値를 없애자는 것이었다.

……동전을 없앨 뿐이다.……대저 나라에 財物이 없으면 亡하고 집에 재물이 없으면 破産하는데 만약 하루아침에 문득 없애면 그 害가 한이 없다.……조정에서 명령을 내려서 10년 후에 없애는 것으로 기약하는 것이 마땅하다. 조세를 동전으로 바치는 것을 허가하지 않으면 동전이 반드시 흔해질 것이다.……345)

이익은 10년 후에 동전유통을 금지하기로 계획하고, 租稅를 동전으로 징수하지 않는 등 公用에서 동전유통을 제한할 것을 주장하였다. 이러한 그의 주장은 영조의 주장과도 본질적으로 공통된다. 영조는 실제로 동전과 綿布를 반씩 섞어서 징수하던 大同布·軍布·奴婢貢布를 모두 면포만으로 거둬들이도록 지시하였다.346) 동전 유통범위의 제한시도는 화폐경제가 널리 확대·보급된 사회경제적 여건 하에서 좌절되지 않을 수 없었다.347) 이로써 동전의 유통을 금지하기 위해 조세 일부의 금납화를 억제해야 한다고 한 이익의 주장이 얼마나 비현실적인 것인지 알 수 있다.

---

344) 元裕漢, 앞의 논문, 1968 ; 앞의 논문, 1969 ; 앞의 논문, 1976.
345) 『藿憂錄』, 「錢論」.
346) 純木令에 대한 내용은 韓相權, 「英祖·正祖의 새로운 商業觀과 서울 商業政策」, 『서울상업사연구』(서울학연구총서7), 1998을 참조할 것.
347) 元裕漢, 앞의 논문, 1969.

이익은 국가 조세 일부의 금납화를 억제하여 동전의 유통범위를 제한하는데도 동전유통이 금지되지 않을 경우에는, 高額大錢 當六十錢을 주조유통하는 방안을 제시하였다. 그는 당시 유통되고 있는 1文錢 50개를 合鑄, 그 액면가치를 60文으로 한 당육십전을 주조하여 국가의 수입지출에 사용하고, 한편 점차로 민간에 退藏된 小額銅錢(1문전)을 거두어들여 당육십전으로 改鑄하여 유통시키면 국가와 민중이 모두 손해를 보지 않고 동전유통을 점진적으로 금지할 수 있다고 보았다.348) 그가 일반 유통계에서 원활히 유통되는 소액동전을 당육십전과 같은 고액대전으로 개주할 것을 주장한 것은, 작은 거래에 사용하고 운반이 편리한 소액동전의 화폐기능을 둔화시킴으로써, 동전을 物品貨幣化하고 나아가 동전유통을 금지하는 데 궁극적인 목적이 있었다. 그의 당육십전 주조유통론은 같은 시기의 정상기가 제시한 當百錢 주조유통론과 본질적으로 성격을 같이한다.349)

이익·정상기 등과 같은 시기에 당국자 등에 의해서도 각종 고액전을 주조유통하자는 주장이 있었다. 그들이 고액전의 주조유통을 주장한 목적은 이익 등과 서로 다른 것이었다. 이익 등의 고액대전 주조유통론은 동전유통 자체를 부정하는 입장에서 구상·제시한 것으로서, 봉건 조선사회의 근대를 향한 발전추세에 역행하는 극히 비현실적이고 과거복귀적 성격을 띤 것이었다. 한편, 일부 당국자들이 고액전 주조유통론을 구상·제시한 목적은 화폐제도의 개혁 내지 화폐 유통구조의 개선을 통해 극복해야 할 당면 과제로 제기된 동전 원료난과 錢荒을 해소하여 화폐경제의 발전을 원활히 하는 데 있었다. 이로써 그들의 고액전 주조유통론은 대체로 당시의 화폐경제 발전에 대응하여 구상·제시한 실제적 성격을 띤 화폐제도의 개혁방안이라 할 수 있다.350)

---

348) 『藿憂錄』,「錢論」.
349) 元裕漢, 앞의 논문, 1968.
350) 元裕漢,「조선후기 화폐정책에 대한 일고찰 - 高額錢의 鑄用論議를 중심으로 -」,『한국사연구』6, 1971.

(2) 物品貨幣 流通論

李瀷은 동전의 유통범위를 점진적으로 제한하거나, 當六十錢과 같은 高額大錢을 주조유통하는 방법을 통해 동전유통이 금지될 경우에 동전을 法貨로 유통보급하기 이전에 주요 화폐기능을 담당했던 米·布 등의 물품화폐를 사용할 것을 중국 貢禹의 말을 인용하여 우회적으로 제의하였다.

……오늘날 동전의 폐해는 더욱 심해져서 반드시 앞으로 유통을 금지해야 할 것인데, 동전을 없애면 粟·布를 사용할 뿐이다.……351)

17세기 70년대 말에 동전(상평통보)을 법화로 채택, 유통보급하기 이전에는 미·포 등 물품화폐가 유통계를 지배하였다. 그러나, 동전이 확대·보급됨에 따라서 봉건 조선사회의 해체가 촉진되고, 이에 대한 반동으로 동전유통을 금지하는 한편 미·포 등 물품화폐를 사용하자는 주장이 일부 당국자들에 의해 제기되었다. 또한 영조는 동전유통을 금지하고 포를 대신 사용하는 조치를 취해 보기도 하였다.352) 이익이 동전유통을 금지하고, 그 대신 미·포를 사용하자는 견해는 바로 동전유통에 대한 봉건 조선사회의 보수반동이 일어난 시기를 배경으로 하여 제시된 것으로 보인다.

한편, 이익은 중국 鄭介夫가 "粟(米)·布를 통용한 뒤에도 폐단이 생기면 또다시 交子를 사용해야 한다."353)는 견해를 소개하였다. 동전유통을 금지하고 미·포를 사용해도 폐단이 일어날 경우에는 중국 宋代에 사용한 交子(紙幣의 일종)를 본떠 비단으로 교자를 만들어 쓰는 방안도 생각해 보았던 것으로 짐작된다.

……예전에 화폐 쓰던 뜻을 본받아서 비단으로 만드는 것이 마땅하

---
351) 『星湖僿說』,「萬物門」, 錢鈔會子.
352) 元裕漢, 앞의 논문, 1969.
353) 『星湖僿說』,「萬物門」, 錢鈔會子.

겠다. 돈 모양에 따라 베틀에 짜서 만드는데, 方幅과 邊幅에다 모두 완전한 무늬를 넣어 만들면 쉽게 떨어짐을 면할 뿐 아니라 한 폭의 값도 비싸져 또 자질구레하게 사치로 쏠리는 걱정을 免할 것이니, 銀錢보다 오히려 나을 것이다.……354)

이익이 값이 비싼 비단을 원료로 하여 交子體裁의 화폐를 만들어 쓸 것을 우회적으로 제의한 주요 동기는, 동전유통으로 조장된 소비·사치풍조를 억제하기 위해 화폐기능을 鈍化시키는 데 있었던 것 같다. 종이의 값보다 비싼 비단을 원료로 삼아 화폐를 만들어 사용할 경우, 화폐의 단위가치가 높아져 소액거래에 불편하게 되는 등 화폐기능은 둔화될 수밖에 없기 때문이다. 비단으로 화폐를 만들어 쓰자는 견해는 다른 실학자나 당국자 등의 화폐정책론에서는 찾아볼 수 없는 이익 특유의 발상이라 할 것이다. 이러한 이익의 絹布交子 유통론은 당시 제반 사회경제적 여건을 미루어 볼 때, 실현될 수 없는 극히 퇴영적이고 비현실적인 것이다. 물품화폐의 속성이 강한 비단화폐[絹布貨]는 동전이 법화로 널리 유통보급된 사회경제 발전단계에 적합한 화폐로서 평가·인식되기 어려웠을 것이기 때문이다.

이익은 명목화폐인 동전의 유통을 금지하는 대신 미·포 등 물품화폐와 물품화폐의 속성이 강한 고액대전과 교자체재의 비단화폐를 유통할 것을 직접·간접적으로 제의하고, 또한 물품화폐 속성이 강한 秤量銀貨의 유통을 제의하였다.355) 칭량은화는 왜란(1592~1598)중에 유통이 허용된 것으로서 1678년부터 동전이 법화로 채택, 유통되기 시작하여 국내 각 지방으로 확대·보급된 이후에도 동전의 유통가치를 결정하는 척도가 되고, 물품화폐 미·포의 가치척도가 되었다. 칭량은화는 국가의 중요한 재화비축수단이 되고, 가옥이나 토지의 매매 등 비교적 큰 거래의 매개수단이 되는 한편, 징세수단으로 사용되기도 하였다. 그러나 보다 다량의 칭량은화는 淸·日 등과의 무역거래 결제수단

---

354) 『星湖僿說』,「萬物門」, 錢鈔會子.
355) 『星湖僿說』,「萬物門」, 錢鈔會子.

으로 사용되었다. 이처럼 국내의 유통계와 국제무역에서 중요한 화폐 기능을 맡고 있는 칭량은화의 수요가 급증됨에 따라 왕조당국은 銀鑛 開發에 보다 적극적인 의욕을 보이는 한편, 미·포 등 생필품이나 인삼 등의 약재를 주고 다량의 日本銀을 수입하였다.356)

이익은 칭량은화의 유통 상황과 공급 실태를 견문·체험하고, 동전의 유통을 금지하기 위한 하나의 대안으로 칭량은화의 유통이 필요하다고 생각하였다. 이익이 칭량은화의 유통을 제의한 것은 동전유통을 금지하고 미·포 등 물품화폐의 유통체제로 복귀할 것을 주장한 것과 본질적으로 성격을 같이하는 것으로 보아야 할 것이다. 17세기 70년대에 동전을 법화로 유통할 것을 제의, 결정하게 된 중요한 동기는 당시 유통되고 있던 칭량은화의 한계를 보완하는 데 있었다.357) 이러한 점을 미루어 볼 때, 그가 동전이 널리 유통보급된 상황 하에서 동전의 유통을 금지하고, 또다시 칭량은화의 유통을 제의한 것은 지극히 비현실적이고 과거복귀적 견해라고 할 수 있다.

5) 貨幣政策論의 意義

위에서 동전 유통금지론을 골자로 한 李瀷의 화폐정책론을 대강 살펴보았다. 이를 바탕으로 그가 주로 '화폐유통에 대한 반동기'의 화폐정책과 유통경제의 발전을 배경으로 구상·제시한 화폐정책론의 성격 내지 역사적 의의를 다음과 같이 정리할 수 있다.

첫째, 이익의 화폐정책론의 성격으로서 무엇보다도 과거복귀적인 보수성을 가장 중요하다고 할 수 있다. 그는 동전유통이 상업발전을 촉진하고 이 상업발전은 농업을 위축시키며 조세의 금납화는 민폐를 조장한다고 생각하였다. 따라서 그는 동전유통은 금지하고 상업발전은 억제하며 조세의 금납화는 중단해야 한다고 주장하였다. 근대사회의

---

356) 元裕漢,「실학자의 화폐사상발전에 대한 고찰 - 금·은화의 통용론을 중심으로 - 」,『동방학지』 23·24, 1980.
357) 元裕漢, 앞의 책, 1678.

중요한 지표로 알려진 상품화폐경제의 발전과 조세의 금납화 등 근대지향적 사회경제 발전을 부정적으로 평가한 데서 그가 구상·제시한 화폐정책론의 보수성을 알 수 있다. 이에 반해 '화폐 유통보급기'(17세기 초~90년대 말)의 실학자 金堉·柳馨遠 등은 물론 관료학자 金藎國·許積 등의 화폐정책론에서는 진보적 경향을 엿볼 수 있다. 대체로 이들은 이용후생의 실천방안의 하나인 동전유통을 위해 상업을 진흥시켜야 한다고 주장하는 동시에, 동전 유통보급의 한 방안으로서 조세의 점진적인 금납화를 주장하였기 때문이다.358) 이로써 이익의 화폐정책론의 보수적 성격은 선배 실학자 유형원 등의 화폐정책론의 진보적 성격과 상반된다는 사실을 알 수 있다.

둘째, 이익의 화폐정책론에서는 민족주의 지향적 성격을 엿볼 수 있다. 그의 역사의식 내지 문화의식에 농도짙게 깔려 있는 민족주의 지향의식은 경제적으로 거액의 손실을 보는 淸과의 무역거래를 억제할 것을 주장한 데서 엿볼 수 있다. 그는 생산재이며 자본재인 다량의 금·은을 가지고 주로 소비·사치성 물품을 교역하는 대청무역이 가져오는 거액의 경제적 손실을 막기 위해 무역거래를 억제하는 한편, 은을 칭량화폐로 사용함으로써 국내수요를 창출하는 방안을 제시하였다.359) 이처럼 이웃 나라와의 무역거래를 통해 국가 내지 민족의 경제적 손실을 막아야 한다는 주장에서 그의 민족주의 지향의식을 확인할 수 있다. 이익의 화폐정책론에 엿보이는 경제적 민족주의 지향의식은 朴趾源(1737~1805)·丁若鏞(1762~1836) 등 후배 실학자들은 물론, 고급관료 등의 화폐정책론으로 계승·발전했던 것으로 보인다.360)

셋째, 이익의 화폐정책론에서는 對淸貿易의 득실을 전보다 실제적이고 본질적으로 평가·인식하는 객관·합리적인 성격을 엿볼 수 있

---

358) 이 책, 제3장 Ⅱ. 貨幣(銅錢) 流通普及期 참조.
359) 元裕漢,「조선후기 실학자의 鑛業論 연구 - 茶山 丁若鏞의 鑛業國營論을 중심으로 - 」,『유원동박사화갑기년논총 韓國近代社會經濟史硏究』, 1985.
360) 이 책, 제3장 Ⅳ, 2. 朴趾源의 當二錢·銀貨流通論·3. 丁若鏞의 金·銀·銅錢流通論 참조.

다. 흔히, 대청무역의 득실에 대한 종래의 평가는 적은 것을 주고 보다 많은 것을 받아오기 때문에 손실보다는 이득이 많다고 인식하였다. 이같은 인식은 수출입품에 대한 평가가 질보다 양을 중심으로 이루어지기 때문이었던 것으로 짐작된다. 수출입품의 본질적이고 실질적인 평가·인식은 이익의 화폐정책론에서 뚜렷이 나타나기 시작하여 박지원·정약용 등 실학자들은 물론, 다수 고급관료들의 화폐정책론으로 확대·발전하였다.361) 수출입품의 경제적 가치를 실제적이고 본질적으로 평가하여 대청무역의 경제적 득실에 대한 객관·합리적 인식이 가능하였기 때문에 위에 지적한 이익의 민족주의 지향의식이 생성될 수 있었던 것이다.

넷째, 이익의 화폐정책론에서는 務本抑末 지향적인 성격을 엿볼 수 있다. 그는 상품화폐경제의 발전을 부정적으로 평가하여 동전유통은 상업발전을 조장한다는 이유로 금지하고, 상업발전은 농업을 위축시킨다는 이유를 들어 억제하는 동시에 상품화폐경제 발전과 밀접한 관계를 맺고 있는 조세의 금납화는 민폐가 된다는 이유로 중단할 것을 주장하였다. 이처럼 상품화폐경제의 발전 등 진보적인 사회경제 발전을 부정적으로 평가하게 된 중요한 이유는 상업의 발전으로 농업이 위축되고 농민이 폐해를 입게 된다고 생각하였기 때문이다. '화폐 유통보급기'에 兩亂 이후 국가경제 내지 국가 재건정략의 일환책으로 務農抑末策의 한계를 末業 振興을 통해 보완하기 위해 以末補本策을 시행함으로써 상품화폐경제는 확대·발전하였다. 이로써 이익의 무본억말 지향적 화폐정책론은 바로 상품화폐경제의 발전에 대한 보수반동으로 제기되었다고 이해할 수 있을 것이다.

다섯째, 이익의 화폐정책론에서는 開京學을 비판 내지 부정적으로 평가하는 경향을 엿볼 수 있다. 양란 이후 '화폐 유통보급기'에 국가경제 내지 국가재건을 위한 경제정책의 일환으로서 국내 다른 지역에 비해 일찍부터 상품화폐경제가 발전한 개성을 본받아 상업진흥과 동전

---

361) 위와 같음.

의 유통보급 및 조세의 금납화를 시도하였다. 대체로 김육을 비롯한 다수 개성유수 출신 고급관료 등이 주도한 이 상품화폐정책은 北學과 함께 개경학이 포용한 사회경제의식의 역사적 실현으로 이해할 수 있다. 이익은 개경학을 傳受하여 조선후기 실학으로 학문적 체계를 이룬 유형원의 학문적 영향을 받은 것은 물론, 개경학의 영향을 직접 받았다. 그렇다면, 상품화폐경제 발전에 대한 그의 비판 내지 부정적 평가·인식은, 개경학이 포용한 사회경제의식에 대한 평가 역시 부정적이었음을 보여준다 하겠다.

여섯째, 이익의 화폐정책론에서는 강한 農本主義와 함께 民本主義的 성격을 엿볼 수 있다. 그는 거의 전 생애에 걸쳐 농촌인 廣州 瞻星村에 蟄居하였다. 농촌사회에서 농민들과 더불어 살면서 주로 '화폐유통에 대한 반동기'를 배경으로 하여 사회개혁 방안의 일부로서 화폐정책론을 구상·제시하였다. 그가 농촌사회 또는 농민을 대변한다는 강한 사명감을 갖고 구상·제시한 화폐정책론에서, 농업을 위축시키고 농민몰락 내지 농촌사회의 분화를 촉진한 상품화폐경제의 발전을 부정적으로 평가·인식했던 것은 지극히 자연스러운 일로 이해된다. 이처럼 농업을 위축시키고 농민을 해롭게 하는 상품화폐경제의 발전, 즉 말업의 성장·발전에 대한 부정적인 평가·인식은, 강한 농본주의 및 민본주의 지향의식을 뒷받침하고 있었다.

일곱째, 이익의 화폐정책론에서는 당면한 현실문제에 지나치게 집착함으로써 미래를 전망하는 豫視力에는 한계를 보여주었다는 것을 지적할 수 있다. 그는 '화폐유통에 대한 반동기'의 화폐정책과 유통경제면에 나타난 제반 사회경제적 모순과 폐단을 이유로 들어서 지속적인 확대·발전이 요구된 화폐경제 내지 역사발전을 부정적으로 평가하였다. 유형원의 화폐정책론에서도 미래를 전망하는 예시력에 한계가 있다는 점을 지적하였다. 유형원은 이익과는 달리 '화폐 유통보급기'를 배경으로 형성된 화폐정책론에서 화폐의 지속적인 유통을 적극 주장하였다. 다만 '화폐유통에 대한 반동기'에 일어난 화폐유통의 부작용을 전망하여 그에 대응할 방안을 제시하지 못한 점을 지적하여 예시력에 한계가 있다고 했던 것이다.362) 다시 말해서, 유형원의 화폐정책론에 나타난 예시력의 한계는 화폐유통이라는 기본문제는 인정하고, 그 부수적인 문제점은 전망하지 못한 것에 대한 것이지만, 이익은 화폐유통의 부작용이라는 부수적 문제를 이유로 들어 기본문제인 화폐유통 자체를 금지하자고 한 것이다. 한편, 柳壽垣과 이익 등의 화폐정책론은 대체로 같은 시기를 배경으로 형성되었지만, 전자는 진보적인 것으로, 후자는 보수적인 것으로 서로 상반된 평가를 받게 되는 것이다.363)

여덟째, 조선후기의 실학자나 당국자 등 각계 지식계층의 사회개혁론 형성 계기 내지 배경을 살펴보면 크게 두 가지 유형으로 나눌 수 있다. 국가체제 전반에 대한 개혁방안을 모색하는 과정에서 부분적 문제, 즉 지역적 특수 상황을 포괄하는 것이 첫째 유형이다. 한편, 부분적 문제로서 지역적 특수 상황에 집착, 그에 대응한 개혁방안을 모색하는 과정에서 그 관심이 국가적 차원의 제도개혁으로 확대·발전하는 것이 둘째 유형이다. 이러한 관점에서 유형원과 이익의 화폐정책론을 비교해 보면, 유형원의 경우는 첫째 유형에, 그리고 이익은 둘째 유형에 해당한다고 볼 수 있다. 이러한 두 가지 유형의 차이가 유형원은 진보적 화폐정책론을, 이익은 보수적 화폐정책론을 구상·제시하게 된 주요 원인이 되었던 것으로 짐작된다.364)

아홉째, 이익의 화폐정책론에서는 北學指向的 성격을 엿볼 수 있다. 그의 화폐정책론은 화폐경제의 요람인 개성에서 생성·발전한 實學指向的 社會思潮나 개경학과 유형원의 화폐정책론이 포용한 북학지향적 성격은 물론, 문헌을 통해 중국의 화폐정책 내지 화폐제도의 영향을 받으며 구상·제시되었다. 그러나 이익의 화폐정책론이 포용한 북학지향론은, 중국 貨幣史에서 화폐를 금지한 역사적 사례를 인용하여 개경학이나 유형원 등의 북학론이 추구한 상품화폐경제의 발전을 비판·

---

362) 이 책, 제3장 Ⅱ, 3. 柳馨遠의 銅錢流通論 참조.
363) 이 책, 제3장 Ⅲ, 4. 柳壽垣의 錢荒克服論 참조.
364) 이 책, 제3장 Ⅱ, 3. 柳馨遠의 銅錢流通論 참조.

부정하는 논리적 근거로 참고·활용하기 위한 것이었다.

열째, 이익의 화폐정책론을 요약해 보면, 우선 상업은 전국적 商圈 下에 慣行된 都賈制로부터 局地的인 不等價交易制로 복귀하고, 명목화폐인 동전유통을 금지하고 유통이 불편한 물품화폐 및 칭량은화 유통체제로 복귀하는 동시에, 조세의 금납화를 중단하고 物納制로 복귀하자는 것이었다. 이처럼 과거복귀적인 보수적 성격을 띤 그의 화폐정책론은 실학자·고급관료 등 각계 지식계층의 화폐정책론과 화폐정책 운용에 쉽게 수용될 수 없었을 것으로 짐작된다. 이익 이후의 시기에도 상품화폐경제는 지속적으로 확대·발전하고 있었기 때문이다. 이익과 정상기는 거의 같은 시기에 활약한 실학자로서, 상호 영향을 주고 받으며 대체로 공통된 내용을 갖는 화폐정책론을 구상·제시하였다.365) 또한 후배 실학자 정약용은 '화폐경제 확대발전기'(18세기 40년대~19세기 60년대) 후반(19세기 초~19세기 60년대)에 제시한 화폐정책론에서 동전유통의 장단점을 비교·평가할 때, 그 부정적 측면을 비판하는 논리적 근거로 이익의 화폐정책론을 참고·인용했던 것으로 보인다.366) 한편, 이익과 같은 시기에 재위한 영조를 비롯한 상당수의 당국자와 농촌지식인 李日章 등의 화폐정책론 역시 이익의 그것과 본질적으로 공통되고 있다. 더구나 영조는 이익이 제시한 방안과 거의 같은 방법으로 동전 유통금지를 위한 화폐정책을 추진하였다.367) 이로써 흔히 상대적 입장에 처해 있다고 보는 국왕과 국외자인 실학자 등이 역사적 현실 상황을 평가·인식하는 데 있어 공감대를 이루는 대표적인 한 역사적 사례를 찾아볼 수 있을 것이다.

---

365) 이 책, 제3장 Ⅲ, 3. 鄭尙驥의 高額大錢流通論 참조.
366) 이 책, 제3장 Ⅳ, 3. 丁若鏞의 金·銀·銅錢流通論 참조.
367) 『承政院日記』634冊, 英祖 3年 3月 16日 ; 이 책, 제3장 Ⅲ, 2. 英祖의 銅錢流通禁止論 참조.

2. 英祖의 銅錢 流通禁止論

1) 銅錢 流通禁止 試圖

(1) 銅錢 鑄造 抑制

왜란 이후 조선왕조가 銅錢을 法貨로 유통보급하기 위해 화폐정책을 거듭 추진하는 과정에서, 동전은 일찍이 국내상업과 국제무역이 발전한 開城으로부터 점점 확대·보급되었다. 특히 1678년(肅宗 4)부터 동전[常平通寶]이 지속적으로 유통보급된 이후 그 유통범위는 국내 각 지역으로 확대되고 각 계층의 화폐 가치인식이 심화되었다. 米·布 등 물품화폐와 칭량은화가 지배한 조선사회에 동전의 유통이 확대·보급됨에 따라서 생산양식과 가치체계 등 봉건 사회질서의 해체 내지 근대지향이 촉진되었다.[368] 이 같은 봉건 사회질서의 해체현상은 당국자·실학자·농촌지식인 등 각계 지식계층의 보수적 가치관에서 볼 때 사회경제와 가치체계에 나타난 심각한 모순이요 폐단으로 인식되었다.

英祖(1694~1776)는 1724년에 즉위한 이후, 중앙집권적 지배체제를 정비·강화하기 위한 정책의 일환으로서 蕩平策과 均役法을 실시하는 데 힘썼다. 또한 刑政을 개선하고 농사와 학문 및 소비절약을 권장하는 등 혁신적이고 과단성 있는 정책을 추진하였다. 영조는 봉건 조선사회의 전통질서 해체에 대한 반동으로 전통 사회질서로의 복귀 내지 그 현상유지를 위해 제반 국가정책을 혁신적이고 과감하게 추진했던 것이다. 따라서 그는 화폐경제의 확대·보급으로 촉진된 봉건 사회질서의 해체현상이 심각한 사회경제적 모순이요 폐단으로 인식되었기 때문에 결코 간과할 수 없었다.

영조는 良役問題와 함께 화폐정책에 대해서도 개혁의 斷案을 내려야 할 시기임을 절감했던 것으로 보인다. 그는 즉위 초부터 거의 집념적으로 동전의 유통금지를 목적으로 한 일련의 조치를 시도하였다.[369]

---

368) 元裕漢,「韓國開化期의 近代貨幣制度 受用에 대한 考察」,『鄕土서울』 35, 1978, 59~100쪽.
369) 元裕漢,「英祖의 銅錢通用禁止試圖」,『史學會誌』 12, 1969, 1~8쪽.

그가 화폐경제의 확대보급에 대한 반동으로 동전유통을 금지하기 위해 먼저 취한 조치가 동전 주조사업의 억제였다.

1678년부터 동전이 법화로 채택되어 지속적으로 유통보급되자 중앙관청·군영 및 지방관청에서 수시로 동전 주조사업을 開設하였다. 1694년(숙종 20)을 전후하여 거의 全國 各道에서 동전 주조사업이 대대적으로 개설되다가, 1697년(숙종 23)에 이르러서 모두 중단되었다. 그 이후 1717년(숙종 43) 평안도에, 1719년(숙종 45) 제주도에, 1724년(景宗 4) 호조에서 각각 동전 주조사업을 개설하기로 결정하였다. 그러나 동전 주조사업은 동전을 주조유통하는 과정에 나타난 여러 가지 모순과 폐단, 또는 소요경비 조달이 어렵다고 하는 등의 이유로 개설하기 전에 취소되었다. 즉 1697년 이후 30년 가까이 동전을 주조유통할 필요성을 절실히 느끼면서도 동전 주조사업은 개설되지 못하였다.[370]

동전 주조사업을 개설하지 못한 것은, 동전유통 자체를 부정하여 유통을 금지하는 데 목적이 있었던 것은 아니다. 영조 역시 즉위하여 자기 중심적 정치경륜을 펴기 전인 1725년(영조 1) 8월에는, 동전은 본래 폐단이 있으나 혁파할 수 없으니, 부득이 주조해야 한다고 하였다. 즉 三南地方의 흉년에 대비하기 위해 동전의 주조유통을 허락하였다.[371] 그 당시 영조가 동전의 주조유통을 허락하게 된 것은 삼남지방의 凶荒救濟策이 시급했기 때문이다. 영조는 대체로 즉위 초에 先王의 정책방향을 잠정적으로 답습하는 일반적 관례에 따라 원칙적으로 내키지 않는 동전의 주조유통을 일시 허락한 데 지나지 않았던 것이다. 이 점은 영조가 동전의 주조를 命하고 두 달 후 동전 주조사업을 중단시키고, 준비한 동전원료를 武器 제조원료로 轉用하게 한 사실을 미루어 짐작할 수 있다.[372] 그는 동전유통으로 奸計가 백출하는 등 여러 가지 폐

---

370) 元裕漢,「18世紀에 있어서의 貨幣政策 - 鑄錢事業 中心으로 -」,『史學研究』 19, 1968, 18~50쪽.
371)『備邊司謄錄』77冊, 英祖 1年 8月 8日.
372)『備邊司謄錄』98冊, 英祖 1年 10月 20日.

단이 일어나고 있다는 것 등을 이유로 들어 이미 허락한 동전 주조사업을 착수하기도 전에 중단시켰다.

  ……동전을 통용한 이후 奸計가 百出하여 폐단을 일으키는 것이 적지 않고, 동전은 米·布와 같이 먹고 입는 것이 아니므로 줄어들 까닭이 없으니 헛되이 동전을 주조하여 奸猾을 조장함은 백성을 善하게 가르치는 뜻이 아니다. 하물며 동전을 사용하지 말자는 요청이 거듭 있었으니, 지금 일시에 동전통용을 금지할 수는 없다 할지라도 어찌 동전을 주조할 것인가.……373)

 화폐정책에 대한 영조의 苦心과 동전유통에 대한 부정적 인식이 어느 정도였는지는, 그가 "동전주조를 명하고 깊은 밤에도 잠을 이룰 수 없었으나, 그것을 중단시킨 후에는 잠자리가 편안했다."374)고 말한 후 일담을 미루어 짐작할 수 있다.
 당시 당국자 등을 비롯한 다수 지식계층은 동전을 계속 주조유통하는 것이 일반 유통계에 만연된 錢荒의 심각한 사회경제적 모순 내지 폐단을 극복할 수 있는 최선의 방안이라고 생각하였다.375) 전황의 사회경제적 모순과 폐단은 "지금 京外의 民産이 이미 고갈하고 民力이 점차 궁핍해져서 거의 지탱할 수 없는 것은 오로지 동전이 날로 귀해지기 때문이다."376)고 할 만큼 심각한 상황이었다. 일부 당국자들 중에는 "지금 中外의 倉稟이 모두 비어 있으니 마땅히 동전을 주조하여 곡식을 貿入해야 한다."377)고 하던가, 또는 "동전을 하루 주조하지 않으면 곧 하루의 폐해가 된다."378)는 등의 이유를 들어 동전 주조유통을 제의하는 이들이 있었다. 그러나 영조는 결단코 동전유통을 금지시키

---

373) 『承政院日記』638冊, 英祖 1年 10月 6日.
374) 『英祖實錄』卷14, 英祖 3年 11月 丁巳.
375) 元裕漢, 「朝鮮後期 貨幣流通에 대한 一考察 - 錢荒問題를 中心으로 -」, 『韓國史硏究』 7, 1972, 131~150쪽.
376) 『承政院日記』638冊, 英祖 3年 5月 5日.
377) 『英祖實錄』卷21, 英祖 5年 2月 乙未.
378) 『備邊司謄錄』85冊, 英祖 5年 6月 10日.

겠다379)는 자신의 소신을 의연히 고집하였다.

　……왕이 말하기를, "우리 태조 이후로 몇 백 년 동안 동전을 사용한 일이 없었고, 先朝의 中年부터 비로소 돈을 통용하기 시작하였는데, 오래지 않아 폐단이 생겨났다. 선조 때부터 이미 폐지해야 한다는 논의가 많이 있었으므로, 나의 뜻은 돈을 폐지하는 데 있으나, 여러 의논은 더 주조하는 것이 유리하다고 생각하고 있다. 하지만 그 뒷날의 폐단을 어찌할 것인가? 尹淳이 이미 더 주전하는 것의 불편함을 말하였고, 領相도 또한 그 불가함을 말하였다.……380)

이처럼 영조는 일부 당국자들이 동전의 주조유통을 주장하였음에도 불구하고 동전의 유통금지에 대한 자신의 주장을 고집하였다. 그는 1742년(영조 18)에 이르기까지 40여 년 동안 응급한 旱害 구제책으로 동전의 주조유통을 시도했을 뿐, 본격적이며 지속적인 동전 주조사업의 개설을 허락하지 않았다.381) 그러나 영조가 "……지금 일시에 동전 유통을 금지할 수는 없을지라도……"382)라고 운운한 것처럼, 동전 유통금지는 단시일 내에, 일시적으로 단행할 수 있는 성질의 문제는 아니었다.

(2) 銅錢 流通範圍 制限

英祖는 1727년(영조 3) 5월에 동전 유통량 부족현상, 즉 錢荒으로 인한 사회경제적 모순과 폐단을 극복하기 위해 市場의 일반 유통계에서 동전사용을 허락하고, 동전과 綿布를 반반씩 징수하던 大同布와 軍布 및 奴婢貢布를 모두 면포로 징수하게 하였다.383) 이는 영조가 公用에 동전사용을 금지하여 화폐의 公信性을 약화시킴으로써 여러 가지

---

379)『英祖實錄』卷14, 英祖 3年 11月 丁巳.
380)『英祖實錄』卷21, 英祖 5年 2月 乙未.
381) 元裕漢, 앞의 논문, 1969.
382)『承政院日記』602冊, 英祖 1年 10月 6日.
383)『承政院日記』638冊, 英祖 3年 5月 5日.

심각한 전황의 폐단을 극복하는 한편, 궁극적으로는 그가 의도하는 동전 유통금지의 가능성을 시험하기 위해 동전의 유통범위를 제한한 조치였다.

李瀷 역시 동전유통을 금지하고 物品貨幣 유통체제로의 복귀를 촉구하면서, 公用에서 동전사용을 제한하자는 견해를 제시하였다. 그는 동전유통을 금지하되 一朝一夕에 단행함으로써 초래되는 국가와 민중의 막대한 경제적 손실을 막고, 10년을 기한으로 하여 동전유통을 점진적으로 금지하는 방안을 제시하였다. 이는 조세의 금납화를 억제하는 등 공용에서 동전사용을 제한함으로써 화폐가치를 원료가치의 수준으로까지 하락시켜 명목화폐로서의 동전의 화폐기능을 자연히 상실시키는 방식이었다.[384]

영조가 시도한 동전 유통범위의 제한은, 실시한 지 4개월 후인 1727년 9월에 중단되었다. 공용에서 동전사용을 금지시키는 조치는 公・私 經濟의 상호 교류를 막아 적지않은 폐해를 야기시켜 대동포・군포 및 노비공포를 동전과 면포를 반반씩 징수하는 종래의 제도로 복귀하지 않을 수 없었기 때문이다.[385] 그 당시 일반 유통계에 동전이 널리 유통 보급되었음은 물론, 호조와 宣惠廳 등의 年間收入支出의 화폐화 비율이 점점 높아지고 있었다. 이 같은 상황 하에 공・사의 경제 상호 교류의 중요성을 간과하고, 공용에 동전사용을 금지하고 私用에만 사용하게 한다는 파행적 조치는 실효를 거둘 수 없었던 것이 당연하다. 더구나 기후조건 여부에 민감한 영향을 받는 면포의 생산은 풍・흉작을 예측하기 쉽지 않아, 항상 면포로 대동포・군포 등을 징수할 수 있다는 보장이 없기 때문에 동전의 유통범위 제한조치의 불합리성은 더욱 크다고 할 수 있다.

(3) 楮貨・常木 流通論

---

384) 이 책, 제3장 Ⅲ, 1. 李瀷의 銅錢 流通禁止論 참조.
385) 『承政院日記』 645冊, 英祖 3年 9月 12日.

동전 유통범위의 제한조치가 실패한 것은 공·사 유통계 어느 部面에도 동전유통의 필요성을 부인할 수 없다는 사실을 반증한 것이다. 동전을 대신해서 法貨로 사용할 다른 화폐를 選定하는 일이 동전유통을 금지하기 전에 해결해야 할 과제임을 뜻하는 것이기도 하다. 英祖는 일찍이 "지금 동전을 사용한 지가 이미 오래되었으니 어찌 폐단이 없겠느냐. 이미 그 폐해를 깨달았으면 동전유통을 금지하는 것이 옳다. 그러나 동전의 유통을 금지한 후 동전을 대신해야 할 物貨를 알지 못한다."386)고 하였다. 동전 유통금지 의욕을 버리지 못한 영조의 고뇌가 얼마나 큰 것이었는지를 짐작할 수 있는 대목이다.

당시 동전유통을 금지한 후 그에 대신할 화폐로서 물망에 오른 것이 楮貨와 常木(助糧木)이었다. 영조는 곧 諸臣으로부터 저화나 상목이 어떠한 것인지 그 개략적 설명과 견해를 들은 후 조정대신들로 하여금 저화나 상목이 동전을 대용할 수 있는 화폐로서 적합한지 그 여부를 논의·결정하게 하였다.387) 이 때 조정에서 논의된 내용은 대개 다음 같았다. 저화는 일찍이 고려 말부터 논의되기 시작하여 조선전기에 동전과 함께 법화로서 그 유통이 시도되었다. 저화는 '壯紙'를 六切한 것과 크기가 같고, 체재는 兵曹의 '草料板'과 비슷하다. 저화는 오래 사용하면 찢어져 다시 만들어야 하고, 물과 불에 약해서 화폐로서의 중요한 구성요건인 보존성이 결여되어 있으며, 쉽게 私造할 수 있고 원료인 楮紙의 공급이 어렵다.388) 한편, 상목은 길이와 폭이 짧은 것으로서 '咸山布'와 같은 것이고, 오래 사용하면 굴뚝에 넣었다 꺼낸 것처럼 더러워지고, 여염집에서 아침저녁으로 場市에 나가 菜蔬類를 사는 데 사용되었을 뿐 그 유통범위가 극히 한정되어 있다고 하였다.389) 위와 같이 저화와 상목이 가지는 법화로서의 취약점이 파악되었기 때문에, 여러 신하들은 저화와 상목이 동전에 비해 더 나을 것이 없다는 견해

---

386) 『承政院日記』 638冊, 英祖 3年 5月 5日.
387) 『承政院日記』 645冊, 英祖 3年 9月 12日.
388) 『承政院日記』 649冊, 英祖 3年 11月 11日.
389) 『承政院日記』 645冊, 英祖 3年 9月 12日.

를 제시하였다.390)

2) 銅錢 流通禁止 失敗
(1) 失敗原因

英祖는 즉위 초부터 봉건 사회질서의 해체를 수반하는 화폐경제의 발전에 대한 반동으로 동전의 유통금지를 시도해 보았으나, 그 시도는 좌절되었다. 이와 같이 실패할 수밖에 없었던 이유로서는 다음 몇 가지 사실을 들 수 있다.391)

첫째, 商·工·農業은 물론 鑛業 등 봉건 조선사회의 제반 생산양식과 가치체계에 주목할 만한 발전적 변화가 엿보였다. 이러한 여건 하에서 동전의 유통범위가 확대되고 화폐 가치인식이 심화되는 등, 화폐경제가 당시 社會生理에 체질화됨으로써 화폐유통 자체를 부정할 수 없는 단계에 이르렀다.

둘째, 화폐경제의 발전에 대한 봉건 조선사회의 보수적 반동으로, 또는 동전주조에 필요한 財力의 부족 등을 이유로 들어 동전을 주조하지 않고 계속 사용함으로써 일반 유통계에 만연된 錢荒의 사회경제적 모순과 폐단이 심화되었다. 전황의 사회경제적 모순과 폐단은 "지금 京外의 民産이 이미 고갈하고 民力이 점차 궁핍해져 거의 지탱할 수 없는 것은 오로지 동전이 날로 귀해지기 때문이다."392)고 할 만큼 심각하였다. 따라서 당국자를 비롯한 각계 지식계층은 동전을 계속 주조유통하는 것이 일반 유통계에 만연된 전황의 심각한 사회경제적 모순과 폐단을 극복하는 최선의 방안이라고 생각하였다.393) 또한, 동전 유통지역이 국내 각지로 확대되고, 각 계층의 화폐 가치인식이 심화되었던 그 당시 제반 사회경제적 여건 하에서 비현실적인 국왕의 정책적 의욕, 즉 동전 유통금지 조치는 쉽게 이루어질 수 없었다.

---
390) 『承政院日記』649冊, 英祖 3年 11月 11日.
391) 元裕漢, 앞의 논문, 1969.
392) 『承政院日記』638冊, 英祖 3年 5月 5日.
393) 元裕漢, 앞의 논문, 1972, 131~150쪽.

셋째, 旱水害로 인해 농사가 凶作이었을 때, 우선 피해 농민을 구제하고 취약한 농업생산에 의존하는 국가재정의 궁핍을 보완하기 위해 시급히 재정을 확보해야 하였다. 궁핍한 국가재정과 救濟費 조달의 응급성에 비추어 볼 때, 가장 빠른 시일 내에 가장 많은 財貨를 마련할 수 있는 방법은 오로지 동전 주조사업의 임시적 收益에 의해서만 가능하였던 것으로 보인다.

넷째, 變通, 즉 개혁을 꺼리는 봉건 조선사회의 보수 전통적 가치관의 견제작용을 들 수 있다. 이 점은 1728년(영조 4)에 奉朝賀 崔奎瑞(1650~1735)가 "무릇 변통은 반드시 그 근원을 精思하여 처리해야 한다."394)고 건의하여 동전유통을 금지하고자 한 영조의 집념을 어느 정도 완화시켰음을 알 수 있다.

다섯째, 당시의 제반 사회경제적 여건 하에서 동전이 가지는 法貨로서의 구성요건이 楮貨나 常木에 비해 보다 높이 평가되었다는 사실을 들 수 있다. 영조가 집념적으로 유통을 금지시키려 했던 동전을 다시 주조유통하지 않을 수 없었던 이유가 동전이 가진 법화로서의 적합성을 재평가·인식한 데 있다고 보기 때문이다.

1728년 7월에 봉조하 최규서는 영조에게 동전 대신 저화나 상목을 법화로 채택하는 화폐제도의 개혁 시도는 깊이 생각해야 할 문제임을 국왕에게 건의하였다.

……동전의 폐해가 심하다 하여 만약 그 유통을 금지하고 저화나 상목을 代用하면 폐해가 동전보다 더욱 심할 것이니, 무릇 變通은 반드시 그 근원을 精思하여 처리해야 합니다.395)

최규서의 건의로 동전유통을 금지하겠다는 영조의 신념은 어느 정도 완화되고, 저화나 상목에 대한 관심도 적어지게 된 것으로 보인다. 1734년(영조 10) 6월에는 『經國大典』 楮貨條에 따라서 동전유통을 금

---

394) 『英祖實錄』 卷18, 英祖 4年 7月 庚子.
395) 『英祖實錄』 卷18, 英祖 4年 7月 庚子.

지하고 저화를 사용하자는 獻納 李廣道의 건의를 "막혀서 통용될 수 없다."396)는 이유로 받아들이지 않았다. 뿐만 아니라 영조 자신도 1735년(영조 11) 12월에 동전 대신으로 사용할 법화로서 저화나 상목이 적합하지 않다는 사실을 인정하였다.

　……동전유통을 금지하는 것이 옳으나, 다만 동전을 대신할 것이 없다고 항상 말하여 왔다. 그런데 국초에 사용했던 楮貨는 결코 다시 사용하기 어렵고 棉布 역시 그러하다. 지금을 위한 계책은 동전을 賤하게 하는 것만 같지 못하다.397)

이것은 개혁을 꺼리는 보수적 가치관에 의해 화폐제도의 개혁을 단행하겠다는 국왕의 의욕이 견제당하고 있음을 의미한다. 더구나 영조가 1742년(영조 18) 고급관료 朴文秀(1691~1756)의 건의로 八道에 동전 주조유통을 명하게 됨으로써, 즉위 초부터 집념적으로 추진한 동전 유통금지 시도는 사실상 좌절되었다.398) 이처럼 동전의 주조유통을 억제하는 조치의 좌절은 곧 법화 동전 대신으로 사용하려 한 저화와 상목에 대한 논의를 무의미하게 만들었다. 이로써 영조의 동전 유통금지 조치는 중단되고, 그 이후로는 화폐정책과 화폐제도의 개선·개혁을 통해 전황을 극복함으로써 화폐 유통구조를 개선하고자 하였다.

(2) 銅錢 鑄造再開

'화폐유통에 대한 반동기'(18세기 초~40년대 초) 40여 년 동안에는 三南지방 내지 전국적인 凶荒과 같이 錢荒보다 심각한 경제적 위기에 직면하게 될 때, 재정조달을 위한 비상대책으로서 종종 동전의 주조유통을 시도하였다. 취약한 농업에 기반을 둔 조선왕조에 있어 동전 주조사업은 짧은 기간 내에 가장 적은 비용으로 가장 많은 수익을 취할

---

396)『英祖實錄』卷38, 英祖 10年 6月 丁巳.
397)『英祖實錄』卷40, 英祖 11年 12月 庚午.
398)『英祖實錄』卷55, 英祖 18年 6月 丙午.

수 있는 최선의 방안이라 생각했기 때문이다. 英祖 역시 1725년(영조 1) 삼남지방에 흉황이 들어 시급한 구제비를 마련하기 위해 동전의 주조유통을 결정하였으나, 동전 유통금지 의욕이 강했기 때문에 곧 중단시켰다.399) 1731년(영조 7)에도 8도 전역에 걸친 흉황을 대비하기 위한 비상 재정조달책으로 30여 년 만에 동전의 주조유통을 허락하였다. 이때 戶曹와 賑恤廳에서 동전 주조사업을 개설하였으나, 응급한 재정조달을 위한 일시의 방편적 조치였을 뿐, 영조가 동전유통을 금지하려는 의욕을 포기한 것은 아니었다.400)

그러나 영조는 1742년(영조 18) 초에 함경도 지방의 흉황을 구제하기 위한 비상 재정조달책으로 현지에서 동전을 주조유통하게 하지 않을 수 없었다. 이것이 동전의 주조유통을 계속하게 된 계기가 되었다.

……왕[영조]이 동전주조는 폐단이 있다는 이유로 허락하지 않았는데, 이에 이르러 "내[영조]가 이미 동전의 폐단이 있음을 알고 있으니 어찌 쉽게 동전의 주조유통을 더 허락하겠는가만은, 이제 허락하는 것은 곧 나라를 위한 深慮와 백성을 위한 長計에서다."라고 하였다.401)

위 사실로써 영조가 그처럼 반대해 온 동전 주조유통을 허락하게 된 동기와 경위를 대강 짐작할 수 있다. 영조의 동전유통 내지 전황에 대한 역사적 인식은 물론, 화폐정책 운용방침의 변화가 이 때부터 일어나기 시작한 것으로 보인다. 이러한 변화는 朴文秀의 錢荒克服論을 심각하게 논의·검토하는 과정을 거치면서 증폭되어, 마침내 영조가 동전의 주조유통은 전황극복을 위해서는 물론, 그 당시의 역사적 상황 하에서는 불가피한 조치라는 인식을 가지게 했던 것으로 보인다.402)

영조는 1742년 6월 박문수가 구상·제의한 전황 극복방안을 논의·

---

399) 『承政院日記』 602冊, 英祖 1年 10月 6日.
400) 『英祖實錄』 卷30, 英祖 7年 10月 辛卯.
401) 『英祖實錄』 卷53, 英祖 18年 1月 丙寅.
402) 이 책, 제3장 Ⅲ, 5. 朴文秀의 銅錢 鑄造再開論 참조.

검토하는 朝廷회의에서, 동전을 주조유통하기로 결정하고, 서울과 팔도 민중의 여론을 수렴하게 하였다.

 ……왕이 말씀하기를 "卿의 말이 옳도다. 동전을 더 주조하는 것으로 결정하니, 諸臣은 생각하는 바를 말하도록 하라."……왕이 또 말씀하기를 "나의 뜻은 동전을 유통금지하는 것이 편리할 것으로 생각했으나, 여러 신하들의 의논은 통용을 금지할 수 없다고 하는데, 옛 사람의 말에 '정책은 관료와 서민에까지 물어 보아야 한다.'고 하였다. 동전을 더 주조하는 것이 편리하고 그렇지 않음과 大・小錢을 幷行하는 문제를 漢城判尹은 五部의 坊民을 불러서 물어보고 또한 關文을 보내 諸道의 서민들에게 물어보도록 하라"라고 하였다.403)

영조의 위와 같은 지시에 따라 漢城判尹 趙尙絅은 坊民을 불러 모아놓고 반복해서 물어보았다. 방민 모두 高・小額錢의 병용은 물론, 중국동전이나 새로 주조할 新錢을 기존의 동전과 병용하는 것에 반대하는 한편, 동전유통을 억지로 금지하는 것은 옳지 않다고 하였다.404) 영조는 관료들과 서울 민중들의 여론을 들은 후 "백성의 뜻이 이미 원하지 않는다면 동전의 유통을 금지할 수 없다."405)고 하였다. 뒤이어 '諸道에 명령을 내려 동전을 더 주조하게 하였으니, 왕[영조]이 이미 박문수의 말에 따라 이 명령을 내린 것이다.'406)라고 한 것을 통해 영조가 박문수의 제의를 받아들여 동전주조를 결정하고, 각 도에 동전의 주조유통을 지시했다는 사실을 알 수 있다. 이에 따라 1742년에 서울의 호조와 開城府・統營・경상도・전라도・함경도 및 평안도감영에서 동전 주조사업을 대대적으로 開設하였다. 당시 주조유통된 동전의 수량이 얼마였는지는 기록이 없어 자세히 알 수 없으나, 중앙에서 결정・지시한 동전 주조량은 도합 50만 냥이었다. 즉 평안도감영에 15만

---

403) 『英祖實錄』 卷55, 英祖 18年 6月 辛卯.
404) 『英祖實錄』 卷55, 英祖 18年 6月 辛卯.
405) 『英祖實錄』 卷55, 英祖 18年 6月 癸卯.
406) 『英祖實錄』 卷55, 英祖 18年 6月 丙午.

냥, 통영에 15만 냥, 경상도감영에 10만 냥, 전라도감영에 7만 냥, 개성부에 3만 냥이었다.407)

한편 동전을 더 주조유통하는 것이 편리한지 그 여부를 둘러싼 지방 민중의 여론도 수렴되었던 것으로 보인다. 이것은 1742년에 전라도 錦城(羅州) 지방 지식인 吳達運이 왕조당국의 지시에 따라 수렴된 그 지방 민중의 찬반 양론을 비판하면서 자기 나름의 동전 주조유통론을 구상·제시한 사실을 통해 알 수 있다.408) 과연 영조가 서울 민중 이외의 각 지방 민중의 여론을 들은 후에 동전을 주조하라는 지시를 내리게 되었는지 여부는 분명히 알 수 없으나, 그의 국정처리 관행을 미루어 일단 명령을 내렸던 사항에 대해 그대로 지나치지는 않았을 것으로 짐작된다.

1742년에 개설된 대대적인 동전 주조사업은 화폐경제의 확대·발전을 저해하는 전황을 극복하는 데 크게 기여하였다. 이후 1750년(영조 26)에는 '鑄錢廳'을 설치하고, 호조와 진휼청 등이 한 곳에서 동전 주조사업을 개설하게 함으로써 국가의 중요한 利權事業인 동전 주조사업을 중앙에서 집중적으로 관리·통제하는 한편, 일시에 여러 기관에서 동전을 주조할 경우에 일어나게 되는 원료 공급난을 해소·극복하고자 하였다. 이러한 국가 시책은 시행착오를 거듭하다가, 1785년(정조 9)에 이르러 정착되어 일정 기간 지속적으로 실시되었다. 즉 1785년부터 1806년(순조 6)까지는 동전 주조사업을 호조가 全擔하여 집중적으로 관리하는 동시에 필요할 때 수시로 개설하던 동전 주조사업을 常設化하는 등 화폐 주조사업이 이전보다 객관·합리적으로 관리·운영되었다.409)

---

407) 元裕漢, 『朝鮮後期 貨幣史研究』(韓國研究叢書 29), 한국연구원, 1975.
408) 『海錦集』(國譯 海錦吳達運文集) 2,「議」, 加鑄錢便否議.
409) 元裕漢,「18세기에 있어서의 화폐정책 - 銅錢의 鑄造事業을 중심으로 -」, 『사학연구』 19, 1967 ; 앞의 책, 1975.

3) 貨幣政策論의 意義

위에서 동전 유통금지론을 골자로 한 英祖의 화폐정책론을 대강 살펴보았다. 이어서 영조가 제시한 화폐정책론의 성격과 역사적 의의를 살펴보고자 한다. 먼저 화폐정책론의 성격을 간략히 살펴보기로 한다.

첫째, 영조의 화폐정책론에서는 국가 정치운용에 있어 중앙집권 지향적 성격을 엿볼 수 있다. 그리하여 영조조에는 '貨權在上'의 원칙론을 내세워 동전 주조사업 관리체제의 중앙집중화 의욕이 농도 짙게 깔려 있음을 미루어 짐작할 수 있다.

둘째, 영조의 화폐정책론에서는 비교적 강한 국왕의 專制的 성격을 엿볼 수 있다. 이 점은 상당수 고급관료들이 錢荒을 극복하는 방안으로 동전의 주조유통이 최선의 것이라는 점을 강조하는 상황 하에서도 1724년(영조 즉위)부터 1742년(영조 18)에 이르는 동안 동전의 유통금지책에 집착하여 대대적인 동전 주조사업의 開設을 허락하지 않았던 사실을 통해 알 수 있다.

셋째, 영조의 화폐정책론에서는 過去復歸的인 보수적 성격을 엿볼 수 있다. 이 점은 영조가 동전 유통금지책의 일환으로서 租稅의 부분적 금납화를 중단하고 物納制로 復歸할 것과 동전유통을 금지하고 종래의 물품화폐 유통체제로 복귀할 것을 주장하고 있기 때문이다.

넷째, 영조의 화폐정책론에는 비교적 강한 民本意識 내지 爲民意識이 깔려 있는 것으로 보인다. 영조는 1742년에 朴文秀의 건의를 받아들여서 그 때까지 유통금지를 고집해 왔던 동전을 주조유통하기로 결정하였다. 이와 동시에 동전 주조유통과 高額錢 주조유통에 대한 전체 민중, 즉 서울의 部・坊 및 八道 각 지방 민중의 의견을 收斂한 후에 동전의 주조유통을 지시하였다.410) 위 사실을 통해 영조의 화폐정책론에 깔려 있는 위민의식의 수준을 알 수 있다.

다섯째, 영조의 화폐정책론에는 과거복귀적인 실천적 성격이 뚜렷하다. 전제군주적 국왕의 화폐정책론이 과거 복귀적인 실천성을 띠었기

---

410)『英祖實錄』卷55, 英祖 18年 6月 癸卯 ; 卷55, 英祖 18年 6月 丙午.

때문에, 그 보수적 영향은 화폐경제 발전 내지 사회경제 발전에 적지 않은 저해 요인이 되었던 것으로 보인다.

여섯째, 영조는 다음과 같이 말하면서, 동전을 주조유통하자는 박문수의 건의를 받아들였다. "내[영조]가 이미 동전의 폐단이 있음을 알고 있으니 어찌 쉽게 동전 주조유통을 더 허락하겠는가 만은, 이제 허락하는 것은 곧 나라를 위한 深慮와 백성을 위한 長計에서다."411)

이 내용을 통해, 흔히 통치권이 강화되었다고 알려진 전제군주적 영조가 극복하지 못한 통치권의 역사적 한계를 엿볼 수 있다.

위에서 영조의 화폐정책론이 가진 여러 가지 성격을 간략히 살펴보았다. 그 같은 성격을 띤 화폐정책론의 의의 내지 역사적 위치는 다음과 같이 평가할 수 있다.

첫째, 1678년(숙종 4)부터 銅錢(常平通寶)이 유일한 法貨로서 국내 각지로 확대·보급되자 봉건 조선사회의 중세적 가치체계와 생산양식의 해체 내지 근대지향적 변화가 촉진되었다. 동전의 유통보급으로 촉진된 봉건사회의 해체현상은 일부 실학자와 당국자 등의 보수적 가치관에서 볼 때 수용하기 벅찬 충격이었던 것으로 보인다. 이러한 충격적인 봉건 사회질서의 해체 내지 근대지향적 변화에 대한 보수적 반동이 일어난 시기를 배경으로 하여 李瀷·鄭尙驥·영조 등은 동전유통을 금지하고 종래의 물품화폐 유통체제로 복귀하는 것을 골자로 한 화폐정책론을 구상·제시하였다.412) 특히, 영조는 동전유통을 금지하기 위해 여러 가지 조치를 취하는 등, 즉위 초부터 1742년까지 20여 년 동안 자신의 화폐정책론을 국가의 화폐정책 운용에 적극 반영하고자 하였다. 이 같은 영조의 정책적 의욕은 근대화의 필요조건인 화폐경제 발전을 저해함으로써 봉건 조선사회의 해체 내지 근대지향적 발전추세를 둔화시켰던 것이다.

둘째, 영조가 1742년에 대대적인 동전 주조사업의 개설을 허용함으

---

411) 『英祖實錄』 卷53, 英祖 18年 1月 丙寅.
412) 이 책, 제3장 Ⅲ, 1. 李瀷의 銅錢 流通禁止論·3. 鄭尙驥의 高額大錢流通論 참조.

로써 즉위 후 20여 년간 끈질기게 고집해 왔던 동전 유통금지의욕도 마침내 좌절되었다. 이것은 급진전된 봉건 조선사회의 근대지향적 발전을 성찰하지 않은 전제군주적 국왕의 정치적 역량의 한계를 의미하는 것으로 볼 수 있다. 다시 말해서 급격한 봉건 사회질서의 해체를 수반하는 화폐경제의 발전으로 인해 국왕이 정치운용에 끼칠 수 있는 영향력이 일정하게 줄어든 것으로도 이해할 수 있다. 또한, 영조의 동전 유통금지 시도 실패는 화폐경제 발전에 대한 봉건사회의 보수적 반동이 극복되었다는 사실을 의미한다고 이해할 수 있다. 그 같은 보수적 반동을 극복한 사회적 잠재력은 봉건 조선사회의 해체 내지 근대지향적 발전의 중요한 잠재력이 되었다고 보아야 할 것이다.

셋째, 화폐경제 발전에 대한 보수적 반동이 극복된 1742년부터는 동전이 수시로 주조발행되어 화폐경제가 계속 확대·발전되었다. 그 이후 시기의 화폐정책은 종래와 달리 동전유통을 전제로 하고 화폐정책과 화폐제도의 개선·개혁을 통해 당시 일반 유통계에 만성화된 전황을 해소·극복함으로써 화폐의 유통구조를 개선하려는 데 역점을 두게 되었다. 당시 왕조당국은 화폐 주조사업의 週期化 내지 常設化를 시도하고, 고액전·鐵錢·秤量銀貨 등을 주조유통할 것을 주장하는 등, 화폐제도 개혁방안을 모색, 시도하기도 하였다.413) 이러한 시대를 배경으로 하여, 後論하게 될 실학자 禹禎圭(1718~1791)·朴趾源(1737~1805)·丁若鏞(1762~1836)·徐榮輔(1759~1816) 등의 화폐정책론이 구상·제시되었다.414)

넷째, 앞에 지적했듯이, 영조의 동전 유통금지 시도는 무엇보다도 전황의 사회경제적 모순과 폐단을 심화시킴으로써 화폐경제의 원활한 발전을 저해하였을 뿐만 아니라, 화폐경제의 발전으로 촉진된 봉건 조선사회의 근대지향적 발전추세를 둔화시켰던 것이다. 대체로 영조조의

---

413) 元裕漢,「朝鮮後期 貨幣政策에 대한 一考察 - 高額錢의 鑄用論議를 中心으로 - 」,『韓國史硏究』6, 1971, 75~102쪽 ; 앞의 논문, 1972.
414) 이 책, 제3장 Ⅳ, 1. 禹禎圭의 高額錢流通論·2. 朴趾源의 當二錢·銀貨流通論·3. 丁若鏞의 金·銀·銅錢流通論·4. 徐榮輔의 交鈔(紙幣)流通論 참조.

제반 국가정책의 목표는, 17세기 중엽부터 급진전된 사회경제의 발전과 그에 상응한 사회의식의 성장으로 촉진된 봉건사회의 가치체계 및 생산양식의 해체과정을 적극적으로 억제하여 『經國大典』적 체제로 복귀하려 했거나, 소극적으로는 해체과정을 현상 유지하려는 데 있었던 것으로 보인다. 이로써 영조가 시도한 동전 유통금지를 위한 일련의 조치는 당시의 보수적 국가정책 성향의 표출로 이해할 수 있을 것이다. 흔히, 영조조는 왕권이 강화되는 등 중앙집권적 지배체제가 재정비·강화되어 정치가 안정되고 농업생산이 증진되는 동시에 刑政이 개선되고 文藝가 振興되었다는 등의 이유를 들어 긍정적으로 평가되기도 한다. 그러나 영조조에 취해진 몇몇 개선·개혁 조치 및 영조조에 대한 긍정적인 역사적 평가는 『경국대전』적 지배체제로의 복귀 내지 현상유지를 목적으로 한 보수적 가치관을 기반으로 하여 이루어진 것이라는 점을 주목해야 할 것이다.

3. 鄭尙驥의 高額大錢流通論

1) 貨幣政策論의 形成

鄭尙驥가 구상·제시한 화폐정책론의 본질을 보다 포괄적이고 깊이 이해하기 위해서는, 그의 생애와 경험한 시기의 화폐경제 발전 상황을 살펴보아야 한다.

정상기는 1678년(肅宗 4)에 출생하여 1752년(英祖 28) 75세로 죽었다. 자는 汝逸, 호는 農圃子고, 본관은 河東으로 鄭麟趾의 9세손이다. 7세 때 아버지를 여의고 편모 슬하에서 외롭게 자랐다. 어릴 때부터 뜻이 높고 타고난 성품이 학문을 좋아하여 항상 스승을 찾아다니며 글공부에 열심이었다. 장성해서는 양반자제들 대다수가 그러했듯이 관료로 출세하기 위해 과거에 여러 차례 응시했으나 그 때마다 실패하였다. 질병으로 과거 응시계획을 포기하고 독서에 힘썼고, 중년 이후에는 집안에 칩거하며 학문연구와 저술에 정력을 기울였다. 그의 저술로는 『人子備鑑』·『農圃問答』·『韜鈐篇』·『鄕居要覽』·『治郡要覽』 및 『東

國地圖』등이 있으나, 『동국지도』와 『농포문답』만이 오늘에 전해진다.

정상기는 李瀷(1681~1763)·柳壽垣(1694~1755) 등의 실학자와 국왕 英祖(1694~1776)·고급관료 朴文秀(1691~1756) 등과 거의 같은 시기에 생존·활약하였다. 특히, 이익과는 인간적 및 학문적으로 교류가 빈번하여 서로 적지않은 영향을 주고받았던 것으로 보인다. 이러한 점은, 두 사람이 여러 차례에 걸쳐 편지를 통해 학문적 토론을 하였고, 이익이 정상기가 죽자 "새는 두 날개로 나는데, 汝逸이 죽었으니 비록 나는 세상을 살고 있으나 반쪽뿐이다."[415]라고 탄식했다는 사실로 쉽게 짐작할 수 있다.

鄭寅普(1892~1950)는 1939년에 附記한 「農圃問答序」에서, "선생[정상기]은 성호[이익]와 같은 시기에 좋은 벗이었고, 학문으로 백성을 돕는 일을 주로하는 것도 또한 같았다."[416]고, 정상기와 이익의 학문적 성격의 공통점을 비교·평가하였다. 또한 "성호는 문장에 박식했으나 선생은 깜찍한 재화가 적었다. 과거의 역사를 통찰해서 다스려짐과 어지러움의 원인을 깊이 파악하는 데는 성호에게 조금 미치지 못했던 것 같다. 그러나 軍略에 능하고 奇兵과 正兵에 밝은 점은 여일이 더욱 앞섰다."[417]며 선후배 실학자의 학문적 성격의 차이를 지적하였다.

한편, 정인보는 정상기의 사상이 조선후기 실학사상 발전에 끼친 영향이 적지 않았다는 점과 그 학문 내지 사상의 傳承관계를 구체적으로 지적하였다.

……선비가 부지런히 학문을 연구하여 세상에 도움되기를 기대하다가 몸은 죽더라도 그 말은 남겨져서 그 뜻이 계속되어 잠시라도 중단되지 않는다. 그러므로 선생[정상기]은 고고하고 적막하게 세상을 떠났으나, 그의 『도금편』은 근세에 旅菴[申景濬]이 기계를 연구·개발하게 하였다. 興圖의 정밀함은 멀리 古山子[金正浩]가 經緯를 이용하게 하

---

415) 鄭寅普, 『農圃問答』, 「序」.
416) 鄭寅普, 『農圃問答』, 「序」.
417) 鄭寅普, 『農圃問答』, 「序」.

였다. 牧民하는 遺規는 茶山[丁若鏞]에 이르러서 큰 저술이 되도록 하
였다. 비록 학술이 전해지는 것이, 혹 전하는 것을 알고서 전해지는 것
이 있고, 혹은 전해지는 줄 모르면서 전하는 것이 있는데, 요는 苦心했
던 학술이 흘러내리면서 저절로 후진들을 感發토록 한 것이 있다.
......418)

 정상기가 직접 견문·체험하면서 자신의 화폐정책론을 구상·제시
한 시기, 즉 17세기 말에서 18세기 50년대에 이르는 시기의 화폐정책
내지 유통경제 발전이 어떻게 이루어졌는지 살펴보자. 이 시기를 조선
후기 화폐경제 발전과정과 대비해 보면, '화폐 유통보급기'(17세기
초~90년대 말) 말엽부터 '화폐유통에 대한 반동기'(18세기 초~40년대
초)를 거쳐, '화폐경제 확대발전기'(18세기 40년대 초~19세기 60년대)
초엽에 이르는 시기에 해당한다. 그러나 정상기의 화폐정책론은 그 구
성 내용과 성격으로 미루어 볼 때, 주로 '화폐유통에 대한 반동기'의 화
폐정책과 유통경제의 발전을 견문·체험하면서 구상·제시했던 것으
로 보인다.
 대체로 정상기가 견문·체험한 全時期의 화폐정책과 유통경제 면에
나타난 공통된 특징은, 화폐경제의 확대·보급으로 촉진된 봉건 사회
질서의 해체과정이 가속화되었다는 점이다.419) 이에 대응한 화폐정책
의 목표는 동전의 유통금지를 시도하거나, 동전유통을 전제로 하고 錢
荒을 극복하는 데 있었다.

2) 貨幣 價値認識論

 위에서 鄭尙驥의 화폐정책론이 형성된 배경을 이해하기 위해 그의
생애와 학문, 또는 경험한 시기의 화폐경제 발전상을 대강 살펴보았다.
그의 화폐정책론의 구성 내용을 알아보기 위해 먼저 화폐 가치인식론
을 살펴보기로 하자.

---

418) 鄭寅普,『農圃問答』,「序」.
419) 이 책, 제3장 Ⅲ, 1. 李瀷의 銅錢 流通禁止論, 1) 貨幣政策論의 形成 참조.

정상기는 동전유통이나 錢荒을 심각한 사회경제적 모순과 폐단의 원인이 되었다고 생각하였고, 당연히 그의 화폐 가치인식론은 극히 부정적 성격을 띠게 되었다.

……또 우리 나라에 銅錢을 사용한 지 벌써 오래되어 온갖 폐단이 아울러 일어나고 있다. 도적이 날로 성행하는 것이 동전 때문이고, 간사함과 거짓이 날로 성행하는 것이 동전 때문이며, 백성이 날로 고달프고 병드는 것도 동전 때문이다. 근년에 와서 동전이 매우 귀하고 물건이 천해서 농민과 상인이 함께 곤란해져 사람들이 능히 견디지 못한다.……420)

정상기는 화폐가치를 비판 내지 부정적으로 평가·인식하였기 때문에, 자신의 화폐정책론을 「祛弊瘼」項, 즉 폐단을 없앤다고 하는 項目에 구상·제시하였다. 정상기의 화폐 가치인식은 그와 거의 같은 시기의 화폐경제 발전을 견문·체험한 英祖·李瀷 등과 대체로 공통된다. 이익은 동전유통이 '百害無一益'하다며 동전 유통금지를 주장하였고, 영조는 동전 유통금지를 위한 일련의 조치를 시도하였다.421) 즉, 정상기의 비판 내지 부정적인 화폐 가치인식은 대체로 동전유통으로 촉진된 봉건 사회질서의 해체가 전황으로 말미암아 한층 가속화되었다고 생각한 국왕을 비롯한 일부 관료·실학자 등의 화폐 가치인식과 일맥상통하는 것이었다.

이처럼 정상기는 화폐가치를 비판 내지 부정적으로 평가·인식하고 있기는 했으나 이익·영조 등처럼 동전의 유통금지를 적극적으로 주장한 것 같지는 않다. 그는 동전 유통금지의 필요성을 강조하면서도, 한편으로는 다음과 같이 회의적 태도를 보이고 있다.

---

420) 『農圃問答』,「祛弊瘼」.
421) 이 책, 제3장 Ⅲ. 1. 李瀷의 銅錢 流通禁止論·2. 英祖의 銅錢 流通禁止論 참조.

……지금 논의하는 자는 혹 동전을 없애는 것이 옳다고 하지만 그것은 옳지 않다.……(동전 유통금지를 단행한다 해도) 동전의 폐단이 반드시 없어질 것인지도 모르면서 (동전 유통금지를 단행하는 것은) 백성이 보존할 수 없고 나라도 할 수 없게 된다.……422)

그는 영조나 이익처럼 동전유통을 금지하되, 하루아침에 금지조치를 취해서는 안 된다는 점을 강조하였다.

……만약 하루아침에 동전을 없애고 사용하지 않는다면 다만 가난한 백성이 살림을 망치고 利를 잃는 것을 헤아릴 수 없을 것이다. 뿐만 아니라 국가에서 서울과 지방에 저축한 동전을 잃는 것도 수억만뿐이 아닐 것이다.……423)

동전이 이미 公·私 유통계에 널리 유통보급되어 있기 때문에, 동전의 유통금지를 단행할 경우 관청과 민간에 비축되어 있는 거액의 동전이 쓸모없어져 손실이 크다는 점을 이유로 들어 동전의 유통금지를 하루아침에 단행할 수는 없다는 것이다.

한편, 정상기는 봉건 조선사회의 주요 생산주체인 농민과 생산물의 유통주체인 상인의 활동을 저해하는 전황을 극복하기 위해 국가가 다량의 동전을 주조하자는 견해에 반대하였다. 국가는 동전을 주조하는 데 소요되는 거액의 재정을 감당할 수 없다는 것이 그 이유였다.424) 이같은 주장은 '화폐유통에 대한 반동기'는 물론, '화폐경제 확대발전기' 초엽의 일부 당국자들이 제시한 화폐정책론에서도 흔히 찾아볼 수 있다.

그러나, 정상기는 즉위 초엽의 영조나 이익 등과는 달리 동전의 기초적 화폐기능을 점차적으로 둔화시켜 동전유통을 금지하는 방안을 구상·제시하면서도, 동전유통을 금지하는 것이 불가능해질 수도 있는

---

422) 『農圃問答』, 「祛弊瘼」.
423) 『農圃問答』, 「祛弊瘼」.
424) 『農圃問答』, 「祛弊瘼」.

미래에 대응하여 다음과 같은 但書를 달고 있다. "만약 동전을 영영 유통금지할 수 없다면, 물건의 많고 적음과 귀하고 천한 것을 헤아려서 每樣(고액대전) 5文씩을 보태거나 줄이면서 사용할 것이다."425) 이로써 정상기와 이익 등은 대체로 동전의 화폐가치를 비판 내지 부정적으로 평가하면서도, 화폐 가치인식면에서는 미래전망적 안목 내지 진보성에서 상호 차이를 보여주고 있음을 엿볼 수 있다.

위에서 지적한 정상기의 주장에서는, 대체로 이익이나 영조 등의 주장을 벗어나 동전 주조유통을 주장한 고급관료 朴文秀와 실학자 柳壽垣 등의 화폐정책론에 접근하는 일면을 엿볼 수 있다.426) 이러한 그의 화폐정책과 전황에 대한 평가·인식은 바로 그가 구상·제시한 화폐정책론의 내용과 성격을 규정한다. 이 점은 다음에서 살펴보게 될 그의 高額大錢 鑄造流通論과 民間人 都給鑄錢論에 잘 나타나 있다.

3) 高額大錢 鑄造流通論

(1) 高額大錢 鑄用論

동전유통을 금지하고 미·포 등 물품화폐를 다시 사용하자는 주장은 鄭尙驥와 같은 시기의 화폐경제 발전을 견문·체험한 李瀷·英祖 등에 의해서도 제시된 바 있다.427) 이익은 동전 유통금지를 조급히 단행하면 서울 및 지방의 각 관청과 富豪집에 退藏된 다량의 동전이 쓸모 없어져 크나큰 경제적 손실을 보게 되기 때문에, 신중히 생각하여 점진적 방법을 써야 한다고 하였다. 그는 10년 후에 동전유통을 금지시킨다는 계획을 세우고, 조세의 부분적 금납화를 중지하는 등, 공용에 동전사용을 제한하는 방안을 제시하였다. 또한, 국가 조세체계의 貨幣化를 억제했는 데도 동전유통이 금지되지 않을 경우, 당시 법화로

---

425) 『農圃問答』, 「袪弊瘼」.
426) 이 책, 제3장 Ⅲ, 4. 柳壽垣의 錢荒克服論·5. 朴文秀의 銅錢 鑄造再開論 참조.
427) 이 책, 제3장 Ⅲ, 1. 李瀷의 銅錢 流通禁止論·2. 英祖의 銅錢 流通禁止論 참조.

유통되고 있는 동전(一文錢 또는 當一錢) 50개를 합쳐 當六十大錢을 주조유통할 것을 주장하였다. 당육십대전을 주조하여 국가 수입지출에 사용하고, 민간이 비축한 일문전 동전을 거둬들여 당육십대전으로 改鑄·流通하면 나라와 민중이 모두 경제적 손실을 입지 않으면서, 당육십대전의 액면가치가 높은 것은 물론 크고 무거워서 사용에 불편하기 때문에, 동전유통은 점차 중단된다는 것이다. 뿐만 아니라, 이익은 동전 대신 값비싼 '緋緞交子'(絹織布貨)를 만들어 화폐기능을 둔화시킴으로써 동전유통을 금지하자는 방안을 우회적으로 제시하기도 하였다. 비단교자는 액면가치가 높고 사용하기 불편하기 때문에 당육십대전처럼 자연히 유통이 중단되고, 米·布 등의 物品貨幣와 秤量銀貨를 사용하게 되는 등, 종래의 물품화폐 유통체제로 되돌아가게 되리라는 것이었다.428)

정상기 역시 동전 유통금지를 강조한 이익이나 영조 등의 주장을 수용하여 미·포 등 물품화폐 復用論을 구상·제시하였다.

　……만약 이 폐단(화폐유통 내지 錢荒의 폐단)을 없애고자 한다면 錢貨(銅錢)를 점차적으로 없애는 것이 옳으며, 一朝一夕에 능히 없앨 수 있는 일이 아니다. 지금 이후부터 서울과 지방에서 銅錢(一文錢) 15文(個)을 1錢(10문)으로 (改鑄하여) 사용하다가, 3년이 지난 후에 또 20문을 1전으로 사용케 한다. 3년마다 5문씩 여덟 번을 지나면 50문이 1전이 된다. 또 3년씩 여덟 번 지나서 100문이 1전이 되도록 한다. 이같이 하면 동전이 매우 불편하고 무거워서 도리어 미·포가 가볍고 편리해져 다시 미·포를 화폐로 사용하게 되고 동전은 자연히 없어지게 될 것이다.429)

화폐의 기초적 기능은 가벼워서 운반 및 상품거래를 쉽고 편리하게 매개하는 것이다. 정상기는 바로 동전(일문전)이 가지는 화폐로서의

---

428) 이 책, 제3장 Ⅲ, 1. 李瀷의 銅錢 流通禁止論 참조.
429) 『農圃問答』, 「祛弊瘼」.

기초적 기능을 점차적으로 둔화시키는 방법을 통해 동전유통을 금지하고, 미·포 등 종래의 물품화폐 유통체제로 되돌아가자고 한 것이다.

當十大錢에서 當百大錢에 이르는 高額大錢을 주조유통하여 동전의 기초적 화폐기능을 점차 둔화시켜 동전유통을 금지하자는 정상기의 방안은 이익의 당육십대전 주조유통론과 본질적으로 성격을 같이한다고 할 수 있다.

(2) 民間人의 都給鑄錢論

위에서 살펴보았듯이, 鄭尙驥는 동전의 유통가치를 점차적으로 平價切下하는 방법으로 동전유통을 금지하고 米·布 등 물품화폐를 다시 사용하는 방안을 구상·제시하였다. 동전유통을 영구히 금지하는 것이 불가능할 경우에는 상황에 따라 동전의 유통가치를 절하하거나 切上하는 등, 적절히 조절하는 방법을 써야 한다고 하였다. 이 같은 방법으로도 동전의 유통금지가 불가능할 경우에는 동전을 계속 주조유통하는 것이 불가피하다고 생각하였다. 그는 국가가 동전 주조사업을 개설할 경우 거액의 소요 경비를 조달할 수 없을 것이라고 생각하였다.

……또한 논의하는 자가 혹 동전을 다량 주조하는 것이 옳다고 하나, 그것 역시 옳지 않다. 만약 정부가 서울과 지방에 鑄錢爐를 널리 설치하고 동전을 주조하면 혹 10여 개월, 또는 1~2년이 되면 鍮·錫 등 동전원료와 숯 등 연료 및 기술자 勞賃인 料布 등 鑄錢 비용이 많아져서 국가의 재정이 蕩竭할 것이다. 백성이 입는 폐해를 구제하려다가 국가가 먼저 병들 것이니, 이것은 모두 좋은 계책이 아니다.……430)

국가는 동전을 주조할 거액의 경비를 조달하다가 재정이 파탄나기 쉽다고 하여, 국가보다는 서울과 지방의 부유한 민간인에게 동전 주조

---

430) 『農圃問答』, 「祛弊瘼」.

사업의 개설을 허락하고 그 대신 일정한 세금을 징수하는 민간인 都給
鑄錢論을 구상·제시하였다.

> ……그렇지 않다면 민간인의 私鑄錢을 금지하는 법령을 풀어서 서
> 울과 지방의 부유한 민간인에게 그 재력이 많고 적음에 따라 동전을
> 주조하도록 한다. 그런데 서울에는 다만 戶자를 동전에 새기고 지방에
> 는 각기 그 고을의 이름을 새기게 함으로써 원료의 납과 무쇠 등 불순
> 물을 섞지 못하도록 한다. 또한 동전의 斤量數를 정해서 동전의 크기
> 와 무게를 똑같게 해야 한다. 동전을 주조하는 店(鑄錢所)에서 달마다
> 稅條로 호조와 각 고을에 3貫(30兩)씩을 바치도록 하는데, 각 고을에
> 서는 다시 호조에 바친다. 1년이 지난 후에는 다시 전일과 같이 민간인
> 의 동전주조를 금지하고 혹 10년, 혹 20년 후에 동전이 귀해지면 다시
> 동전 주조금지령을 풀어서 민간인에게 동전주조를 허락한다. 그런즉
> 나라에는 경비지출 없이 세조로 징수하는 동전이 있게 되고, 민간에도
> 또한 동전을 저축한 집이 많이 있게 되어 동전이 저절로 흔해지고 물
> 가가 등귀하는 폐단이 없을 것이다.431)

정상기는 왕조당국의 철저한 관리 감독 하에 10년 혹은 20년을 주기
로 하여 부유한 민간인에게 도급주전을 허락하여 품질과 체재 등을 일
정하게 규격화시킨 良質의 동전을 주조유통케 하면 국가가 경비의 지
출 없이 收稅를 할 수 있게 된다는 것이다. 또한 유통계에 만성적으로
나타난 錢荒의 사회경제적 모순 내지 폐단을 해소·극복하는 동시에,
동전의 남발로 인한 물가등귀의 폐단도 막을 수 있다고 하였다. 이와
함께 민간인에게 동전의 도급주조를 허락하는 것은 최선의 방법은 아
니고, 일시의 방편적 조치에 지나지 않는다는 점을 강조하였다.432)

대체로, 중앙집권적 조선왕조는 모든 財政權 내지 경제권은 국가가
장악하는 것을 원칙으로 하였다. 그러므로 '貨權在上'이라 하여 중요한
경제적 이권의 하나인 화폐에 대한 지배권은 국왕 또는 국가가 완전

---

431) 『農圃問答』, 「祛弊摸」.
432) 『農圃問答』, 「祛弊摸」.

장악하는 것을 원칙으로 하였다. 국가의 화폐정책이 여러 차례 중단되는 등 시행착오를 거듭한 '화폐 유통보급기' 중엽에 민간인에게 동전의 私鑄를 허락한 일이 있다. 이는 왕조당국이 동전 원료비의 지출 등, 거액의 재정을 감당할 수 없는 상황에서 일시 방편으로 시도된 조치였다.[433]

1678년(숙종 4) 銅錢(常平通寶)이 法貨로서 지속적으로 유통보급되자, 왕조당국은 '화권재상'의 원칙론을 내세워 관청이 동전 주조유통 과정에 대한 관리·감독을 철저히 하는 등 화폐에 대한 국가의 지배권을 강화하였다. 정상기가 견문·체험한 17세기 90년대 말부터 18세기 50년대에 이르는 시기, 즉 그가 경험한 시기의 당국자나 실학자 등 지식계층 가운데 이 같은 민간인 도급주전론을 구상·제시한 예는 없는 듯하다. 정상기의 이 민간인 도급주전론은 '화권재상'의 원칙론을 내세운 왕조당국이 동전의 주조유통 과정을 보다 철저히 관리·감독하고자 한 시기에는 수용하기 힘든 파격적 방안이었다.

그러나 배타성이 강한 특권적 관영수공업의 성격을 띤 동전 주조사업의 관리운용 과정에 商人, 또는 富民이 참여하거나 資本을 투입할 가능성이 점증하여 19세기 50년대 및 그 80년대에는 실제로 민간인이 동전을 都給鑄造한 일이 있다. 즉 왕권이 약화된 세도정치기 말인 哲宗朝와 민비집권기에 전근대적 동전이 민간인에 의해 도급주조 되었던 것이다.[434] 동전이 지속적으로 유통되기 시작한 17세기 70년대 말 이후 設店收稅制로 이뤄진 金·銀·銅鑛 등의 광·공업 경영에 상인 및 부민이 경영주로 참여하였다. 이들은 상업자본·고리대자본을 투입하고 임노동자를 고용하여 공장제 수공업적 방식으로 관리·경영하는 등 관영 광·공업이 민영화로 전환하는 과정에서 자본주의 생산양식의 맹아를 보인다. 정상기는 관영 광·공업에서 민영화 지향적 변화가 일어나고 있던 시대를 배경으로 민간인의 도급주전론을 구상·제시하

---

433) 이 책, 제3장 II, 2. 金堉의 銅錢流通論 참조.
434) 元裕漢,「當五錢攷」,『歷史學報』35·36, 1967 ;「이조후기 화폐주조업의 私營化傾向」,『사학회지』17·18, 1971.

였는데, 이 같은 도급주전론에서도 근대적 생산양식의 맹아가 엿보이고 있다는 점에서 그 역사적 의미가 주목된다.

4) 貨幣政策論의 意義

위에서 鄭尙驥의 화폐정책론이 형성된 배경과 구성내용을 같은 시기의 화폐경제 발전을 견문·체험한 李瀷·英祖 등의 화폐정책론과 비교·고찰해 보았다. 이상의 고찰을 통해 밝혀진 사실들을 간략히 정리하는 한편, 그의 화폐정책론의 성격 내지 역사적 의의를 살펴보고자 한다.

첫째, 정상기는 조선후기 화폐경제 발전과정에서 볼 때, '화폐 유통 보급기' 말엽부터 '화폐유통에 대한 반동기'를 거쳐 '화폐경제 확대발전기' 초엽에 이르는 시기의 화폐경제의 발전을 견문·체험하였다. 그의 화폐정책론에서는 같은 시기의 화폐경제 발전을 배경으로 형성된 이익과 영조 등의 화폐정책론이 대체로 그러하듯이, 제1차적으로 동전의 유통금지를 주장하는 등 극히 비판 내지 부정적인 경향을 보인다.435) 그의 제2차·3차 대응방안은 柳壽垣·朴文秀 등의 화폐정책론과 일맥 상통하는 점이 있다.436) 그는 영조·이익 등과는 달리, 화폐 유통계의 모순 및 폐단을 지적·비판하면서도 화폐정책이나 화폐제도 개혁을 통해 화폐 유통구조를 개선할 것을 주장하였던 것으로 보인다.

둘째, 정상기의 화폐가치관을 보면, 동전 유통금지를 주장한 이익·영조 등의 화폐가치관처럼 동전유통을 부정적으로 인식하는 한편,437) 동전유통을 전제로 화폐정책 내지 화폐제도의 개혁을 주장한 박문수·유수원 등의 현실 긍정적 화폐가치관과 유사한 면이 있다.438) 이

---

435) 이 책, 제3장 Ⅲ, 1. 李瀷의 銅錢 流通禁止論·2. 英祖의 銅錢 流通禁止論 참조.
436) 이 책, 제3장 Ⅲ, 4. 柳壽垣의 錢荒克服論·5. 朴文秀의 銅錢 鑄造再開論 참조.
437) 이 책, 제3장 Ⅲ, 1. 李瀷의 銅錢 流通禁止論·2. 英祖의 銅錢 流通禁止論 참조.
438) 이 책, 제3장 Ⅲ, 4. 柳壽垣의 錢荒克服論·5. 朴文秀의 銅錢 鑄造再開論 참

처럼 양면적 성격을 띤 정상기의 화폐가치관에 보이는 비판 내지 부정적 성격은 '화폐유통에 대한 반동기'의 화폐경제 발전에, 현실 긍정적 성격은 '화폐경제 확대발전기' 초엽의 화폐경제 발전에 대한 견문과 체험을 통해 형성되었을 것이다.

셋째, 정상기는 양면적 성격을 띤 화폐가치관을 기반으로 동전유통을 一朝一夕에 금지하자는 주장은 물론, 재정이 궁핍한 국가가 동전을 다량 주조유통하자는 주장에도 반대하였다. 그는 동전의 유통가치를 점차적으로 平價切下시켜 동전의 기초적 화폐기능을 둔화시키는 방식으로 동전의 유통금지를 유도하고, 그 대신 미·포 등 물품화폐 유통체제로 되돌아가자는 과거복귀적 현실 대응론을 제시하였다. 이 같은 방법으로 동전유통을 금지하는 것이 불가능하면, 사용이 불편한 高額大錢을 주조유통하되 유통가치를 상황에 따라 적절히 切上, 또는 切下하는 방법에 따라 동전유통의 사회경제적 모순이나 폐단을 극복할 것을 제의하였다. 이러한 방법으로도 성과를 거둘 수 없을 경우에는 보다 적극적으로 국가의 철저한 관리·감독하에 부유한 민간인으로 하여금 동전을 都給鑄造하는 방안을 구상·제시하였다.

넷째, 정상기의 화폐정책론에서 강한 비판의식과 창의성을 엿볼 수 있다. 이 점은 당국자를 비롯한 각계 지식계층에 의해 제시된 것과는 상반되는 주장, 즉 동전 유통금지론과 동전 주조유통론을 비판적으로 수용하여 자기 중심적인 현실 대응방안을 구상·제시한 사실을 통해 짐작할 수 있다.

다섯째, 정상기의 화폐정책론에서 현실대응이라는 면에서 탄력적인 성격을 엿볼 수 있다. 이 같은 사실은 정상기가 자신의 현실 대응방안으로서, 제1차로 점진적 동전 유통금지론을, 제2차로 화폐 유통가치 결정의 適正化論을, 제3차로 民間人의 都給鑄錢論 등을 구상·제시하였다는 사실을 통해 알 수 있다.

여섯째, 정상기의 화폐정책론에서는 物品貨幣制 復歸論에서 볼 수

조.

있듯이, 과거복귀적 보수성과 함께 현실긍정 내지 미래지향적인 진보적 성격이 공존하고 있다. 그는 점차적으로 보수성을 극복하고, 마침내 봉건적 관영수공업인 화폐 주조사업의 한계를 극복하기 위해 민간인의 도급주전론을 구상·제시하였다. 이 같은 사실은, 그가 동전유통을 점차적으로 금지하고 물품화폐 유통체제로 복귀할 것을 주장하다가, 화폐제도 내지 화폐정책의 개선·개혁을 통해 錢荒을 극복함으로써 동전 유통구조를 개선할 것을 주장한 점을 미루어 이해할 수 있다.

일곱째, 정상기의 화폐정책론 중, 특히 부유한 민간인에게 동전주조를 도급해줄 것을 제의한 사실을 통해 혁신적인 개혁의식과 실리·실용·실제성을 중시하는 功利지향적 의식도 엿볼 수 있다. 우선, 집권적 봉건 조선왕조가 '貨權在上'의 원칙론을 내세워 동전 주조사업의 국가관리원칙이 강조되던 역사적 상황 하에서, 민영화 지향적인 민간인 도급주전론을 구상·제시한 것은 혁신적인 개혁의식을 엿보게 한다. 즉 그가 배타성이 강한 특권적 관영수공업인 동전 주조사업을 고집하지 않고, 상인이나 부유한 민간인이 동전 주조사업을 도급받아 직접 관리·경영하는 '민간인 도급주전제'의 실시를 주장한 것은 자본주의 생산양식의 萌芽를 보여주는 것이다.

4. 柳壽垣의 錢荒克服論

1) 貨幣政策論의 形成

柳壽垣(1694~1755)의 화폐정책론을 고찰하기에 앞서 편의상 그가 구상·제시한 화폐정책론의 형성배경이 어떠한 것인지, 당시 화폐경제의 발전과 관련하여 살펴볼 필요가 있다. 그의 생애를 화폐경제 발전과 대비하면서 화폐정책론이 형성된 배경을 간단히 살펴보기로 하자.

유수원은 1694년(肅宗 20)에 忠州牧에서 通德郎(正5品) 柳鳳庭의 맏아들로 태어났다. 그의 조부 柳尙載는 大司憲, 종조부 柳尙運은 영의정을 지냈고, 숙부와 종숙들도 모두 높은 관직에 올랐다. 유수원은 少論派의 한 權門에서 태어났으나 그의 修學 과정이 어떠하였는지에 대해서는 자세히 알 수 없다. 아버지를 일찍 여의고 친척집에서 지냈는데 이 친척집이 정확히 누구의 집인지는 아직 밝혀지지 않았다.439) 다만 종숙 柳鳳輝(1659~1727)가 시켜서 趙泰耉(1660~1723)를 배척하는 상소를 올렸다는 당대인들의 추측이 있는 것으로 보아 유봉휘와의 관계를 생각해 볼 수 있다.440) 또 유수원이 1755년(영조 31) 역모죄로 사형당했을 때, 그의 죄목이 영조 집권 초반에 유봉휘를 도와 謀逆한 것이었다고 한 것으로 미루어 유봉휘와의 관계가 밀접했다는 것을 짐작할 수 있다.441) 유봉휘는 開城留守 출신 고급관료로서 벼슬이 좌의정까지 오른 인물이다. 유수원이 만약 이 유봉휘의 영향을 받았다면, 그의 진보적인 상품화폐경제론은 역시 유봉휘와 무관하지 않을 것이다. 무엇보다 유봉휘가 개성유수로 있을 때 유수원이 직접 상품화폐경제가 발전한 개성지방을 답사하고 상품화폐경제의 발전을 견문·체험하면서 개경학풍의 영향을 받았을 가능성이 있기 때문이다.

유수원이 文化柳氏 집안의 한 권문에서 태어난 1694년경은 조선후기 화폐경제 발전과정에서 볼 때, 물품화폐와 칭량은화가 지배하던 봉건 조선사회에서 이미 명목화폐 銅錢의 유통기반이 이룩된 시기에 해당한다. 즉, 이 시기에는 1678년부터 왕조당국이 法貨로 사용하기 시작한 동전이 일반 유통계에서 가치척도·교환수단·지불수단 및 價値保藏 등, 제반 화폐기능을 발휘하였다. 이로써 유수원은 조선후기 화

---

439) 柳壽垣에 대한 기왕의 연구는 다음과 같다. 韓榮國,「柳壽垣의 經濟思想」, 歷史學會 제128회 月例發表會, 1968년 11월 30일 ; 강만길,「조선후기 상업의 문제점 -『迂書』의 상업정책 분석 -」,『韓國史研究』6, 1971 ; 元裕漢,「조선후기 화폐유통구조의 개선론의 일면 - 柳壽垣의 현실적 화폐론을 중심으로 -」,『역사학보』56, 1972 ; 한영우,「柳壽垣의 신분개혁사상」,『韓國史研究』8, 1972 ; 韓榮國,「농암 柳壽垣의 정치경제사상연구」,『대구사학』10, 1976 ; 김용덕,「유수원의 상업론」,『한국사』14, 국사편찬위원회, 1981 ; 조정기,「농암 柳壽垣의 군정사상」,『중재장충식박사 화갑기념논총』, 1992 ; 황명수,「韓日商人사상의 비교 - 柳壽垣과 石田梅岩의 비교 -」,『중재장충식박사 화갑기념논총』, 1992.
440)『景宗實錄』卷11, 景宗 3年 2月 己巳.
441)『英祖實錄』卷84, 英祖 31年 5月 己丑 ; 卷84, 英祖 31年 5月 戊戌.

폐경제 발전과정에서 볼 때, 鄭尙驥(1678~1752)·李瀷(1681~1763)·英祖(1694~1776)·朴文秀(1691~1756) 등과 함께 '화폐(동전) 유통보급기'(17세기 초~90년대 말) 말경부터 '화폐유통에 대한 반동기'(18세기 초~40년대 초)를 거쳐 '화폐경제 확대발전기'(18세기 40년대 초~19세기 60년대) 초에 이르는 시기에 생존·활약한 실학자다.442)

유수원이 탄생한 해부터 중앙 및 지방 관청에서 대대적으로 開設한 동전 주조사업은 1697년(숙종 23)부터 1742년(영조 18)에 이르는 40여 년 동안, 1731년(영조 7) 동전의 주조유통 시도가 있었을 뿐, 한 번도 대대적으로 동전 주조사업을 개설하여 다량의 동전을 주조유통하지 못하였다. 위 40여 년 동안은 동전이 공·사 유통계에서 제반 화폐기능을 발휘함으로써, 봉건 조선사회의 전통적 생산양식 및 가치체계의 해체가 촉진되고 있었다. 즉 물품화폐와 칭량은화가 지배한 봉건 조선사회에 동전의 유통이 확대·보급되자, 농업생산의 위축, 상업의 발달, 고리대업의 성행, 농촌사회의 분화, 소비·사치성향의 조장 및 社會威信尺度의 변화 등, 봉건 사회질서의 해체가 급진전되었다. 또한 40여 년 동안에는 공·사 유통계에 심각한 錢荒이 일어나 동전의 유통보급으로 촉진된 봉건 조선사회의 해체과정을 加速시켰다. 이로써 왕조당국자를 비롯한 실학자 등 各階 지식계층의 동전유통에 대한 비판 내지 부정적 인식은 심화되었다.

우의정 洪致中(1667~1732)은 "지금 중앙과 지방의 民産이 이미 고갈되고 民力이 점차 궁핍해져 거의 支撐 보존할 수 없게 된 것은 오로지 동전이 날로 귀해지기 때문이다."443)고 하였다. 실학자 정상기는 "근세에 이르러서 동전이 심히 귀해져서 상품이 심히 賤하므로 農·商이 모두 곤궁하여 백성들은 그 피해를 감당할 수 없게 되었다."444)고 하였다. 또한 농촌지식인 李日章은 농촌사회 현실을 체험적으로 잘 알고 있다고 하면서 "食貨가 困乏하고 민생이 困悴하게 된 근본적 원인

---

442) 元裕漢,「李朝 肅宗朝의 鑄錢動機」,『東國史學』9·10, 1966.
443)『承政院日記』638冊, 英祖 3年 5月 4日.
444)『農圃問答』,「祛弊瘼」.

은 동전의 가치가 踊貴하는 데 있다."445)고 주장하였다.

이와 같이 전황의 문제점들이 지적되면서 국왕 영조는 동전 유통보급 내지 전황으로 봉건사회의 해체가 급진전된 일련의 사회변동을 간과할 수 없었다. 따라서 영조는 즉위 초부터 동전유통을 금지하기 위해 일련의 강경한 조치를 취했고, 그러한 정책방침은 1742년까지 지속되었다.446)

위의 40여 년간을 유수원의 생애와 대비해 보면, 비교적 상품화폐경제가 발전한 도시분위기 속에서 자라나 과거시험을 준비하였을 청소년기와 진사를 거쳐 25세 때인 1718년(숙종 44) 문과에 합격하고 官界에 진출, 官運이 비교적 순탄하여 중앙관료와 지방수령을 역임하다가 좌절의 禁錮생활로 접어든 시기를 포괄한다.447) 유수원이 관료로서의 출세를 꿈꾸며 과거시험 준비에 몰두하고 있었을 25세 이전에는 심각한 사회경제 문제로 제기·논란된 화폐정책 내지 전황이 심화된 유통계 현실에 관심을 갖지 않을 수 없었을 것이다. 대체로 과거시험을 준비하기 위해서는 經·史·詩·文에 관해서는 물론, 時政 전반에 걸친 다방면의 지식습득을 필요로 하였기 때문이다.

유수원은 과거시험에 합격하고 관계에 진출하여 正言·持平·掌令(正4品) 등, 言官을 중심으로 한 중앙관료448)와 牧民官449)으로서 화폐경제가 보급된 도시와 농촌사회의 변동을 견문·체험하였을 것이다. 그가 화폐경제의 발전과 함께 급진전된 사회변동에 대해 겪은 경험은 도시와 농촌사회 어느 쪽에 편중되지 않고, 양쪽 사회현실을 비교적 객관적이고 실제적으로 비교·고찰할 수 있는 계기를 부여하였을 것이다. 이러한 견문과 체험은 그의 화폐정책론 형성에 적지않은 영향을

---

445) 『承政院日記』 636冊, 英祖 3年 閏3月 16日.
446) 元裕漢, 「英祖의 銅錢通用禁止試圖」, 『사학회지』 12, 연세대 사학회, 1969.
447) 韓榮國, 앞의 논문, 1968.
448) 『景宗實錄』 卷10, 景宗 2年 12月 乙亥 ; 『英祖實錄』 卷18, 英祖 4年 7月 丁巳 ; 卷23, 英祖 5年 7月 辛巳 ; 卷43, 英祖 13年 1月 丁酉 ; 卷46, 英祖 13年 11月 丁巳 ; 卷47, 英祖 14年 12月 壬辰.
449) 『景宗實錄』 卷13, 景宗 3年 7月 乙酉.

주었을 것으로 짐작된다. 이는 농촌사회에 칩거한 이익이나 국왕 영조 등의 화폐정책론과는 그 형성 배경을 달리하는 것이다.450) 이 때문에 유수원의 화폐정책론과 이익 및 영조 등의 화폐정책론 사이에 차별성이 나타나게 되었을 것이다.

유수원은 『迂書』를 집필한 시기로 추정되는 8년 동안(1729~1737)에 중앙관료 및 지방수령으로서 동전유통을 금지하기 위해 시도한 화폐정책의 운용과 그 영향을 견문·체험하였을 것이다. 이러한 견문과 체험을 통해 얻은 지식은 『우서』 「論錢弊」 항을 서술하는 과정에 참고되었을 것이다.

유수원은 『우서』의 집필을 마치고 18년을 더 살다가 1755년(영조 31)에 종숙 유봉휘를 도와 모역했다는 죄로 사형을 당했다. 그는 그 18년 동안 정언·장령과 같은 비판을 속성으로 하는 언관 등 중앙관료 생활을 계속하면서 국가의 화폐정책 운용 및 비교적 발달한 서울의 유통경제를 객관적 안목으로 주시했을 것이다.

왕조당국은 1742년에 40여 년 동안 유통금지를 시도한 동전을 대대적으로 주조유통하기로 결정하였다. 영조는 동전 유통금지가 불가능하다는 현실을 인식하고, 전황극복을 위해 동전을 주조유통해야 한다는 박문수의 건의를 받아들여 서울과 各 道에 동전 주조사업의 開設을 지시하였다.451) 그 이후 왕조당국은 필요할 때마다 동전을 계속 주조유통하였다.452) 이 같은 화폐정책의 방향전환은 왕조당국이 동전유통으로 촉진된 봉건사회의 근대 지향성을 억제할 수 없다는 자각에서 비롯된 것으로 이해하여야 할 것이다.453) 여기에서는 『우서』 「논전폐」 항의 내용을 살펴보는 것으로 그치기 때문에, 유수원이 『우서』의 집필을 끝낸 이후 겪은 화폐정책 내지 유통계에 대한 견문과 체험이 어떠

---

450) 이 책, 제3장 Ⅲ, 1. 李瀷의 銅錢 流通禁止論 · 2. 英祖의 銅錢 流通禁止論 · 3. 鄭尙驥의 高額大錢流通論 참조.
451) 이 책, 제3장 Ⅲ, 2. 英祖의 銅錢 流通禁止論 · 5. 朴文秀의 銅錢 鑄造再開論 참조.
452) 元裕漢, 『朝鮮後期 貨幣史硏究』(한국연구총서 29), 한국연구원, 1975.
453) 元裕漢, 「朝鮮後期 貨幣政策에 대한 一考察」, 『韓國史硏究』 6, 1971.

한 것인지를 살펴보는 것은 무의미할 것이다.

2) 錢荒克服論

(1) 錢荒의 原因

柳壽垣의 화폐정책론은 앞에서 살펴본 것처럼 조선후기의 화폐정책과 유통경제 발전에 대한 견문과 체험을 토대로 하여 형성되었다. 그가 화폐정책론에서 "錢貨는 천하의 公幣이며 또한 公物이다."454)라고 말한 것을 보면, 화폐가치를 높이 평가·인식한 것으로 보인다. 그리하여 그가 동전의 유통을 전제하고 錢荒을 극복할 것을 주장한 데 비해, 李瀷·英祖 등은 동전의 유통을 금지하고 물품화폐 유통체제로의 복귀를 주장하였다.455)

유수원은 화폐가치를 높이 평가하면서 화폐정책의 모순과 유통계에 나타난 사회경제적 폐단을 극복대상으로서 지적·비판하는 동시에, 극복할 대응방안을 구상·제시하였다. 이는 유수원이 화폐문제에 대한 견문과 체험을 바탕으로 '동전의 폐단을 말한다.'(論錢弊)는 항목을 설정한 사실을 통해서도 확인할 수 있다.456)

유수원은 "우리 나라는 고려 때부터 전화(鑄貨)의 施·廢를 여러 차례 거듭해 왔으나 아직도 그 利害에 대한 주장이 일치되지 못하고 있는데 그 이유는 무엇인가."457)라고 자문하였다. 그리고 다음과 같이 자답하였다. "그것은 조금도 이상할 것이 없다. 전화[銅錢]의 시·폐가 반복되지 않을 수 없는 事勢가 있기 때문인데, 만약 그 근본이 탐구되지 못한 채 改施하기만 하면 천백 년 동안 개시해도 시·폐의 반복됨은 오늘날과 다름없을 것이다."458) 그는 화폐정책상의 모순과 유통계

---

454) 『迂書』 8, 「論錢弊」.
455) 이 책, 제3장 Ⅲ, 1. 李瀷의 銅錢 流通禁止論·2. 英祖의 銅錢 流通禁止論 참조.
456) 『迂書』 8, 「論錢弊」.
457) 『迂書』 8, 「論錢弊」.
458) 『迂書』 8, 「論錢弊」.

에 나타난 제반 사회경제적 폐단을 극복하기 위해 근본적 개혁이 필요하다고 강조하면서 동전 유통구조의 개선방안을 「논전폐」항, 즉 화폐정책론에 구상·제시하였다.

유수원은 원활한 동전유통을 저해하는 중요 원인을 일반 유통계에 나타난 전황, 즉 동전 유통량의 부족에 있다고 생각했던 것 같다. 그가 지적한 전황의 원인은 대개 다음과 같다.

첫째, 유수원은 전황의 원인으로 국가가 동전을 창고에 쌓아놓고 지출하지 않는 점을 지적하고 있다. 즉 전황의 원인이 중앙의 財力 있는 관청과 지방의 營·鎭 등에서 다량의 동전을 官庫에 退藏하고 循環·유통시키지 않는 데 있다고 생각하였다.

……서울의 재력 있는 衙門과 지방의 營·鎭 등은 전화(동전)를 많이 저축하고 있다. 동전이 국가 창고에 쌓인 채 아래로 유통되지 못하여 귀해지고 있는 것이다.……459)

이러한 유수원의 상황 인식은 객관적이고 현실적인 것으로 보인다. 당시 중앙의 宣惠廳과 각 軍營, 지방 營邑의 年間收入 중 동전포함 액수는 수백만 냥인데, 수납액 중 10~20%만 지출될 뿐, 80~90%는 그대로 관고에 퇴장되어 전황이 심각해진다는 기록이 있기 때문이다.460)

둘째, 유수원은 상업의 미발달로 다량의 동전이 富商大賈(富室)家에 퇴장되어 화폐기능을 충분히 발휘할 수 없기 때문에 전황이 일어난다고 하였다.

……우리 나라는 商販이 번성하지 못하기 때문에 전화가 부잣집에 많이 들어가 있는데, 모름지기 이 폐해를 트이게 해서 저절로 유포되도록 해야만 비로소 錢法이 행해질 수 있을 것이다.……그 근본을 살

---

459) 『迂書』 8, 「論錢弊」.
460) 『日省錄』, 正祖 12年 8月 17日.

펴보면, 우리 나라 사람들이 명예만 좋아하고 實事가 없어서, 士人만 귀한 줄 알고 工商을 천하게 여기기 때문이다.……461)

유수원은 상공업에 대한 末業觀 때문에 심지어 牟利輩조차도 상업에 종사하는 것을 수치스럽게 여겨 동전을 감추어 高利貸業과 防納에 쓰고, 값싼 물건이나 노비와 토지를 구입하는 데 사용할 뿐 상업활동에 사용하려 하지 않는다고 하였다.462) 전통적인 말업관으로 인해 상공업이 발전하지 못해 전황이 일어났다고 보는 견해는 鄭尙驥·이익 및 영조와는 상반되는 유수원 특유의 것으로 보인다. 이러한 발상은 상공업을 긍정적 입장에서 받아들이려는 의식을 전제로 하지 않고서는 기대할 수 없는 것이다.

유수원은 전황을 조장하는 부상대고의 동전퇴장 행위가 성행하는 원인을 상공업에 대한 전통적 말업관으로 인해 상업이 발달하지 못한 데 있다고 하였다. 이 같은 立論의 근거는, 일반 유통계 현실에 대한 치밀한 관찰과 철저한 검토가 결여된 데 있다는 사실을 지적해야 할 것 같다. 물품화폐가 지배하던 봉건사회에 동전유통이 보편화되자, 재화운반이 편리하여 상품유통이 활발해지고 국내 각지에 장시가 增設됨으로써 상공업이 발전하였다. 동전유통으로 상업발전이 증진됨에 따라 일반 유통계에 동전의 수요가 증가될 수밖에 없다는 점은 쉽게 짐작할 수 있다.

왕조당국은 동전을 계속 사용하면서도 주조는 꺼리거나 또는 동전을 주조하고자 해도 그 실적이 부진하였다. 이로 인해 일반 유통계의 동전수요를 충족시키지 못하게 되어 전황이 일어난 것이다. 이 전황은 물품화폐가 지배하던 봉건사회에 동전유통으로 급진전된 상업발달의 추세를 둔화시켰다. 전황으로 상업활동이 위축됨에 따라 남달리 營利感覺이 민감한 부상대고 등은 농업은 물론 상업보다 훨씬 높은 이윤을 취할 수 있는 고리대업으로 관심을 돌리게 되었다.463) 부상대고가 동

---

461)『迂書』8,「論錢弊」.
462)『迂書』8,「論錢弊」.

전을 퇴장시켜 상업활동에 사용하지 않고 고리대업 등에 사용하게 된 것은 전통적인 말업관 때문이라기보다는, 고리대업을 통해 상업보다 높은 이윤을 취할 수 있다는 현실적이고 실리적인 면 때문이었다. 이처럼 유수원이 현실을 평가·인식하는 데서 한계를 보인 것은, 유통계에 일어난 여러 현상을 상업문제와 관련시켜 이해하려는 집념에서 비롯된 것으로 보인다. 그 자신이 경험한 시대를 초월할 정도의 진보적 상업관을 가진 그는 상업발달의 중요성을 지나치게 강조하면서 상업을 발달시키기 위한 여러 방안을 구상·제시하고 있기 때문이다.464)

셋째, 유수원은 전황의 다른 한 원인이 왕조당국이 동전 주조유통 과정을 합리적으로 관리하지 못하여 동전 유통량을 적절히 조절하지 못한 데 있다고 하였다.

>……한 번 주전하고서 파한 뒤에는 아무도 관리하는 사람이 없어, 처음에는 (동전이) 매우 흔하다가 오래되면 매우 희귀해지며, 壅滯되어도 疏通하지 못하고 (동전의) 무게가 달라져도 고르게 하지 못한다. 그러니 잠시 만들었다가 곧 파하게 되고, 지나치게 귀했다가 너무나도 흔해져서 公·私와 農·末에 모두 해를 끼치는 것이니 어찌 괴이하다 하지 않겠는가.……465)

유수원은 왕조당국이 일정 액수의 동전을 주기적으로 주조유통하는 것이 아니라 필요할 때마다 부정기적으로 일시에 다량의 동전을 주조 유통하는 등, 일반 유통계에서 필요로 하는 동전 수요량을 적절히 조절하지 못한다고 하였다. 그러다 보니 동전의 주조유통 초기에는 유통량 과다로 동전가치가 폭락하고, 이 동전을 주조유통하지 못한 채 다시 상당 기간이 지나면 전황이 일어나게 된다는 것이다.

위에서 지적한 유수원의 견해는 그의 생애 후반과 그가 타계한 이후

---

463) 元裕漢,「朝鮮後期 貨幣流通에 대한 一考察 - 錢荒問題를 중심으로 - 」,『韓國史研究』7, 1972.
464) 姜萬吉, 앞의 논문, 1971.
465)『迂書』8,「論錢弊」.

의 시기에도 거듭 제기·논란되었으며, 한때 왕조당국에 의해 시도되기도 하였다.466) 물론 유수원이 제의한 방안이 그대로 국가 화폐정책 운용에 채택·시행된 것이라고 믿을 근거는 없고, 또한 그렇게 되었을 가능성도 거의 없다. 그러나 위와 같은 사실을 통해 유수원이 당시 현실을 평가·인식하는 안목이 객관적이고 실체적이었으며, 제시한 개선 방안 역시 현실에 집착하지 않고 미래전망적인 것이었음을 알 수 있다.

(2) 錢荒 克服方案

柳壽垣이 동전의 유통구조를 개선하기 위해 극복해야 할 중요한 과제로 생각한 錢荒문제는 조선후기의 화폐경제 발전과정에서 보면, 명목화폐인 동전의 유통기반이 이룩된 이후부터 일어났다. 대체로 18세기 초부터 공·사 유통계에 만성적으로 나타난 전황은 심각한 사회경제 문제로 제기되어 19세기 10년대까지 지속된 것으로 보인다. 전황이 조선후기 사회경제 면에 끼친 부정적 영향, 즉 사회경제적 모순과 폐단을 각계 지식계층은 매우 심각하게 받아들였다.467) 英祖는 동전의 유통 내지 전황으로 촉진된 제반 모순과 폐단을 이유로 동전의 주조유통 금지를 시도하고,468) 우의정 洪致中은 전황으로 서울과 지방의 民産이 고갈되고 民力이 점차 궁핍해져 지탱할 수 없게 되었다고 하였다.469) 실학자 鄭尙驥는 전황으로 農·商이 모두 곤궁해져서 민중이 그 폐해를 감당할 수 없다고 하고,470) 李瀷은 전황의 폐해를 탓하지 말고 동전의 유통을 금지하면 된다 하였다.471) 농촌지식인 李日章 역

---

466) 元裕漢,「18世紀에 있어서의 貨幣政策」,『史學研究』19, 1967.
467) 元裕漢, 앞의「朝鮮後期 貨幣流通에 대한 一考察 - 錢荒問題를 중심으로 -」, 1972.
468) 元裕漢, 앞의 논문, 1969.
469)『承政院日記』648冊, 英祖 3年 5月 4日 ;『英祖實錄』卷11, 英祖 3年 5月 庚申.
470)『農圃問答』,「去弊瘼」.
471)『星湖先生全集』,「雜著」, 論錢貨.

시 食貨가 困乏하고 민생이 困悴해진 근본 원인이 전황에 있다고 하였다.472)

이처럼 各階人이 공통적으로 심각한 사회경제적 모순이요 폐단으로 여긴 전황문제는 중앙관료와 지방수령을 역임한 유수원에게도 마찬가지로 심각한 문제로 받아들여졌다. 당시 상당수의 당국자와 실학자를 비롯한 각계 지식계층은 동전유통을 금하거나 楮貨・常木・高額錢・秤量銀貨・中國銅錢・鐵錢의 유통을 제의하는 등, 전황극복을 위한 화폐제도의 개혁을 주장하였다.473) 유수원은 기존 화폐제도를 부정하지 않는 범위 내에서 화폐정책의 개혁을 통해 전황을 극복하는 등 동전의 유통구조를 개선할 것을 주장하였다. 그는 전황극복 등 동전의 유통구조를 개선하기 위해 다음 몇 가지 방안을 제시하였다.

첫째, 동전유통을 원활하게 하기 위해 각 관청에 財貨를 私蓄할 수 있게 한 규정을 없애고, 국가는 官庫에 退藏된 다량의 동전으로 軍糧을 구입하고 관리의 祿俸으로 지급하는 등의 방법에 의해 순환・유통시키자고 하였다. 또한, 동전의 출납업무를 전담할 관청의 설치를 제의하였다. 유수원이 관고에 다량의 동전이 퇴장됨으로써 유통계에 나타난 전황을 극복하고 동전유통의 원활화를 위해 제의한 방안은 근본적이고 점진적인 것이요, 결코 방편적이거나 급진적인 것은 아니었다.474)

둘째, 상공업에 대한 전통적인 말업관을 불식함으로써 상공업에 종사하는 것을 수치스럽게 여기지 않게 되면 동전을 다량 퇴장하여 고리대업 등에 사용하는 富商大賈가 상업활동에 참여하게 될 것이며, 부상대고와 小商人의 상업활동이 활발해지면 부상대고의 집에 퇴장된 동전의 流出을 誘導하여 전황을 극복하고 동전유통은 원활해질 것이라 하였다.

……이제 이런 풍속을 일변시켜 工商을 부끄러워하지 않게 된다면

---

472) 『承政院日記』 634冊, 英祖 3年 3月 16日.
473) 元裕漢, 앞의 논문, 1971.
474) 『迂書』 8, 「論錢弊」.

累千百金을 내어 同夥를 모집하고 廛肆를 설치하여 商販을 행할 사람이 지금보다 百倍는 될 것이며, 窮鄕僻邑에서도 동전의 쓰임이 물과 같지 않은 곳이 없으리니, 어찌 동전을 오래 저장하기만 할 염려가 있겠는가.……475)

유수원이 전황을 극복하는 방안을 모색할 때 方便的이고 彌縫的이거나 급진적 방법을 쓰지 않고 있다는 사실에 주목할 필요가 있다. 즉, 유수원은 전황을 극복하기 위해 부상대고의 동전퇴장 행위를 禁令으로 막자는 지배적인 주장에 대해 "동전을 퇴장하고 아니하는 것은 그들(부상대고)의 마음에 달려 있는 것인데, 秦始皇의 威力으로도 그들의 동전퇴장을 禁하는 것이 가능하겠는가?"476)라고 반론을 제기하고, 보다 근본적이며 자발적인 극복방안을 모색하였다.

셋째, 매년 일정 액수의 동전을 주조유통하여 동전 유통량을 적절히 조절함으로써 일시적인 동전가치의 폭락과 함께 만성적인 동전가치의 騰貴현상, 즉 전황을 극복하는 방안을 제시하였다.

　　……오늘날 이를 구제하는 데는 錢官을 설치하여 錢法을 督理하는 것만 같지 못하니 해마다 일정한 액수의 동전을 주조하여 錢荒을 구하고 나아가 법을 만들어 惡錢의 유통을 금하되, 관청에 납부하게 하고 새 동전으로 대신 지급하게 하여야 할 것이다.……477)

유수원은 동전의 주조유통을 관리하는 관청, 常設 鑄錢官廳을 설치하여 매년 일정한 액수의 동전을 주조하여 전황을 극복할 것을 제의하였다. 뿐만 아니라, 동전 주조유통의 週期化를 위해서는 鑄錢所를 일정한 곳으로 한정하고, 鑄錢爐를 일정한 수로 작정하며, 이를 관리하는 관청에 담당 관직을 설치할 것을 주장하였다. 이같이 매년 일정한 액수의 동전을 주조한다면, 동전의 貴賤이 자연스럽게 物價와 같아질

---

475) 『迂書』 8, 「論錢弊」.
476) 『迂書』 8, 「論錢弊」.
477) 『迂書』 8, 「論錢弊」.

것이며, 동전이 계속해서 유통될 것이라 하였다.478)

넷째, 유수원은 동전의 품질을 개량하고 體裁를 개선하여 동전에 대한 일반 민중의 公信性을 높이는 한편, 동전 유통가치를 안정시킴으로써 동전의 유통을 원활히 할 것을 제의하였다. 당시 유통계에서 유통되고 있는 동전의 품질이 조악해지고 그 체재가 薄小·多樣해져서 동전의 원활한 유통을 저해하고 있다는 것이다.

> ……국가에서 鑄錢하기만 하고 私鑄하는 것을 금지할 줄을 모르면 끝내 동전은 유통하지 못하게 될 것이다. 옛날에 동전을 유통시킨 사람들은 먼저 錢法을 의논하였다. 銅과 숯을 아끼지 않고 工備를 아끼지 않으면서 좋은 동전을 만들어 내기에만 노력하였다. 또 市肆의 惡錢을 금지시키면서 官錢으로 바꾸고 改鑄하여 사주의 문을 막았던 것이다. 그렇게 한 다음에야 비로소 동전을 유통시킬 수가 있었던 것인데, 우리 나라에서는 도무지 이러한 일들을 하지 않고서 사주하는 것을 금지하기만 하니, 어찌 禁斷될 이치가 있는가.……479)

유수원은 국가가 일정한 관청에서 동전 주조비용을 아끼지 말고 화폐품질과 체재를 일정하게 통일하고 개량·개선하는 등, 동전 주조사업의 관리를 철저히 할 것을 제의하였다. 뿐만 아니라, 동전의 私鑄를 금지하고 유통되고 있는 私鑄銅錢을 回收하여 동전에 대한 일반 민중의 공신성을 강화하는 동시에 동전의 유통가치를 안정시킴으로써 유통을 원활히 할 것을 주장하였다. 유수원은 불법적인 동전 사주를 억제하는 데 있어, 死刑 등의 방법을 사용하여 엄히 다스리던 종래와 달리, 일반 유통계에 유통되고 있는 사주 惡貨는 良貨로 교환, 회수하자는 온건법을 쓸 것을 제의하였다. 이로써 유수원이 모순된 현실사회를 개량·개선하는 기본 태도에서는 禁令을 위주로 한 강압보다는, 계몽적 성격을 엿볼 수 있다.

---

478)『迂書』8,「論錢弊」.
479)『迂書』8,「論錢弊」.

다섯째, 유수원은 동전을 濫發하여 일반 유통계에서 동전가치가 폭락하는 폐단을 방지함으로써 동전유통을 원활히 할 것을 제의하였다. 즉, 국가가 應急한 재정수요에 충당하기 위해 방편적 조치로 동전을 남발하고, 또는 국가의 동전남발에 편승하여 화폐의 私鑄行爲가 성행하여 일반 유통계에서는 동전의 유통량 過多로 동전가치가 하락하고 품질마저 조악해져 유통질서는 더욱 혼란해진다고 하였다. 그리하여 유수원은 전황 못지않게 동전남발로 인한 유통량의 과다 현상 역시 경계하여, 동전 주조유통의 임시적 수익을 얻기 위해 동전을 惡鑄·남발하지 말 것을 주장하였다.480) 다시 말하면 유수원은 당시 국가의 동전 유통 목적이 유통경제의 활성화에 있다고 하거나, 또는 화폐 유통량을 조절하는 등 화폐정책적 고려에 있기보다는 만성적으로 궁핍한 국가재정을 補完하는 데 있다고 하는 등, 短目的이고 불합리한 화폐정책 운용 관행을 지적·비판하였다. 그는 전통적으로 빈약한 농업생산에 경제적 기초를 둔 조선왕조의 만성적인 재정궁핍이 합리적이고 안정된 화폐정책 운용 내지는 원활한 화폐경제 발전을 저해한다는 점을 지적·비판하고, 그 저해요인을 극복하기 위한 방안을 구상·제시했던 것이다. 이로써 유수원은 화폐의 본질이 응급한 국가 재정조달 수단이라기보다, '天下의 公幣·公物'로서의 기능을 발휘하여 제반 사회생산과 상품화폐경제의 성장·발전을 증진하여 국가재정을 충실히 하고, 민중생활을 안정·향상시키는 利器로서 평가·인식하였다는 사실을 짐작할 수 있다.481)

3) 貨幣政策論의 意義

앞에서 17세기 90년대부터 18세기 50년대에 걸쳐 생존한 柳壽垣의 錢荒克服論을 골자로 한 화폐정책론을 『迂書』「論錢弊」항의 내용을 중심으로 살펴보았다. 그의 화폐정책론에 대한 고찰을 통해 밝혀진 사

---

480) 『迂書』 8, 「論錢弊」.
481) 『迂書』 8, 「論錢弊」.

실을 기반으로 화폐정책론의 성격 내지 역사적 의의를 알아보기로 하자.

첫째, 유수원은 米·布 등 물품화폐와 칭량은화가 지배한 봉건 조선사회에 동전의 유통기반이 이루어질 무렵인 1694년(숙종 20)에 文化柳氏의 한 權門에 태어났다. 그는 '화폐유통에 대한 반동기'와 '화폐경제 확대발전기' 초엽에 걸쳐 살다가 1755년(영조 31)에 죽었다. 그러나 유수원의 화폐정책론은 『우서』에 게재되어 있는데, 『우서』의 집필완료 시기가 1739년(영조 15)으로 추정되기 때문에 사실상 그의 화폐정책론은 '화폐유통에 대한 반동기'에 대한 견문과 체험만으로 구성·체계화된 것으로 보아야 할 것이다. 그는 '화폐유통에 대한 반동기'의 화폐정책과 유통경제의 발전을 과거준비에 힘쓰고 있었을 25세 이전과 言官 및 지방수령 재직 시에 견문·체험하였을 것으로 짐작된다. 그 같은 견문과 체험을 기반으로 하여 전황극복론을 골자로 하는 화폐정책론을 구상·제시하였다. 특히, 개성유수 출신인 그의 종숙 柳鳳輝로부터 인간적 내지 학문적으로 적지않은 영향을 받았고, 개성지방의 상품화폐경제 발전상을 여러 차례 답사했을 것이라는 사실 등이 주목된다. 유봉휘와의 인간적 내지 학문적 관계와 개성지방의 상품화폐경제 발전상에 대한 견문과 체험은 유수원의 화폐정책론 형성에 적지않은 영향을 주었을 것으로 생각하기 때문이다.

둘째, 유수원의 화폐가치관은 긍정적 성격을 띠고 있다. 이는 거의 같은 시기의 화폐경제 발전상을 견문·체험한 李瀷·英祖·鄭尙驥 등이 동전유통을 금지하고 물품화폐 유통체제로 복귀할 것을 주장한 극히 부정적인 화폐가치관[482]과는 대조적인 것이다. 유수원의 화폐가치관은 오히려 43년 후 출생한 朴趾源이나, 68년 후에 태어난 丁若鏞 등과 공통점이 있다고 보아야 할 것 같다.[483]

---

482) 이 책, 제3장 Ⅲ, 1. 李瀷의 銅錢 流通禁止論·2. 英祖의 銅錢 流通禁止論·3. 鄭尙驥의 高額大錢流通論 참조.
483) 이 책, 제3장 Ⅳ, 2. 朴趾源의 當二錢·銀貨流通論·3. 丁若鏞의 金·銀·銅錢流通論 참조.

셋째, 유수원은 자신이 경험한 시기의 화폐정책이 가진 모순과 유통계에 나타난 사회경제적 폐단을 견문·체험하고 화폐정책의 개혁이 필요하다고 생각하였다. 이러한 현실 인식은 이익·영조·정상기와 공통되고 있으나 개혁방안에서는 차이를 보이고 있다. 대체로 같은 시기의 이익·영조 등은 일단 동전유통 자체를 부정하고 과거복귀적인 보수적 개혁방안을 제시한 데 비해, 유수원은 동전유통을 전제로 미래 전망적인 개혁방안을 제시하였다. 또한 개혁방안에서도 유수원은 기존의 화폐제도를 인정하고 정책운용을 합리화하고 철저화하는 것이었으나, 이익·영조 등은 동전 유통체제를 중단하고 물품화폐제로 복귀하자는 것이었다. 즉 유수원의 개혁방안은 소극적이지만 진보적인 것이었으나, 이익 등의 개혁방안은 적극적이지만 보수적인 것이었다.[484]

넷째, 유수원이 이익·영조 등과 거의 같은 시기의 화폐경제 발전을 경험했음에도 불구하고 그들 사이에 화폐가치관, 화폐 유통구조 개선을 위한 기본 태도 및 개선방법론에서 상당한 차이를 보여주는데, 그 원인이 어디 있는지 살펴보기로 한다.

(가) 유수원은 正4品 이하의 관료직만 역임하였기 때문에, 비판 그 자체에 치우치는 성향을 갖는 局外者로서의 실학자가 공통적으로 보여주는 사고의 한계와, 흔히 정치적 실제를 우선하기 쉬운 고급관료 등이 현실을 인식하는 데 갖는 한계를 극복하면서, 비교적 객관적으로 현실을 인식하고 합리적으로 미래를 전망할 수 있었을 것이다.

(나) 유수원은 농촌사회에 칩거한 이익이나 국왕인 영조 등과는 달리, 도시나 농촌사회 어느 한쪽만 경험한 것이 아니라 서로 다른 두 사회의 현실을 두루 경험했기 때문에 양쪽 사회의 화폐경제 발전상을 비교적 객관·합리적으로 비교·평가할 수 있었을 것이다.

(다) 유수원은 이익·영조 등과는 달리 문벌·경제적 여건·官運 등 여러 면에서 심각한 정서적 갈등이나 욕구불만을 크게 느끼지 않는 비

---

[484] 이 책, 제3장 Ⅲ, 1. 李瀷의 銅錢 流通禁止論·2. 英祖의 銅錢 流通禁止論·3. 鄭尙驥의 高額大錢流通論 참조.

교적 원만한 인격을 소유하고 있었던 듯하다. 이 때문에 그는 현실을 비판·부정하고 과감하게 개혁하려 하기보다는 기존 질서의 기본 틀을 유지하는 범위에서 문제점을 개선·개혁하고자 했던 것으로 짐작된다.

(라) 유수원과 좌의정을 지낸 종숙 유봉휘와의 관계를 생각해 볼 필요가 있을 것이다. 그는 官界에서는 물론 일상 생활에서도 유봉휘와 밀접한 관계를 가지며 학문적 경향이나 정치적 신념 등 여러 면에서 적지않은 영향을 받았을 것이다. 이로써 유수원이 화폐정책론을 구상·체계화하는 과정에서도 유봉휘의 영향을 받았을 가능성이 없지 않다. 유봉휘는 개성유수 재임시의 견문과 체험을 통해 자기 나름의 상품화폐경제에 관한 일가견을 가지게 되었을 것이기 때문이다. 또한 유수원은 유봉휘를 찾아가 개성의 상품화폐경제 발전을 직접 견문·체험하는 한편, 開京學의 영향을 받았을 가능성도 없지 않다.

(마) 유수원의 현실인식과 개혁론에서는 전성기 실학에서 강조된 利用厚生論의 실천방안으로 수용된 北學지향적 성격을 엿볼 수 있다.[485] 이 같은 유수원의 사회개혁론에 엿보이는 북학지향적 성격은 그의 화폐정책론의 형성 과정에 반영되었을 것이다.

다섯째, 유수원의 화폐정책론이 진보적 내지 미래전망적이라는 면에서 거의 같은 시기에 활약한 이익·정상기·영조 및 박문수 등보다 높이 평가되는데, 이는 유수원의 화폐정책론이 이익·영조 등과는 달리 주로 '화폐유통에 대한 반동기'의 견문과 체험만을 기반으로 구상·제시된 것이기 때문이다. 다시 말해, 그들은 유수원이 경험하지 못한 '화폐경제 확대발전기' 前半(18세기 40년대 초~18세기 말)의 화폐경제 발전을 견문·체험했음에도 불구하고 동전 유통금지론을 골자로 하는 화폐정책론을 구상·제시하였다. 이처럼 유수원의 화폐정책론에서 남달리 진보의식 내지 미래전망적 성격이 돋보이는 것은, 개경학에 연원을 두고 전성기 실학의 특징인 이용후생론의 실천방안으로 수용된 북

---

485) 『英祖實錄』 卷53, 英祖 17年 2月 癸卯.

학론의 영향 때문이다.

여섯째, 대체로 이익·영조·정상기 등의 화폐정책론은 과거복귀적 성격을 띤 것이기 때문에 각자의 화폐정책론이 비춰주는 投光範圍는 주로 그들이 생존·활약한 시기를 벗어날 수 없다. 그러나 유수원이 구상·제시한 화폐정책론은 진보적 내지 미래전망적 성격을 띤 것이기 때문에, 투광범위가 그가 활약한 시기는 물론, 그 이후의 시기까지 포괄할 수 있다. 그들의 화폐정책론을 통해 조선후기의 화폐경제 발전과 그 역사적 의의를 이해하고자 할 때, 이익·영조 등의 화폐정책론보다 유수원의 화폐정책론을 통해 보다 먼 시기의 화폐경제 발전상과 그 역사적 의의를 보다 선명하게 이해할 수 있다.

일곱째, 유수원의 화폐정책론을 정상기·이익 및 영조 등과 비교·고찰하는 궁극적인 목적은, 그들 각자가 생존한 시기의 화폐경제 발전 내지 그 역사적 영향이 어떠한 것이었는지를 이해하는 데 있다. 이러한 관점에서 보면, 政權에서 소외된 실학자 정상기·이익이나 국왕인 영조가 구상·제시한 화폐정책론보다 중간관료였던 유수원의 화폐정책론을 보다 높이 평가할 수 있을 것이다. 유수원은 정상기·이익·영조 등보다 객관적으로 화폐경제의 발전을 분석·고찰하여 진보적인 동전 유통구조 개선방안을 구상·제시하였기 때문이다. 유수원의 화폐정책론을 통해 그들이 생존·활약한 17세기 말부터 18세기 40년대에 이르는 시기의 화폐경제 발전과 그 역사적 의의를 보다 선명하게 이해할 수 있을 것이다

5. 朴文秀의 銅錢 鑄造再開論

1) 貨幣政策論의 形成486)

朴文秀의 銅錢 鑄造再開論을 골자로 한 화폐정책론을 보다 본질적

---

486) 박문수의 생애와 인간상에 관한 내용은 일일이 근거를 밝히는 일이 번잡하다고 생각되어 각주를 표기하지 않았다. 이 내용은 『朝鮮王朝實錄』·『承政院日記』·『備邊司謄錄』 등 官撰書에 나타난 기록을 참고하여 작성한 것이다.

이고 심층적으로 이해하기 위해 그 형성배경을 살펴보기로 하겠다. 화폐정책론의 형성 배경을 포괄적으로 이해하기 위해서는 그의 생애와 경험한 시기의 화폐경제 발전상을 고찰하는 것이 필요하다.

박문수는 1691년(肅宗 15)에 靈恩君 朴恒漢의 아들로 태어나, 1756년(英祖 32)에 죽었다. 본관은 高靈이고 호는 耆隱이다. 자는 成甫고, 당색은 少論이다. 그는 이조판서 朴長遠(1612~1671)의 증손이며 洗馬 朴銑의 손자다. 그의 증조부 박장원은 두 차례에 걸쳐 개성유수를 역임하였다.[487] 특히, 두 번째 개성유수 부임은 박장원이 자청한 것으로서 주목할 만하다.[488] 박장원은 개성유수 재직중에 죽음을 앞두고 疏文을 작성하여, 아들 朴聃으로 하여금 국왕께 올리게 하였다.[489] 박장원 이후 현직에 오른 인물이 없는 박문수 가문에 있어서, 박장원은 家系의 表象이 되어 家學·家風 내지 家統에 영향을 주었을 것으로 짐작된다. 이로써 화폐경제 및 조선후기 실학의 요람인 개성의 유수를 두 차례 역임한 박장원이 축적한 개성유수로서의 정치경륜은 고급관료 박문수가 현실을 인식하고 대응하는 과정에 간접적이지만 어떤 영향을 주었을 가능성이 있다.[490]

박문수는 33세 된 1723년(景宗 3)에 증광시 문과에 합격하고 예문관 檢閱이 되었다. 그 이후 說書·兵曹正郎을 역임하다가 1724년(영조 즉위)에 老論이 집권하게 되자 官界를 떠났다.

1727년(영조 3) 丁未換局으로 소론이 다시 기용됨에 따라 관계에 복귀하여 司書·持平·嶺南暗行御史가 되었다. 그는 영남지방의 賑恤에 힘쓰고 懲貪法을 엄격히 시행할 것을 건의·실시케 하는 등 암행어사로서 뛰어난 업적을 남겼다. 이 때의 뛰어난 활약으로 그는 조선시

---

487) 『顯宗改修實錄』 卷9, 顯宗 4年 8月 丙午 ; 『顯宗實錄』 卷19, 顯宗 12年 6月 甲辰.
488) 『顯宗實錄』 卷19, 顯宗 12年 6月 甲辰.
489) 『顯宗實錄』 卷20, 顯宗 13年 6月 癸卯.
490) 박장원이 임종시 올린 시무책의 내용과 박문수가 활약한 관직 경력에 그 일치점을 찾을 수 있다. 예를 들면, 박장원의 시무책 내용 중 하나가 진휼에 관한 내용이고, 박문수는 진휼사의 역할을 잘 수행하였다.

대 암행어사의 대명사처럼 알려지게 되었다. 이 해에 조정에서는 良役과 함께 화폐에 관한 문제들을 심각하게 논의하고 있었다. 즉 동전유통 내지 錢荒의 폐단을 이유로 동전의 지속적인 유통 여부를 논의하고 稱量銀貨의 규격화와 國外 유출량 감축문제 등이 논의되었다.491) 뿐만 아니라 농촌지식인이 상소를 통해 동전유통의 폐단을 지적·비판하고 자신의 화폐정책론을 구상·건의하기도 하였다.492)

박문수는 1728년(영조 4)에 부수찬·부교리를 역임하고, 부교리로 영남암행어사 임무를 수행하는 중 四路都巡問使 吳命恒의 從事官이 되어 李麟佐亂을 진압하는 데 공을 세웠다. 이 때의 戰功으로 奮武二等功臣이 되고, 이후 국왕의 두터운 신임을 받으며 내외 요직에 거듭 중용되었다. 이듬해에 경상도관찰사가 되어 영남암행어사로 활약하면서 경험한 것을 바탕으로 하여 軍政·陳田·驛奴婢의 개혁을 건의하는 등 적극적으로 道政의 개선·개혁을 추진하였다. 이 해 우의정이 된 李台佐·李㙫이 동전의 주조유통을 건의한 일이 있으나, 동전의 유통을 부정적으로 평가·인식한 영조에 의해 받아들여지지 않았다.493) 뿐만 아니라 영조는 칭량은화로 사용되는 銀의 채굴을 금지한 것처럼 銅의 채굴 역시 중단하였다.494)

박문수는 1730년(영조 6)에 대사간·備局堂上·예조참판·參贊官·도승지를 역임하고 이듬해 각 道에 있는 宮·司 및 監·兵·統·水營이 관리하는 船·鹽稅를 거두어 쓰는 문제를 건의하였다. 또 安興 지방을 답사하여 그 지방의 세밀한 지도를 만들어 바쳤다. 그리고 삼남지방에 賑恤策을 실시하기 위해 파견되었다. 1733년(영조 9) 공조참판·예조참판·대사헌을 역임하고 煮鹽으로 재정을 捻出, 兇荒을 구제할 것을 국왕에게 건의하였다. 이듬해 陳奏副使가 되어 중국에 다녀

---

491) 『英祖實錄』 卷11, 英祖 3年 閏3月 庚申 ; 卷13, 英祖 3年 10月 丙午 ; 卷14, 英祖 3年 11月 丁巳.
492) 『英祖實錄』 卷11, 英祖 3年 閏3月 壬申.
493) 『英祖實錄』 卷21, 英祖 5年 2月 乙未 ; 卷23, 英祖 5年 閏7月 壬寅.
494) 『英祖實錄』 卷24, 英祖 5年 11月 甲申.

온 후 호조참판・대사간・대사헌을 역임하였다. 박문수가 처음으로 중국에 들어가 얻은 새로운 문물에 대한 견문과 체험은 그의 화폐정책론 형성에 적지않은 영향을 주었을 것으로 짐작된다.

박문수는 1737년(영조 13) 공조참판・도승지・병조판서를 역임하고, 병조판서 재임시 禁軍節目을 개정하여 올렸다. 이듬해 병조판서를 사직하고 낙향하였다가 豊德府使로 좌천되었다. 1739년(영조 15) 함경도관찰사가 되고 이듬해 형조판서・대사헌을 거쳐 1741년(영조 17) 형조판서・어영대장・靈城君・지돈령부사・北道賑恤使・右參贊을 역임하였다. 그는 북도진휼사로서 貢布와 貂皮 징수를 감면하는 등 흉황 구제책을 건의・실시하게 하였다.

1742년(영조 18)에는 特進官・병조판서・경기도관찰사에 임명되었다. 우참찬직에 있을 때는 지난날 함경도관찰사 및 북도진휼사의 경험을 살려 함경도에 동전 주조사업을 開設하는 일에 간접적으로 참여하였다. 그리고 전황 극복방안을 골자로 한 일련의 화폐제도 개혁방안을 구상・제의하였다. 즉 그는 원료 공급난으로 동전의 주조유통이 어려운 상황에서 차선책으로서 中國銅錢의 수입유통론, 鍮器를 원료로 한 동전 주조유통론, 칭량은화 주조유통론을 구상・제의하였던 것이다. 이것이 계기가 되어 화폐정책에 관한 여러 가지 문제들이 조정에서 포괄적으로 논의・검토되고, 마침내 영조가 동전 주조유통을 결정하기에 이르렀다. 1743년(영조 19) 경기도관찰사에 부임하지 않았다는 이유로 좌천되어 함경도관찰사가 되었다가 다시 지돈령부사・형조판서에 임명되고, 嶺南句管堂上으로 차출되었다.

1744년(영조 20) 초 황해도수군절도사로 좌천되었다가 다시 풀려나 어영대장으로 특별 임명되고, 뒤이어 좌참찬이 되었다. 황해도수군절도사로 있을 때 領海를 침범한 中國船을 쫓아가 잡고 飛船의 건조를 국왕에게 건의하였다. 이듬해 어영대장으로 강화도를 답사하고 국왕에게 修城策 등 강화방어책을 보고하였다. 1747년(영조 23) 9월, 지난해 摺臣 60여 명의 論斥으로 사임했던 어영대장에 특별 임명되었다. 이듬해 同成均·호조판서·迎接都監堂上, 1749년(영조 25)에 知館事·崇政大夫가 되고, 겸직한 어영대장 사임을 청했으며, 이어 判義禁府事가 되었다. 영조의 부름을 받아 북도진휼책 및 국가 경비절약 문제를 논의하고, 9월에 度支定例를 제정하였다.

박문수는 1750년(영조 26) 1월 어영대장을 사임하고, 5월 호조판서로서 良役變通議를 올리고, 7월 자신의 주장과는 달리 양역 개혁방안이 결정되자 양역의 폐단에 관한 글을 올리고 호조판서를 사임하였다. 그리고 守禦使·충주목사를 거쳐 8월에 嶺南均稅使에 임명되었다. 이후 박문수는 국가의 주요 정책부문인 군사 및 경제정책을 직접 담당하는 관직에서는 소외된 것으로 보인다.

박문수는 1751년(영조 27) 嶺南均稅使로서 영남지방 船稅징수를 건의하고, 이후 예조판서·知成均館事·世子師傅에 임명되었다. 이듬해 왕의 부름을 받아 選武軍官의 폐단을 논의하고, 왕세손 사망에 대한 문책으로 제주도에 安置되었다. 1753년(영조 29) 초에 釐正廳堂上이 되어 釐正節目을 제정·건의하고, 이어 判敦寧府事·內局提調·우참찬에 임명되었다. 이듬해 왕의 부름을 받아 兵曹禁衛節目을 제정하고 왕으로부터 手書와 虎皮 등을 받았다. 사실상 박문수는 1750년에 어영대장이나 호조판서 등 주요 관직을 떠난 이후 사망할 때까지 여러 관직을 역임하면서 주로 군사 및 경제정책에 관해 국왕을 보좌하는 자문 역할을 담당하였다. 1756년(영조 32) 4월에 사망, 영의정에 추증되고 이듬해 박문수의 아들이 錄用되었다.

위에서 박문수의 門閥과 당색은 물론, 역임한 大·小 관직 및 정치적 활동을 대강 살펴보았다. 이를 통해 그의 人間像을 대개 다음과 같이 요약할 수 있을 것 같다.

박문수는 英祖朝에 주요 정책과제로 채택된 탕평책을 추진하는 과정에 적극 참여하였다. 그 주요 원인은 자신의 탕평론적 정치철학 때문이기도 하겠지만, 소론에 속한 그가 노론이 주도하는 정국에 보다 안정적으로 대처하기 위해서는 국왕이 적극 추진한 탕평책을 지지하는 것이 필요하다는 타산 때문이었을 가능성도 없지 않다.

박문수는 국왕 내지 국가에 대한 충성심이 남달리 강했던 것으로 짐작된다. 1728년에 일종의 왕권에 도전 내지 체제저항적 성격을 띤 이인좌의 난이 일어나자, 사로도순문사 오명항의 종사관으로 반란진압에 공을 세웠다. 영조는 반란진압 과정에서 보인 박문수의 의지와 활약상을 통해 그의 충성심과 잠재력을 확인한 것으로 보인다. 영조는 박문수를 남달리 신임하여 치안·사법·군사 및 경제정책을 관장하는 관직에 거듭 임명하고, 측근에 두기 위해 가급적 京官職에 머물러 있도록 하였다.

박문수는 마음이 착하고 정직하며 정의감이 남달리 강했던 것으로 짐작된다. 이러한 그의 품성은 1727년 영남암행어사로 파견되어 지방관의 부정부패를 규찰하고, 과중한 조세부담을 減免하며 모순된 제도를 개선·개혁하는 등 암행어사로서 뛰어난 업적을 이룩하는 데 기여한 것 같다. 암행어사로서 능력이 평가되어 경상도관찰사로 특진되고, 뒷날 함경도 및 경기도관찰사에 임명되는 동시에 凶年饑饉의 구제, 徵稅體系의 조정 및 지방행정의 규찰·감독을 목적으로 특정지역에 왕명을 받고 여러 차례 파견되었던 것으로 보인다.

박문수는 신념이 강하고 혁신적 성격의 인물인 것으로 짐작된다. 그는 그와 주장을 달리하는 고급관료들은 물론, 그를 각별히 신임하는 국왕의 반대에도 불구하고 균역법 시행과정에서처럼 혁신적인 자신의 주장을 내세우다 견제를 받거나 충돌하여 좌천되고 관직에서 물러나게 되는 경우가 종종 있었다.

박문수의 정치의식에는 지방행정 내지 민중의 삶을 중시하는 경향, 즉 爲民意識이 짙게 깔려 있다. 이것은 지방행정의 난맥상, 도탄에 허덕이는 민중의 삶을 견문·체험한 암행어사·관찰사·진휼사·균세사 등 그가 거친 관직경력으로 미루어 볼 때 지극히 당연한 일이었다 할 것이다.

박문수의 정치사상에서는 실용·실증·실제성과 객관·합리성을 확인할 수 있다. 특히 전성기 실학사상에서 강조된 이용후생의 실천방법론으로 수용된 북학론적 성격을 엿볼 수 있다. 그의 북학의식은 1734년 진주부사로 중국에 들어가서 새로운 문물을 견문·체험함으로써 보다 심화되었을 것으로 짐작된다.

흔히 박문수는 조선시대 암행어사의 대명사처럼 알려져 있다. 그 중요한 이유는 박문수가 영남암행어사를 비롯해 여러 지방의 관찰사·부사·진휼사·균세사로서 이룩한 많은 업적들이 암행어사로 활약할 때의 업적으로 종합·평가되고 미화되어 민중들 속에 전승되어 왔기 때문인 것으로 짐작된다.

영조와 고급관료 박문수와의 관계를 역사적으로 평가·인식하기 위해서는 둘 사이의 관계를 正祖·洪國榮(1748~1781)과의 관계와 비교·평가해볼 필요가 있다. 영조시대(1725~1776)와 정조시대(1777~1800)는 정치·경제·사회·문화 및 대외관계 등 여러 측면에서 볼 때 본질적으로 그 역사적 성격을 같이하는 시대로 인식되고 있다. 흔히, 조선후기의 世道政治는 정조 초에 국왕의 두터운 신임을 배경으로 국가의 정치운용을 주도한 홍국영으로부터 시작되었다고 알고 있다. 이 경우 홍국영 단계의 세도정치가 잠재적으로나 혹은 顯在的으로 생성되었을 역사적 배경을 생각하게 되는 것은 지극히 자연스런 일이다. 그 역사적 배경이 바로 정조조와 본질적으로 역사적 성격이 공통되는 영조조라는 점은 쉽게 짐작할 수 있다. 또한 정조 때 세도정치를 시작한 인물로 알려진 홍국영과 역사적 위상이 비슷한 정치인으로 박문수를 들 수 있을 것이다. 영·정조시대의 역사적 성격이 공통되는 시기임은 물론, 박문수가 영조의 두터운 신임을 받게 되는 동기나 배경, 그의 정치활동 범위와 유형 및 국정운영에 끼친 영향력 등이 정조 때의 홍국영의 경우와 공통점이 크다고 생각하기 때문이다. 이로써 조선후기의 세도정치는 영조 때 박문수가 국왕의 두터운 신임을 배경으로 정치활동을 활발히 전개하는 과정에서 잠재적으로 생성되기 시작하였다고 볼 수 있을 것이다. 그리고 정조 때의 홍국영이 국가정치를 주도하는 과정에서 그 시대의 정치성격을 규정하는 역사적 사실로 표출되면서, 이후 세도정치는 한국사 발전과정에 적지않은 영향을 끼치면서 변질되었다고 이해할 수 있다.

위에서 대강 살펴본 것처럼 박문수는 충성스럽고 혁신적이며 진보적인 고급관료 내지 정치가로 높이 평가되었다. 그러나 비판자에 의하면 박문수는 학문에 조예가 깊지 못해 무식하고, 성격이 과격하고 고집이 세기 때문에 자신의 입장만을 지나치게 내세우고 상대의 주의주장을 수용하는 데는 소홀했던 부정적인 인물로 평가되기도 하였다.

2) 錢荒認識論

朴文秀의 화폐정책론 형성배경을 보다 포괄적이고 심층적으로 이해하기 위해 그의 생애 및 人間像과 견문·체험한 시기의 화폐경제 발전을 살펴보았다. 이제 박문수의 화폐정책론 형성배경에 대한 지식을 기반으로 구상·제시한 화폐정책론의 구성내용을 간략히 살펴보고자 한다.

박문수는 1742년(영조 18)에 銅錢 鑄造再開論을 골자로 한 화폐정책론을 구상하여 실시할 것을 건의하였다. 이것이 계기가 되어 동전의 주조유통 문제가 조정에서 심각하게 논의되고, 마침내 영조는 各 道로 하여금 동전의 주조유통을 지시하였다. 이상 박문수가 구상·제시한 화폐정책론의 구성내용이 어떠한 것인가를 이해하기 위해 먼저 그의 전황 인식태도를 살펴보기로 하자.

『朝鮮王朝實錄』등 官撰書를 보면 동전 유통량 부족현상인 錢荒은 '錢貴' 또는 '錢艱'으로도 표현되어 있다. 박문수와 거의 같은 시기의 화폐정책과 화폐경제의 발전을 견문·체험한 대다수 지식계층은 전황이 당시 사회에 끼친 영향을 심각한 사회경제적 모순과 폐단으로 인식하였다. 즉 전황을 동전의 유통보급으로 촉진된 봉건사회의 해체 내지 근대지향 과정을 가속화시킨 요인으로 보았다. 그리하여 李瀷(1681~1763)·鄭尙驥(1678~1752)·柳壽垣(1694~1755) 등 실학자들은 물론 국왕·관료 및 농촌지식인 등 각계 지식계층 대다수는 전황의 사회경제적 폐단의 심각성을 지적·비판하고, 각기 극복방안을 구상·제시하였다. 실학자들 중 이익·정상기 등은 정도의 차이는 있으나 동전의 유통금지 방안을 골자로 하는 전황극복론을 구상·제시하였다. 영조는 즉위 초부터 동전의 유통 또는 전황폐단의 심각성을 깨달았다면 하루라도 빨리 동전유통을 금지하는 것이 현명한 일이라 주장하고, 동전을 주조유통하자는 건의를 받아들이지 않았다. 이러한 동전유통 내지 동전 주조유통에 대한 영조의 부정적 입장은 대체로 1740년대 초까지 지속된 것으로 보인다.495) 뿐만 아니라 충청도 洪州(洪城) 유생은 심각한 전황의 폐단을 지적·비판하고,496) 전라도 錦城(羅州) 지방의 민중들 중에도 전황 폐단의 심각성을 지적하면서, 동전의 주조유통에 반대하였다.497)

그러나 유수원은 동전 주조유통을 전제로 한 전황의 극복방안을 구상·제시하였다.498) 박문수 역시 다음과 같이 전황의 모순 내지 폐단을 심각하게 인식하고, 전황을 극복하기 위해 동전을 더 주조유통해야 한다고 주장하였다.499)

……지금 서울과 지방에는 錢荒이 심각하여 장차 夫子와 兄弟 관계를 유지하지 못할 상황에 이르렀습니다. 민심이 어찌 크게 흩어지지 않을 수 있겠습니까.……동전을 주조하면 오늘날 전황으로 물고기가 입을 오물거리며 괴로워하는 듯한 위급한 상태를 능히 구제할 수 있을 것입니다.500)

---

495) 이 책, 제3장 Ⅲ, 1. 李瀷의 銅錢 流通禁止論·2. 英祖의 銅錢 流通禁止論·3. 鄭尙驥의 高額大錢流通論·4. 柳壽垣의 錢荒克服論 참조.
496) 『英祖實錄』 卷11, 英祖 3年 閏3月 壬申.
497) 吳達運, 『國譯 海錦吳達運文集』(국역 해금오달운문집 발간위원회, 1993) 2, 「議論」, 加鑄便否議.
498) 이 책, 제3장 Ⅲ, 4. 柳壽垣의 錢荒克服論 참조.
499) 『承政院日記』 945冊, 英祖 18年 6月 4日.
500) 『英祖實錄』 卷55, 英祖 18年 6月 辛卯.

사실상 박문수는 각계 지식계층의 상당수가 그랬듯이 "만약 동전유통을 금지한다면 (전황으로 인한) 민폐를 제거할 수 있다."501)라고 생각하였다. 이 같은 주장은 동전 주조유통을 대신할 다른 재정조달법이 전혀 없는 형편이었기 때문에 동전을 계속 주조유통해야 한다는 데서 나온 것이었다. 즉 박문수는 전통적으로 취약한 농업생산에 경제기반을 둔 봉건 조선왕조가 응급한 재정을 조달하기 위해서는 동전의 주조유통이 불가피하다는 고급관료의 입장에서 제시한 견해다. 또한 박문수가 전황의 극복방안으로 동전의 주조유통을 주장하게 된 것은 전황 발생의 근본적 원인이 급증하는 동전 수요량을 충분히 주조유통하지 못한 데 있다고 보았기 때문이다.

한편 박문수는 전황의 다른 한 원인은 주조유통한 다량의 동전이 유통과정에서 자연 損耗되는 데 있다고 보기도 하였다.

……또한 처음 동전을 주조할 때는 北道(함경도)에서는 동전을 전혀 사용하지 않았고 關西(평안도)의 江邊지역 역시 사용하지 않았다. 지금은 북도의 端川 이남 여러 읍과 관서의 강변 여러 읍이 동전을 사용하지 않는 곳이 없다.……또한 1년에 깨져서 못 쓰는 동전과 1년에 잃어버리는 동전의 수량 역시 많다.……502)

이 밖에도 전황문제에 관심을 가진 많은 사람들은 그 중요 원인이 정부 각 관청 및 군영에서 다량의 동전을 財貨로 備蓄하고 高利貸를 목적으로 富商大賈가 동전을 다량 退藏하는 데 있다고 주장하였다.503) 이러한 전황 원인은 동전을 계속 주조유통하지 않기 때문에 나타난 부수적인 원인에 지나지 않는다.

박문수는 근본적인 전황의 원인을 배제함으로써 전황의 사회경제적 모순 내지 폐단을 극복하기 위해 동전을 더 주조유통할 것을 적극 주

---

501) 『承政院日記』 943冊, 英祖 18年 4月 17日.
502) 『承政院日記』 943冊, 英祖 18年 4月 17日.
503) 元裕漢, 「朝鮮後期 貨幣流通에 대한 一考察 - 錢荒문제를 중심으로 - 」, 『韓國史硏究』 7, 1972.

장하였다. 또한 그의 동전 주조재개론에는 爲民意識이 농도 짙게 깔려 있음을 알 수 있다.

……지금 만약 동전유통을 금지할 수 없다면 동전의 주조유통이 최선의 방법인데, 비록 동전 주조의 이익이 나라에는 적더라도 진실로 백성에게 이롭다면 마땅히 그렇게 해야 할 것이다.504)

이상 박문수의 전황인식론은 상당수 관료들의 전황인식론은 물론, 실학자 유수원과도 본질적으로 공통된 것으로 볼 수 있다.505)

3) 錢荒克服論
(1) 中國銅錢 輸入流通

朴文秀는 전황을 극복하는 근본적인 방안은 동전을 다량 주조유통하는 것이라고 생각하였다. 그러나 동전의 원료 공급난 등 동전을 주조유통하기 위해 필요한 제반 여건이 미비되어 있었기 때문에 동전의 주조유통과 동일한 효과가 기대되는 여러 가지 다른 방안들을 구상·제시하기도 하였다. 우선 中國銅錢을 값싸게 수입해 국내에서 法貨로 사용하자는 방안을 제의하였다.

……형편이 마땅히 동전을 주조해야 하겠으나, 銅은 우리 나라에서 생산되지 않으니 동전을 다량 주조하는 것이 지극히 어렵다.……銅鐵(동)은 東萊府에서 求하고 含石(錫)은 燕京에서 구하는데, 지금 생각해 보면 동철과 함석은 결코 다량으로 구할 도리가 없다.……현실적인 계책으로는 동전을 통용 금지하는 것이 이미 어렵고 동전을 주조하는 것 역시 어려우니 만약, 北錢(중국동전)을 수입해 오면 백성생활을 넉넉하게 할 수 있을 것이다.……동전수입에 관한 咨文을 연경에 보내고 驛官으로 하여금 銀을 가지고 가서 동전을 바꿔오게 하면 응급한 현실

---

504) 『承政院日記』 945冊, 英祖 18年 6月 19日.
505) 이 책, 제3장 Ⅲ, 4. 柳壽垣의 錢荒克服論 참조.

을 救濟할 수 있을 것이다.506)

즉 銅·錫 등 주요 동전원료의 공급난으로 다량의 동전을 주조유통할 수 없기 때문에 공식 절차를 통해 중국동전을 수입유통하자는 것이다. 사실상 당시 주요 동전원료의 국내 생산이 극히 부진하여 동은 일본에서, 석은 중국에서 수입해야 했기 때문에 원료 공급난은 만성화된 심각한 상태였다.

역사적으로 볼 때, 일찍이 고려시대까지 각종 중국화폐가 그 경로와 방법은 확실치 않으나 한반도로 전래되어 유통된 흔적이 확인되고 있다.507) 조선전기에는 화폐정책을 적극 추진하는 과정에서 동 등 화폐원료 공급난을 극복하기 위한 비상대책으로 중국화폐의 수입이 필요한 상황이었으나, 당시 대외관계 내지 국제무역의 폐쇄성 때문에 이를 시도하지 못한 것으로 보인다. 그러나 조선후기에는 그 폐쇄성이 어느 정도 완화됨에 따라 화폐정책의 시행 초기인 17세기 50년대에 私貿易을 통해 소량의 중국동전을 수입유통하였다. 1678년(숙종 4)에 동전(常平通寶)을 법화로 주조유통하기에 앞서 官貿易을 통해 중국동전의 수입유통을 시도했으나 중국 측의 반대로 중단된 일도 있다.508) 중국동전의 수입을 추진한 중요한 이유는 역시 동전원료가 부족하여 국내에서 생산하거나 외국으로부터 수입하여 동전을 주조유통하는 것보다는, 중국동전을 직접 수입유통하는 것이 비용이 적게 들기 때문이다.

일찍이 박문수는 중국에 들어가 동전수입의 가능성을 확인하였고, 또한 왕조당국이 1670년대 초에 중국동전의 수입을 시도한 사실을 기록을 통해 알고 있었다. 그는 이러한 지식을 기반으로 중국동전 수입유통론을 구상·제의할 수 있었던 것이다. 그러나 박문수가 제의한 중국동전 수입유통론은 영조와 다수 고급관료들의 반대로 실현되지 못

---

506) 『承政院日記』 943冊, 英祖 18年 4月 17日.
507) 정용범, 「고려시대 중국전 유통과 주전책 - 성종숙종연간을 중심으로」, 『지역과 역사』 4, 1997.
508) 元裕漢, 「이조후기 淸錢의 수입유통에 대하여」, 『사학연구』 21, 1969.

하였다. 반대의 중요한 이유는 중국동전을 수입해서 법화로 사용할 경우 국가의 화폐권이 중국에 의해 침해될 우려가 있고, 국내의 동전과 함께 사용하면 어리석은 민중들이 국내 동전과 중국동전을 구별하지 못해 유통계에 혼란이 일어날 염려가 있었기 때문이다. 또한 중국동전을 싼값으로 수입하여 법화로 유통하지 않고 동전원료로 사용하게 되면 潛商輩의 행위와 다를 바 없기 때문이라는 것이다. 이들 이유 가운데 가장 중요한 이유는 역시 중국에 의해 국가의 화폐권이 침해받게 되리라는 우려였다. 그렇게 보면, 중국동전의 수입유통을 반대한 주장에서는 국가의 자주독립의식 내지 민족의식을 엿볼 수 있다.509)

박문수가 중국동전 수입유통론을 제의하고 반세기가 지난 1792년(정조 16)에도 왕조당국이 중국동전의 수입유통을 결정하였으나 중국측의 거부로 중단된 적이 있다. 이 때도 역시 박문수가 중국동전 수입유통론을 제기했던 당시와 거의 같은 이유로 실학자나 관료들이 반대하였다. 그 대표적 사례가 洪良浩와 朴趾源 등의 중국동전 수입유통에 대한 적극적인 반대다.510) 그러나 朴齊家(1750~1805)는 같은 北學派인 박지원 등과는 달리 중국동전의 수입유통을 적극 주장하였다.511) 박지원과 박제가 등이 중국동전의 수입유통 문제를 놓고 상반된 입장을 취하고 있다는 사실을 통해, 그들의 의식기반에 깔려 있는 민족의식의 濃淡 차이를 엿볼 수 있다. 그러나 일반적으로 중국동전 수입유통론의 의식기반은 본질적인 면에서 볼 때, 전성기 실학에서 강조된 이용후생론의 실천방법론으로 수용된 북학론과 맥락을 같이하는 것으로 이해하여야 할 것이다. 따라서 박문수가 중국동전의 수입유통을 주장한 것은 陳奏副使로 중국에 들어가 화폐가 원활히 유통되고 있고

---

509) 『承政院日記』 945冊, 英祖 18年 6月 4日 ; 『英祖實錄』 卷55, 英祖 18年 6月 辛卯.
510) 元裕漢, 「耳溪 洪良浩의 화폐경제론」, 『홍대논총』 16, 1984 ; 이 책, 제3장 Ⅳ, 3. 丁若鏞의 金·銀·銅錢流通論 참조.
511) 元裕漢, 「貞蕤 朴齊家의 화폐론」, 『역사학논총』, 남도영박사고희기념논총, 1993.

동전이 국경지방에서 값싸게 거래되는 것을 직접 견문·체험하면서 더욱 절실해진 북학의식의 표출이라고 이해할 수도 있을 것 같다.512)

(2) 鍮器의 銅錢原料化

朴文秀는 錢荒을 극복하기 위해 먼저 동전을 다량 주조유통해야 한다고 주장했으나, 원료 공급난이 심각한 상황에서 동전의 주조유통은 이루어질 수 없었다. 이에 그 차선책으로서 중국동전의 수입유통을 제의했으나, 국왕을 비롯한 여러 관료들의 반대로 실현되지 못하였다. 이에 제3의 전황 극복방안으로 각 계층에 널리 보급되어 사용되고 있던 鍮器를 거둬들여 동전을 주조유통할 것을 제의하였다.

>……燕錢(중국동전)을 대량 수입할 수 있다면 매우 좋은 일이지만 만약 중국동전의 수입이 불가능하다면 동전을 넉넉히 주조발행할 방법이 또한 있다. 중국에서 天子는 비록 金·銀 그릇을 사용할지라도 宰相 이하의 모든 사람들은 沙器 그릇을 사용한다. 그리하여 錫의 경우 모두 鑄錢 원료로 사용되고 감히 조금도 그릇 만드는 원료로 사용하지 못한다. 이로써 중국에는 동전이 대단히 많아 부족될 염려가 없다. 지금 만약 우리나라에서 이 방법을 써서 大官으로부터 小民에 이르기까지 모두 사기를 사용하게 하고 지금 日常 사용되고 있는 유기를 거둬다가 동전을 주조하여 사용하면 능히 백성의 위급을 구제하고 비록 흉년을 당한다 해도 무슨 걱정을 할 것이 있겠는가.513)

즉 박문수는 다량의 중국동전을 수입유통하는 것이 불가능할 경우, 중국을 본받아 국내의 고급관료에서 민중에 이르기까지 널리 사용하고 있는 유기를 거둬들여 동전을 주조유통하는, 제3의 방안을 구상·제의하였다.

역사적으로 볼 때 유기는 물론 銅鍾 등 銅을 원료로 하는 각종 器物

---

512) 『承政院日記』943冊, 英祖 18年 4月 17日 ; 945, 英祖 18年 6月 19日.
513) 『承政院日記』943冊, 英祖 18年 4月 17日.

을 수집하여 동전원료로 사용한 사례는 조선 초기 이래로 흔히 찾아볼 수 있다. 대체로 조선시대는 국내의 동 수요를 거의 일본 등 국외로부터의 수입에 의존해 왔다. 동전원료로 사용되는 동·석의 수요 역시 거의 전적으로 외국으로부터의 수입에 의존하지 않을 수 없었다. 특히 박문수가 살던 시기에는 동전원료의 主宗을 이루는 동은 일본, 석은 중국으로부터 수입하였다. 그리하여 조선후기에 日本銅과 中國錫의 수입이 부진할 경우, 특히 일본동의 수입이 부진할 때는 전황의 중요 원인이 된 동전원료 공급난이 심각해져 유기 등을 거두어 동전을 주조 유통한 일이 종종 있었다. 사실상 17세기 70년대 말부터 90년대 말에 이르는 시기에 동전(상평통보)을 주조유통하여 법화로서 유통기반을 이룩한 중요한 원인은 일본동이 다량으로 수입되어 이를 동전원료로 충당할 수 있었기 때문이다. 한편, 18세기 초부터 전황이 일반 유통계에 일어나기 시작한 것은 일본동의 수입량이 급격히 감소된 데 중요한 원인이 있었다.514) 박문수는 바로 위와 같이 동전원료 공급난이 거의 만성화된 상태에서 일시적인 비상조치로 중국동전 수입유통론에 뒤이어 유기를 거두어 동전을 주조유통하는 방안을 주장한 것이다.

박문수가 당시의 중국 현실에 대한 견문과 체험을 근거로 유기를 거둬 동전을 주조할 것을 제의한 데서도, 그의 화폐정책론에 표출된 북학의식을 엿볼 수 있다. 이 같은 북학의식은, 중국동전 수입유통론에 표출된 북학의식보다는 농도가 희석된 것으로 생각된다. 북학의식의 희석화 경향, 즉 유기로 동전을 주조유통하자는 주장이 중국동전 수입 유통론이 받아들여지지 않자 그 대안으로서 제시된 것이었다는 점을 염두에 두면, 지극히 자연스러운 현상이라 하겠다. 한편 이것은 박문수의 화폐정책론에서 북학의식이 지나치게 강조됨으로써 상대적으로 消極視된 주체의식 내지 민족의식의 회복·강화 현상으로 이해될 수도 있을 것이다. 이와 비슷한 사례는 홍양호의 화폐정책론에서도 찾아볼 수 있다. 즉 그는 평안도관찰사로 재직중인 1792년(정조 16)에 중국동

---

514) 元裕漢,「조선후기 동전원료의 공급형태」,『인문과학』 32, 1974.

전을 수입유통할 경우 중국 측에 빈약한 국내 실정이 정탐되고 수입거래 과정에서 큰 경제적 손실을 입게 된다는 점 등 여러 가지 이유를 들어 중국동전의 수입유통 방침을 반대하고 중국을 본받아 국내 각계각층에 널리 사용되는 유기 대신 사기를 쓰게 하는 한편, 유기를 거둬어 이것으로 동전을 주조유통할 것을 주장하였다.515)

박문수가 동전원료 공급난 내지 전황의 극복방안으로 구상·제의한 제3의 방안, 즉 유기를 원료로 하여 동전을 주조유통하자는 주장은 대다수 관료들의 찬동을 얻지 못하고, 또한 유기를 거둬들이는 과정에서 민중의 소요가 일어날 우려가 있다는 영조의 반대로 실현되지 못하였다.516)

(3) 秤量銀貨 鑄造流通

朴文秀는 각 계층에 널리 사용되는 鍮器를 거둬 동전을 주조유통하는 것이 졸연히 실현될 수 없다면, 칭량은화를 주조하여 동전과 함께 法貨로 사용할 것을 주장하였다. 즉 칭량은화를 주조하여 동전과 함께 법화로 사용하는 제4의 錢荒 극복방안을 구상·제의하였다.

……위로 궁중에서부터 아래로 卿大夫·士庶人들이 모두 나날이 사용하는 鍮器를 내어 동전을 주조하면 목전의 위급한 형편을 구제할 수 있을 것이다. 그러나 유기로 동전을 주조유통하는 일이 졸연히 실현될 수 없다면 백방으로 생각하다가 우연히 깨달은 것인데 銀(칭량은화)을 사용하면 조금도 폐단이 없을 것이다. 우리 나라에 은은 천하에 제일 풍부하여 소위 譯官들이 그 이익을 다투고 있다. 동전 때문에 비록 奸計가 많이 일어나고 있지만 은을 8~9星 은으로 改鑄하여 은 1냥으로써 동전 2냥을 서로 바꾸어 사용하게 하면 편리할 것이다.……517)

---

515) 『正祖實錄』 卷36, 正祖 16年 10月 甲申 ; 元裕漢, 앞의 논문, 1984.
516) 『承政院日記』 945冊, 英祖 18年 6月 4日.
517) 『承政院日記』 945冊, 英祖 18年 6月 19日.

한국 화폐사 발달과정에서 볼 때, 여러 가지 형태의 칭량은화는 삼국시대 이전부터 米·布 등 물품화폐와 함께 국내의 공·사 유통계에 유통된 것은 물론 국제무역의 결제수단으로 사용되었다. 고려시대에도 銀餠·碎銀·標銀 등의 칭량은화가 널리 유통되었으나, 조선왕조에 들어와서는 金·銀의 對明歲貢免除라는 화폐경제 외적인 외교문제로 칭량은화의 사용이 法으로 금지되어 금·은의 화폐기능이 위축되었다. 그러다가 倭亂 중에 明軍이 다량의 은을 가져와 군사비로 사용하면서 조선왕조는 금지된 칭량은화의 유통을 허용하였다. 이로써 조선후기 칭량은화의 화폐기능이 활성화되어 미·포 등과 함께 국내의 공·사 유통계를 지배하게 된 동시에 종래보다 활발해진 국제무역의 결재수단으로 사용되었다. 뿐만 아니라 17세기 70년대 말부터 동전이 국가의 유일한 법화로 계속 유통보급되는 과정에서 동전의 유통가치를 결정하는 척도가 되는 등 本位貨幣로서의 기능을 하였다.518)

이처럼 박문수는 유통경제 내지 화폐경제의 발전을 배경으로 하여 동전과는 원료가 다른 칭량은화의 품질을 개량하고 유통가치를 일정하게 규격화하여 이를 동전과 함께 법화로 유통함으로써 화폐제도를 개혁하는 동시에 전황을 극복할 것을 구상·제의하였다. 당시 국내 유통계에서 동전과 함께 실질적으로 화폐기능을 담당한 칭량은화가 중국과의 무역결제 수단으로 다량 유출되면서 동전의 유통 영역이 그만큼 확대되고, 그것이 전황의 한 원인으로 작용하였기 때문이다. 박문수의 칭량은화 주조유통 건의에 대해 영조는 먼저 칭량은화를 각 軍門에서부터 시험적으로 사용할 것을 명하였다. 즉 박문수의 주장은 영조에 의해 받아들여져 軍門行銀節目이 작성되는 단계에까지 이르렀다.519) 그러나 군문의 칭량은화 유통규정인 行銀節目의 시험적 실시는 물론 박문수가 건의한 칭량은화 주조유통론 자체는 고급관료·민중 및 국왕 등의 반대로 실시되지 못하였다.

---

518) 元裕漢, 『朝鮮後期 貨幣史硏究』(한국연구총서 29), 한국연구원, 1975 ; 「조선전기 화폐사의 역사적 위치」, 『박물관휘보』 6, 서울시립대학교 박물관, 1995.
519) 『英祖實錄』 卷55, 英祖 18年 6月 丙午.

……왕이 말씀하기를, "……어제 지시한 行銀節目은 이미 작성되었는가?" (金)在魯가 아뢰기를 "절목은 이미 작성되었으나 여러 宰臣들의 의견이 일치되지 않습니다. 또한 提調 趙尙絅의 말을 들어보면 市民 중 처음에 은화의 사용이 편리하다고 말한 자가 지금 다시 와서는 불편하다고 합니다." ……備局堂上 申思喆이 아뢰기를 "(칭량은화의 사용은) 불편한 일이 한두 가지가 아닙니다. 박문수가 처음에 그 의논을 주장하였는데 이제 와서는 또한 불편함을 말하고 있습니다. 신의 생각으로는 결코 통용될 수 없다고 봅니다." ……왕이 말씀하기를, "민심의 교활하고 거짓됨이 오로지 동전의 유통에 원인이 있는데, 만약 또 은화의 유통을 허락한다면 그 교활하고 거짓된 습성을 더욱 조장하는 셈이 되는 것이니 私鑄의 폐단은 오히려 末節에 속할 것이다. 동전은 본래 尤物인데, 이 우물을 또 하나 보탠다면 민심의 교활하고 거짓됨을 어찌 이루 다 말할 수 있겠는가? 더구나 여러 宰臣들의 의견이 일치되지도 않는다고 하니 형세가 동전을 더 주조할 수밖에 없다."라고 하였다.[520]

칭량은화 주조유통 반대론에 대한 박문수 나름의 반론이 없었던 것은 아니다. 박문수는 孝宗朝에 金堉이 大同法을 확대 시행하는 과정에서 엿볼 수 있듯이, 칭량은화 주조유통의 폐단은 유통 초기에 나타나는 현상으로서 일정한 시일이 지나면 극복되는 것이라고 하였다. 그러나 박문수가 제의한 칭량은화 주조유통론은 그의 입장에 동조하던 영조가 동전 주조유통의 필요성을 인정하는 동시에 은화유통을 반대함으로써 실현되지 못하고 말았다.[521]

박문수가 구상·제의한 칭량은화 주조유통론은 비록 그 직접적인 동기가 전황극복에 있다는 점에서 공통점이 있지만, 중국동전 수입유통론이나 유기로 동전을 주조유통하자는 주장에 비해 화폐제도를 개혁하겠다는 의식을 더욱 명확히 드러낸 것이라고 할 수 있다. 비록 그

---

520) 『承政院日記』55冊, 英祖 18年 6月 丁巳.
521) 『承政院日記』945冊, 英祖 18年 6月 23日·28日·30日 ; 『英祖實錄』卷55, 英祖 18年 6月 丁巳.

가 제시한 화폐제도 개혁론이 칭량은화 유통론의 수준을 벗어나지 못하는 것이지만, 동전(當一錢)만을 법화로 사용한 종래의 단순·소박한 화폐제도가 가지는 한계를 극복하는 것이기 때문이다. 또한 박문수의 칭량은화 주조유통론에는 그 당시 실학자들을 비롯한 각계 지식계층이 그러했듯이 국가의 자주의식 내지 민족의식이 깔려 있으리라는 점을 짐작할 수 있다. 실학자 李瀷·朴趾源·朴齊家·丁若鏞 등은 물론 국왕과 상당수 관료가 生産財요 資本財인 금·은을 다량 중국으로 가지고 가서 사치·소비품만을 수입해 오는 對淸貿易으로 큰 경제적 손실을 입게 된다고 보고, 이 같은 국가의 경제적 손실을 막기 위해 무역결제 수단으로 사용되는 칭량은화를 국내에서 법화로 주조유통해야 한다고 주장하였다.522)

이처럼 국가 자주의식이나 민족의식을 基底의식으로 깔고 있는 칭량은화 주조유통론은 박지원의 화폐정책론에 보다 개선된 내용으로 나타나고, 정약용의 화폐제도 개혁론에서는 근대 鑄貨를 연상케 하는 금·은·동전의 주조유통 방안이 구상·제시되었다.523)

(4) 銅錢 鑄造再開

朴文秀가 錢荒克服을 위해 구상·제의한 몇 가지 대응방안, 즉 중국동전 수입유통론, 鍮器를 원료로 한 동전 주조유통론 및 稱量銀貨 주조유통론 등은 국왕과 대다수 고급관료들의 반대로 채택·실시되지 못하였다. 그는 전황을 극복할 최선의 방안은 동전을 다량 주조유통하는 것이라고 생각했지만, 원료 공급난과 국왕의 반대 등으로 실현이 어려울 것이라는 점을 알고 있었기 때문에, 우선 임시방편으로 중국동전 수입유통론 등의 방안을 제시했던 것으로 보인다.

'화폐유통에 대한 반동기'(18세기 초~40년대 초)부터 몇몇 실학자나

---

522) 元裕漢,「實學者의 貨幣經濟論」,『東方學志』26, 1981.
523) 이 책, 제3장 Ⅳ, 2. 朴趾源의 當二錢·銀貨流通論·3. 丁若鏞의 金·銀·銅錢流通論 참조.

관료 등은 대체로 박문수와 같은 입장에서 當二·當五·當十·當百 錢 등 각종 高額錢의 주조유통론을 구상·제시하였다. 한편, 동전유통 자체를 부정하는 입장 즉, 李瀷·鄭尙驥·英祖 등은 전황을 극복하기 위해 동전유통을 금지하고 楮貨·常布·鐵錢·칭량은화나 사용이 불편한 高額大錢 등을 법화로 사용할 것을 주장하기도 하였다. 즉 前者는 동전유통을 전제로 하고 동전의 주조유통을 주장하고, 후자는 동전유통의 금지를 주장하며 동전의 주조유통을 반대하는 등 전후자의 주장이 상반되었기 때문에 통일된 전황 극복방안이 채택, 시행되기는 어려웠다.524)

왕조당국은 삼남지방 내지 전국적인 凶荒처럼 전황 수준을 훨씬 뛰어넘는 경제적 위기상황에 직면하게 되면 재정조달을 위한 비상대책으로서 동전 주조유통을 시도하였다. 박문수가 官界에 진출한 초기인 1725년(영조 1)에 삼남지방에 흉황이 들어 시급한 구호비를 조달하기 위해 동전의 주조유통을 결정했으나, 영조는 "지금 일시에 동전 사용을 금할 수는 없을지라도 어찌 동전을 加鑄하겠는가."525)라고 하면서, 동전 주조사업을 시작하기도 전에 결정을 철회한 일이 있다. 영조가 "지난번에 加鑄(동전을 더 주조함)하게 하고 밤에도 잠을 이루지 못하다가, 이를 중지한 후에 비로소 잠을 편안히 잘 수 있었으니, 나의 생각으로는 결단코 (동전을) 혁파하려 한다."526)라고 말한 점을 미루어 동전 주조유통은 쉽게 이루어질 수 없는 일임을 짐작할 수 있다. 또한 영조는 1731년(영조 7) 8도 전역에 걸친 흉황을 대비하기 위한 비상 재정조달책으로서 30여 년 만에 동전의 주조유통을 허락하였다. 그러나 당시의 동전 주조사업은 應急한 재정조달을 위한 일시의 방편적 조치였을 뿐이다.527) 그로부터 10여 년이 지난 1742년(영조 18) 초 함경도

---

524) 元裕漢, 앞의 논문, 1972 ; 이 책, 제3장 Ⅲ, 1. 李瀷의 銅錢 流通禁止論·2. 英祖의 銅錢 流通禁止論·3. 鄭尙驥의 高額大錢流通論·4. 柳壽垣의 錢荒克服論 참조.
525)『承政院日記』602冊, 英祖 1年 10月 6日.
526)『英祖實錄』卷14, 英祖 3年 11月 丁巳.
527)『英祖實錄』卷30, 英祖 7年 10月 辛卯.

지방 흉황의 구제를 위해 동전의 주조유통을 결정하면서 영조의 화폐 가치에 대한 인식에 변화가 일어나기 시작하였다.528) 이로써 영조의 동전유통 내지 전황에 대한 상황인식은 물론 화폐정책의 운용방침에 도 변화가 일어나서 그동안 반대해 오던 동전 주조유통을 허락하기에 이르렀다. 이 사실은 40여 년 동안 동전을 본격적으로 주조유통하지 못한 '화폐유통에 대한 반동기'가 '화폐경제 확대발전기'(18세기 40년대 초~19세기 60대)로 전환하는 계기가 되었던 것이다.

위와 같은 변화는 몇 달 후 박문수의 전황극복론이 심각히 논의·검 토되는 과정을 거치면서 증폭되어, 마침내 영조로 하여금 동전의 주조 유통은 전황극복을 위해서는 물론 당시의 역사현실에서 볼 때 불가피 한 조치라는 인식을 갖게 하였다. 앞에서 살펴보았듯이 박문수는 심각 한 전황을 극복하기 위해서 근본적으로 동전을 다량 주조유통해야 하 지만, 원료가 부족하여 동전을 주조유통할 수 없기 때문에 비상적 대 응책을 구상·제시하였다. 이 같은 전황 극복방안의 구상·제시는 영 조를 비롯한 왕조당국자들이 그 방안들의 타당성 여부에 대한 논의· 검토는 물론 동전유통의 역사적 의미와 전황 극복방안들을 여러 측면 에서 심층적으로 철저하게 재검토·분석하는 계기가 되었다. 그 결과 로 영조는 앞에서 지적한 것처럼 박문수가 제의한 칭량은화 주조유통 론이 채택·실시될 수 없다는 이유를 지적하는 한편, 전황극복을 위해 서는 그처럼 반대 내지 억제했던 동전의 주조유통이 불가피하다는 것 을 공감하게 되었다.

영조는 1742년 6월 박문수가 구상·제의한 전황 극복방안을 논의· 검토하는 자리에서, 동전을 주조유통하기로 결정하고, 동전을 더 주조 하는 것과 高·小額錢을 倂用하는 것이 편리한지 여부에 대해 고급관 료들의 의견을 듣는 한편, 서울과 8도 민중의 여론을 수렴하게 하였 다.529) 영조는 관료들과 서울 민중들의 여론을 들은 후에 "백성의 뜻이

---

528) 이 책, 제3장 Ⅲ, 2. 英祖의 銅錢 流通禁止論 참조.
529) 『英祖實錄』卷55, 英祖 18年 6月 辛卯.

이미 원하지 않는다면 동전을 유통금지할 수 없다."530)라고 하였다. 영조는 뒤이어 "諸道에 명령을 내려 동전을 더 주조하게 하였으니, 왕이 이미 박문수의 말에 따라 이 명령을 내린 것이다."531)라고 했듯이, 박문수의 제의를 받아들여 동전주조를 결정하고 각 도에 동전의 주조유통을 지시했다는 사실을 알 수 있다. 이에 따라 1742년에는 중앙의 호조와 開城府·統營·경상도·전라도·함경도 및 평안도감영에서 동전 주조사업이 대대적으로 개설되었다.532)

위와 같이 일시에 여러 관청에서 동전 주조사업을 대대적으로 개설한 것은 조선후기 화폐정책 추진과정에서 흔히 볼 수 없는 일이다. 왕조당국이 1678년(숙종 4)에 상평통보를 법화로 채택·유통시키기로 결정하고, 호조·常平廳·賑恤廳·精抄廳·司僕寺·御營廳·訓練都監 등 중앙 7개 기관에서 동전을 주조한 이후 처음 있는 일로 보인다. 1678년에 영의정 許積의 주도로 개설된 대대적인 동전 주조사업이 米·布 등 물품화폐와 칭량은화의 유통체제를 극복하고 명목화폐인 동전이 법화로서 유통기반을 이룩하는 데 기여했다고 한다면,533) 1742년에 박문수의 제의로 개설된 대대적인 동전 주조사업은 동전유통 이후 급진전된 화폐경제의 확대·발전을 저해하는 전황을 극복하는 데 크게 기여했다 할 것이다. 그리고 박문수가 호조판서로서 均役法의 실시와 度支定例의 제정 등 국가의 경제정책 운영에서 중요한 역할을 담당한 1750년(영조 26)에는 '鑄錢廳'을 설치하고, 호조와 진휼청으로 하여금 한 곳에서 동전을 주조하게 함으로써 국가의 중요한 利權事業인 화폐 주조사업을 중앙에서 집중적으로 관리·통제하는 한편, 일시에 여러 기관에서 동전을 주조할 경우에 일어나게 되는 원료 공급난을 해소·극복하고자 하였다.534)

---

530) 『英祖實錄』 卷55, 英祖 18年 6月 癸卯.
531) 『英祖實錄』 卷55, 英祖 18年 6月 丙午.
532) 元裕漢, 앞의 책, 1975.
533) 元裕漢, 「이조 숙종시대의 鑄錢에 대하여」, 『사학연구』 18, 1964.
534) 元裕漢, 앞의 책, 1975 ; 「18세기에 있어서의 화폐정책 - 銅錢의 鑄造事業을 중심으로 - 」, 『사학연구』 19, 1967.

4) 貨幣政策論의 意義

위에서 朴文秀가 구상·제의한 화폐정책론의 구성 내용을 대강 살펴보았다. 이를 통해 그의 화폐정책론의 성격과 역사적 의의를 살펴보고자 한다. 화폐정책론의 성격으로서 대개 다음 몇 가지 사실을 지적할 수 있다.

첫째, 박문수의 화폐정책론에서는 농도 짙은 爲民意識을 엿볼 수 있다. 이 같은 사실은 박문수가 앞서 전황 극복방안으로 제시한 동전 주조재개론에서 알 수 있으며, 또한 칭량은화 주조유통론에 보이는 다음의 내용을 통해서도 짐작할 수 있다. 그는 "……(칭량은화 주조유통이) 만약 백성에게 이롭다면 비록 사소한 폐단이 있어도 유통하는 것이 옳지만 백성에게 이롭지 않다면 이익이 있어도 반드시 유통해서는 안 된다."535)라고 하였다. 그의 화폐정책론에 엿보이는 위민의식은 대체로 조선왕조 당국자들의 정치사상 밑바탕에 깔려 있는 민본의식의 자연스러운 표출로 이해할 수도 있을 것이다. 그러나 박문수의 위민의식은 자신이 暗行御使·觀察使·賑恤使·均稅使·府使로서 민중생활의 비참한 현실을 견문·체험하고, 정치적 탄압과 경제적 궁핍, 그리고 신분적 질곡에 허덕이는 민중을 구제·보호할 정책을 모색·실시하는 과정에서 형성된 것이기 때문에 그 농도가 남달리 짙은 것으로 생각된다.

둘째, 박문수의 화폐정책론에서는 중국동전 수입유통론이나 鍮器를 원료로 한 동전 주조유통론에 나타난 비상조치로서의 성격도 없지 않으나, 목전의 현실에만 집착하지 않고 미래를 전망하는 진보적 개혁의식을 엿볼 수 있다. 이 점은 품질·유통가치를 일정하게 규격화한 칭량은화를 주조하여 동전과 함께 法貨로 사용할 것을 주장한 사실을 통해 짐작할 수 있다. 박문수가 칭량은화의 주조유통 초기에 일어나는 불편 등의 문제점은 일찍이 金堉의 주도로 확대 실시된 大同法에서처럼 일정 기간이 지나면 해소·극복된다고 주장한 사실을 통해 그의 미

---

535) 『承政院日記』 945冊, 英祖 18年 6月 30日.

래지향적인 의식을 엿볼 수 있다.536) 이와 비등한 칭량은화 주조유통론은 같은 시기의 고급관료에 의해 제시되고, 이후에는 朴趾源을 거쳐 丁若鏞에 이르러서 근대 金銀本位制를 연상하게 하는 金·銀·銅錢의 주조유통론으로 모색·제시되었다.537)

셋째, 박문수의 화폐정책론에서는 北學意識을 엿볼 수 있다. 대체로 그가 활약한 시기는 全盛期 실학사상에서 특히 강조된 이용후생의 실천방안으로 北學論이 적극 수용되어 실학자·관료 등 지식계층의 현실개혁론 구성에 직·간접적인 영향을 주었다. 또한 그는 1734년(영조 10) 陳奏副使로 중국에 들어가 서양문물을 수용한 중국의 새로운 문물을 견문·체험하였다. 그는 북학의식을 바탕으로 중국동전 수입유통론이나 유기를 원료로 한 동전의 주조유통론을 구상·제시했던 것으로 보인다. 이 같은 북학의식은 일찍이 17세기 50년대의 화폐정책을 주도한 김육과 박문수 이후, 洪良浩·박지원·朴齊家 등의 화폐정책론에도 표출되어 있고, 정약용에 이르러서는 북학론과 西學論을 절충·보완한 진보적 화폐제도 개혁론의 의식기반이 되었던 것으로 보인다.538)

넷째, 박문수의 화폐정책론에서는 농도 짙은 실천의식을 찾아볼 수 있다. 그는 영조의 두터운 신임을 받은 고급관료였기 때문에 자신의 화폐정책론을 하나의 정책방안으로 직접 국왕에게 건의하고, 결정·실시하는 과정에 적극 참여하였다. 그가 구상·제의한 화폐정책론, 즉 전황극복을 위해 동전을 더 주조유통해야 한다는 주장은 심각한 논란 끝에 받아들여져 마침내 各道에 동전의 주조유통을 지시하게 되었다. 박문수의 화폐정책론을 실천의식이라는 관점에서 볼 때, 본질적으로 17

---

536) 『承政院日記』 945冊, 英祖 18年 6月 30日.
537) 이 책, 제3장 Ⅳ, 2. 朴趾源의 當二錢·銀貨流通論·3. 丁若鏞의 金·銀·銅錢流通論 참조.
538) 元裕漢, 앞의 논문, 1984 ; 앞의 논문, 1993 ; 이 책, 제3장 Ⅱ, 2. 金堉의 銅錢流通論·Ⅳ, 2. 朴趾源의 當二錢·銀貨流通論·3. 丁若鏞의 金·銀·銅錢流通論 참조.

세기 50년대의 화폐정책을 주도한 김육의 실천적 화폐정책론과 일맥 상통하는 것이라 할 수 있다. 따라서 金藎國·金起宗·김육 및 許積 의 실천적 화폐정책론이 역사적으로 높이 평가되듯이, 박문수 화폐정 책론의 역사적 의미 또한 높이 평가·인식되어야 할 것이다.539)

다섯째, 박문수의 화폐정책론에서는 비교적 뚜렷한 실증·실제 및 실용적 성격을 엿볼 수 있다. 우선 중국에 들어가 그 곳 현실을 견문· 체험하고 국내의 역사적 사실에 대한 실증을 바탕으로 중국동전 수입 유통론을 구상·제의하였다. 그는 현실에 적합한 정책을 입안하고 시 행하는 고급관료였기 때문에 실용성에 비중을 두고 화폐정책론을 구 상·제시하였다. 이로써 그의 화폐정책론은 명분·의리·전통 등 관념 적 내지 윤리적 가치보다는 실증·실제 및 실용성 등 객관·합리적 가 치에 비중을 두고 구상·제시되었다는 것을 알 수 있다. 이처럼 박문 수가 화폐정책론을 구상·체계화하는 데 있어 실증·실용성을 중시한 것은 김육 등과 본질적으로 공통되는 점이고,540) 또한 조선후기 실학 사상이 가지는 하나의 특징이기도 하다.

여섯째, 박문수의 화폐정책론에는 민족의식이 뚜렷이 나타나 있지 않다는 점을 지적해야 할 것 같다. 박문수와 같은 시기이거나 전후한 시기에 생존·활약한 실학자와 고급관료 등 일부 지식계층의 칭량은 화 주조유통론에서는 농도 짙은 민족의식을 확인할 수 있다. 대체로 칭량은화의 주조유통을 주장하는 동기는 국가에 막대한 경제적 손실 을 가져오는 銀(칭량은화)의 중국유출을 억제하려는 데 있었다. 또한 중국동전 수입유통을 반대한 중요한 동기는 역시 국가의 貨幣權이 다 른 나라에 의해 침해된다는 데 있었다.541) 박문수가 일반 지식인의 입 장이었다면 다른 나라와의 무역거래에서 입는 경제적 손실과 화폐권 의 침해에 반대를 하지 않을 까닭이 없었을 것이다. 그러나 박문수가

---

539) 『仁祖實錄』 卷28, 仁祖 11年 10月 甲戌 ; 이 책, 제3장 Ⅱ, 1. 金藎國의 銅錢 流通論·2. 金堉의 銅錢流通論·4. 許積의 銅錢流通論 참조.
540) 이 책, 제3장 Ⅱ, 2. 金堉의 銅錢流通論 참조.
541) 元裕漢, 앞의 논문, 1981.

제의한 중국동전 수입유통론이나 칭량은화 주조유통론에 민족의식이 뚜렷이 표출되지 않은 중요한 이유는, 국가 화폐정책을 운용하는 고급 관료의 입장에서 심각한 사회경제적 모순과 폐단을 조장한 錢荒을 극복하는 일이 무엇보다 중요하고도 우선해야 할 시급한 정책과제라고 생각했기 때문일 것이다.

끝으로 박문수가 '화폐정책론에서 전황극복을 위해 제1·2·3 방안 등을 구상·제시한 사실을 통해 화폐정책론의 탄력적 대응성과 종합적 체계성 및 강한 집념 내지 성취의욕을 엿볼 수 있다.

위에서 박문수 화폐정책론의 성격을 몇 가지로 나누어 살펴보았다. 이를 통해 박문수의 화폐정책론이 갖는 역사적 의의를 다음과 같이 평가·인식할 수 있겠다. 조선왕조의 화폐정책은 '화폐 유통보급기'(17세기 초~90년대 말)를 거치면서 銅錢(常平通寶)을 법화로 주조유통하였고, 이후 '화폐유통에 대한 반동기'에 들어서면서 동전유통 내지 전황의 영향이 부정적으로 평가되어 동전 주조유통을 금지하는 정책을 시행하였다.542) 박문수가 '화폐경제 확대발전기'의 전반(18세기 40년대 초~18세기 말)에 일반 유통계에 심화된 전황을 극복하기 위해 1742년(영조 18)에 몇 가지 방안을 건의하였다. 그 결과, 동전 주조유통을 위한 여러 가지 문제점이 집중적으로 논의되었고 그가 제의한 전황극복론 중 가장 근본적인 방안인 동전 주조유통론이 채택되어 동전 주조사업이 재개되었다.

이로써 박문수의 화폐정책론은 '화폐(동전) 유통보급기'에 김신국·김기종·김육·허적 등에 의해 동전의 유통기반이 이룩된 이후의 화폐경제 발전을 저해한 전황을 극복하는 논리적 근거가 되었다. 박문수는 김신국·김기종 등이 그러했듯이, 자신의 화폐정책론을 국가의 화폐정책 운용에 반영하기 위해 직접·간접적으로 참여하였다는 점에서 그의 화폐정책론이 가지는 실천적 의미는 크다. 더구나 조선후기 화폐경제 발전과정에서 볼 때, 박문수의 실천적 화폐정책론은 '화폐유통에

---

542) 元裕漢, 앞의 논문, 1972.

대한 반동기'가 '화폐경제 확대발전기'로 전환하는 계기를 마련하였고, 또한 화폐경제 발전은 봉건사회의 해체 내지 근대지향을 촉진한 역사적 요인이 되었다는 점에서, 그의 실천적 화폐정책론이 점하는 역사적 의미 내지 위치는 보다 높이 평가되어야 할 것이다.

앞에서도 지적했듯이, 柳壽垣을 제외한 鄭尙驥·李瀷 등 실학자와 국왕 英祖는 생존연대를 미루어볼 때, 박문수와 거의 같은 시기의 화폐정책과 유통계 현실을 배경으로 하여 각자의 화폐정책론을 구상·제시하였다. 이들 중 정상기·이익·영조 등은 화폐정책론에서 부분적 차이가 있을 뿐, 기본적으로는 동전유통 내지 전황의 폐단을 이유로 들어 동전유통을 부정하는 입장에서 화폐정책론을 구상·제시하였다.543) 이에 비해 유수원은 박문수와 방법론상으로 부분적인 차이를 보여줄 뿐, 기본적으로는 공통된 화폐정책론, 즉 동전유통을 전제로 하고 전황극복론을 골자로 하는 화폐정책론을 구상·제시하였다.544)

위에서 본 바와 같이 같은 시기의 화폐정책과 유통계 현실을 견문·체험한 그들 사이에 동전유통을 금지하거나, 또는 동전유통을 전제로 하는 등 서로 상반된 화폐정책론을 구상·제시하게 된 원인은 다음과 같다. 먼저, 그들 상호간의 화폐관 내지 화폐정책 이념의 차이에서 그 원인을 찾아볼 수 있다. 또한 현재 참고·활용할 수 있는 그들의 화폐정책론을 각자가 견문·체험한 '화폐유통에 대한 반동기'와 '화폐경제 확대발전기'의 두 시기 가운데 어느 시기를 중심으로 하여 구상·제시했느냐에서 원인을 찾아볼 수 있다. '화폐유통에 대한 반동기'에는 동전유통을 비판 내지 부정하는 화폐정책론이 지배적이고, '화폐경제 확대발전기'에는 동전유통을 전제로 하고 전황극복을 통해 유통구조를 개선하자는 화폐정책론이 지배적이었기 때문이다.

또 다른 원인은 局外者의 입장에서 관념론적 내지 이상론적으로 가치를 평가하느냐, 아니면 당국자의 입장에서 실용적 내지 실제적으로

---

543) 이 책, 제3장 Ⅲ, 1. 李瀷의 銅錢 流通禁止論·2. 英祖의 銅錢 流通禁止論· 3. 鄭尙驥의 高額大錢流通論 참조.
544) 이 책, 제3장 Ⅲ, 4. 柳壽垣의 錢荒克服論 참조.

가치를 평가해야 하느냐 하는, 가치평가의 주체의 차이에서 찾아보아야 할 것이다. 이러한 관점에서 박문수의 화폐정책론을, 동전유통을 부정적으로 평가·인식한 실학자 이익·정상기 및 국왕 영조와 동전유통을 긍정적으로 평가·인식한 관료이자 실학자인 유수원의 화폐정책론과 비교·평가함으로써, 고급관료 박문수의 화폐정책론의 성격 내지 역사적 의의를 보다 객관적이며 본질적으로 이해할 수 있을 것이다. 동시에 실학자들의 화폐정책론을 흔히 실학자들과 상대적 입장에 있다고 보는 관료들의 화폐정책론과 비교·평가함으로써, 실학자들의 화폐정책론 내지 실학사상의 성격과 역사적 의의를 보다 객관적으로 이해하는 데 도움이 될 것이다.

Ⅳ. 貨幣經濟 擴大發展期

조선후기의 화폐경제 발전과정에서 볼 때, 실학자 禹禎圭(1718～1791)·朴趾源(1737～1805)·丁若鏞(1762～1836)과 고급관료 徐榮輔(1759～1816) 등은 '화폐경제 확대발전기'(18세기 40년대 초～19세기 60년대)를 배경으로 하여 화폐정책론을 구상·제시하였다. 이 시기에는 상업을 억제하는 동시에 동전유통 금지를 시도한 봉건 조선왕조의 보수반동이 그 한계를 드러내었다. 당시 국가 화폐정책의 주요 목적은 동전유통을 전제로 하고 화폐정책 내지 화폐제도의 개혁을 통해 錢荒을 극복함으로써 화폐 유통구조를 개선하려는 데 있었다. 이 같은 '화폐경제 확대발전기'를 배경으로 하여, 그 前半(18세기 40년대 초～18세기 말)에는 박지원 등이 北學지향적인 전근대적 화폐제도 개혁론을 구상·제시하였고, 후반(19세기 초～60년대)에는 정약용이 西學지향적 내지 근대지향적 화폐제도 개혁론을 모색·제시하였다.

1. 禹禎圭의 高額錢流通論

1) 貨幣政策論의 形成

禹禎圭의 화폐정책론을 보다 포괄적이고 본질적으로 이해하기 위해 그의 생애 및 경험한 시기의 화폐경제 발전상을 중심으로 그의 화폐정책론의 형성배경을 살펴보자.

우정규의 본관은 丹陽, 자는 如寶, 호는 南坡다. 安靖公派 22대 손으로 1718년(肅宗 44) 咸陽에서 부친 禹敍疇와 모친 豊川 盧氏 사이에 2남 2녀 중 맏아들로 태어났다. 그의 가계를 보면, 4대조 禹熙吉은 李滉(1501~1570)의 문인으로서 진사였고 8대조 禹允功은 羅州牧使를 지냈으며, 9대조 禹晨은 順天府使, 10대조 禹元瑜는 監察을 지냈다. 7대조까지는 官界에 진출한 사람이 없다. 그는 몰락양반 가문에 태어나 6세 되는 1723년(景宗 3)에 조부 禹亨夏를 여의고, 11세 때인 1728년(英祖 4)에 李麟佐의 亂을 당했던 것으로 보인다. 함양에 살던 부친과 숙부 禹師疇·禹受疇·禹衍疇 등은 倡義하여 난을 討平하는 데 참여하였다.

30세 때 진사가 되고, 31세 되는 1748년(영조 24)에 68세 된 부친을 여의었다. 확실치는 않으나, 31세를 전후하여 晋陽 河氏 命龍의 딸과 결혼한 것으로 보인다. 35세 된 1752년(영조 28)에 장남 禹秉簡, 뒤이어 차남 禹秉逸이 태어났다. 35세 이후에 주거를 옮기고부터 수학에 힘써 47세 때 成均館 掌議가 되었다. 그 이듬해인 1766년(영조 42) 大科를 보아 丙科에 합격하였다.

우정규는 관계에 진출하여 성균관 典籍과 宗簿寺主簿를 거쳐 禮曹佐郎·兵曹佐郎을 역임하고 春秋館에서도 執務하였다. 71세 된 1788년(正祖 12)에 禮曹通禮院의 右通禮가 되었는데, 이 해 6월에 당시의 정치·경제·사회·문화 등 여러 분야에 관한 時務策을 올렸다.545) 시

---

545) 『承政院日記』 1643冊, 正祖 12年 6月 12日條에 禹禎圭의 時務策 全文이 수록되어 있으며, 『正祖實錄』 卷26, 正祖 12年 8月 丁未條에는 시무책에 대한 내용이 간략히 소개되어 있다. 『經濟野言』, 「論錢貨變通之議」에도 수록되어

무책에는 이용후생에 초점을 둔 그의 실학사상이 종합적으로 구상·제시되어 있다. 우정규의 실학사상을 연구하는 데 중요한 자료로 참고·인용되는『經濟野言』도 바로 이 시무책을 책자로 엮은 것이다. 우통례에 이어 左通禮·敦寧府都正·漢城府左尹·戶曹參判을 역임하였다. 官品은 從二品 嘉善大夫에 이르렀고, 1791년(정조 15) 정월 27일 74세로 죽었다.546)

위에서 실학자 우정규의 생애를 대강 살펴보았다. 중앙관직만을 역임한 그는, 조선후기 화폐경제 발전과정에서 볼 때, '화폐유통에 대한 반동기'(18세기 초~40년대 초)와 '화폐경제 확대발전기'(18세기 40년대 초~19세기 60년대) 前半(18세기 40년대 초~18세기 말)에 걸친 시기의 화폐정책과 유통계 실정을 견문·체험하였다. 즉 그가 생존한 시기는 錢荒이 사회문제화된 시기였다. 조선후기에 있어 전황은 18세기 초부터 19세기 초까지 약 1세기 동안 일반 유통계에 계속 나타나고 있었다. 전황이 그 당시의 사회경제면에 끼친 영향에 대해서는 대개 다음의 몇 가지로 지적할 수 있다.547)

첫째, 富豪大商이나 官設 기관의 고리대 행위가 한층 더 조장되고, 착취대상이 된 대다수의 농민층은 몰락하여 농촌사회의 분화가 촉진되었다.

둘째, 통화량의 부족으로 일반 유통계에서 동전이 발휘하는 價値移轉機能 내지 價値退藏機能이 강화됨으로써 도적행위가 빈발하는 한편, 도적이 대규모로 집단화하여 사회불안을 더욱 조장하였다.

셋째, 일반 유통계에 만성적으로 나타난 전황은 농민몰락 내지 농촌사회의 분화를 촉진했을 뿐만 아니라, 동전유통 이후 급격히 증진된

있다.
546) 禹禎圭의 생애에 관해서는 權五洙,『南坡 禹禎圭의 經濟思想硏究 - 經濟野言을 중심으로 - 』, 연세대학교 교육대학원 석사학위논문, 1980의 내용을 참고·인용하였다.
547) 元裕漢,「朝鮮後期 貨幣流通에 대한 一考察 - 錢荒문제를 중심으로 - 」,『韓國史硏究』 7, 1972.

상업발달 추세를 둔화시킴으로써 국내의 상품유통을 저해하였던 것으로 보인다.

넷째, 전황으로 고리대업의 이윤이 높아지게 되자 농민 중에는 상업보다 더 높은 이윤을 취할 수 있는 고리대업에 종사하기 위해 家産을 처분했다가 廢農하는 농민의 수가 증가됨으로써 농촌사회의 분화는 한층 더 촉진되었다.

다섯째, 전황은 문벌이나 정치권력 지향적인 전통적 社會威信尺度를 財富지향적인 것으로 급격히 전환시켜 선비가 글공부를 중단하고 장삿길에 들어서고, 양반도 돈으로 살 수 있다고까지 생각하게 만들었다.

여섯째, 화폐경제의 보급, 또는 통화량 부족으로 가족 구성원 각자는 이기적 타산에 보다 민감해져 공동체 의식이 약화되는 등, 봉건 조선사회의 전통적인 가부장적 대가족제도의 와해를 촉진하였다.

이와 같이 사회경제 면에서 전황이 주요 쟁점화되고, 조선후기 실학이 학파를 형성하고 전성을 이룬 시기를 배경으로 하여 우정규의 화폐정책론이 구상·제시되었다. 우정규는 1788년 6월 시무책을 작성하여 上疏했고, 국왕의 지시로 비변사에 의해 이 시무책이 逐條·심의되어 그 해 8월에 올린 上啓文 全文이 『承政院日記』[548]에 수록되었다. 그의 화폐정책론은 시무책의 「錢貨變通之議」와 「銀店勿禁之議」 항에 구상·제시되어 있다.

2) 貨幣價値認識論

禹禎圭는 자신이 상소한 시무책의 「錢貨變通之議」 序頭에서, 銅錢은 일찍부터 여러 나라에서 사용한 것으로서 쓰기에 적합한 화폐라고 평가·인식하였다.

　　……民生이 資賴하는 것은 입는 것과 먹는 것이지만, 사실상 사용하

---

548) 『承政院日記』 1645冊, 正祖 12年 8月 18日條에 수록되어 있다.

기에 적당한 것은 錢貨(鑄貨, 또는 銅錢) 만한 것이 없는데, 천하에 전화가 있은 지도 오래되었습니다.……549)

한편, 동전은 가치척도로서 물가를 조절하며 중국 고대 이래로 상품을 유통시키는 방법으로서 동전보다 나은 것이 없다고 하는 등 화폐로서 동전의 가치를 높이 평가하였다.

……太公이 九府圜法을 실시했는데, 전화는 둥글면서 가운데 구멍은 모가 났으며 가볍고 무거운 것을 저울질하였습니다. 三代(夏·殷·周) 이래로 천하에 국가를 다스리는 자의 財貨 유통방법으로서 전화보다 나은 것이 없습니다.……550)

우정규는 계속해서 동전이 민중의 일상 생활과 국가 재정 운용면에서 중요한 위치를 점하게 된다는 자기 주장의 논리적 근거로서 동전의 기능을 보다 구체적으로 설명하였다.

……그런 까닭에 역대로 전화에 대한 법이 때에 따라 변경되었으나, 子錢(小額錢)과 母錢(高額錢)의 균형을 맞추고 가벼운 것(전화)과 무거운 것을 서로 보완케 해서 전화의 유통이 샘물의 흐름과 같이 막히는 것을 방지하자는 데 지나지 않았습니다. 이로써 전화는 물가의 높고 낮음에 따르고, 있는 것과 없는 물화를 교환하는 데 있어서 무거운 물화는 가볍게 하여 운반하고 큰 물화는 작게 하여 사용토록 하는 것입니다. 물화 유통이 막힌 것을 뚫리게 하고 쌓인 물화를 흩어지게 하는 것으로 전화 만한 것이 없으니, 나라의 모든 물화를 균형되게 하는 것은 오직 전화뿐입니다.……551)

우정규는 동전이 모든 상품교환을 매개하여 유통을 원활하게 하고,

---

549) 『承政院日記』 1643冊, 正祖 12年 6月 12日.
550) 『承政院日記』 1643冊, 正祖 12年 6月 12日.
551) 『承政院日記』 1643冊, 正祖 12年 6月 12日.

크고 작은 모든 상품의 가치척도가 되어 상품 가격구조의 균형을 유지하며, 財貨의 운반을 간편하게 하여 유통경제의 발전을 증진하기 때문에 민중생활은 물론 국가의 재정운용에 꼭 필요한 것이라며 화폐의 기능 내지 가치를 높이 평가하였다. 또한 국가의 法貨로서 가장 적합한 화폐는 錢貨(동전)라고 생각하였다. 다시 말하면 고려 때 사용한 銀瓶이나 조선전기에 유통보급이 시도된 楮貨 등은 모두 법화로서 적합하지 않았기 때문에 조선왕조 초기 이래로 동전의 주조유통이 거듭 시도되기에 이르렀다는 것이다.552)

우정규의 화폐가치관은 동전 유통금지를 시도한 '화폐유통에 대한 반동기'를 극복한 위에 형성되었기 때문에 그와 거의 같은 시기의 화폐경제 발전 내지 역사발전을 견문·체험한 洪良浩(1724~1805)·朴趾源(1737~1805) 및 丁若鏞(1762~1836) 등의 실학자들의 화폐가치관과 본질적으로 성격이 같은 것으로 보인다.553) 즉 그의 화폐가치관은, 민중생활과 국가의 재정운용에 꼭 필요한 것으로 평가되어 국가가 화폐정책을 의욕적으로 추진한 '화폐경제 확대발전기'를 배경으로 형성되었기 때문에, 선·후배 실학자들의 화폐에 대한 가치인식이 서로 다르게 나타나게 되었을 것이다.

3) 錢荒克服論

禹禎圭는 화폐제도 개혁론 내지 화폐 유통구조 개선론을 골자로 한 화폐정책론을 구상·제시하였다. 그는 「錢貨變通之議」에서 화폐 유통구조 개선을 위해 극복해야 할 당면 과제를 錢荒이라고 생각하였다. 우정규는 전황의 원인이 어디 있고, 그 폐단과 극복방안이 무엇이라고 생각했는지 살펴보도록 하겠다.

---

552) 『承政院日記』 1643冊, 正祖 12年 6月 12日.
553) 元裕漢, 「實學者의 貨幣經濟論」, 『東方學志』 26, 1981 ; 「耳溪 洪良浩의 貨幣經濟論」, 『弘大論叢』 16, 1984 ; 이 책, 제3장 Ⅳ, 2. 朴趾源의 當二錢·銀貨流通論·3. 丁若鏞의 金·銀·銅錢流通論 참조.

(1) 錢荒原因과 弊端

　조선후기 화폐경제의 발전과정에서 볼 때, 錢荒은 '화폐유통에 대한 반동기'와 '화폐경제 확대발전기' 前半을 포괄하는 1세기 여에 걸쳐 공·사 유통계에 나타난 동전 유통량 부족현상이다. 이 시기에 생존·활약한 禹禎圭 역시 대다수 당국자나 실학자 및 농촌지식인들처럼, 전황의 심각한 폐단을 지적하였다. 그는 전황의 주요 원인이 중앙의 宣惠廳·均役廳과 각 營·鎭에 다량의 동전이 退藏되었기 때문이라고 하였다.

　　……지금 錢貨가 귀한(전황) 폐단은 다른 데 이유가 있는 것이 아닙니다. 1년 동안에 민간인으로부터 관청으로 들어오는 전화는 이루 헤아릴 수가 없습니다. 중앙의 宣惠廳·均役廳과 各 營·鎭에서 거두는 것이 이미 수십만 꿰미가 되는데, 중앙과 지방에서 公用으로 지출하는 것은 그 10분의 1~2에 지나지 않습니다. 민간인으로부터 들어오는 것은 열에 여덟아홉이나 되는데 관청에서 지출하는 것은 열에 한둘이기 때문에 근년 이래로 선혜청과 균역청 및 각 軍門에 쌓인 전화가 종래보다 열 갑절이며……그런즉 재화가 停滯되어 유통되지 못하는 것이 지극합니다.……554)

　우정규는 전황의 중요 원인이 중앙의 주요 재정관리 관청과 지방관청 및 각 군영에서 다량의 동전을 거둬들여 퇴장하고, 극히 일부분만 방출하기 때문에 대부분의 동전이 일반 유통계에서 본래의 기능을 발휘할 수 없기 때문이라고 하였다. 특히 균역청에서 해마다 각 道의 結錢으로 都合 39만 5천 냥 정도의 동전을 거두어 퇴장하고 있다고 하였다. 동전이 균역청에 계속 퇴장되어 있으므로 外方에서는 동전이 점점 더 줄어들 수밖에 없어 전황이 더욱 심각해진다고 하였다.555)
　우정규는 전황의 원인이 국가가 일반 유통계에 필요한 동전 수요량

---

554)『承政院日記』1643冊, 正祖 12年 6月 12日.
555)『承政院日記』1643冊, 正祖 12年 6月 12日.

을 충분히 주조유통하지 못하기 때문이라고 하였다. 이 점은 그가 전황의 원인을 말하면서 銅을 수입해서 軍門에 쌓아둔 것이 적지 않다고 지적한 사실556)과 후론하게 될 전황 극복방안으로서 한정된 원료로 보다 많은 유통가치를 조성하기 위해 고액전의 주조유통을 주장한 사실을 통해 짐작할 수 있다. 또한 우정규는 당시 공·사 유통계에서 중요한 화폐기능을 담당한 칭량은화의 유통량 감소가 상대적으로 동전의 유통영역을 확대시킴으로써 전황의 원인이 된다고 생각한 것으로 보인다. 그리하여 銀鑛開發 금지조치를 비판하고 은광의 적극적인 개발을 주장하게 된 것으로 짐작된다.557) 사실상 화폐경제가 확대·발전함에 따라 화폐수요는 증가되었으나, 동전 원료 공급난이나 동전유통을 부정적으로 평가한 당국자들의 반발로 절대량의 동전을 주조유통하는 것이 불가능하였다. 이것이 중요한 전황의 원인이 되었다.558)

우정규는 전황의 원인으로서 위의 몇 가지 사실을 지적하면서 그 폐단을 지적하였다. 그는 전황이 화폐경제의 원활한 발전 내지 상품화폐경제의 발달을 저해한다고 보았다. 또한 稅納의 金納化 과정에서 농민이 입은 심각한 피해를 전황의 폐단으로 보았다.

>……이 布로써 大同을 바칠 때는 별로 다른 폐단이 없었는데, 그 절반을 동전으로 바치게 된 후로는 가령 포 두 필을 바치던 자는 한 필을 포로, 한 필을 동전으로 바치는 연고로 포를 동전으로 바꿔야 하니 또한 곤란함이 많습니다. 곤궁한 백성이 포 얼마를 짜서 위로 公稅를 염려하고 아래로 사사로운 계획을 돕는 것입니다. 그런데 자신이 직접 짠 포가 아니고 도리어 자신이 주조하지 못하는 동전을 바꿔서 대동을 준비하고, 또 結錢을 바치게 되니 이런 동전이 貴한 때를 당해 백성의 곤궁함이 더욱 심해지니, 이 어찌 불쌍하지 않습니까.……559)

---

556) 『承政院日記』1643冊, 正祖 12年 6月 12日.
557) 『承政院日記』1643冊, 正祖 12年 6月 12日.
558) 元裕漢, 앞의 논문, 1972.
559) 『承政院日記』1643冊, 正祖 12年 6月 12日.

大同布를 금납화하는 과정에서 농민들은 布·米 등을 동전으로 바꾸기 위해 싼값으로 내놓아 적지않은 손해를 감수해야 하였다. 그 같은 농민의 폐해가 전황이 심각해진 상황 아래서는 더욱 컸을 것이다. 우정규가 지적한 전황의 폐단 외에도 당시 사회에는 여러 가지 전황의 폐단이 있었다.560)

(2) 錢荒 克服方案

錢荒의 폐단은 당시 당국자나 실학자 등 지식계층이 공통으로 심각하게 느낀 것으로서, 그들 각자는 나름으로 전황 극복방안을 구상·제시하였다. 李瀷이나 英祖 등은 '화폐유통에 대한 반동기'를 배경으로 하여 구상·제시한 화폐정책론에서, 동전유통 내지 전황은 봉건사회의 전통적 가치체계와 생산양식의 해체를 촉진한다 하여 동전유통 자체를 금지시키자는 주장을 내세웠다.561) 그러나 '화폐경제 확대발전기' 前半의 화폐경제 발전상을 견문·체험한 禹禎圭는 公·私 유통계에 만연한 전황을 심각한 사회경제적 모순 내지 폐단으로 보았지만, 동전유통 자체를 부정하려 하지는 않았다.

……우리 나라의 銀甁과 楮貨도 또한 魏나라 때의 濕穀과 薄絹과 같은 것이니 이것은 당연히 시행할 제도는 아닙니다. 그리하여 조선왕조의 동전사용이 이미 수백 년 지났고, 전후에 주조한 동전도 몇 천만 냥인지 모르는데, 동전은 楮幣와 같이 쉽게 닳아 없어지지 않아서 주조한 것이 항상 그 숫자는 있을 것입니다. 그런데 근래 公·私間의 쓰임이 날로 더 艱乏해져서 동전을 폐지하자는 논의까지 있기도 합니다. 그러나 옛날 漢나라의 貢禹와 晋의 桓玄이 모두 이러한 논의를 하였으나 당시에도 동전의 폐지가 실현되지 않았습니다. 지금 동전이 귀한 (전황의) 폐단이 다른 데 있는 것이 아닙니다.……562)

---

560) 『承政院日記』1643冊, 正祖 12年 6月 12日 ; 元裕漢, 앞의 논문, 1972.
561) 이 책, 제3장 Ⅲ, 1. 李瀷의 銅錢 流通禁止論·2. 英祖의 銅錢 流通禁止論 참조.
562) 『承政院日記』1643冊, 正祖 12年 6月 12日.

우정규의 전황에 대한 인식이랄까, 입장은 대체로 같은 시기의 화폐경제 발전상 내지 전황을 경험한 실학자 洪良浩·朴趾源·丁若鏞 등과 본질적으로는 일맥 상통한다. 다시 말해서, 주로 '화폐유통에 대한 반동기'에 생존·활약한 이익이나 영조에게는 전황이 동전유통 자체를 부정하는 이유의 하나가 되었지만, '화폐경제 확대발전기' 전반의 화폐경제 발전상 내지 전황을 경험한 우정규를 비롯한 실학자들이나 대부분의 당국자 등은 동전유통을 전제로 하고 화폐정책 내지 화폐제도의 개혁을 통해 전황을 극복하는 방안을 제시하였다.563)

가. 退藏銅錢의 放出

우선 우정규는 宣惠廳·均役廳 등과 軍門에 동전이 퇴장되어 있기 때문에 화폐 본래의 기능을 발휘하지 못하고 있는 다량의 동전을 방출, 유통시킴으로써 공·사 유통계에 만연된 전황을 극복할 것을 주장하였다.

> ······그 전에는 그렇지 않았습니다. 균역청과 각 군문에서 혹 쌀을 貿入하기 위해서 다량의 官錢을 都城 백성에게 방출했으므로 공·사간이 모두 편리하고 이로웠으며 財貨가 유통되었습니다. 지금은 公的 支出 이외로는 동전을 방출하는 길이 없고 한결같이 민간인으로부터 징수하기만 하니 동전이 어찌 귀해지지 않겠습니까. 천하에 일찍이 재화가 없는 것은 아닌데, 유통하게 되면 넉넉해지고 막히면 넉넉하지 못한 것은 재화의 형태가 그러한 것입니다. 지금 균역청 및 선혜청과 각 군문에 지시하여 퇴장된 동전을 貢市의 여러 백성에게 貸付해 주어서 利息을 불리도록 해야 할 것입니다.······564)

우정규는 각 관청과 군문에 화폐 본래의 기능을 다하지 못하고 퇴장되어 있는 동전을 貢市人들에게 대부, 이식을 취하는 金融業을 영위하

---

563) 元裕漢, 앞의 논문, 1981 ; 앞의 논문, 1984 ; 이 책, 제3장 Ⅳ, 2. 朴趾源의 當二錢·銀貨流通論·3. 丁若鏞의 金·銀·銅錢流通論 참조.
564) 『承政院日記』 1643冊, 正祖 12年 6月 12日.

는 동시에 공·사 유통계에 만연된 전황을 극복함으로써 화폐경제 내지 상품화폐경제를 활성화할 수 있다고 하였다. 이와 일맥 상통하는 전황 극복방안은 柳壽垣의 화폐정책론에서 찾아볼 수 있다.565) 우정규가 상소한 시무책에서 제시한 전황 극복방안은 결국 수용되지 않았다. 그의 전황 극복방안을 검토한 行左承旨 李在學이 '生民切至之患'인 전황의 폐단은 특명에 의해 開設하는 동전 주조사업을 통해 극복할 수 있고, 균역청이나 군문에 약간의 동전이 비축되어 있다 해도 예측할 수 없는 사태에 대처하기 위한 비축용으로서, 경솔히 공시인들에게 대부할 수 없다고 주장했기 때문이다.566)

나. 高額錢의 鑄造流通

우정규는 전황극복을 위한 다른 하나의 방안으로서 동전의 加鑄(增發), 또는 當十錢과 當千錢 등 고액전의 주조유통을 제의하였다.

> ……또 貿入해 둔 銅鐵(銅)로써 동전을 주조하는데, 그 제도를 조금 개혁해서 3등급으로 구분하는 것입니다. 1分(푼)이 1兩과 맞먹도록 하면 10錢이 10냥으로 되며, 1分이 10냥과 맞먹도록 하면 10전이 100냥으로 되는데, 옛날의 當十錢과 當百錢이 이것입니다. 옛날 명나라 초기에 洪武通寶를 주조하면서 무릇 5등급으로 하여 당십전은 무게가 1냥이고 小錢은 무게가 1전이었는데, 옛날 錢法을 개혁한 것은 대개 이와 같았습니다. 지금 만약 당십전과 당천전을 주조하여 중앙과 지방을 물론하고 무릇 財貨를 비축하는 데 반드시 이 고액전으로써 하도록 하는 것입니다. 저자에서 재화를 유통시키거나 公·私間에 일상 사용하는 것은 종래대로 소액전(當一錢)을 사용하되, 남겨서 저축하지 말도록 함으로써 샘물이 흘러서 쉬지 않는 것과 같이 하면 종래에 막혔던 것이 지금은 뚫릴 것이며, 종래에 귀하던 것이 지금은 賤해질 것입니다. 동전에 새긴 글자를 常平通寶라 했는데, 동전을 그렇게 한 데는 반드시 그 뜻이 있는 것입니다.……567)

---

565) 이 책, 제3장 Ⅲ, 4. 柳壽垣의 錢荒克服論 참조.
566) 『承政院日記』1645冊, 正祖 12年 8月 18日.

우정규는 화폐경제가 확대·발전됨에 따라 급증한 동전수요를 충족시키지 못함으로써 나타난 전황을 극복하기 위해 동전을 주조하되, 동전 원료 공급난으로 말미암아 한정된 원료를 가지고 보다 많은 유통가치를 조성하기 위해 당십·당천전 등 고액전을 주조하여 비축용으로 사용하자는 것이었다. 한편, 종래부터 사용한 동전(상평통보)은 場市나 공·사간의 일상 생활에 사용하는 방안을 구상·제시하였다. 그가 전황 극복방안으로 고액전을 주조하여 종래의 동전과 병용할 것을 제의한 데는 동전만을 法貨로 사용한 單一法貨 유통체제의 한계를 극복하겠다는 의지가 포함되어 있는 것으로 짐작된다.

1678년(숙종 4)에 동전을 국가의 유일한 법화로 사용하기 시작한 이후 1866년(고종 3)에 惡貨 當百錢을 주조유통하기에 이르는 동안 전후 15차례에 걸쳐 當二·當五·當十·當百·當千錢 등 각종 고액전을 주조유통하자는 주장이 중앙관료·실학자·지방수령 등에 의해 제기되었다. 판서 이상의 고급관료 2명, 중견관료 6명, 지방관 2명, 그리고 실학자로는 鄭尙驥·李瀷·우정규·박지원·정약용 등 5명이 고액전의 주조유통을 제의하였다. 그러나 정상기·이익 등이 고액전의 주조유통을 주장하게 된 동기는 우정규·정약용 등과는 본질적으로 성격이 다르다. '화폐유통에 대한 반동기'를 배경으로 하여 정상기와 이익이 고액전 주조유통을 제의한 동기는 '화폐경제 확대발전기' 전반의 우정규 등과는 달리 유일한 법화인 동전의 유통을 금지하고, 물품화폐 유통체제로 복귀하는 데 있었다. 정상기 등은 명목화폐인 동전이 가지는 법화로서의 중요한 구성요건인 財貨 운반수단으로서의 기능을 둔화시킴으로써 米·布를 사용한 종래의 물품화폐 유통체제로 복귀하기 위한 방편으로 크고 무거워 사용하기 불편한 고액전의 주조유통을 제의한 것이다. 정상기 등의 고액전 주조유통론에는 봉건사회의 해체를 촉진하는 명목화폐의 유통보급 내지 전황에 대한 보수 반동적 의식이 짙게 깔려 있는 것으로 이해되어야 할 것이다.[568]

---

567) 『承政院日記』 1645冊, 正祖 12年 8月 18日.

이에 비해 동전유통을 전제로 하고 전황 극복방안으로서 고액전의 주조유통을 제의한 우정규의 화폐정책론은 현실긍정적이며 진보적 성격을 띤 것이라 하겠다. 그러나 당시 화폐경제 발전단계에서 당천전과 같이 액면가치를 파격적으로 높인 고액전이 주조유통될 수 있을 것으로 생각한 것은 지극히 비현실적이고 이상론적인 발상이라 하지 않을 수 없다. 우정규가 전황 극복방안으로 구상·제시한 고액전 주조유통론은, 고액전을 주조하여 다만 비축용으로만 사용하면 死貨, 즉 쓸모없는 화폐가 될 것이라고 하는 등의 反論으로 받아들여지지 않았다.569) 우정규의 당천전 주조유통론뿐 아니라, 다른 실학자나 관료 등이 제의한 각종 고액전 주조유통론들 역시 화폐의 가치를 실용성 중심으로 평가하는 화폐관이 완전히 극복되지 못한 사회경제적 여건 하에서 전황극복을 위한 화폐제도 개혁방안으로 수용될 수 없었다.

다. 銀鑛의 開發

조선왕조에 들어서면서부터는 고려 때와 달리 칭량금·은화의 유통이 엄격히 금지되었다. 그러나 왜란에 참전한 明軍이 다량의 秤量銀貨를 가지고 와서 軍糧·軍賞 등 군사비로 사용하자, 왕조당국 역시 왕조 초기 이래로 유통이 금지하였던 銀을 군사비로 사용하였다. 이와 동시에 일반 유통계에서도 칭량은화의 유통이 허용되어 크고 작은 상거래에는 물론 중국 및 일본과의 무역거래의 결제수단으로 사용되었다. 칭량은화는 동전이 유일한 법화로 유통되기 이전까지는 미·포 등 물품화폐와 함께 국내 유통계를 지배하는 한편, 대외무역 거래의 매개역할을 수행하였다. 칭량은화의 통화기능은 동전이 유일한 법화로서 국내 각 지방으로 유통보급되는 과정에서도 지속되었다.570) 우정규가

---

568) 元裕漢,「朝鮮後期 貨幣政策에 대한 一考察 - 高額錢의 鑄用논의를 중심으로 -」,『韓國史硏究』6, 1971.
569)『承政院日記』1645冊, 正祖 12年 8月 18日.
570) 元裕漢,「實學者의 貨幣思想發展에 대한 考察 - 金·銀貨의 通用論을 중심으로 -」,『東方學志』23·24, 1980.

견문・체험한 '화폐경제 확대발전기' 전반에는 다량의 칭량은화가 중국으로 유출되어 국내 유통량이 격감하였다. 이는 결과적으로 동전의 유통영역을 그만큼 확대시켜 놓아, 당시 公・私 유통계에 만연된 전황의 한 원인이 되었다.

우정규는 각종 사절단이 중국에 사행갈 때마다 다량의 은화를 가지고 가서 중국상품을 수입해 오기 때문에 국내 은화가 거의 고갈되었다는 사실을 크게 우려하고 그 대응책으로서 국내 은광의 적극적인 개발을 제의하였다. 그가 은광개발을 제의하게 된 밑바탕에는 전황을 극복하겠다는 의식이 깔려있다. 우정규의 시무책 중 은광개발 관계 기록, 즉 「銀店勿禁之議」의 내용을 보면, 은광개발은 이용후생을 위해서 소중한 것이라고 하였다.

……대저 땅에서 金(鑛物)을 생산하는 것은 곡식을 생산하는 것과 같습니다. 이것은 모두 이용후생하는 것인즉 나라의 소중한 것이 어찌 금과 곡식에 있지 않겠습니까?……571)

또한, 우정규는 일찍부터 우리 나라도 소금을 굽고 銅을 채굴해서 부강해진 중국의 齊나라처럼 은・동 및 錫店을 개설하여 광산물을 채굴한 곳이 적지 않았다는 사실을 지적하였다.572) 이로써 국가재정과 일반 민중의 생활에 크게 도움이 되는 광산개발을 금지해서는 안 된다고 주장하였다.

……위로 나라의 쓰임에 이바지하고 아래로 백성의 살림을 도우니 이것(광산개발)에 대해 禁令을 내리지 못할 것이 분명합니다.……573)

특히, 우정규는 중국과의 무역 결제수단으로 다량의 은이 국외로 유

---

571)『承政院日記』1643冊, 正祖 12年 6月 12日.
572)『承政院日記』1643冊, 正祖 12年 6月 12日.
573)『承政院日記』1643冊, 正祖 12年 6月 12日.

출되어 거의 고갈 상태에 이르렀기 때문에 국내 은광을 적극 개발해야 함에도 불구하고, 그에 따른 폐단을 이유로 은광개발을 금지하기로 결정한 국가방침을 비판하였다. 더구나 동전원료의 공급을 위해 은광개발과 거의 같은 문제점을 안고 있는 銅鑛개발은 허가하면서 은광개발은 금지하는 국가정책의 모순을 지적·비판하였다.

……하물며 銀은 가벼운 보배로서 중국에도 통용되기 때문에 매번 使行 때 八包商人이 가지고 가는 것도 鉅萬兩이나 됩니다. 중국상품을 은으로써 수입해 오는데, 이 같은 사정으로 국내에 은이 거의 고갈되었습니다. 이로써 은의 생산을 더욱 증가시켜서 需用을 넉넉하게 하는 것이 마땅한 일인데, 근래 廟堂의 논의는 銀店이 큰 민폐를 가져온다 하여 筵席에서 禀하고 금령을 내리기까지 하였습니다. 그러면서도 동전을 주조하기 위해 銅店만을 개설토록 하였다고 하니, 만약 은점이 폐단을 일으키게 된다면 동점은 어찌 폐단이 없겠습니까?……574)

우정규는 은광개발 금지조치의 불합리성을 지적·비판하고 '設店收稅制'에 의해 은광을 적극 개발할 것을 제의하였다. 우정규는 우선 貢納制 내지 농민의 부역노동에 의존하는 은광개발의 모순성과 비실제성을 비판하였다. 즉 농민들이 은을 채굴하기 위해 부역노동에 동원되면 본업인 농업에 소홀할 수밖에 없기 때문에, 이것이 오히려 폐단이 된다고 지적하였다. 이를 막기 위해 민간인에게 은광개발을 허락하면 동점과 마찬가지로 은점의 폐단도 없어질 것이라고 하였다.575) 우정규는 민간인에게 은광개발을 허가하고 국가는 그들로부터 일정액의 세금을 징수하는 소위 설점수세제에 의한 은광개발을 적극 추진할 것을 제의하였다.

……그러나 조정에서 은이 생산되는 곳에 점을 설치하도록 허가하면

---

574) 『承政院日記』 1643冊, 正祖 12年 6月 12日.
575) 『承政院日記』 1643冊, 正祖 12年 6月 12日.

富商大賈는 각자 재물을 내어 삯군(傭人 또는 賃勞動者)을 모집할 것이며, 농토가 없어서 농사를 짓지 못하는 백성이 店軍(鑛夫)이 되고자 할 것입니다. 그리하여 은이 생산되는 곳에 모여 살며 땅을 파고 은을 지어서 地部(호조)와 監營, 또는 本 고을에 세를 바치고 남는 것은 物主(資本主)에게 돌리며, 농토 없는 백성도 이것에 힘입어 생활할 것입니다. 이렇게 하면 공·사가 모두 이로운데 어찌하여 민폐가 되겠습니까?……576)

우정규가 시무책에서 제시한 은광개발 경영론은 왕조당국에 의해 받아들여지지 않았다. 그 이유는, 만약 부상대고로 하여금 자본[物力]을 투입해서 은광을 개발하게 하고 鑛稅를 징수하는 설점수세제를 실시하게 되면, '逐末牟利之類'가 사방에서 어지러이 일어나서 그 폐단을 감당할 수 없게 될 것이고, 그럴 경우 얻는 것보다는 잃는 것이 더 크리라는 점에서였다.577) 그러나 그의 설점수세제에 의한 은광개발 경영론의 내용을 통해 다음 몇 가지 사실에 접근할 수 있을 것 같다.

첫째, 우정규의 광업개발 경영론은 당시 실학사상에서 특히 강조된 '利用厚生論'을 기저의식으로 하여 구상·체계화되었다.

둘째, 공납제 내지 농민의 賦稅勞動에 의한 은광개발 경영론을 거부하고, 임노동자를 고용하여 은광을 개발·경영하는 방식의 채택을 제의하였다.

셋째, 소위 설점수세제에 의해 은광을 개발·경영함으로써 부상대고 등이 상업자본의 투입과 관리경영을 담당할 것을 제의하였다.

우정규의 광업개발 경영론이 이용후생을 기저의식으로 하여 구상·체계화된 점은 실학사상의 발전과정에서 볼 때 지극히 당연한 현상이다. 제2항의 사실을 통해서는, 봉건 조선사회에서 은의 공납제 내지 농민의 부역노동에 의한 중세적 광업개발 경영이 갖는 한계성과 자본주의적 광업경영의 단초적 형태를 엿볼 수 있다. 그리고 제3항의 경우에

---

576)『承政院日記』1643冊, 正祖 12年 6月 12日.
577)『承政院日記』1645冊, 正祖 12年 8月 18日.

서는 前期的 자본인 상업자본이 생산자본 내지 산업자본으로 전환하는 단초를 볼 수 있다.

사실 우정규가 1718년(肅宗 44)에 태어나서 시무책을 상소한 1788년(正祖 12)에 이르는 시기에는 농민의 부역노동에 의한 중세적 광업개발 경영으로부터, 부상대고 등이 임노동자를 계약·고용하여 광업을 개발·경영하는 근대 자본주의적 광업개발이 모색되고 있었다. 이로써 우정규가 구상·제시한 설점수세제에 의한 은광개발 경영론은 17세기 중반부터 봉건사회의 제반 생산양식과 가치체계의 해체가 급진전되고 있는 시대, 즉 봉건 조선사회의 해체 내지 근대지향이 활발히 모색되던 시기의 지배적인 광업개발론을 대변하는 것으로 이해해야 할 것이다. 우정규의 은광개발론은 대체로 앞에서 지적한 鄭尙驥의 동전 都給鑄錢論과 사회경제적 배경을 같이하는 것으로서, 선후배 실학자들의 민간인 도급주전론과 은광개발론에서는 모두 근대적 생산양식의 맹아가 엿보인다는 점에서 그 역사적 의미가 주목된다.

4) 貨幣政策論의 意義

이상 禹禎圭의 화폐정책론을, 그가 1788년(正祖 12)에 상소한 시무책 중 화폐관계 기록을 중심으로 살펴보았다. 우정규의 화폐정책론을 분석·고찰함으로써 구명된 사실을 토대로 화폐정책론의 성격 내지 역사적 의의를 정리·요약하고자 한다.

첫째, 조선후기의 화폐경제 발전단계에서 볼 때, 우정규의 화폐정책론은 '화폐경제 확대발전기' 前半의 화폐정책과 유통계 현실을 견문·체험하면서 구상·제시한 것임을 알 수 있다. 대체로 이 시대의 일반 유통계에는 錢荒이 만성화되고, 이에 대응한 국가의 화폐정책은 전황 극복에 중점을 두고 적극 추진되었다. 일반 유통계에 전황이 심각해진 시기는 물품화폐 및 칭량은화 유통체제가 명목화폐(동전) 유통체제로 이행하는 과도기에 해당된다. 우정규가 생존·활약한 '화폐경제 확대발전기' 전반에는 명분·의리·전통을 중시한 봉건 조선사회의 성리학 중심의 가치체계가 실용·실증·실제성을 중시하는 근대적인 것으로 전환되고 있었다. 전황은 가치체계의 변화에 상응하여 봉건 조선사회의 농업중심적 생산양식이 해체되는 반면, 末業인 商·工業이 두드러지게 발전한 시기의 화폐경제 발전을 특징짓는 역사적 현상으로 이해할 수 있다.

둘째, 우정규의 화폐정책론은 미래전망적이며 진보적 성격을 띠었다고 볼 수 있다. 그는 전황이 중세적 가치체계와 생산양식의 해체를 가속화시키는 요인이 된다는 이유를 들어 전황 극복방안으로서 當十·當千錢 등 高額錢을 주조하여 동전과 병용할 것을 주장하였다. 다시 말하면 '화폐유통에 대한 반동기'를 배경으로 하여 구상·체계화한 李瀷과 英祖 등은 동전유통 내지 전황은 봉건 조선사회의 전통질서 해체를 촉진한다는 이유로 동전 유통금지를 주장하였다.578) 그러나 우정규를 비롯한 洪良浩·朴趾源 및 丁若鏞 등처럼 '화폐경제 확대발전기'의 화폐경제 발전상을 견문·체험한 실학자들은 화폐유통을 전제로 하고 전황을 극복하기 위해 화폐정책이나 화폐제도 개선·개혁론을 구상·제시하였다.579)

셋째, 동전유통을 전제로 하고 전황 극복방안을 모색했다는 사실에서 엿볼 수 있듯이, 우정규는 화폐가치를 중요하게 평가하였다. 국가재정운용과 민중생활에 있어 화폐는 없어서 안 될 제도로 생각했던 것이다. 이 같은 화폐 가치인식은 전성기의 실학에서 특히 강조된 이용후생론에 의식기반을 둔 것으로 보인다. 그리하여 우정규는 같은 시기의 화폐경제 발전상을 견문·체험한 실학자나 당국자 등이 그러했듯이, 화폐가치를 중시하는 화폐관을 기반으로 전황 극복방안을 구상·제시하였다. 즉 우정규는 중앙 및 지방 관청과 각 군영에 退藏된 다량의 화폐를 방출하고, 보다 많은 유통가치를 조성하기 위해 당십·당천

---

578) 이 책, 제3장 Ⅲ, 1. 李瀷의 銅錢 流通禁止論·2. 英祖의 銅錢 流通禁止論 참조.
579) 元裕漢, 앞의 논문, 1984 ; 이 책, 제3장 Ⅳ, 2. 朴趾源의 當二錢·銀貨流通論·3. 丁若鏞의 金·銀·銅錢流通論 참조.

전 등 고액전을 주조유통하며, 중요한 통화기능을 담당한 秤量銀貨의 增發을 위해 은광개발을 활성화하는 것 등을 골자로 한 전황 극복방안을 제시하였다. 이 방안은 대체로 '화폐경제 확대발전기' 전반에 활약한 실학자나 당국자 등에 의해 거듭 제시된 여러 방안들 중에 포괄되는 것일 뿐이다. 다만 그 가운데 칭량은화의 증발을 위해 적극적으로 주장한 은광개발론에서 자본주의적 생산양식의 맹아가 엿보인다는 점이 주목된다. 즉 우정규가 활약한 시대의 은광개발 경영형태를 대변하는 것으로 보이는 設店收稅制를 통해, 조선사회의 중세적 광업경영체제의 해체 내지 근대적인 것으로의 전환이 모색되고 있다는 것을 짐작 수 있다.

넷째, 우정규의 화폐정책론은 실학자들의 화폐정책론 발전과정에서 볼 때, 동전유통 내지 전황이 봉건 조선사회의 전통적 가치체계와 생산양식의 해체를 촉진한다는 이유로 동전유통의 금지를 주장한 이익·영조 등의 보수적 화폐정책론의 수준을 극복한 것으로 이해할 수 있다. 그러나 박지원과 함께 그의 화폐정책론은, 근대적 화폐제도의 수용을 모색한 정약용의 화폐정책론이 성립하기 이전의 과도기적 산물이라 할 수 있다.

다섯째, 한편 우정규의 화폐정책론 중에는 극히 이상론적이고 비실제적인 면도 없지 않다. 그 대표적인 예로 당천전을 주조유통하자는 주장을 들 수 있다. 또한 논리적 설득력이 결여되어 있다는 점을 지적할 수 있다. 그 당시 당국자나 실학자 등 지식계층에 의해 거듭 지적·비판된 은광개발의 폐해가 전혀 없다고 단정적으로 말한다든지,[580] 전황 원인에 대한 설명과정에 나타난 논리의 二律背反性이 그것이다. 그 중요한 이유는 우정규가 중앙관료직을 역임하였으나 국가의 화폐정책과 직접·간접적으로 관련이 있는 관직에 재직한 경험이 없기 때문이었던 것으로 짐작된다.

여섯째, 正祖는 시무책을 올린 우정규의 성실성을 평가하여 그 내용

---

580) 『承政院日記』 1643冊, 正祖 12年 6月 12日.

을 비변사로 하여금 逐條·심의해서 결과를 보고토록 하였다. 정조가 右通禮 우정규의 시무책을 받아 보고 감동한 것은 三司를 비롯한 주요 중앙관청에서 거의 시무책을 올린 사례가 없고, 있다 해도 보잘것 없는 事案이었는데, 주변의 일개 관료가 중요한 내용의 시무책을 올렸기 때문으로 짐작된다. 시무책 全文은 물론, 비변사가 축조·심의해서 올린 내용까지 『承政院日記』에 수록되어 있기 때문에 조선후기 실학의 발전 내지 역사발전을 구명하는 데 중요한 자료로 활용되고 있다. 그리고 정조가 우정규의 시무책을 소중히 평가하고 처리하는 자세로 미루어, 여론을 국가정치에 반영하겠다는 국왕의 강한 의욕과 정책방침을 짐작할 수 있다.

2. 朴趾源의 當二錢·銀貨流通論

1) 貨幣政策論의 形成

燕岩 朴趾源의 화폐정책론을 보다 본질적이고 포괄적으로 이해하기 위해 그의 생애581)와 견문·체험한 시기의 화폐경제 발전을 대강 살펴보자. 박지원은 1737년(영조 13)에 출생, 1805년(순조 5)에 죽은 대표적인 북학파 실학자다. 그의 5대조 朴瀾는 宣祖의 駙馬였고, 조부 朴弼均은 知敦寧府事를 지냈다. 그는 사대부 집안에서 태어났으나, 소년기부터 몹시 어려운 환경에서 자라났다. 어린 나이에 부친(朴師愈) 喪을 당하고, 뒤이어 조부마저 여의게 되어 16세 때까지 글공부를 하지 못하였다. 16세 때 李輔天의 딸과 결혼, 비로소 처삼촌인 弘文館校理 李亮天에게 글공부를 시작하였다. 장인 이보천은 개경학과 연결된 石室書院 계열의 학자에게 修學하여 開京學風의 영향을 받았고,582) 스승 이양천 역시 그러했을 것으로 짐작된다.

박지원은 장성하면서 많은 사람들과 교유하며 학문세계를 넓혀 갔다. 그 중 개경학과 관련이 있는 인물로서는 金用謙(1702~1789)·尹

---

581) 朴趾源의 생애에 대한 것은 주로 『燕岩集』을 참고하였다.
582) 이 책, 제2장 朝鮮後期 實學의 生成-徐敬德 開京學의 實學으로 傳承- 참조.

得觀・洪大容(1731~1783)・兪彦鎬(1730~1796)・尹蓍東(1729~1797)・黃昇源(1732~1807)・金魯永 등이 있다. 김용겸은 개경학파 金尙憲의 玄孫으로 徐敬德 문집 『花潭集』의 跋文을 썼다. 윤득관은 개경학파 尹根壽의 후손으로『화담집』의 발문을 쓰고 서경덕 追慕詩를 지었다.583) 홍대용은 석실서원 金元行에게 修學했으며, 유언호・윤시동・황승원・김노영 등은 開城留守를 역임하였다. 김노영은 金正喜(1786~1856)의 숙부이자 양부다. 윤시동은 개경학파 尹斗壽의 후손이며, 박지원 소년기의 朋弟다. 그는 박지원이 1777년(정조 1) 당시 세도가 洪國榮의 미움을 받아 개성 근교인 황해도 金川 燕巖峽으로 피신하는 일을 주선하였다.584) 박지원은 호를 燕巖이라 하였고, 친형 朴喜源의 墓는 연암협에, 박지원의 묘는 개성 인근 長湍郡 송서면 대세현에 있다.585) 한편, 박지원은 개성출신 지식인 韓在濂(1775~1818)과도 교유하였다.586) 한재렴은 개성의 지방지『高麗古都徵』을 쓰고 註까지 달 정도로 개성의 역사지리에 밝았다.587) 위의 몇 가지 사실을 통해 박지원이 학문적으로 개경학풍에 적지않은 영향을 받았으리라는 것을 짐작할 수 있다.

박지원은 44세가 된 1780년(正祖 4)에 使行하는 族兄 朴明源을 따라 중국에 갔다. 그는 중국의 새로운 문물제도 전반을 주의 깊게 견문・체험하고, 많은 외국학자들과 문학・역사・종교・자연과학 등 광범위한 문제에 관해서 질의・토론하였다. 귀국해서는 이용후생에 도움이 되는 중국의 문물제도를 받아들일 것을 주장하였다. 이러한 그의 北學思想은 중국 여행기『熱河日記』에서 찾아볼 수 있다.

---

583) 朴趾源과 교유한 인물에 대해서는 鄭玉子,『朝鮮後期 知性史』, 일지사, 1991 ; 유봉학,『연암일파 북학사상 연구』, 일지사, 1995 참조.
584) 유봉학, 앞의 책, 1995.
585)『潘南朴氏 世譜』.
586) 유봉학은 북학사상의 영향을 받아서 개성의 지식인인 한재렴이 나올 수 있었다고 보고 있다(유봉학,『조선후기 학계와 지식인』, 신구문화사, 1998).
587) 이태진,「朝鮮時代 私撰邑誌 解題 - 경기도편」,『朝鮮時代 私撰邑誌』, 한국인문과학원, 1989.

박지원은 50세 된 1786년(정조 10)에 친우 유언호의 천거로 繕工監監役이 되었다. 1789년(정조 13)에 司僕寺主簿로 승진, 이듬해 義禁府都事齊陵令이 되었다. 1791년(정조 15) 55세 때 漢城府判官을 거쳐서 安義縣監에 임명되었다. 1796년(정조 20)에는 잠시 官界를 떠났다가, 이듬해에 다시 沔川郡守가 되었다. 면천군수 재직중인 1799년(정조 23)에 農書『課農小抄』와 토지제도 개혁안『限民名田議』를 국왕에게 撰進하였다. 다음 해에 襄陽府使로 승진되었으나, 老病을 이유로 사퇴, 연암협에서 문필생활을 하다가 1805년 69세로 죽었다.

위에서 박지원의 성장과정과 역임한 관직경력을 대강 살펴보았다. 그는 공부에 대한 정열이 강렬하고 재능도 뛰어났다. 글공부를 시작한 지 3년 동안에 학문적 발전을 이뤄 스승 이양천을 놀라게 하였다. 儒敎經典을 비롯해 諸子百家에 이르기까지 널리 공부하고, 당시의 제반 時政문제에도 깊은 관심을 가졌던 것으로 보인다. 이미 20대에 뛰어난 文人學者, 진보적 사상가로서의 면모를 보인 그는 30대에 이르러서는 신진학자 朴齊家(1750~1805) 등의 스승으로서 존경을 받을 만큼 명성이 자자하였다. 이 때까지도 가난의 굴레를 벗어나지 못해 개성유수 윤시동의 도움을 받으며 연암협에서 생활하였다. 그동안 老農의 농사경험과 農書를 깊이 연구하는 등 研田筆耕의 생활을 하였다. 또한 중국을 견문·체험하면서 중국을 통해서, 또는 표류서양인을 통해서 전해진 서양의 자연과학에 대해서도 깊은 관심을 가지고 연구하였다. 위와 같이 박지원은 스승과 교유한 인물 및 견문과 체험을 통해 학문세계를 넓히고 심화시켰던 것으로 보인다.

박지원이 화폐정책론을 구상·제시하기 전에 쓴 책을 통해 그의 화폐정책론 형성에 직접·간접적으로 영향을 주었을 경제윤리·상업에 대한 인식 내용을 개관하고자 한다. 우선, 인간의 도덕·윤리적 생활은 경제생활의 안정, 즉 이용후생이 된 이후에야 지켜질 수 있는 것이라 하였다. 그리하여 도덕·윤리적 생활실현의 전제가 된다고 본 이용후생, 즉 경제생활의 안정은 전통적으로 이적시한 청으로부터 선진 생산기술을 도입, 국내 생산기술의 개량·개선을 통해 이루어질 수 있다고 하였다.588) 이는 말기 개경학파 학자며 초기 실학자 金堉에 의해 提高된 소위 북학지향적 학풍589)이 박지원의 사회경제사상 속에 더욱 심화된 것으로 볼 수 있다.

박지원은 수레와 배를 이용하여 국내상업은 물론 국제무역을 증진할 것을 주장하였다. 그의 상업관 내지 국내외 상업발전에 대한 理想은 전통적으로 務農抑末策이 추구된 역사적 상황 하에서 쓴 소설『許生傳』을 통해 엿볼 수 있다. 社會威信이 높이 평가되는 선비 許生은 생계가 궁핍하여 글공부를 제쳐두고 돈을 벌기 위해 장삿길로 들어섰다. 허생은 당시 국내에 관행된 都賈商業이나 대외무역을 통해 거액의 財富를 축적하고 있는데 여기에서 그의 상업관이 갖는 진보성을 짐작할 수 있다. 그러나 다른 한편으로는, 축적한 재부의 상당량을 상업이나 생산에 투입하는 것이 아니라 바다에 버리거나 가난한 자에게 나누어주고, 빌린 돈을 갚고 빈손으로 집에 돌아오는 행각을 통해 상업관의 한계성도 보여주고 있다.

박지원의 소설『허생전』과『兩班傳』은 신분계급이 엄격한 조선사회의 전통적인 社會威信尺度가 변질되고 있음을 잘 보여준다. 예컨대『허생전』의 주인공 허생은 선비로서 글공부를 제쳐두고 돈을 벌기 위해 장삿길에 들어서고,『양반전』에서는 양반을 돈을 주고 살 수 있다는 생각이 나온다. 위의 사실을 통해 문벌과 정치권력 지향적인 전통적 사회위신척도가 財富지향적인 것으로 전환하고 있음을 엿볼 수 있다. 이것은 봉건사회 신분질서의 해체라고 하는 문제와 관련하여 생각해 볼 때, 중요한 역사적 의미를 가지는 변화라 할 수 있다. 그러나 허생이 상업을 통해 축적한 재부를 포기하고 본래의 생활로 돌아오고, 돈을 주고 양반 신분을 산 常民富豪 역시 양반생활에 적응하지 못했다는 내용을 통해, 박지원의 신분관이 가지는 시대적 한계성을 엿볼

---

588) 宋贊植,「朴趾源의『燕岩集』」,『實學硏究入門』, 1973.
589) 이 책, 제3장 Ⅱ, 2. 金堉의 銅錢流通論 참조.

수 있다.

위와 같은 견문·체험을 통해 형성된 박지원의 화폐정책론은 1792년(정조 16)에 쓴 '別紙'에 집약·정리되어 있다. 이 때는 安義현감으로 재직중이었고 우의정에 임명된 親知 金履素(1735~1789)의 영전을 축하하는 글과 함께 별지를 보냈다.590) 당시 중요한 정책적 과제로 제기되어 심각하게 논의된 화폐정책에 대한 자신의 견해와 주장을 우의정 김이소를 통해 국가정책에 반영시켜 보겠다는 의욕에서 비롯된 것으로 짐작된다.

박지원의 화폐정책론은, 조선후기 화폐경제 발전과정에서 볼 때, '화폐유통에 대한 반동기'(18세기 초~40년대 초)에 뒤이은 '화폐경제 확대발전기'(18세기 40년대 초~19세기 60년대) 前半(18세기 40년대 초~18세기 말)을 배경으로 하여 구상·제시되었다. 대체로 '화폐경제 확대발전기' 전반에는 일반 유통계에 화폐 유통량 부족현상, 즉 錢荒이 심화된 점을 특징으로 들 수 있다. 이 시기의 당국자와 실학자 등 各階 지식계층의 화폐문제에 대한 관심은 거의 모두 전황 극복문제에 집중되어 있다. 이처럼 사회경제적 모순과 폐단을 조장한 전황을 극복하기 위해 가급적 다량의 화폐를 주조유통하려 한다든지, 중앙과 지방의 관청과 군영이나 부상대고가 退藏한 동전의 유출을 誘導한다든지, 다량의 화폐를 주조하는 데 필요한 화폐원료를 공급하는 데 힘쓴다든지, 秤量銀貨를 동전과 병용하거나, 중국동전을 싼값으로 수입유통한다든지, 적은 화폐원료를 가지고 보다 다량의 유통가치를 造成하는 高額錢을 주조유통한다든지, 경제력이 있는 富民에게 화폐주조를 都給해 줌으로써 다량의 화폐를 주조유통하려고 하는 등, 여러 방안을 논의하고 시도하였다.591) 박지원 역시 일반 유통계에 만연된 전황 극복문제를 화폐정책의 당면 과제로 보고, 전황 극복방안을 골자로 한 화폐정책론을 구상·제시하였다.

---

590) 『燕岩集』 2, 「賀金右相履素書 : 別紙」.
591) 元裕漢, 「조선후기 화폐유통에 대한 일고찰-錢荒문제를 중심으로」, 『한국사연구』 7, 1972 ; 이 책, 제3장 Ⅳ, 1. 禹禎圭의 高額錢流通論 참조.

2) 貨幣 價値認識論

일찍이 柳馨遠은 국가재정과 국민경제를 위해 화폐유통이 필요하다는 점을 강조하였다. "錢貨(銅錢)는 나라의 財用을 돕고 백성의 생활을 넉넉하게 하는 所이다. 나라를 保有함에 있어서 반드시 유통해야 할 것인데 이 어찌 제도의 결함이 아닌가?"592)라고 하였다. 그는 국가경제 면에서 화폐가 갖는 가치 내지 역할을 중요하게 평가하였기 때문에 동전의 주조유통을 골자로 한 화폐정책론을 구상·제시하였다. 유형원의 화폐정책론은, 조선왕조가 17세기 초부터, 즉 왜란을 겪고 난 이후부터 파탄에 직면한 국가경제 내지 국가 재건책의 일환으로 동전을 주조유통하기 위해 화폐정책이 적극 추진된 시대를 배경으로 형성된 것이다.593)

李瀷은 상업발달, 高利貸業의 성행, 소비·사치 성향의 조장, 농업생산의 위축, 官吏貪虐의 조장, 도적의 횡행 및 민심의 변질 등을 동전유통의 폐단으로 지적·비판하면서 당시 法貨로 유통된 동전의 유통금지를 적극 주장하였다. 이익이 동전유통을 '百害無一益'하다고 말하는 등, 화폐가치를 부정적으로 평가하여 유통금지를 주장하게 된 이유는 그의 화폐정책론이 형성된 시대배경에 있다 할 것이다. 즉 그의 화폐정책론은 화폐경제의 확대·보급으로 봉건 조선사회의 전통적 가치체계와 생산양식의 해체가 촉진된다는 이유로 동전의 유통금지가 거듭 논의·시도된 시대를 배경으로 하여 구상·제시되었기 때문이다.594)

朴趾源의 화폐정책론은 '화폐(동전)유통에 대한 반동기'를 중심으로 하여 형성된 이익의 화폐가치관과는 달리, 公·私 유통계에서 화폐의 가치 내지 역할이 중요하게 평가된 시대를 배경으로 구상·제시되었다.

---

592) 『磻溪隨錄』 卷8, 「田制後錄巧說」 下, 本國錢貨說附.
593) 이 책, 제3장 Ⅱ, 3. 柳馨遠의 銅錢流通論 참조.
594) 이 책, 제3장 Ⅲ, 1. 李瀷의 銅錢 流通禁止論 참조.

……대개 화폐가 귀중해지면 물건이 천해지고, 화폐가 천해지면 물건이 귀중해지기 마련이다. 물건이 귀중해지면 民間도 국가도 다 함께 피폐해지고 물건이 천해지면 농민과 商民이 모두 타격을 받게 된다. ……595)

박지원은 화폐가 국가경제 면에서 점하는 위치를 높이 평가하면서, 민중의 근심과 국가의 計策이 오로지 財賦에 있는데, 그 재부의 관리방법을 잘 깨닫지 못하고 있기 때문에 공·사가 匱竭하고 나라와 백성이 모두 곤궁해진다고 하였다. 재부를 관리하는 방법은 화폐가치를 적절히 조절하여 物價의 균형을 유지하고, 나아가 상품의 유통을 원활히 하는 데 있다고 하였다.

……그러므로 財賦를 잘 관리한다는 것은 별다른 방도가 있는 것이 아니다. 화폐의 輕重을 헤아려서 물가의 高低를 조절하되 막힌 것을 트고 넘치는 것을 가두어서 지나치게 重하거나 輕하게 되는 경우가 없게 하고 매우 貴하거나 賤하게 되는 시기가 없도록 함에 불과한 것이다.……596)

박지원은 화폐유통의 원활화를 통해서 국가경제의 안정과 발전을 기할 수 있다고 생각하였다.

박지원이 1737년(英祖 13)에 탄생, 金履素에게 자신의 화폐정책론을 써보낸 1792년(正祖 16)에 이르는 반세기여 동안을 조선후기 화폐경제 발전과 대비해 보면, 그의 화폐가치관 내지 화폐정책론이 어떠한 시대를 배경으로 하여 형성되었는지 짐작할 수 있다. 그의 화폐정책론이 구상·체계화된 시기는 화폐경제의 확대·보급으로 전통사회질서의 해체가 촉진된다 하여 왕조당국이 동전의 유통금지를 시도한 시기, 즉 이익의 화폐정책론이 형성된 시대와는 성격을 달리하고 있다. 박지원

---

595) 『燕岩集』 2, 「賀金右相履素書: 別紙」.
596) 『燕岩集』 2, 「賀金右相履素書: 別紙」.

의 화폐정책론은, 이익이 경험한 '화폐유통에 대한 반동기'와는 달리, 동전의 유통 자체를 전제로 하고 국가의 화폐정책 내지 화폐제도의 개선·개혁이 모색된 시대를 배경으로 형성되었다. 그가 "무릇 貿遷(交易)은 동전이 아니면 불가능하다."597)고 말했듯이, 그 자신이 경험한 조선후기의 상거래는 동전이 있어야 이루어질 수 있다고 했을 만큼 화폐경제가 확대·보급되었다. 즉 화폐경제는 국내 각지로 확대·보급되고, 일반 민중의 화폐가치에 대한 인식이 심화되었다. 국가 수입지출의 화폐화 비율이 높았고, 勞賃의 화폐화도 촉진되었다. 국내가 단일 상권으로 포괄되었을 뿐만 아니라 對中·日貿易도 활발하게 전개되었던 것으로 보인다.598) 박지원은 화폐경제 내지 사회경제가 두드러지게 발전한 시대를 배경으로 하여 중앙 및 지방 관직을 역임하고, 일찍이 화폐경제가 발달한 중국의 선진 문물제도를 견문·체험하였다. 그는 이와 같은 견문과 체험을 통해서 국가재정과 국민생활을 안정·증진시키는데 있어 화폐유통의 중요성을 인정하고, 극히 합리적이며 실제적으로 화폐가치를 인식하였다. 박지원의 화폐가치관은 禹禎圭·徐榮輔·丁若鏞 등과 본질적으로 공통되는 것으로 보인다.599)

3) 錢荒克服論

(1) 錢荒의 原因

朴趾源은 국가재정과 민중생활 면에서 그 가치가 중시된 銅錢의 원활한 유통을 저해하는 중요 원인으로서 錢荒, 즉 公·私 유통계에 나타난 화폐 유통량의 부족현상을 지적·비판하였다.

첫째, 동전은 布貨·楮貨 및 秤量銀貨와는 달리, 민간인이 생산해 사용하는 것이 아니고 국가에서만 주조, 공급하는 것이기 때문에 동전의 주조량에 한계가 있다고 하였다.

---

597) 『燕岩集』 2, 「賀金右相履素書 : 別紙」.
598) 元裕漢, 『朝鮮後期 貨幣流通史』(正音文庫 165), 1978, 121~127쪽.
599) 이 책, 제3장 Ⅳ, 1. 禹禎圭의 高額錢流通論·3. 丁若鏞의 金·銀·銅錢流通論·4. 徐榮輔의 交鈔流通論 참조.

……이 세 가지 화폐(布貨·楮貨·銀貨)는 백성들이 생산해 낸 그대로 화폐로서 통용하기 때문에 부지런히 생산하면 스스로 넉넉할 수 있다. 그러나 동전은 私鑄하는 화폐가 아니고 官으로부터의 공급에 의존하는 것인 데다가 당시 鑄造한 것이 많지 못하고……600)

조선 왕조당국은 18세기 초부터 약 40여 년 동안 동전유통을 금지하려는 정치적 의도로서 동전의 주조유통을 억제하였다. 1742년(영조 18)부터는 동전의 주조유통을 적극 시도했으나, 銅·錫을 비롯한 주요 원료의 공급난으로 주조된 동전은 항상 일반 유통계의 절대 수요량에 못 미쳤다. 왕조당국이 동전을 충분히 주조유통할 수 없다고 하는 사실은 곧 일반 유통계에 나타난 전황을 심화시키는 주요 원인이 되었다.601) 이로써 박지원이 전황의 주요 원인이 왕조당국이 주조한 동전이 절대 수요량에 미달하기 때문이라 본 것은 객관적인 견해라 할 수 있다.

둘째, 동전을 法貨로 주조유통하기 시작한 지 113년이 되어 일반 민중의 눈과 귀에 익숙해져서 칭량은화와 같은 다른 화폐는 사용하려 하지 않기 때문에 일반 유통계에 전황이 일어나게 되었다고 보았다.

그리고 銀으로 말하면 財賦에서 으뜸 가는 화폐이고 天下 사람들이 모두 보배로 생각하는 것이다. 지금 우리 나라 풍속이 동전을 화폐로 사용하는 데 익숙하고 은을 화폐로 사용하는 데는 익숙하지 못하여 은이 드디어 物品으로 취급되고 화폐로 사용되지 못하고 있다.602)

박지원은 칭량은화를 국내에서 화폐로 사용하지 않기 때문에 모두 중국으로 유출되어 전황이 심각해지는 것으로 보고 있다.603) 이러한 그의 현실 인식에는 오류가 있는 것으로 보인다. 당시 일반 유통계의

---

600) 『燕岩集』 2, 「賀金右相履素書:別紙」.
601) 元裕漢, 앞의 논문, 1972.
602) 『燕岩集』 2, 「賀金右相履素書:別紙」.
603) 『燕岩集』 2, 「賀金右相履素書:別紙」.

실제 상황을 보면, 국내에서 화폐기능을 담당하는 칭량은화가 중국과의 무역 결제수단으로 대량 유출되고 있어 전황이 심화될 수밖에 없었기 때문이다. 즉, 당시 일반 유통계에서 화폐기능을 담당한 칭량은화 유통량의 감소는 상대적으로 동전의 유통영역을 그만큼 확대시킨 결과가 되었고, 이 때문에 일반 유통계에 나타난 전황을 더욱 절실히 느끼게 되었던 것이다.604)

셋째, 박지원은 왕조당국이 주조유통한 동전이 모두 일반 유통계에서 원활한 화폐기능을 발휘하지 못하고 退藏되는 것이 전황의 한 원인이 된다고 생각한 것으로 짐작된다.

　……그러나 동전은 私鑄하는 화폐가 아니라 관으로부터의 공급에 의존하는 것인데다가, 당시 주조한 것이 많지 못하고 민간에 散布된 것 (동전)도 널리 유통되지 못하고 있으니……맨 처음 동전을 갓 유통시키던 그 때와 비교하면, 1백 배도 넘을 것임에도 불구하고 크든 작든 황급한 일에 동전 때문에 근심하지 않는 경우가 없고, 심지어는 國中에 동전이 없다고까지 말하고 있으니 이 무슨 까닭인가.……동전에는 風霜水旱의 재해가 있는 것도 아닌데, 어떻게 年穀의 大歉처럼 '荒'이라 할 수 있는가. '황'이라 말해야 한다면, 그 까닭은 응당 동전의 유통이 혼란하여 비유하자면 밭에서 잡초를 제거하지 않는 것과 같은 것이어야 한다.605)

사실상 당시 왕조당국이 주조유통한 상당량의 동전이 중앙 및 지방 관청에 퇴장되었을 뿐만 아니라 富豪大商 등은 동전으로 고리대업을 하기 위해 다량의 동전을 퇴장시켰다. 이로 인해 일반 유통계에 일어난 전황의 사회경제적 폐단은 더욱 심각한 지경에 이르렀다.606) 박지원이 지적하고 있듯이, 당시까지 왕조당국이 주조유통한 동전 중에는 品質과 體裁의 차이가 심해 동일한 유통가치로 사용되는 동전 중에도

---

604) 元裕漢, 앞의 논문, 1972.
605) 『燕岩集』 2, 「賀金右相履素書 : 別紙」.
606) 元裕漢, 앞의 논문, 1972.

素材價値가 절반에 미치지 못하는 惡貨도 있었다. 이러한 악화에 驅逐된 良貨는 퇴장되어 일반 유통계에서 화폐기능을 충분히 발휘할 수 없게 되어 전황이 더욱 심화되었으리라는 점도 짐작할 수 있다.607)

넷째, 박지원이 "백여 년 간에 닳아서 없어지고 水災·旱災로 없어진 것도 또한 없지 않을 것이니……"608)라고 말한 것을 미루어, 상당량의 동전이 유통과정에서 자연 損耗되는 것도 전황의 한 원인이 되었다.

(2) 錢荒의 克服方案

錢荒이 심각한 사회경제적 문제점으로 제기·논란된 시기에 생존·활약한 朴趾源이 화폐경제의 원활한 발전을 저해하고 여러 가지 사회경제적 모순과 폐단을 불러일으키는 전황의 극복을 화폐정책의 당면과제로 생각하게 된 것은 지극히 당연한 일로 생각된다.

(가) 當二錢流通論

박지원은 "당연한 계책으로서 가장 중요한 것은 먼저 동전의 유통을 맑게 하고……"609)라 했다. 이것은 당시 유통되고 있는 동전의 체재와 품질이 통일되지 않음으로써 나타난 모순과 폐단을 극복하는 동시에, 전황으로 혼돈된 화폐정책 내지 화폐제도를 개혁하기 위해 우선 當二·當一錢 등 高·小額錢을 병용하자는 것이었다.

박지원은 "어떻게 동전의 유통을 맑게 할 것이냐."610)고 自問하면서, 동전의 유통이 탁해진 이유와 그것을 맑게 할 방안을 제시하였다. 박지원은 일찍이 왕조당국이 주조유통한 동전은 체재와 품질이 양호했으나, 1752년(英祖 28)과 1753년에 三軍營이 동전을 惡鑄한 이래로 체재는 얇고 작으며 품질은 조악해졌다고 지적·비판하였다.

---

607) 『燕岩集』 2, 「賀金右相履素書 : 別紙」.
608) 『燕岩集』 2, 「賀金右相履素書 : 別紙」.
609) 『燕岩集』 2, 「賀金右相履素書 : 別紙」.
610) 『燕岩集』 2, 「賀金右相履素書 : 別紙」.

……국내에서 동전을 사용한 이래로 舊錢보다 품질이 더 좋은 것은 없다. 구전은 그 만들어진 체재와 품질이 敦重·堅厚하고 字體가 분명치 않은 것이 하나도 없다. 그런데 壬申(1752)·癸酉(1753) 연간에 禁衛營·御營廳·訓練都監에서 동시에 동전을 주조하면서 갑자기 舊式을 변경시켜 鉛鐵(납)을 많이 섞은 데다가 두께조차 얇아서 이 동전을 손으로 만지면 쉽게 부서져 품질이 가장 濫惡해졌다. 이로써 처음으로 동전이 병들게 되고 물가가 騰貴하게 된 것은 바로 이 때부터였다. 그 이후 계속해서 동전은 더욱 형체가 작아져서 지금 新錢을 구전과 같은 꿰미에 섞어서 꿰면 신전은 구전의 윤곽 안에 들어가게 되어 세기가 어려우니 동전의 淆雜함이 이 때문에 더욱 심해졌다.……611)

박지원은 1752년과 1753년에 금위영·어영청·훈련도감 등 삼군영에서 악주·濫發한 동전이 그 크기가 구전의 어느 것과도 같지 않고 품질조차 조악해져서 유통계에 큰 혼란을 일으켰다고 판단하였다. 따라서 그는 삼군영이 주조한 품질 나쁜 동전의 유통금지를 주장하였다.612)

이 때 이후 주조유통된 신전은 위에서 설명한 대로 체재가 작고, 품질이 나쁘며, 모양이 작아서 구전과 같은 꿰미에 섞어 꿰면 구전의 윤곽 안에 들어가서 세기가 어려울 정도로 조악했던 것으로 보인다. 박지원은 변통책으로서 신·구 동전의 액면가를 당일·당이전으로 조정하여 고액전을 병용하는 방안을 구상·제시하였다. 즉, 옛날 중국 漢代에 五銖錢과 三銖錢 등 고·소액전을 병용한 제도를 모방하여 체재와 품질이 양호한 구전의 額面價를 高額化하여 당이전으로 하는 한편, 체재가 얇고 작으며 품질이 조악한 신전은 전처럼 당일전으로 하여 당이·당일전을 병용하자는 것이었다. 이로써 국가는 동전을 改鑄하는 비용을 절약하면서 실제로는 동전 백만 냥을 주조유통하는 셈이 되어, 전황극복에 기여하게 된다는 것이다. 또한 동전의 액면가를 당일·당

---

611) 『燕岩集』 2, 「賀金右相履素書 : 別紙」.
612) 『燕岩集』 2, 「賀金右相履素書 : 別紙」.

이전으로 조정하여 고·소액전을 병용함으로써 동전(당일전)을 법화로 사용하는 단순·미숙한 단일법화 유통체제의 한계를 극복하려 했던 것으로 보인다.

　이제 옛날 五銖錢·三銖錢의 제도를 모방하여 현재 남아 있는 舊錢은 어디서나 1文으로써 新錢 2文을 당하도록 한다면 꿰미의 끈만 한번 바꿈으로써 동전의 大·小가 바로 판명되고, 동전을 改鑄하는 수고로움도 없이 앉아서 백만 냥을 얻는 결과가 될 것이다. 비록 대·소가 같지 않은 동전을 병용한다 해도 그 유통가치의 輕重을 달리하여 사용한다면 物情에 어긋나지 않고 화폐유통도 순조롭게 될 것이다.613)

　조선후기, 특히 일반 유통계에서 전황이 심각한 문제점으로 제기·논의되고 있던 시기에 當二·當五·當十·當百·當千錢 등 각종 고액전을 주조유통하자는 주장은 당국자·실학자 또는 지방수령 등 각 계층으로부터 여러 차례에 걸쳐 제시되었다. 이 같은 고액전 주조유통론은 한정된 원료로써 보다 다량의 동전을 주조유통하여 富豪大商 등에게 퇴장된 동전의 유출을 유도, 일반 유통계에 만연된 전황을 극복하는 데 목적이 있었다. 전황을 극복함으로써 직접적으로는 화폐제도를 개혁하는 동시에 전황으로 조장된 사회경제적 모순과 폐단을 극복할 수 있다고 보았다.614)

　박지원이 제시한 당이·당일전 병용론 역시 조선후기에 거듭 제기·논의된 고액전의 주조유통론과 본질적으로 성격을 같이한다. 그 이유는 박지원이 주장한 대로 당이·당일전을 병용하게 되면, 舊鑄 良貨의 액면가가 당이전으로 고액화됨으로써 다량의 화폐를 주조유통하는 셈이 되고, 또한 新鑄 惡貨에 驅逐되어 퇴장된 양화의 유출을 誘導하여 일반 유통계에 만연된 전황을 일정하게 해소할 수 있다고 생각하

---

613) 『燕岩集』 2, 「賀金右相履素書 : 別紙」.
614) 元裕漢, 「朝鮮後期 貨幣政策에 대한 一考察 ─ 高額錢의 鑄用論議를 中心으로 ─」, 『韓國史研究』 6, 1971.

기 때문이다.

여기에 한 가지 지적해야 할 점은, 박지원이 제시한 고액전 유통론은 조선후기 당국자나 실학자들과는 달리, 고액전을 새로 주조유통하자는 것은 아니라는 점이다. 그는 당시 일반 유통계에 유통되는 체재와 품질이 양호한 것에 액면가만을 2배로 追認, 고액화하여 유통하자는 것이었다. 이러한 박지원의 고액전 유통론은 새삼스럽게 당이·당오·당십·당백전 등을 주조유통하자는 다른 사람들의 주장보다는 화폐원료의 공급난 등 당시의 역사적 상황 하에서 볼 때, 비교적 합리적이고 실제성이 큰 주장이었던 것으로 보인다. 그러나 각종 고액전을 주조유통하자는 당국자 등의 주장이 개혁을 꺼리는 전통관념의 규제와 화폐가치가 주로 실용성을 중심으로 평가된 사회경제적 여건 하에서 실현될 수 없었듯이,615) 박지원의 당이·당일전 병용론 역시 실현될 수 없었다.

(나) 秤量銀貨 流通論

박지원은 전황으로 혼란해진 화폐정책 내지 화폐제도를 개혁하기 위해 고·소액전을 병용하는 동시에 은의 국외유출을 금지하고 국내에서 체재와 품질을 일정하게 규격화한 칭량은화를 주조유통하자고 주장하였다.

박지원은 민속이 동전에 익숙하고 재부 중 으뜸가는 화폐로 알려진 銀에는 익숙하지 못하기 때문에 마침내 은은 물품으로 취급될 뿐, 화폐로 사용되지 못하고 있다고 하였다. 즉 은은 중국과의 무역 결제수단으로 사용되지 않으면 쓸모없는 물건이 된다고 하였다. 해마다 使行便으로 10만 냥의 은이 유출되고, 사치·소비품을 수입해 오는 對中國貿易의 모순과 폐단을 지적·비판하였다.

……燕市에서 화폐로 삼지 않으면 곧 무용지물과 같이 다루어지는

---

615) 元裕漢, 위의 논문, 1971.

동시에 正朝使·冬至使·賫曆官·賫咨官이 가지고 가는 包銀은 1년에 10만 냥을 내리지 않아서 10년분을 통계하면 이미 1백만 냥이나 된다. 그런데 이 막대한 양에 달하는 은으로 바꾸어 오는 것은 다만 털벙거지뿐이다. 겨울 석 달만 쓰고 나면 폐물로 버리게 되는 털벙거지를 수입해 오고 매장량이 한계가 있는 寶貨를 한 번 들어가면 돌아오지 않는 곳에 실어내고 있으니 천하에 拙計치고 이보다 더 심한 것이 없다.……616)

박지원은 위와 같은 모순 내지 폐단을 극복하기 위해 동전과는 원료가 다른 칭량은화를 주조유통함으로써 일반 유통계에 만연한 전황을 극복하는 동시에, 은의 국외유출을 억제하고 막대한 경제적 손실을 가져오는 중국과의 무역거래를 통제할 것을 제의하였다. 그는 우선 민간인들이 국내에서 생산된 은을 전처럼 땅에서 캐낸 地銀을 쪼개어 칭량은화로 사용하지 못하게 할 것을 제의하였다. 戶曹는 민간인 소유 은을 모두 거둬들여 5냥·10냥 액면가의 '天馬'(말)와 '朱雁'(기러기) 형태로 체재와 중량을 일정하게 주조하여 은 소유주에게 돌려주되, 주조량의 10분의 1을 세금으로 징수할 것을 제의하였다.

> ……官民間에 소장되어 있는 土産銀인 地銀을 쪼개어 화폐로 사용할 수 없게 하고 전부 호조에 가져다가 대개 5냥, 10냥의 단위로 크고 작은 錠을 만들어 '天馬', '朱雁'의 모양으로 주조하여 은의 소유주에게 돌려주되 10분의 1에 해당하는 세금을 부과할 것이다.……617)

위와 같은 박지원의 칭량은화 주조유통론에는 몇 가지 주목할 점이 있는 것으로 보인다. 왕조당국이 종래 민간인 은 소유주가 임의로 지은을 쪼개어 칭량은화로 사용하던 것을 금지하고, 체재와 품질을 일정하게 규격화하여 法貨, 즉 국가가 법적 통용력과 경제적 신용을 부여한 화폐로 주조유통하게 한다는 점이다. 이러한 그의 주장을 통해 우

---

616) 『燕岩集』 2, 「賀金右相履素書:別紙」.
617) 『燕岩集』 2, 「賀金右相履素書:別紙」.

선 전통적으로 강조된 '貨權在上'의 원칙론에 따라서 칭량은화의 주조유통에 대한 일체의 지배권을 민간으로부터 국가로 귀속시키겠다는 의지를 확인할 수 있다. 그의 칭량은화 주조유통론에는 왕권강화를 통해 중앙집권적 지배체제의 재정비·강화를 시도한 英·正祖朝의 정책성향이 반영된 것으로 이해할 수도 있을 것 같다. 한편, 그는 법화로 주조유통할 칭량은화의 소재를 확보하기 위해 사행에 따라가는 수행원의 수를 줄이고, 중국 상인과 교역할 목적으로 은을 가지고 가는 상인들의 逐行을 금지할 것을 주장하였다.618)

조선왕조는 왕조 초기부터 은을 칭량화폐로 사용하는 것을 금지하였다. 중국 사행에 따라가는 譯官들이 사사로이 은을 가지고 압록강을 건너다 발각되면 사형에 처하는 등 은의 국외유출을 엄격히 통제하였다. 그런데 왜란 중에 明軍이 군사비에 충당할 목적으로 자국에서 화폐로 원활히 유통되고 있는 은을 가져다 사용하였다. 이에 따라 조선군 역시 은을 군량과 軍賞으로 사용하게 됨으로써 은의 국내 유통을 허용하였다. 그리하여 16세기 말경에는 술·고기·두부·간장 내지 땔나무를 구입하는 데도 은을 칭량화폐로 사용하는 등 칭량은화의 유통이 상당히 보편화되었던 것으로 보인다. 그 이후 칭량은화는 동전(상평통보)을 법화로 주조유통하기 시작한 1678년(숙종 4)까지 일반 유통계에서 米·布 등 물품화폐와 함께 중요한 화폐로서의 기능을 담당하였다. 동전이 법화로 公·私 유통계에서 제반 화폐기능을 발휘한 시기에도 칭량은화는 주로 국제무역, 또는 가옥과 토지의 매매 등 비교적 큰 거래의 결제수단으로, 또는 국가의 일부 징세수단으로 사용되었다.619)

이처럼 은은 귀금속이기 때문에 일찍부터 국내 상거래는 물론 국제무역거래에 칭량화폐로서 사용되었던 것이다. 그러나 1742년(英祖 18)경에는 종래처럼 地銀形態로서가 아니라 은을 체재와 품질을 규격화

---

618) 『燕岩集』 2, 「賀金右相履素書 : 別紙」.
619) 元裕漢, 앞의 책, 1978, 18~25쪽.

하여 법화로서 동전과 병용하자는 논의가 일어난 적이 있다.620) 또한 박지원보다 25년 뒤에 출생한 실학자 丁若鏞은 정조 연간에 자신이 겪은 화폐정책의 실제와 유통계 현실에 대한 경험, 당시 동남아 및 서양에서 사용하고 있는 화폐에 대한 소식을 傳聞하여 칭량은화의 수준을 극복한 大·中·小 등 3종의 銀錢을 주조하여 金·銅錢과 병용할 것을 제의하기도 하였다.621)

18세기 前半의 당국자들이나, 또는 그 후반에 박지원이 전황을 극복하기 위한 화폐제도 개혁의 한 방안으로서 칭량은화를 주조하여 동전과 병용하자고 한 것은 진보적 성격을 띤 것으로 볼 수 있다.622) 그러나 칭량은화 주조유통론은 당시의 제반 사회경제적 여건으로 볼 때, 현실적이고 실제성이 있는 견해는 아니었던 것으로 보인다. 그 이유는, 당시 국내의 은 보유량이 절대 수요량에 미달했고, 칭량은화를 동전과 병용한다 해도 은화의 희소성으로 인해 화폐기능을 제대로 발휘하지 못해 전황을 극복하는 데 큰 도움이 될 수 없었을 것이기 때문이다. 이 점은 1882년(고종 19)에 왕조당국이 大東三錢·大東二錢·大東一錢 등의 銀標를 주조유통했으나, 곧 악화에 구축되어 일반 유통계에서 화폐기능을 제대로 발휘하지 못한 사실을 미루어 짐작할 수 있다.623)

4) 中國銅錢 流通反對論

17세기 중엽 동전을 유통보급하기 위해 화폐정책을 적극 추진하는 과정에서 한때 중국동전을 수입유통한 사실이 있다. 1678년(肅宗 4)에 동전(常平通寶)을 法貨로 주조유통할 것을 결정하여 시행하기 직전에 중국동전의 수입을 시도했으나, 중국 측의 거부로 실현될 수 없었다.

---

620) 『英祖實錄』卷55, 英祖 18年 6月 癸卯.
621) 이 책, 제3장 Ⅳ, 3. 丁若鏞의 金·銀·銅錢流通論 참조.
622) 『英祖實錄』卷55, 英祖 18年 6月 癸卯 ; 『燕岩集』 2, 「賀金右相履素書 : 別紙」.
623) 元裕漢, 「韓國開化期의 近代貨幣制度收容에 대한 考察」, 『鄕土서울』 35, 1898.

17세기 말부터 동전이 지속적으로 유통보급된 이후에도 화폐원료의 공급난을 해소하는 동시에 錢荒을 극복하기 위해 중국동전의 수입유통론이 제기·논의된 일이 있었다. 이러한 논의는 중국동전을 국내에 유통할 경우 국가의 화폐에 대한 지배권이 훼손되고, 민중이 화폐의 輕重을 분별하는 것이 어렵기 때문에 유통계에 적지않은 혼란이 일어나게 된다는 이유로 한갓 논의에 그쳤다.624)

正祖朝에는 日本銀의 국내 유입이 격감되어 주로 銀을 가지고 중국과의 교역에 의존해 살아온 譯官들의 생계가 어렵게 되었다. 왕조당국은 1792년(正祖 16), 즉 朴趾源이 金履素에게 자신의 화폐정책론을 써 보낸 바로 그 해에 收益이 5~6배나 되는 중국동전의 수입권을 역관들에게 주었다. 역관들로 하여금 중국동전을 수입하게 하여 활로를 타개하게 하는 한편, 일반 유통계에 만연한 전황을 극복하려 했던 것이다.625) 이 소식을 전해 들은 박지원은 그 부당성을 지적·비판하면서 중국동전을 수입유통한다는 결정에 반대하였다.

> ……요사이 들으니 장차 唐錢(중국동전)을 수입하기로 하고 금년 冬至使行에서부터 중국동전의 수입을 허락하리라고 하니 이것은 결코 得策이 아니다. 동전에는 風霜水旱의 재해가 있는 것도 아닌데 어떻게 마치 年穀의 풍흉처럼 荒이라 할 수 있는가.……중국 山海關 밖에서는 紋銀(말굽銀) 1냥으로 그 곳 돈(중국동전) 7鈔와 교환하고 있다. 1초는 163文으로서 한 꿰미를 만든 것이다. 우리 나라의 常平通寶로 따진다면 1냥의 은으로서 대략 11냥 4전 1문이나 되는 대량의 동전을 교환할 수 있는 만큼 장차 10배의 이득은 될 것이요, 車費나 雇馬費를 제하더라도 오히려 5~6배의 이득이 남게 된다. 그런데 저 역관들은 한갓 目前의 이익만 알고 먼 장래를 생각하는 計策은 알지 못하여 수십 년 이래로 밤낮 원하는 것이 오직 중국동전을 통용하는 것이었다. 이것은 화살을 따라 과녁을 세우고 언 발에 오줌 누는 것과 무엇이 다르겠는가. 지금 國中에는 동전이 천해서 물가를 등귀시키고 있는데 여기에

---

624) 元裕漢,「李朝後期 淸錢의 輸入流通에 대하여」,『史學硏究』21, 1969.
625) 元裕漢, 위의 논문, 1969.

더하여 외국의 濫惡한 화폐를 수입해다가 스스로 자국의 화폐를 난잡하게 만들자는 것인가. 털벙거지는 차라리 일반 백성들에게 防寒의 도구가 되기라도 하지만, 그래도 오히려 은을 주고 그것을 교역해 오는 것을 불가하다고 생각하는데, 더구나 한때 역관들의 작은 이익을 위해 八道의 土産銀을 몰아다 저 燕市에 한없이 들여보낼 수가 있겠는가. 그 이해득실은 智者를 기다리지 않아도 명백한 것이다.……626)

위와 같이 박지원은 중국동전의 수입유통이 일시의 미봉책에 불과하여, 긴 안목에서 볼 때 혼돈된 화폐 유통질서의 개선책이 될 수 없으며, 동전이 賤해지고 물가가 騰貴해서 혼란해진 유통계를 한층 더 혼란하게 할 뿐이라고 주장하였다. 중국동전 수입유통에 대한 박지원의 비판적 태도는 은으로써 惡貨를 수입하게 된다는 점에서 더욱 강경했던 것으로 생각된다.

박지원은 "중국동전을 교역해다가 국내로 들여오지 못하게 하고 義州에 보관해 두었다가 使行 여비로 충당하게 하라."627)는 대응방안을 제시하였다. 그런데 1792년에 왕조당국이 역관을 통해 중국동전을 수입하려 했던 일은 중국 측의 거부로 좌절되고 말았다.628)

박지원의 중국동전 수입유통 반대론은 실제적이고 타당성이 있는 것으로 보인다. 이 점은 19세기 60년대 말에, 즉 興宣大院君 집권기에 역관을 통해 비밀리에 수입한 중국화폐 유통의 폐단이 심각했다는 사실629)을 미루어 짐작할 수 있다. 그 당시 수입유통된 중국동전은 악화였기 때문에 화폐 유통질서의 혼란은 물론, 사회경제적 모순과 폐단을 심화시켰던 것이다.

5) 貨幣政策論의 意義

위에서 18세기에 활약한 대표적 문인학자요 관료이며 北學派 실학

---

626) 『燕岩集』 2, 「賀金右相履素書：別紙」.
627) 『燕岩集』 2, 「賀金右相履素書：別紙」.
628) 元裕漢, 앞의 논문, 1969.
629) 元裕漢, 「大院君執權期의 貨幣政策에 대한 考察」, 『사회과학연구』 1, 1973.

자인 朴趾源의 사회경제사상 연구의 일환으로 그의 화폐정책론을 살펴보았다. 박지원의 화폐정책론의 성격 내지 그 역사적 의의로 대개 다음 몇 가지를 들 수 있다.630)

첫째, 박지원은 조선후기의 화폐경제 발전과정에서 볼 때, '화폐유통에 대한 반동기'에 뒤이은 '화폐경제 확대발전기' 前半을 배경으로 하여 자신의 화폐정책론을 구상·제시하였다. 대체로 위 시기를 일관해서 나타난 시대적 특징은 일반 유통계에 화폐 유통량 부족현상, 즉 錢荒이 심화되었다는 사실이다. 이에 당국자와 실학자 등 각계 지식계층 대다수의 화폐정책에 대한 관심은 전황 극복문제에 집중되었다. 박지원은 일반 유통계에 만연한 전황의 극복문제를 화폐정책 운용상의 당면 과제로 보고, 전황 극복방안을 골자로 하는 화폐정책론을 구상·제시하였다.

둘째, 박지원의 화폐정책론에서는 현실 긍정적이요, 개량·개선의 범위를 크게 벗어나지 못한 소극적 성격을 엿볼 수 있다. 그는 당시 일반 유통계에 만연한 전황을 극복하기 위해 高額錢과 小額錢을 병용하고, 칭량은화를 주조유통하자고 하였다. 이러한 전황 극복방안은 그와 같은 시기의 화폐정책과 유통계 현실을 경험한 各階 지식계층의 화폐정책론에서 흔히 찾아볼 수 있다. 그 당시 당국자들과 실학자 등 지식계층은 當二·當五·當十·當百錢 등의 고액전을 주조하여 소액전과 병용하는 화폐제도 개혁방안을 제시하였다. 그러나 박지원은 당시 유통되고 있는 동전(當一錢) 중에 체재와 품질이 양호한 것은 當二錢으로 액면가를 고액화해서 유통하고, 조악한 동전은 그대로 당일전으로 사용할 것을 제의하였다. 그리하여 惡貨에 구축되어 퇴장된 良貨의 유출을 誘導하는 한편, 액면가의 고액화를 통해 보다 많은 유통가치를 조성하여 전황을 극복하자고 하였다. 이로써 박지원의 화폐정책론이 포용한 현실 개혁의식은 다분히 현실 긍정적이요, 개량·개선의 경지를 크게 벗어나지 못한 소극적인 것이었다는 점을 짐작할 수 있다.

---

630) 元裕漢,「實學者의 貨幣經濟論」,『東方學志』26, 1981.

셋째, 박지원의 화폐정책론은 그 당시 상품화폐경제 발전수준에서 볼 때, 비교적 수용 가능성이 큰 실제적이고 실용적 성격을 띤 것으로 보인다. 그는 현실집착 내지 현실긍정적 성격이 강해, 과거의 역사적 사실을 철저히 검토·비판하고 먼 미래를 전망하는 적극적이고 본질적인 개혁론을 전개하기보다는, 현실을 긍정하는 범위 내에서 소극적인 개혁방안을 제시했기 때문에, 현실성 내지 실제성은 비교적 큰 것이라고 할 수 있다. 그의 화폐정책론은 李瀷의 화폐정책론처럼 과거복귀적 내지 보수적이지도,631) 丁若鏞처럼 비현실적으로 진보적이지 않고, 당시의 사회경제 발전단계에 적합하여 수용 가능성이 비교적 큰 것이었다. 즉 정약용은 상설 조폐기관을 설치하여 계속 동전을 주조하고 주전기술을 개량해서 화폐품질을 개선하며, 金·銀·銅錢을 각기 大·中·小錢으로 구분, 9종의 화폐를 주조유통하는 적극적이며 미래전망적인 진보적 개혁론을 구상·제시하였다.632)

넷째, 박지원의 화폐정책론에서는 실천적 성격을 엿볼 수 있다. 박지원은 1792년(正祖 16)에 화폐정책론을 작성하여 우의정으로 영전한 親知 金履素에게 보냈다. 이는 자신의 화폐문제에 대한 견해를, 우의정을 통해 화폐정책 운용에 반영시키려는 강한 의지를 보여주는 대목이다.

다섯째, 박지원의 화폐정책론에서는 민족의식과 진보적 성격을 엿볼 수 있다. 이 점은 박지원이 국가에 크나큰 경제적 손실을 가져오는 銀의 중국유출을 막고 국내에서 칭량은화를 法貨로 주조유통할 것과 단순·소박한 동전(당일전) 유통체제를 극복하기 위해 제시한 당일·당이전 병용론을 화폐제도 개혁론으로 제시한 사실을 통해 짐작할 수 있다. 특히, 박지원이 米·布 등 물품화폐와 함께 자연발생적으로 통화기능을 수행한 地銀 형태의 칭량은화를 국가가 체재·품질·액면가치 등을 일정하게 규격화하여 法貨化를 시도한 것은 일찍이 그 이전의 실

---

631) 이 책, 제3장 Ⅲ, 1. 李瀷의 銅錢 流通禁止論 참조.
632) 이 책, 제3장 Ⅳ 3. 丁若鏞의 金·銀·銅錢流通論 참조.

학자들의 화폐정책론에서는 찾아볼 수 없는 것으로서 주목되는 것이다.

여섯째, 박지원은 전황을 극복하는 한편, 역관들의 활로를 터주기 위해 중국동전을 수입유통하려 한 왕조당국의 정책결정에 반대하였다. 그는 악화인 중국동전을 수입유통할 경우 예상되는 유통계의 혼란을 우려하기도 했지만, 은의 국외유출을 억제해야 한다는 이유로 중국동전의 수입유통에 더욱 적극적으로 반대했던 것이다. 왜냐하면 1747년(영조 23) 이래로 조선에서 중국상품을 수입해 가던 일본상인들이 중국상인들과 직접 교역을 하게 되는 등, 朝·淸·日 등 동양삼국의 무역질서에 큰 변화가 일어나면서 일본으로부터 은의 수입이 거의 단절됨으로써 국내에 은 부족현상이 일어났기 때문이다.633)

박지원이 중국동전의 수입유통 결정을 반대한 것은 다만 화폐정책적 고려에서만 그랬던 것은 아니고, 전통적인 對淸貿易 형태에 대한 본질적 반성 내지 비판에 기인했던 것으로 보인다. 즉, 중국동전 수입에 반대한 보다 본질적인 이유는 生産財요 資本財인 은을 주고 털벙거지나 비단 등 소비·사치품을 수입하는 대청무역이 가져오는 막대한 경제적 손실에 대한 각성과 비판에서 찾아야 할 것이다. 그의 칭량은화 주조유통 주장도 혼란한 화폐제도를 개혁하기 위해서라기보다는 은의 국외유출을 억제하려는 데 보다 본질적인 목적이 있었을 것이다. 이러한 형태의 대청무역에 대한 반대론은 박지원과 같은 시기의 당국자를 비롯한 이익·朴齊家와 같은 실학자 등 각계 지식계층의 화폐정책론에서 흔히 찾아볼 수 있다. 당시 실학자들이 중국으로부터 비단을 직접 수입할 것이 아니라 비단을 직조하는 기술을 도입하자고 주장한 것도 앞에서 지적한 것처럼 實際性을 잃은 비현실적 대청무역의 관행에 대한 반성과 비판에서 비롯된 합리적이고 현실적인 주장이었다고 볼 수 있다.634)

---

633) 『正祖實錄』 卷36, 正祖 16年 10月 辛未.
634) 元裕漢, 「貞蕤 朴齊家의 화폐론」, 『역사학논총 - 남도영박사고희기념논총 - 』, 1993 ; 이 책, 제3장 Ⅲ. 1. 李瀷의 銅錢 流通禁止論 참조.

대체로 화폐정책론을 포함한 박지원의 사회경제사상에서는 봉건 사회질서를 극복하고 보다 새로운 이상사회를 지향하는 진보성을 엿볼 수 있다. 그럼에도 불구하고 양반 출신 박지원이나 그의 진보적 사상이 봉건 사회질서를 극복하고 근대사회를 지향하는 데 적극적이고 능동적으로 기여할 수 없었던 것은, 극복하기 힘든 체질적 내지 사상적 한계와 역사적 제약성에 그 중요한 이유가 있다고 보아야 할 것이다. 한편, 북학파 박지원은 자신이 추구하는 이상사회를 건설하기 위한 방법론으로서 北學論에 집착하고 西學論은 소홀히 하였다는 데서 또 하나의 중요한 이유를 찾을 수 있을 것이다.

일곱째, 박지원의 화폐정책론에서는 북학적 성격을 찾아볼 수 있다. 박지원은 중국동전의 수입유통에는 반대했지만, 전성기 실학에서 강조한 이용후생론의 실천방안으로 수용된 북학론은 그의 화폐제도 개혁론의 성격을 중국제도 지향적으로 규정하게 되었던 것으로 보인다. 한편, 박지원의 화폐정책론에 보이는 북학적 진보성은 일찍이 柳馨遠이 추구한 서양화폐에 관한 지식을 수용하려 했던 흔적을 찾아볼 수 없다는 점이 한계로 지적되어야 할 것 같다.635)

박지원 화폐정책론의 북학적 진보성은 상업을 보완하기 위해 중국의 수레제도를 도입할 것을 주장하는 등 상업의 중요성을 강조한 것을 볼 때636) 북학론자가 공통으로 주장하는 중상론에서 벗어난 것 같지는 않다. 그러나 박지원은 本業인 농업의 중요성도 강조하였다. 그는 농업생산의 증진을 위해 우선 均田制的 土地所有制를 골자로 하는 토지제도의 개편이 필요하다고 생각하고, 이를 위해 토지소유를 제한하는 限田論을 주장하였다. 그리고 農書『課農小抄』를 저술하여 영농방법의 개선, 농기구의 개량, 관개수리시설의 확장을 강조하고, 중농사상을 고취하였다.637) 흔히 박지원에 대해서는 重商主義者라고 하는가 하면

---

635) 元裕漢,「實學者의 貨幣思想發展에 대한 考察 - 金·銀貨의 通用論을 중심으로 - 」,『東方學志』23·24, 1980.
636)『熱河日記』3,「馹迅隨筆」, 7月 16日 - 車制.
637)『燕岩集』16,「別集」, 課農小抄 ; 17,「別集」, 限民名田議.

重農主義者라고 평가하는 등 상반되는 양론이 대립하는 것으로 알고 있다.638) 박지원의 농·상업관에 대한 연구자들 사이에 일어난 이러한 인식의 혼란은 그가 농업에 대한 견해를 제시할 경우에는 농업의 중요성을, 상업에 대한 견해를 제시할 경우에는 상업의 중요성을 강조하였기 때문이라고 생각된다. 더군다나 박지원이 농업과 상업의 비중을 명확히 비교·평가한 기록을 남기지 않았기 때문에 이 같은 혼란을 더욱 조장했다고 할 수 있다. 사실 이 같은 인식의 혼란은, 박지원이 상업은 농업을 위축시킨다는 인식수준을 이미 극복하고, 농업과 상업은 상호 보완적 관계라는 인식을 토대로 하여 농업과 함께 상업의 경제적 위치를 매우 중요하게 평가하였다는 사실을 이해하지 못한 데서 일어난 것으로 보인다.

여덟째, 박지원의 화폐정책론, 특히 칭량은화의 주조유통론에서는 대외통상 지향적 성격을 엿볼 수 있다. 박지원의 소설『許生傳』을 보면 주인공은 국내 상업거래에서는 물론 日本 등과의 통상거래 결제수단으로서 칭량은화를 가장 이상적이라고 생각했던 것으로 보인다.639) 그가 거의 국내 유통화폐로만 사용된 동전 유통체제의 개혁과 함께 칭량은화의 주조유통을 주장한 의식의 밑바탕에는 칭량은화만을 결제수단으로 사용하는 대외통상 지향의식이 깔려 있었던 것으로 짐작된다.

아홉째, 박지원은 당시 일반 유통계에 만연한 전황의 원인으로서, 국가의 화폐 주조유통량에 한계가 있고, 일반 민중이 은을 화폐로 사용하지 않으며, 일반 유통계가 혼란되어 있는 동시에 화폐가 자연 損耗되고 있다는 사실 등을 지적하였다. 이는 박지원이 당시 화폐정책 내지 유통계의 현실을 본질적이고 정확히 인식하지 못하고 있었다는 사실을 보여준다. 우선, 그는 일반 민중이 동전에 익숙해져서 은을 화폐로 사용하지 않기 때문에 은이 중국으로 유출되는 한편, 유통계에 전

---

638) 이우성,「18세기 서울의 都市的 樣相 - 實學派 특히 利用厚生學派의 성립 배경 -」,『한국의 역사상』(창비신서4), 1982 ; 金龍德,「茶山의 商業觀 硏究」,『역사학보』 70, 1976.
639)『燕岩集』,「玉匣夜話」, 許生傳.

황이 일어나게 된다 하였다. 그러나 당시 민중이 은을 화폐로 사용하지 않기 때문에 전황이 일어나게 되었다기보다는 일반 유통계에서 화폐기능을 담당한 은이 중국과의 무역 결제수단으로 대량 유출되었기 때문에 은의 유통량이 감소되고, 상대적으로 동전의 유통범위가 확대되어 전황이 더욱 심화되기에 이르렀던 것이다.

열째, 박지원은 유통계에 만연한 전황 극복방안을 모색하면서도 穀食農事에서 일어나는 凶荒과 같은 전황은 일어날 수 없다고 주장하였다. 화폐의 절대 수요량을 주조유통할 수 없다는 점을 전황의 원인으로 들면서도, 전황이 동전 유통량의 절대부족에 기인하기보다는 동전의 체재와 품질이 통일되어 있지 못하고, 동전의 惡貨性으로 인해 양화가 퇴장되는 데 그 원인이 있다고 하였다. 위의 몇 가지 사례를 통해 보건대 박지원은 자기논리의 모순에 빠져 있다. 그가 당시의 사회현실을 평가·인식하는 데 있어서나, 자기논리를 전개하는 데 있어서 극복하지 못한 한계가 있었음을 짐작할 수 있다.640)

끝으로, 박지원은 화폐제도 개혁론 내지 화폐정책론을 구상·체계화하는 과정에서 지나치게 북학론에 집착하고 서학론에 소홀했기 때문에 그 진보성은 전근대적 개혁론의 수준을 벗어나지 못한 한계가 있다.

3. 丁若鏞의 金·銀·銅錢流通論

1) 貨幣政策論의 形成

茶山 丁若鏞은 1762년(英祖 38) 경기도 廣州에서 丁載遠의 4남으로 태어나 1836년(憲宗 2) 75세로 죽었다. 그의 모친은 尹斗緖의 딸인데, 윤두서는 尹善道의 증손자다. 그는 어릴 때부터 부친에게 글을 배웠다.641)

정약용은 고향 광주에서 14년간 살다가, 1776년 정조가 즉위하면서

---

640) 『燕岩集』,「賀金右相履素書:別紙」.
641) 洪以燮,「펴지못한 牧民心書=丁若鏞」,『韓國의 人間像』4, 신구문화사, 1972.

時派의 南人들이 등용될 때, 戶曹佐郎이 되어 上京하는 아버지를 따라 서울로 올라왔다. 그는 남인계 李瀷의 증손 李家煥과 교유하였는데, 이가환은 李東郁의 처남이고 이동욱의 장남 李承薰은 정약용의 매부다.642) 이렇게 상호 연결된 혈연관계를 통해 정약용이 이익의 학문적 영향을 받았으리라는 점은 충분히 짐작할 수 있다.

정약용은 서울에 올라온 이듬해인 1777년(정조 1), 즉 그의 나이 16세 되는 해에 이익의 遺稿를 보고 학문의 현실적인 면을 알게 되었고, 이에 실학이라고 하는 정치・경제를 중심으로 한 학문에 힘쓰게 되었다.643) 정약용이 이익의 유고를 통해 학문적 영향을 받게 되었다고 하면, 이익의 유고 내용 중 동전유통의 사회경제적 폐해를 지적한 동전유통금지론을 골자로 하는 화폐정책론644)을 간과하지 않았을 것이며, 이것은 곧 정약용이 당시의 화폐정책과 유통계의 현실에 흥미와 관심을 가지는 계기가 되었을 것으로 짐작된다.

정약용은 蔡濟恭(1720~1799)과도 관계가 있는 것으로 보이는데, 채제공이 정약용 부친의 墓地銘을 撰한 것을645) 미루어 짐작할 수 있다. 채제공 家系는 이익・吳光運 가계와 通婚한 것을 미루어 정약용은 여러 경로를 통해 직접・간접적으로 이익의 학문적 영향을 받았을 것으로 짐작된다.646)

또한 정약용은 金履喬와도 교유가 있었다. 김이교는 정약용이 전라도 강진에 유배되어 있을 때 정약용을 방문하였다. 김이교가 멀리 유배지로 정약용을 찾아가고, 또한 당시 安東 金氏의 勢道家 金祖純에게 그의 석방을 청원하여 풀려나도록 도와준 사실을 통해 두 사람 간의 긴밀한 관계를 충분히 짐작할 수 있다.647) 본관이 안동인 김이교는

---

642) 위와 같음.
643) 위와 같음.
644) 이 책, 제3장 Ⅲ, 1. 李瀷의 銅錢 流通禁止論 참조.
645) 『與猶堂全書』, 「自撰墓地銘」.
646) 이 책, 제2장 朝鮮後期 實學의 生成 - 徐敬德 開京學의 實學으로 傳承 - 참조.
647) 崔淳嬉, 「茶山 丁若鏞이 본 農民生活相 및 그의 改善策 - 牧民心書를 중심

세도가 김조순의 宗族이다. 안동 김씨는 金尙憲・金尙容代 이래로 경기도 楊州 소재 石室書院을 본거로 하여 北學論을 포용한 開京學을 전승하는 동시에 후학을 양성, 北學派 학자들을 배출하였다.648) 정약용이 상경하기 전 광주에 산 14년 동안 석실서원을 본거로 한 학자들과 학문적 교류가 있었을 것으로 보인다.649) 이로써 정약용은 개경학이 포용한 북학론 내지 북학파 학자들의 학문적 영향을 직접・간접적으로 받았을 것이다.

정약용은 22세 되는 1783년(정조 7) 會試에 급제하고, 이듬해 正祖에게 中庸을 강의하였다. 1790년(정조 14) 天主敎사건에 연루되어, 官界에 들어선 이후 처음으로 충청도 海美에 유배되었다. 정조의 보살핌으로 불과 10일간의 유배생활에서 풀려났다. 정약용은 晋州목사인 부친을 여읜 1792년(정조 16)에 홍문관 修撰이 되고, 1794년(정조 18) 암행어사로서 경기도 漣川지방을 순찰하며 농민의 궁핍한 생활상과 지방행정의 난맥상을 직접 보았다. 이후 同副承旨, 兵曹參議가 되고, 1795년(정조 19)에 周文謨사건에 연좌되어 金井察訪으로 좌천되었다. 1798년(정조 22)에 刑曹參議에서 물러났으며, 정조가 죽은 1800년(정조 24)에는 39세의 나이로 20년이 채 못 되는 관료생활을 마쳤다. 정조가 죽자 僻派는 邪學이라는 구실을 붙여 斥邪衛正의 명목으로 시파의 남인들을 몰아내기 시작했다. 정약용 역시 1801년(純祖 1)에 경상도 長鬐에 귀양갔다가, 黃嗣永帛書사건의 탄로로 인해 같은 해 11월 다시 전라도 康津으로 流配되었다. 18년간의 귀양살이를 마치고 1818년(순조 18)에 풀려났다.650)

정약용은 이익과의 밀접한 관계를 통해 많은 학문적 영향을 받았고,

으로 - 」,『史學志』7, 단국대, 1973.
648) 이 책, 제2장 朝鮮後期 實學의 生成 - 徐敬德 開京學의 實學으로 傳承 - 참조.
649) 정약용의 생가는 石室書院과 안동김씨 世居地가 있던 곳 즉, 석실리와 가까이 있다. 또한 양주와 광주의 경계지역으로 행정구역의 변동이 있을 때 같은 지역으로 묶이기도 하였다.
650) 洪以燮, 앞의 논문, 1972.

또한 북학론을 포용한 개경학을 전수하는 동시에 북학파 학자를 배출한 안동 김씨 가문의 영향을 받았음을 알 수 있다. 즉, 이익의 보수적 화폐정책론과 북학파 학자 중 朴趾源과 같은 사람의 진보적 화폐정책론의 영향을 받아, 정약용 특유의 화폐정책론을 구상·제시하였을 것이다.

위에서 정약용의 생애를 통해 학문의 형성배경을 대강 살펴보았다. 다음으로 화폐정책론이 형성된 배경을 이해하기 위해 그가 생존한 1760년대부터 1830년대에 이르는 시기의 화폐정책과 유통경제면에 나타난 특징을 살펴보자.

18세기 초부터 심각한 사회문제로 등장한 錢荒은 조선왕조가 극복해야 할 당면과제가 되었다. 18세기 초부터 40년대 초까지는 화폐경제의 확대·발전이 봉건 조선사회의 해체를 촉진한다 하여, 그 반동으로 동전 유통금지를 위한 일련의 조치가 취해졌다. 그 같은 조치는 봉건 조선사회의 근대를 향한 自體指向을 억제하는 것이 불가능했기 때문에 마침내 중단되었다. 따라서, 18세기 40년대부터는 화폐유통을 부정한 종래와는 달리, 동전유통을 전제로 하고 화폐정책 내지 화폐제도를 개혁하고 유통계에 만연된 전황을 극복함으로써 화폐 유통구조의 개선을 모색하였다.651)

우선 왕조당국은 1678년(숙종 4)부터 동전을 法貨로 유통하기 시작한 이후 부정기적으로 개설하였던 화폐 주조사업의 주기적 개설 내지 상설화를 시도하였다. 이와 함께 종래까지 중앙 및 지방 관청 그리고 군영에서 개설하던 화폐 주조사업을 보다 집중적이고 능률적으로 수행할 수 있는 鑄錢廳의 설치를 모색하였다. 또한, 당시 왕조당국은 칭량은화를 동전과 함께 법화로 사용한다든지, 각종 고액전을 주조하여 소액전과 병용한다든지, 중국동전을 수입해서 법화로 유통하려 하는 등, 화폐제도의 개혁을 거듭 논의·시도하기에 이르렀다. 화폐제도 개

---

651) 元裕漢,「朝鮮後期 貨幣流通에 대한 一考察-錢荒문제를 중심으로-」,『韓國史硏究』7, 1972.

혁과 함께 화폐의 품질·체재의 개량·개선, 이를 위한 화폐 주조기술의 精鍊, 화폐원료 채굴기술의 개량, 고액전의 주조유통, 화폐주조 관리체계의 합리화 등을 둘러싼 주장이 각 계층에서 제기되었고 또한 그것은 왕조당국에 의해 시도되기도 하였다.652)

정약용은 그의 생애 전 시기를 일관해서 유통계에 만연한 전황을 극복하기 위해 화폐정책과 화폐제도의 개선·개혁을 거듭 논의하고 시도하는 과정을 견문·체험하였다. 위와 같은 여러 가지 사안에 대한 정약용의 견문과 체험은 그의 화폐정책론 형성에 적지않은 영향을 주었을 것으로 짐작된다.

정약용은 자신의 화폐정책론을 구상·체계화하는 데 있어 국내의 화폐정책과 유통경제를 견문과 체험하였을 뿐만 아니라, 기록을 통해 중국 고대의 화폐제도에 대한 역사적 사실과 국내의 그것에 관한 지식을 참고하였다. 또한, 그 당시 중국을 비롯한 동남아 여러 나라와 서양에서 金·銀貨가 사용되고 있다는 소식을 傳聞하여 화폐정책론을 구상·체계화하는 데 적극 활용하였다.653)

이러한 역사적 배경 하에서 구상·체계화된 그의 화폐정책론은 당시 국내의 화폐정책 및 화폐제도의 개혁과 전황의 극복을 통해 화폐 유통구조를 개선하는 데 초점을 두었다. 이 같은 내용을 골자로 하는 정약용의 화폐정책론은 그의 『詩文集』 중 錢幣議, 問錢幣 및 『經世遺表』의 典圜署 조에 집중적으로 정리되어 있다. 정약용이 위의 세 조항을 집필한 시기는 확실히 알 수 없다. 그러나, 대체로 전폐의는 정조초, 문전폐는 1790년(정조 14), 그리고 전환서 조는 전라도 강진에서 귀양살이하는 동안에 각기 집필했을 것으로 짐작된다.654)

---

652) 元裕漢, 『朝鮮後期 貨幣史硏究』(한국연구총서29), 한국연구원, 1975, 65~138쪽 ; 이 책, 제3장 Ⅳ, 1. 禹禎圭의 高額錢流通論·2. 朴趾源의 當二錢·銀貨流通論 참조.
653) 『增補 與猶堂全書』 一, 「詩文集·文」 9, 錢幣議, 景仁文化社, 1970 ; 一, 「詩文集·文」 9, 問錢幣 ; 五, 『經世遺表』 2, 典圜署 ; 元裕漢, 「茶山 丁若鏞의 발전적 화폐론」, 『역사교육』 14, 1971.
654) 『增補 與猶堂全書』 一, 「詩文集·文」 9, 錢幣議 ; 一, 「詩文集·文」 9, 問錢

2) 貨幣 價値認識論

丁若鏞은 동전이 상품유통의 매개로서 나라의 큰 보배이며, 민중생활에 꼭 필요한 것이라 하였다. 즉, 그는 동전이 국가재정과 민중생활 면에 점하는 위치를 높이 평가·인식하고 있다.

> 대저 동전의 용도는 능히 물건에 따라 오르내리고 有無를 서로 交易하는 것이므로, 진정 국가의 큰 보배요 生民의 긴요한 물건이다. 布帛·菽粟은 무거워서 귀찮고 무거움에 구애되고, 金銀·珠玉은 稀貴해서 걱정이므로, 貴賤의 중간을 절충하고 貧富의 사이에 유통하기는 동전처럼 편리한 것이 없다.……655)

이로써 정약용의 화폐가치관은 "대체로 동전유통이 편리하다는 사람은 많고 불편하다는 사람은 한둘이다."656)고 했듯이, 대다수의 사람들이 화폐유통을 중시하고 있는 시대를 배경으로 형성되었던 것으로 보인다. 정약용은 柳馨遠이나 李瀷처럼 동전이 여러 가지 화폐 중에서 가장 이상적 형태의 화폐라고 생각하였다.657) 그 이유로서, 동전은 金銀·珠玉 등 희귀한 것과 布帛·菽粟 등 비천한 것을 절충하여 빈부간에 가장 잘 유통될 수 있는 화폐라는 점을 들고 있다. 동전을 가장 이상적 형태의 화폐로 본 것은 이들 선후배 실학자들뿐만 아니라, 조선후기의 당국자를 비롯한 대다수 지식계층에게 공통된 인식이었다.

정약용은 국가경제 면에서 그처럼 중요한 위치를 점하는 화폐, 즉 동전이 일찍부터 국내에서 유통되지 못한 중요한 이유를 한반도 특유의 지형, 지리적 조건과 개혁을 꺼리는 전통적 사회관습 때문이라고 하였다.

幣 ; 五,「經世遺表」2, 典圜署 ; 元裕漢, 앞의 논문, 1971 참조.
655) 『增補 與猶堂全書』一,「詩文集·文」9, 問錢幣.
656) 『增補 與猶堂全書』,「詩文集·文」9, 錢幣議.
657) 이 책, 제3장 Ⅱ, 3. 柳馨遠의 銅錢流通論·Ⅲ, 1. 李瀷의 銅錢 流通禁止論 참조.

그런데 일찍부터 화폐를 통용치 못하고 있었던 것은 비록 朴陋한 풍속이 변통할 줄 몰라서가 아니다. 지형이 삼면이 바다로 둘러싸여 있으므로 水運이 편리하여 교역할 때 傳輸가 어렵지 않기 때문에 역대로 화폐를 사용하지 않았다.……658)

이러한 정약용의 견해는 이익의 주장과 상통되는 점이 있다.659) 이것은 그가 학문 내지 사상적으로 이익의 영향을 받았다는 사실을 입증하는 한 예가 될 것이다.

정약용은 화폐의 중요성 내지 화폐유통의 필요성을 인정했지만, 1678년(숙종 4)부터 동전이 계속 유통됨으로써 확대·발전된 화폐경제의 영향을 심각한 사회경제적 모순과 폐단으로서 지적·비판하였다. 그는 동전을 유통한 지 140여 년이 지났는데도 불구하고, 여전히 公私의 창고가 모두 고갈되고, 남북의 재화가 제대로 유통되지 않는다고 하였다. 또한 조그만 일로 서로 다투어 풍속이 나날이 각박해지고, 賄賂가 공공연히 행해지나 인습은 貪汚를 뉘우치려 하지 않는다고 하면서 그 까닭이 동전에 있다고 하였다.660) 그러나 정약용은 화폐경제의 영향을 모두 사회경제적 모순과 폐단으로 보려하지만은 않았다. 그는 화폐유통의 得失을 여러 면으로 살펴본 뒤에 이로운 점과 해로운 점이 있다고 하였다.

……다만 그 수송이 더욱 편리할수록 詐欺가 더욱 불어나고, 교역이 더욱 번창할수록 사치가 더욱 넓어졌다. 교역하는 법으로 말하면 巴蜀의 삼베와 吳地의 소금은 있는 것을 가지고 없는 것을 교역하지 않고, 판매하는 이익으로 말하면 南方의 모시와 北方의 毛織은 많은 것을 덜어서 적은 것을 보태 주지 않으므로, 장사하는 이익은 비록 남으나

---

658) 『增補 與猶堂全書』 一, 「詩文集·文」 9, 錢幣議.
659) 이익은 우리나라가 지역은 협소한 데 반해 해로 및 수로교통이 편리하여 재화의 운반이 불편하지 않기 때문에 輕貨로서 동전의 유통이 필요하지 않다고 하였다(『藿憂錄』, 「錢論」).
660) 『增補 與猶堂全書』 一, 「詩文集·文」 9, 問錢幣.

民生은 날로 피폐해지니, 동전이 국가에 주는 利害의 영향력이 이와 같다.661)

즉, 정약용은 화폐의 유통보급으로 轉輸가 더욱 편리해졌으나 虛僞와 거짓은 더 심해지고, 교역은 더욱 활발해졌으나 사치를 위한 비용이 불어났으며, 상공업의 이익은 많다지만 민생은 날로 초췌해졌듯이, 화폐유통은 이로움과 해로움이 있다고 하였다.

이처럼 정약용은 동전유통이 '百害無一益'하다 하여 그 자체를 부정했던 이익과 달리, 화폐유통은 이해가 상반되는 것으로 생각하고, 화폐유통을 전제로 하는 화폐제도 내지 화폐정책의 개선·개혁방안을 모색하였다. 이익은 租稅의 부분적 금납화 과정에서 농민이 폐해를 입게 된다는 점을 이유로 금납화의 중단을 주장했으나, 정약용은 조세를 동전으로 징수하는 것이 편리하고 수취체제를 합리적으로 운용하는 데 유리하다 하여 조세의 금납화가 필요하다고 하였다.662) 이로써 화폐가치를 평가·인식함에 있어 선후배 실학자 사이에 나타난 입장 차이를 단적으로 이해할 수 있다. 이들 선후배 실학자가 화폐가치를 서로 달리 평가·인식하게 된 것은, 상호간에 학문 내지 사상적 지향이 달라서라기보다는 그들이 발붙이고 있는 사회현실의 차이, 다시 말해서 그들이 견문·체험한 화폐경제 발전단계 내지 사회경제 발전수준이 달랐기 때문이라고 보아야 할 것이다.

3) 常設 造幣機關 設置論

조선왕조는 1678년(肅宗 4)부터 동전이 法貨로 계속 유통되자, 수익성이 높은 동전 주조사업은 국가의 만성적인 재정난을 극복하는 임시적 방편으로 활용되었다. 즉, 동전 주조사업이 국가의 應急한 재정을 조달하기 위해 각 중앙 및 지방 관청이나 각 군영에서 빈번히 開設되

---

661) 『增補 與猶堂全書』 一,「詩文集·文」 9, 問錢幣.
662) 洪以燮,『丁若鏞의 政治經濟思想研究』(한국연구총서3), 한국연구원, 1963, 178쪽 ; 이 책, 제3장 Ⅲ, 1. 李瀷의 銅錢 流通禁止論.

었다. 또한, 당시에 민간인이 화폐를 私鑄하는 등 화폐의 불법 주조행위가 성행하였다. 조선왕조는 전통적으로 '貨權在上' 또는 '利權在上'이란 낱말에서 단적으로 엿볼 수 있듯이, 국가경제에 대한 모든 지배권을 중앙정부, 즉 국왕에게 귀속시키는 것을 원칙으로 하였다. 이러한 전통적인 국가재정 관리원칙에 충실하는 한편, 중요한 이권인 동전 주조사업을 집중적으로 관리·통제하기 위해, 왕조당국은 1693년(숙종 19)에 동전 주조사업을 호조와 常平廳이 專管할 것을 결정하는 등 관리의 중앙집중화 내지 그 관리체계의 일원화를 시도하였다.663) 이 같은 시도는 동전이 법화로 公·私 유통계에서 지속적으로 유통될 수 있다는 확신을 가지게 되자, 화폐의 유통보급에 역점을 둔 종래의 화폐정책을 보다 높은 단계로 발전시키기 위해 시도한 조치로 보인다.

조선왕조는 본질적인 면에서 볼 때, 위와 같은 동기에서 1750년(英祖 26)에 '鑄錢廳'을 설치, 동전 주조사업을 전관하게 함으로써 관리체계의 일원화를 시도하였다.664) 동전 주조사업 관리체계의 일원화를 위해 시도한 일련의 조치는 특정 기관에서 단시일 내에 다량의 화폐를 주조해야 할 경우에 뒤따르는 직접·간접적 이유로 한갓 시도에 그쳤다. 동전 주조시설이 불충분하다는 것, 다수의 주조기술자 동원이 불가능하다는 것, 동전원료를 중앙으로 운반해 오고 주조한 동전을 지방으로 운송하는 데 따르는 어려움이 적지않다는 이유로 중앙 및 지방 관청과 군영에 동전 주조사업을 분산하여 개설하게 하였다. 시행착오를 거듭한 동전 주조사업 관리체계의 일원화 시도는 비교적 조선왕조의 전통적 정치이념의 구현에 충실했던 1785년(正祖 9)에 이르러 마침내 실현되었다.665) 이로써 국가의 동전 주조사업은 호조가 전관하게 되었고, 호조는 1806년(純祖 6)에 이르기까지 계속 동전 주조사업을 전관하게 되었다.666) 丁若鏞이 전라도 강진에서 5년여의 유배생활을 하는

---

663) 『備邊司謄錄』 47冊, 肅宗 19年 7月 14日 ; 元裕漢, 앞의 책, 1975 참조.
664) 『備邊司謄錄』 121冊, 英祖 26年 5月 24日.
665) 『正祖實錄』 卷20, 正祖 9年 7月 丁巳.
666) 元裕漢, 앞의 책, 1975, 65~71쪽 참조.

동안까지는 동전 주조사업 관리체계의 일원화 원칙이 준수된 셈이다. 그는 동전 주조사업 관리체계의 일원화가 추구, 또는 실현되고 있던 시기에 전직 관료나 유배죄인으로서의 견문과 체험을 통해 얻은 지식을 토대로 동전 주조사업 관리체계의 일원화 방안으로서 상설 조폐기관의 설치운용론을 구상·제시하였다. 이것이 바로 정약용이 강진 유배중에 저술한 『經世遺表』에 제시한 '典圜署' 설치운용론이다.667)

정약용이 전환서의 설치운용을 주장하게 된 이유는 동전 주조사업에 따르는 여러 가지 문제점을 들고 있다. 그는 동전이 여러 곳에서 주조되기 때문에 그 체제가 서로 다르며, 동전 품질이 私鑄된 동전과도 구분할 수 없을 만큼 조악해졌다는 등의 사실을 지적하였다.

> 지금 동전을 주조하는 일은 모두 營門에서 하는데 그 제도가 만에 하나도 같지 않아서 혹은 크고 작으며 혹은 두껍고 혹은 얇다. 글자가 흐릿하고 분명치 못하여 우둔한 백성이 私鑄한 것과도 분별해 낼 수가 없다. 하물며 동전 型에 재료를 조합하면서 거칠고 약한 물건을 섞기 때문에 손에 닿는 대로 부서져서 능히 10년을 견디어 내지 못한다. 이것도 또한 利用監에서 중국의 鑄錢法을 배워 모두 典圜署에서 주조할 것이다.668)

정약용의 전환서 설치목적은 동전 주조기술을 精銳化하여 품질의 조악화와 그 체재의 簿小化 내지 不統一로 인한 모순과 폐단을 극복·배제함으로써 화폐정책을 보다 합리화하고 동전유통을 원활하게 하는 데 있었다.

우선 정약용이 구상·제시한 전환서의 職制를 보면, 提調에 卿 1명, 主簿에 中士 2명, 奉士에 下士 2명, 胥吏 2명, 皂隷 8명으로 하되, 大夫는 三營의 將臣, 郎官은 삼영의 將官으로 하자는 것이었다. 또한 그는 전환서를 都統營·左衛營·右衛營 등 삼영이 3년씩 돌아가며 관

---

667) 『增補 與猶堂全書』 五, 「經世遺表」 2, 典圜署.
668) 『增補 與猶堂全書』 五, 「經世遺表」 2, 典圜署.

리·운용하는 방안을 제시하였다. 동전 주조사업은 5년, 또는 10년에 한 번씩 開設되는 일로서 전환서에서 동전만을 주조할 경우, 그 때마다 주조기술자를 모집하는 것도 불편하거니와 전환서를 5년이나 10년마다 置廢하는 것 역시 불합리하다는 것이다. 이러한 문제점을 극복하기 위해 전환서에 동전 주조사업을 개설하는 데 그치지 말고 軍器나 樂器의 제조업무도 관장하게 할 것을 제의하였다. 이로써 동전 주조기술자는 안정된 생업에 종사하게 되는 동시에 그들의 기술도 精鍊될 수 있다는 것이다. 정약용이 구상·제시한 전환서의 직제나 관리·운용방안은 그 당시 당국자나 실학자 등 各階 지식계층의 어떤 인물에 의해서도 제시된 일이 없는 정약용 특유의 화폐정책 개혁방안이라 할 수 있다.669)

정약용이 상설 조폐기관인 전환서를 三軍營으로 하여금 관리·운용하게 할 것을 제의하게 된 동기는, 각 군영에는 군기 제조를 위한 기술자가 소속되어 있어서 동전 주조기술자를 비교적 쉽게 동원할 수 있다고 생각한 때문이었을 것이다. 이 점은 정약용이 각 기관이 필요할 때마다 부정기적으로 동전 주조사업을 개설할 경우 기술자를 常備하기가 쉽지 않다고 지적한 사실을 통해 짐작할 수 있다. 대체로 군영이 아니고 중앙 및 지방 관청이 동전을 주조할 경우, 각 군영이나 各司에 소속된 기술자를 징발, 使役하는 일이 불편하고 비능률적이었던 것이다. 이로써 기술자가 상비되었거나 기술자 동원이 비교적 쉬운 각 군영에서 동전을 주조하는 경우가 적지 않았다. 또한, 군영에서 동전을 주조할 경우 군영 특유의 조직력과 엄격한 軍律로써 동전 鑄造工程에서 일어나는 여러 가지 폐단을 보다 효과적으로 통제할 수 있다는 점에서도 삼군영으로 하여금 전환서의 관리·운용을 담당케 하자는 방안을 제의했을 것으로 짐작된다. 동전 주조사업을 개설할 때, 동전 주조공정을 철저하고 엄격하게 관리·감독하지 않으면 동전이 惡鑄·濫發될

---

669) 『增補 與猶堂全書』 五, 「經世遺表」 2, 典圜署 ; 元裕漢, 앞의 논문, 1971 참조.

염려가 있고, 심지어 동전이 盜鑄되는 폐단까지 일어났다. 호조를 비롯한 각 관청이 화폐를 주조할 경우 捕盜廳 軍官을 파견하여 동전 주조공정을 철저히 감시·감독하게 했으나, 동전의 악주·남발과 도주행위는 철저히 단속되지 못하는 실정이었다.670) 이를 미루어 볼 때, 정약용이 삼군영으로 하여금 전환서의 관리·운용을 담당하게 하자고 한 것은 객관적 현실 인식을 통해 이루어진 합리적인 대응방안이라 할 수 있다. 더구나 전환서에서 화폐를 주조하지 않을 때, 군기 및 악기의 제조업무를 담당하게 함으로써 동전 주조사업에 사역할 기술자의 동원난을 극복하는 동시에, 기술의 정예화를 전망할 수 있는 것이다.

정약용은 국가 동전 주조사업 관리체계의 일원화를 실현하기 위해 전환서 설치운용론을 제의하면서도, 그 주장의 당위성을 '화권재상'과 같은 전통적 정치이념이나 명분에서 찾기보다는 화폐의 품질과 체재를 개량·개선한다든지, 화폐정책을 합리화하고 화폐유통을 원활히 해야 한다고 하는 등 실제적 문제에서 찾으려 했던 것으로 보인다. 그가 현실사회의 개혁문제를 구상하고 그 가치를 평가할 때, 전통적 가치관에 지나치게 집착하지 않고, 현실사회의 변화·발전을 객관적으로 검토하여 실제적이고 합리적으로 대응하고 있다는 점에서 그의 진보적 개혁의식의 일면을 엿볼 수 있다.

한편, 정약용의 전환서 설치운용론을 통해서 전통적으로 호조에 의해 체계적이고 능률적으로 관리·운용되지 못하고 있는 국가의 동전 주조업무가 독립적으로 분화되고 전문화되는 진보적 경향을 엿볼 수 있을 것 같다. 또한, 전환서 설치운용론은 봉건 조선사회의 근대지향적 역사발전에 대응하여 한 관료출신 진보적 학자가 『經國大典』 六典體制의 관념적이고 비능률적인 통치업무 관리능력의 한계를 극복하고 보다 실제적이고 능률적인 통치체제를 모색하는 과정에서,671) 개혁의 의지가 화폐정책 부문으로 표출된 것으로 이해할 수도 있을 것이다.

---

670) 元裕漢, 「18세기에 있어서의 화폐정책 - 銅錢의 鑄造事業을 중심으로 -」, 『사학연구』 19, 1967.
671) 『增補 與猶堂全書』 五, 「經世遺表」 2, 典圜署 등.

4) 貨幣制度 改革論

丁若鏞은 앞에서 지적했듯이 상설 조폐기관으로서 典圜署를 설치 운용하여 국가의 동전주조 관리체계를 一元化함으로써 화폐품질과 체재를 개량·개선하려고 하였다. 또한 화폐제도의 개혁을 통해 화폐정책을 합리화하고 화폐유통을 원활하게 하려는 데 그의 화폐정책론의 초점을 두고 있다. 그는 원칙론적으로 동전을 가장 理想的 형태의 화폐로 생각하였으나, 제반 사회경제발전에 상응한 화폐제도의 개혁 없이는 화폐정책의 합리화 내지 화폐유통의 원활화는 기대하기 어렵다고 생각한 것으로 보인다. 이로써 그는 고액동전은 물론 高·小額 金·銀錢을 주조유통하는 것을 골자로 하는 화폐제도 개혁론을 구상·제시하였다.

(1) 高額錢流通論

조선왕조는 18세기 40년대부터 화폐유통을 비판 내지 부정한 '화폐유통에 대한 반동기'(18세기 초~40년대 초)와는 달리, 동전유통을 전제로 하고 여러 측면에서 화폐정책과 화폐제도의 개선·개혁을 모색하고 시도하였다. 고액전의 주조유통 문제는 화폐제도 개혁방안의 하나로서 대체로 18세기 40년대부터 왕조당국자나 실학자 등 각계 지식계층에 의해 거듭 제기·논의되었다. 정약용이 官界에 나가 있는 20년이 채 못 되는 동안에 실학자 朴趾源의 경우를 제외하고도 관료들이 다섯 차례에 걸쳐 각종 고액전의 주조유통론을 제의하였다.672) 정약용은 고액전 주조유통에 대한 논의가 거듭 일어난 正祖朝에 관료생활을 하면서 화폐정책론 중에 고액전의 주조유통론을 구상·제시하였다.

……지금 주조한 얇고 粗惡한 것을 모아 大錢으로 고쳐 주조하여 10전으로 1전을 만들고, 그 쓰는 것을 1전으로 10전을 당하게 하거나, 1

---

672) 元裕漢,「朝鮮後期 貨幣政策에 대한 一考察 - 高額錢의 鑄用논의를 중심으로 - 」,『韓國史研究』6, 1971.

백 전으로 1전을 만들고 그 쓰는 것을 1전으로 1백 전을 당하게 해야 합니다. 이와 같이 하면 백성이 잃는 것이 없이도 동전의 제도를 고칠 수 있을 것입니다.……또한 옛날에 주조한 동전을 남겨두어 큰 장사꾼들과 멀리 장사하는 사람은 대전으로 쓰게 하고, 조그마한 시장의 자잘한 화물은 옛날 동전을 쓰도록 하면 크게 쓰는 것과 작게 쓰는 데에 모두 편리할 것입니다.673)

정약용은 화폐제도 개혁방안의 하나로서 當十錢과 當百錢을 주조하여 종래부터 유통되고 있는 동전(常平通寶, 當一錢)과 法貨로 병용하도록 주장하였다. 그러면 당일전은 시전의 일용잡화 거래에, 또한 당십전과 당백전은 거상과 원거리 상인이 사용하기 편리할 것으로 생각하였던 것이다. 따라서 고액전 사용은 주조하는 데에 工費가 줄고, 유통하는 데에 계산하기 편리할 뿐 아니라 동전이 두꺼워서 오래도록 견딜 수 있을 것이라고 하였다.674)

정약용이 고액전 주조유통론을 구상·제시하게 된 배경으로서는 대체로 다음 몇 가지 사실을 들 수 있다.675)

첫째, 동전의 품질이 조악해지고 체재가 작고 얇아지는 폐단을 방지, 화폐품질과 체재를 개량·개혁하여 동전의 보존성과 공신성을 강화함으로써 화폐유통을 원활하게 하려고 하였다.

둘째, 동일한 수량의 동전 원료로 고액전을 주조할 경우 소액전에 비해 다량의 유통가치를 조성할 수 있기 때문에 보다 많은 동전 주조사업의 수익을 올릴 수 있다.

셋째, 국내외 상권의 확대로 증진된 먼 거리 교역의 발전에 대응하기 위해서는 소액전보다 운반이 편리한 고액전이 더 유용하다는 점이다.

---

673) 『增補 與猶堂全書』 一, 「詩文集·文」 9, 錢幣議.
674) 『增補 與猶堂全書』 一, 「詩文集·文」 9, 錢幣議 ; 五, 「經世遺表」 2, 典圜署.
675) 『增補 與猶堂全書』 一, 「詩文集·文」 9, 錢幣議 ; 五, 「經世遺表」 2, 典圜署 ; 元裕漢, 앞의 「茶山 丁若鏞의 발전적 화폐론」, 1971 ; 앞의 「朝鮮後期 貨幣政策에 대한 일고찰-고액전의 鑄用논의를 중심으로-」, 1971.

넷째, 상품화폐경제의 발전으로 국가 수입지출의 화폐화가 증진되는 등 사회경제 발전이 급진전되는 역사적 상황 하에서 동전(당일전, 상평통보)만을 사용하는 單一法貨 流通體制의 한계를 극복하기 위해 고액전 주조유통이 필요하다는 것이다.

다섯째, 정약용은 기록을 통해 고·소액전을 주조유통한 중국 周代의 화폐제도를 고찰하고, 고·소액전이 유통된 그 당시 중국과 동남아 일부 국가의 화폐유통 사정을 傳聞하였다.

여섯째, 공·사 유통계에 나타난 만성적인 錢荒을 해소하고, 화폐유통을 원활하게 하여 전황으로 인한 사회경제적 모순과 폐단을 극복하기 위한 방안으로서 고액전의 주조유통을 필요로 하였다.

정약용은 위에서 지적한 몇 가지 점을 직접·간접적 동기로 하여 고액전 주조유통론을 주장하게 되었던 것이다. 그는 비단 동전에 한해서만 당십전과 당백전 등 고액전을 주조유통하자고 한 것이 아니라, 後論하겠지만 금·은화도 역시 동전의 경우처럼 고·소액전을 주조유통하자고 제의하였다.[676] 그가 제시한 고액전 주조유통론은 조선후기의 왕조당국자를 비롯한 각계 지식계층에 의해 제시된 어느 것보다도 논리·체계적으로 전개되어 있어 설득력이 큰 것이라 할 수 있다. 그가 주장한 고액전 주조유통론의 내용과 성격이 당시 사회에 수용될 수 있는 것인지의 여부에 기준을 두고 평가할 때는 비현실적이다. 그러나 과거복귀적이고 보수적인 것이 아니고, 미래지향적 내지 진보적인 것으로 평가할 수 있을 것이다.

정약용이 구상·제시한 고액전 주조유통론의 비현실적 성격, 다시 말해서 당시 봉건 조선사회가 가지는 고액전 수용의 한계로서는 다음 몇 가지를 들 수 있다.[677]

---

676) 『增補 與猶堂全書』 一, 「詩文集·文」 9, 錢幣議 ; 五, 「經世遺表」 2, 典圜署 ; 元裕漢, 앞의 「茶山 丁若鏞의 발전적 화폐론」, 1971 ; 앞의 「朝鮮後期 貨幣政策에 대한 一考察 - 高額錢의 鑄用논의를 중심으로 - 」, 1971.

677) 元裕漢, 앞의 「朝鮮後期 貨幣政策에 대한 一考察 - 高額錢 鑄用논의를 중심으로 - 」, 1971.

첫째, 전통적으로 개혁을 꺼리는 봉건 조선사회의 보수적 가치관념은 파격적인 화폐제도의 개혁을 의미하는 고액전 주조유통론이 실현될 수 없는 한 원인이 되었을 것이다.

둘째, 화폐가치를 실용성에서 찾는 전근대적 화폐가치관이 완전 불식되지 못한 사회경제적 미숙성은 실용가치와 명목가치의 격차가 큰 고액전 주조유통을 저해하는 원인이 되었을 것이다.

셋째, 고액전은 소액전보다 退藏이 쉽기 때문에 고액전을 주조유통할 경우 富商大賈 등의 貨幣退藏行爲를 조장하여 여러 가지 사회경제적 모순과 폐단을 불러일으키는 전황을 더욱 심화시키게 되리라는 점이다.

넷째, 고액전을 주조하면 소액전보다 훨씬 많은 유통가치를 조성할 수 있기 때문에 私鑄 또는 盜鑄 등 화폐의 不法鑄造行爲가 성행하여 화폐정책 내지 화폐 유통질서의 혼란을 초래할 수 있다는 것이다.

(2) 金·銀·銅錢流通論

丁若鏞은 앞에서 지적했듯이, 화폐제 개혁론으로서 高額銅錢을 주조하여 종래부터 사용되고 있는 小額銅錢과 병용하는 방안을 구상·제시하였다. 그는 고액동전의 주조유통과 함께 金·銀錢을 주조유통하되, 각기 高·小額錢을 주조하여 동전과 함께 法貨로 유통할 것을 주장하였다. 먼저, 그가 금·은전 주조유통론을 구상·제시한 직접·간접적 동기를 살펴보면 대개 다음과 같을 것이다.[678]

첫째, 정약용은 유일한 법화로서 유통되고 있는 동전이 유통보급에는 편리하지만, 財貨備蓄手段으로서는 불편하다고 보았다. 따라서, 그는 李瀷의 秤量金·銀貨 유통에 대한 주장에서도 엿볼 수 있듯이

---

[678] 『增補 與猶堂全書』 一,「詩文集·文」 9, 錢幣議 ; 五,「經世遺表」 2, 典圜署 ; 元裕漢, 앞의「朝鮮後期 貨幣政策에 대한 一考察 - 高額錢 鑄用논의를 중심으로 -」, 1971 ; 앞의「茶山 丁若鏞의 발전적 화폐론」, 1971 ;「실학자의 화폐사상발전에 대한 고찰 - 金·銀貨의 통용론을 중심으로 -」,『東方學志』 23·24, 1980.

금·은이 가지는 재화비축기능을 중시하여 금·은전의 주조유통을 제의하였을 것으로 짐작된다.

둘째, 정약용은 금·은은 운반이 편리하기 때문에 鑄貨로 주조하여 각기 제 값대로 사용하면 大商과 원거리 상인이 반드시 금·은전을 다투어 소유할 것으로 생각하였다. 이를 미루어 보건대, 그가 금·은전의 주조유통을 제의한 동기의 하나가 금·은전을 사용하면 재화운반기능이 강화된다는 데 있었던 것으로 짐작된다. 이로써 그의 금·은전 주조유통론은 고액전 주조유통론에서도 그랬듯이 국내상업은 물론, 국제무역의 발전을 필요로 하는 시대적 요청에 부응하여 구상·제시된 것이다.

셋째, 정약용은 금·은·동전을 각기 大·中·小錢으로 주조하여 모두 아홉 종류의 금·은·동전을 사용하는 것은 중국 周代의 화폐제도인 '九府圜法'의 정신과 일치하는 것이라 하였다. 이로써 정약용은 주대의 화폐제도를 이상적인 것으로 생각하여 화폐제도 개혁론을 구상하는 과정에서 금·은전 주조유통을 구상하였음을 짐작할 수 있다.

넷째, 정약용은 고액전 주조유통론에서처럼, 그 당시 중국의 각 지방과 琉球·安南·呂宋 등 동남아 여러 나라가 금·은전을 사용하고 서양에서도 은전을 사용한다는 사실을 傳聞한 것이 금·은전 주조유통을 주장한 동기가 되었을 것이다.

다섯째, 정약용은 이익·朴趾源 등 선배 실학자나 일부 당국자들이 그러했듯이, 다량의 금·은으로써 비단 등 소비·사치품을 수입하는 淸과의 무역에서 보는 막대한 경제적 손실을 막기 위해 국내에서 금·은전을 주조하여 동전과 병용할 것을 주장하였다. 이를 미루어 실학자들의 화폐정책론에 깔려있는 민족의식을 엿볼 수 있다.

여섯째, 정약용은 생애 거의 전반에 걸쳐 유통계에 나타난 錢荒을 극복하기 위한 하나의 방안으로서 금·은전의 주조유통을 제의한 것으로 보인다. 이 점은 당시 일부 당국자나 실학자 박지원 등이 전황 극복방안의 하나로 칭량은화의 주조유통론을 제시한 사실을 미루어 짐작할 수 있다.

정약용은 위에 지적한 몇 가지 사실을 직접·간접적 동기로 하여 동전과 함께 금·은전 주조유통론을 구상·제시했다고 할 수 있다.

……우리 나라의 金과 銀이 해마다 중국으로 가는데 이것은 국가의 손해입니다. 마땅히 金錢과 銀錢을 주조하여 각각 값에 따라 쓰게 한다면 큰 장사꾼이나 멀리 장사하는 사람들이 반드시 다투어 금전과 은전을 사용할 것이니, 이는 운반하기에 수고롭지 않기 때문입니다.679)

정약용은 生産財요 資本財인 금과 은이 중국으로 흘러 들어가 국가의 경제적 손실을 유발하기 때문에 금·은전을 주조유통할 것을 주장하였다. 그는 국내에서 금·은전을 주조유통하면 국내 富商大賈와 원거리 교역자에게 유익하고, 국가의 경제적 손실을 가져오는 금·은의 중국유출도 막을 수 있다고 하였다. 그는 금·은전에는 글[錢文]이 새겨져 있기 때문에 비록 역관들이 이윤을 추구하더라도 몰래 숨겨갈 수 없을 것으로 보았다. 이로써 나라에 급박한 일이 있을 경우, 금·은을 사용할 수 있어 위기상황을 극복할 수 있다고 하였다.680)

정약용은 금전과 은전을 주조유통할 경우 각기 대·중·소전을 주조유통할 것을 주장하였다. 그는 동전을 '當一錢', '當十錢', '當百錢' 등 액면가치를 달리하는 세 종류의 고·소액전을 주조유통하자고 했듯이 금·은전에서도 마찬가지로 할 것을 건의하였다.

……지금 천하 만국에 銀錢·金錢이 있고 은전·금전 중에 또 大中小 三層이 있다.……지금 銅錢 一文 무게로써 은전 일문을 주조하여 동전 오십문에 당하게 하고, 또 은전 일문의 무게로써 금전 일문을 주조하여 은전 오십문에 당하게 하되 대·중·소 삼층이 있도록 하면 세 종류의 금속이 총 아홉 종류의 鑄貨로 되는바, 참으로 九府圜法이라

---

679) 『增補 與猶堂全書』 一, 「詩文集·文」 9, 錢幣議.
680) 『增補 與猶堂全書』 一, 「詩文集·文」 9, 錢幣議.

할 수 있겠다.681)

　정약용은 모두 아홉 종류의 금・은・동전을 법화로서 주조유통하자고 주장하였다. 그리고, 금・은전에 전문을 새기고, 금・은・동전의 比價는 금전 1에 은전 50, 은전 1에 동전 50, 금전 1에 동전 2,500으로 결정, 유통할 것을 제의하였다.
　위와 같이 정약용이 화폐제도 개혁방안의 하나로 제시한 금・은전 주조유통론에서는 다음 두 가지의 주목되는 의식형태를 엿볼 수 있다.682)
　첫째, 금・은・동전을 법화로 주조유통하는 것을 골자로 한 정약용의 화폐제도 개혁론에서는 농도 짙은 근대 지향의식을 찾아볼 수 있다. 그가 금・은・동전 등 각 주화마다 액면가치가 서로 다른 아홉 종류의 주화를 주조유통할 것을 제의한 점과 각 주화의 체재・품질을 규격화하고 각 주화 간의 通用比價를 명확히 규정해 놓은 것은, 근대 금・은본위 화폐제도를 연상시키기 때문이다. 또한, 금・은전 주조유통론에서는 조선후기 봉건 사회변동의 외래적 변수라 할 수 있는 北學論과 西學論 등을 종합・절충보완하였으되, 궁극적으로는 서학론을 추구하는 진보적 경향을 엿볼 수 있다.
　둘째, 금・은전 주조유통론에는 근대 지향의식과 함께 민족주의 지향의식이 농도 짙게 깔려 있음을 엿볼 수 있다. 생산재요 자본재인 금・은을 중국에 가지고 가서 비단과 같은 소비・사치성 상품을 수입하는 對淸貿易에서 보는 경제의 손실을 막겠다는 것이 금・은전 주조유통을 주장하게 된 중요한 동기가 되었기 때문이다. 이 같은 민족주의 지향의식은 특히 이익의 화폐정책론에 표출되기 시작하여 후배 실학자들에게 傳承된 것으로 보인다. 이 두 가지 의식형태는 뒷날 개화사상으로 계승되어 주체적인 민족사 발전과 근대화 운동의 기저의식으로서 중요한 역사적 역할을 담당했던 것으로 보인다.

───────────
681)『增補 與猶堂全書』五,「經世遺表」2, 典圜署.
682) 元裕漢, 앞의 논문, 1980.

5) 貨幣政策論의 意義

앞에서 丁若鏞이 典圜署 설치운용론과 金・銀・銅錢 주조유통론을 골자로 구상・제시한 화폐정책론을 대강 살펴보았다. 그의 화폐정책론은 '화폐경제 확대발전기'(18세기 40년대 초~19세기 60년대) 후반(19세기 초~60년대) 초에 구상・체계화되었던 것이다. 대체로, 그의 화폐정책론은 선배 실학자 禹禎圭・朴趾源과 고급관료 徐榮輔 등의 화폐정책론과 거의 비슷한 시기의 화폐정책 및 유통경제의 발전을 배경으로 하여 형성되었다.[683] 그의 화폐정책론이 가지는 성격 내지 역사적 의의는 다음과 같이 정리・요약할 수 있다.

첫째, 정약용은 대다수 실학자들이 그러하듯이 연구대상은 實際・實利・實用的 문제를 선정하고, 문제를 분석・고찰하는 방법은 批判・實驗・實證的이며, 연구결과는 객관・합리적으로 평가・인식했던 것으로 보인다. 또한 그는 조선후기 실학을 집대성했다고 하는데, 이는 선배 학자들의 학문적 성과를 綜合・折衷補完했다는 뜻으로 이해할 수 있다. 위와 같은 실학 연구방법의 특징은 그의 화폐정책론에도 나타나 있다.

둘째, 정약용의 화폐정책론에서는 혁신적 성격을 엿볼 수 있다. 이 점은 그가 각 중앙 및 지방 관청과 軍營에서 수시로 開設한 동전 주조 사업의 관리체계를 개혁하는 방안으로 상설 조폐기관인 '전환서'의 설치운용을 제시한 것, 화폐제도의 개혁방안으로 금・은・동전 주조유통론을 제시한 사실을 통해 짐작할 수 있다. 그는 典圜署를 상설운용함으로써 동전 주조기술을 精銳化하고 銅錢需要를 안정적으로 공급하는 등 화폐정책 운용을 객관・합리화하는 동시에, 근대 金本位制度를 연상시키는 진보적인 화폐제도 개혁론을 구상・제시하고 있기 때문이다. 그의 혁신적인 화폐정책 내지 화폐제도의 개혁론은 전근대적 北學論과 근대적 西學論을 종합・절충보완한 서학 내지 근대 지향적 성격

---

683) 이 책, 제3장 Ⅳ, 1. 禹禎圭의 高額錢流通論・2. 朴趾源의 當二錢・銀貨流通論・4. 徐榮輔의 交鈔流通論 참조.

을 띤 개혁론으로 이해할 수 있다. 위와 같은 혁신적 개혁론 등이 19세기 80년대에 추진한 화폐제도의 근대화 정책운용에 직접·간접적인 영향을 주었다는 점에서 그 역사적 의의는 높이 평가되어야 할 것이다.[684]

셋째, 정약용의 화폐정책론에서는 변화수용적인 진보적 성격을 엿볼 수 있다. 조선후기 화폐경제의 발전과정에서 볼 때, 실학자들 중 鄭尙驥·李瀷을 제외한 柳馨遠·박지원 등 대다수 실학자들은 동전의 유통보급으로 촉진된 사회변화를 수용하여 진보적 개혁론을 구상·제시하였다.[685] 정약용은 동전의 유통보급과 밀접한 관계를 가진 農業과 商業의 경제적 위치 변화를 긍정적으로 수용한 것으로 짐작된다. 즉, 그는 현실의 변화를 거부한 이익의 비현실적인 務農抑末論과 상업의 위치를 농업에 우선하는 듯한 북학파 학자들의 비현실적인 重商論을 종합·절충보완하여, 농업을 위축시키지 않는 범위 내에서 상업을 振興시켜야 한다는 유형원의 소극적인 상업진흥론을 확대·발전시켜 農·商兩立論的 農主商從論[686]을 구상·제시하였다. 이 같은 정약용의 견해는 그의 학문 내지 사상의 영향을 받은 것으로 보이는 초기 개화사상가 兪吉濬(1856~1914)에 의해 극복되어, 농업과 상업의 경제적 위치는 대등한 것으로 평가·인식되었다.[687] 정약용의 변화수용적 진보성은 조세 물납제를 금납제로 개혁할 것을 주장한 다음 사실에서도 엿볼 수 있다. "쌀로 징수하는 것이 동전으로 징수하는 것만 못하다. 본래 쌀로 징수하던 것도 마땅히 동전으로 징수하도록 고쳐야 할 것이다."[688] 그가 조세 물납제를 금납제로 개혁할 것을 주장한 주요 이유는 조세 물납 과정에 나타나는 불편과 부정을 극복하고 조세 징수체계를 객관·합리화하려는 데 있었던 것으로 보인다.[689] 근대화의 중요한 지

---

684) 유자후,『朝鮮貨幣考』, 학예사, 1940, 531~532쪽 ; 元裕漢, 앞의 논문, 1980.
685) 이 책, 제3장 Ⅱ, 3. 柳馨遠의 銅錢流通論·Ⅲ, 1. 李瀷의 銅錢 流通禁止論·
    3. 鄭尙驥의 高額大錢流通論·Ⅳ, 2. 朴趾源의 當二錢·銀貨流通論 참조.
686) 김용덕,「다산의 상업관연구」,『역사학보』70, 1976.
687)『西遊見聞』14,「商賈大道」.
688)『增補 與猶堂全書』六,「牧民心書」, '戶典', 平賦.

표 중 하나인 조세의 일부 금납화에 반대한 이익의 주장은 물론 조세 금납화의 점진적인 확대를 주장한 유형원의 단계를 극복한 것으로, 초기 개화사상가 유길준이 제시한 조세의 전면적 금납화론에 접근하는 것이다.690)

넷째, 정약용의 화폐정책론에서는 민족주의 지향적 및 근대 지향적 성격을 확인할 수 있다. 흔히 조선후기 실학은 민족주의 및 근대 지향적 성격을 띤 사회개혁사상으로 인식되고 있다. 실학자들 중 민족주의 지향의식은 이익의 화폐정책론에서 뚜렷이 나타나기 시작하였다. 근대 지향의식은 金堉・유형원 등의 화폐정책론에 뚜렷이 나타나 있지만, 이익의 화폐정책론에서는 찾아볼 수 없다. 박지원의 화폐정책론에 비로소 두 가지 사회의식이 뚜렷이 나타나고 있다.691) 이 같은 박지원의 사회의식은 실학을 집대성한 정약용에게 계승, 화폐정책론에서 종합・절충보완되어 자본주의 萌芽發生期 사회의식의 기반이 되었던 것이다. 그리고 정약용의 사회경제의식은 근대 금본위제도 수용론을 골자로 한 초기 개화사상가 유길준이 구상・제시한 화폐정책론의 기저의식으로 확대・발전했던 것으로 보인다.692)

다섯째, 정약용의 화폐정책론에 표출된 북학의식은 洪大容・박지원・朴齊家 등 북학파 학자들의 영향을 받아 형성된 것으로 보인다. 특히 안동 김씨 金尙憲을 配享한 楊州 소재 石室書院을 근거지로 한 洛論派 북학론으로부터 영향을 받았을 가능성도 없지 않은 것으로 보인다. 석실서원의 첫 배향자 김상헌은 開城經歷 출신으로 개성유수 출신 김육과 함께 역시 개성유수 출신이자 開京學派인 尹根壽에게 同門 修學했으며, 홍대용과 박지원 등도 북학론의 淵源으로 알려진 낙론파의 영향을 받은 것으로 알려졌기 때문이다.693) 그러나 정약용은 유형

---

689) 『增補 與猶堂全書』 六,「牧民心書」, '戶典', 平賦.
690) 『兪吉濬全書』 4,「經濟改革論」, 稅制議.
691) 이 책, 제3장 Ⅱ, 2. 金堉의 銅錢流通論・3. 柳馨遠의 銅錢流通論 ; Ⅲ, 1. 李瀷의 銅錢 流通禁止論 ; Ⅳ, 2. 朴趾源의 當二錢・銀貨流通論 참조.
692) 이 책, 제4장 實學의 開化思想으로 傳承 - 兪吉濬의 金本位制度 受用論 - 참조.

원·이익·박지원 등의 선배 실학자들에 비해 開京學의 영향은 훨씬 적게 받았을 것이다. 정약용이 실학을 집대성할 무렵에는 개경학이 실학에 포용되어 局地的 학문으로서의 성격이 거의 희석되었을 것으로 짐작되기 때문이다. 이로써 정약용의 화폐정책론은 조선후기 실학이 확대·발전함으로써, 개경학의 국지적 학문으로서의 성격이 거의 희석된 시기의 화폐경제 발전을 배경으로 하여 구상·제시되었다는 사실을 짐작할 수 있다.

여섯째, 정약용의 화폐정책론을 정치사상의 발전과 관련하여 그 역사적 위치를 생각해 보면, 실학의 집대성기에 명분지향적 왕도사상과 공리지향적 霸道思想을 종합·절충보완한 패도지향적 정치사상의 발전에 대응하여 구상·제시된 것으로 보인다. 이익은 왕도사상의 한계를 극복하기 위한 방안으로서 덕치·예치 중심의 명분지향적 왕도사상과 정치·형치 중심의 공리지향적 패도사상을 종합·절충보완하는 '王霸并用'論을 구상·제시하였다.[694] 이는 실학이 성장·발전하는 과정에서 점차 성숙하여 정약용이 실학을 집대성한 시기에 패도지향적 정치사상으로 정리·체계화한 것으로 보인다. 왕도사상과 패도사상을 종합·절충보완한 패도지향적 정치사상을 『經世遺表』·『牧民心書』·『欽欽新書』 등의 대표적 저작에 정리·체계화한 것으로 생각되기 때문이다.[695] 이 같은 견해는 흔히, 조선후기 실학을 명분지향적인 중세적 가치를 극복하고 공리지향적인 근대적 가치를 추구한 사회개혁사상으로 보는 일반적 견해에 설득력을 더해주게 될 것이다.

일곱째, 정약용의 화폐정책론을 금·은전 주조유통론과 관련하여 그 역사적 의의를 생각해 보아야 할 것이다. 그는 금과 은은 운반이 편리하기 때문에 鑄貨로 주조하여 각기 제 값대로 사용하면 大商과 원거

---

693) 이 책, 제2장 朝鮮後期 實學의 生成 - 徐敬德 開京學의 實學으로 傳承- 참조.
694) 『星湖僿說』 卷26, 「經史門」, 王霸并用 ; 元裕漢, 「한백겸의 『동국지리지』 성립배경」, 『실학사상연구』 12, 1999.
695) 『增補 與猶堂全書』 五, 「經世遺表」 ; 六, 「欽欽新書」·「牧民心書」.

리 상인이 반드시 금・은전을 다투어 소유할 것으로 생각하였다. 이를 미루어 금・은전의 주조유통을 제의한 동기의 하나가 금・은전을 사용하면 재화운반기능이 강화된다는 데 있었던 것으로 짐작된다. 이와 함께 동북아는 물론, 서양 여러 나라 사이에 예상되는 통상거래의 決濟通貨를 필요로 하는 시대적 요청에 대응하여 금・은전 주조유통론이 구상・제시되었던 것으로 보인다. 그리하여 정약용의 금・은전 주조유통론의 역사적 의미는 초기 개화사상가 유길준이 대외통상에 의해서만 富國强兵이 가능하다고 주장한 개화기에 이르러서 더욱 높이 평가되었던 것이다.

여덟째, 정약용의 화폐정책론을 전통적인 동양중심 세계관의 변화와 관련하여 그 역사적 의의를 생각해 보아야 할 것이다. 중국중심 동양문화권의 諸國 중, 특히 隱遁國으로 알려진 조선국에서는 동양중심의 세계관이 지배적이었던 것으로 보인다. 이 같은 동양중심 세계관은 전통적인 天圓地方의 宇宙觀에 근거한 華夷論的 國際秩序觀과 밀접한 관련이 있다. 그러나 양란 이후 천주교를 비롯한 서양문물에 대한 각계 지식계층의 관심과 인식이 깊어지면서 점차 동양중심 세계관에 변화의 조짐이 나타나게 되었다. 19세기에 들어서서 地動說 내지 地球說이 파급되고, 天主敎勢가 확장되고 있는 상황 하에서 한반도 연근해에 異樣船이 자주 출몰하게 되자 서양 여러 나라를 침략세력으로 보는 인식이 보편화되었다. 이로써 동양중심 세계관은 서양을 포괄한 세계관으로 확장되었던 것이다. 정약용은 동양중심 세계관이 서양을 포괄한 세계관으로 전환되는 과도기를 배경으로 조선후기 실학을 집대성하는 과정에서 서학 내지 근대지향적 화폐정책론을 구상・제시한 것으로 짐작된다.

아홉째, 정약용의 화폐정책론을 천주교에 대한 그의 대응자세와 관련하여 그 역사적 의의를 생각해볼 수 있을 것이다. 李睟光에 의해 천주교가 국내 지식계층에 알려진 후 실학자들은 이질적 종교에 대한 호기심・학문 내지 철학적 관심에서 천주교를 평가・인식하였다. 정약용에 이르면, 마침내 천주교를 신앙의 대상으로 삼았는지 여부가 심각한 문제로 제기되었다.696) 이 같은 사실을 통해 정약용이 천주교를 신앙 대상으로 수용하는 과도기에 경험한 갈등 내지 고뇌의 일면을 엿볼 수 있다. 이로써 정약용은 천주교를 신앙 대상으로 수용하는 과도기를 배경으로 하여 실학을 집대성하는 과정에서 그의 서학지향적 화폐정책론을 구상·제시했음을 짐작할 수 있다.

4. 徐榮輔의 交鈔流通論

1) 貨幣政策論의 形成

徐榮輔의 화폐정책론이 형성된 배경을 보다 포괄적으로 이해하기 위해 그의 생애와 활약한 시기의 화폐정책과 유통경제 발전을 살펴보자. 먼저 그의 생애697)를 간략히 살펴보기로 한다.

서영보는 1759년(英祖 35)에 대제학 徐有臣(1735~1800)의 아들로 태어났다. 內外의 주요 관직을 역임한 관료학자로, 1816년(純祖 16) 57세로 죽었다. 字는 景在고 號는 竹石이며 本貫은 達城이다.

서영보의 家系698)는 開京學의 영향을 가장 많이 받았다고 할 수 있다. 그의 가계는 徐渻(1558~1631)을 비롯해 徐宗伋(1688~1762)·徐宗泰(1652~1719)·徐命均(1680~1745)·徐命彬(1692~1763)·徐命九(1692~1754)·徐邁修(1731~1818)·徐美修·徐有防(1741~1798)·徐有慶·徐憙淳(1793~)·徐左輔(1786~) 등 12명에 달하는 많은 開城留守를 배출했기 때문이다.699) 이들 중 서명균은 서영보의 증조부고, 서종태는 고조부다.

서영보 가계의 先山은 개성을 중심으로 한 고려문화 중심권에 포괄

---

696) 『增補 與猶堂全書』一,「詩文集·自撰墓地銘(壙中本 ; 集中本)」.
697) 『正祖實錄』·『純祖實錄』; 金奎聲,「『萬機要覽』해제」,『國譯 萬機要覽』1, 민족문화추진회, 1971.
698) 서영보의 가계에 대한 내용은 이 책, 제2장 朝鮮後期 實學의 生成 - 徐敬德 開京學의 實學으로 傳承 - 참조.
699) 『萬姓大同譜』.

된 長湍에 있다.700) 조선후기에 개성의 중요성이 강조되면서 1796년 (正祖 20) 金川과 장단의 일부가 개성부 행정구역에 편입되었다. 이에 邑誌의 보완작업이 추진되어 『松都續誌』가 출판되었다. 이것을 다시 原志와 합치는 작업이 1830년(순조 30) 서희순이 개성유수로 재직해 있던 중에 완료되었다. 이 밖에도 正祖朝에 서유방은 『松都誌』를 補遺하였다. 이처럼 서영보 가계는 개성중심의 고려문화 중심권과 밀접한 地緣·官緣·學緣을 맺으며 읍지 편찬작업에 참여하였다.

서영보의 族叔 徐有榘(1764~1845)는 그와 비슷한 시기에 관료생활을 하였다. 서유구는 徐命膺(1716~1787)·徐浩修(1736~1799)·徐瀅修(1749~1824) 등의 家學, 특히 농학부문에서 실학적 가학을 이어받았다. 서유구는 족숙인 개성유수 출신 서미수의 屯田論에도 영향을 받았다.701) 서영보 역시 서유구 못지않게 가학의 영향을 많이 받았을 것으로 짐작된다.

서영보는 본질이 총명하여 1788년(정조 12) 幼學으로 殿講에 首位가 되어 直赴殿試의 명을 받고, 이듬해 文科殿試에 장원으로 급제하였다. 그는 經·史·詩·文은 물론 時政 전반에 걸쳐 다방면의 지식 습득을 필요로 하는 과거시험 준비과정에서 당시의 화폐정책이나 유통경제 발전에 무관심할 수 없었을 것이다.

서영보는 官界에 진출, 1790년(정조 14) 聖節兼謝恩使行의 書狀官으로 중국에 들어가 새로운 문물을 견문·체험하였다. 이 해에 암행어사가 되어 함경도지방을 巡行, 지방행정의 난맥상과 피폐한 농촌사회의 현실을 견문·체험하였다. 1791년(정조 15) 승지·대사간을 거쳐 이듬해 대사헌이 되었다. 1794년(정조 18) 湖南慰諭使가 되어 別單을 올려 제반 時弊의 救濟策을 건의하고, 昌原府使에 뒤이어 1798년(정조 22)에 副護軍이 되었다. 1799년(정조 23) 奎章閣 檢校兩直閣이 되어 뒷날 『弘齊全書』의 稿本이 된 정조의 御製文稿를 정리·교정하는

---

700) 유봉학, 『연암일파 북학사상 연구』, 일지사, 1995.
701) 유봉학, 「徐有榘의 學問과 農業政策論」, 『奎章閣』 9, 서울대, 1985/앞의 책, 1995에 재수록.

일에 종사하였다. 이듬해 황해도관찰사가 되었는데, 이 때 비변사에서 요구한 개성감영의 勅錢을 다른 곳에서 옮겨 떼어주는 일에 대해 보고하였다.702) 이를 미루어 그는 개성지역을 답사하며 직접 견문·체험하였을 것으로 짐작된다. 1803년(순조 3) 경기도관찰사가 되었고, 1805년(순조 5)『正祖實錄』의 편찬사업에 書寫官兼儀軌廳堂上으로 참여하였다. 이 해 伴送使가 되어 중국을 다녀오고 연말에 禮曹判書가 되었는데, 이 날 족숙 서유구도 성균관대사성이 되었다. 1805년에 交鈔(紙幣)流通論을 골자로 한 화폐정책론, 즉『交鈔考』를 저술하였다.

1806년(순조 6) 대사헌·홍문관제학을 거쳐 호조판서가 되어 銀鑛을 개발하는 방식으로 金鑛의 採掘도 허용할 것을 건의·실시하게 하였다. 1808년(순조 8)에 沈象奎(1766~1838)와 함께 備局有司堂上으로서 왕명을 받아『萬機要覽』을 編述하였다. 이 해에 義禁府事에 이어 평안도관찰사가 되어 江界府屯田節目을 작성하여 건의·실시하게 하였다. 서유구의 둔전론이 구상된『楓石全集』「擬上經界策」이 1820년(순조 20)에 작성된 것을 보건대, 서영보의 이 둔전절목 작성은 서유구에게 일정한 영향을 주었을 것으로 짐작된다.

서영보는 1809년(순조 9) 兩館大提學, 이듬해 奎章閣提學과 이조판서가 되었다. 이후 判義禁府事·世子侍講院左副賓客·병조판서·선혜청제조를 거쳐 1814년(순조 14)에 左賓客이 되었다. 이듬해 水原留守가 되고, 1816년(순조 16) 知中樞府事로 57세에 죽었다. 1820년 諡號를 文獻이라고 하였다.

서영보는 이처럼 관계에 진출한 뒤 大司諫·大司憲·판의금부사와 吏·戶·禮·兵·刑曹判書 등 중앙의 관료직을 역임, 時政을 비판·감찰하고 제반 국가정책 운용과정에 직접·간접적으로 참여하며 화폐정책에 관한 경륜을 쌓았을 것으로 짐작된다. 그는 암행어사·慰諭使·창원부사 및 황해·경기·평안도관찰사와 수원유수를 역임, 지방행정의 실제와 농촌사회 실정을 견문·체험하며, 농촌으로 파급된 화

---

702)『正祖實錄』卷54, 正祖 24년 閏4월 己卯.

폐경제의 영향이 어떠한 것인지 실제적으로 인식하였을 것이다. 또한 서장관이나 반송사가 되어 중국을 내왕하며 역시 그 곳의 화폐경제 발전을 견문·체험하고, 문헌을 통해 唐·宋·金代의 화폐유통에 대한 역사적 사실을 파악할 수 있었을 것으로 짐작된다.

서영보는 文章과 筆法이 뛰어나고 詩에도 재주가 뛰어났다. 遺著로는 『御射古風帖』·『莊陵靈泉碑』·『遲遲臺碑』·『楓嶽記』 등이 있고, 西山大師의 『酬忠祠碑』와 같은 글씨가 세상에 알려져 있다. 이러한 서영보의 문장과 그의 경륜, 즉 규장각 검교직각·同提學·홍문관 및 예문관 제학과 대제학·세자시강원 좌빈객·실록청 서사관을 역임하면서 『弘齊全書』의 稿本을 정리·교정하고, 『정조실록』 편찬에 참여하는 동시에 1805년 『교초고』를 저술하고, 1808년에는 『만기요람』을 共編하는 등, 관료학자로서의 학문적 업적을 이룩하였다.

다음으로 서영보의 화폐정책론 형성배경을 보다 포괄적으로 이해하기 위해, 그가 활약한 시기의 화폐정책과 유통경제 발전을 살펴보기로 한다.

화폐경제 발전단계에서 볼 때, 그의 화폐정책론은 '화폐경제 확대발전기'(18세기 40년대 초~19세기 60년대)를 배경으로 형성된 것으로 보아야 할 것이다. 그의 화폐정책론은 洪良浩(1714~1802)·禹禎圭(1718~1791)·朴趾源(1737~1805)·禹夏永(1741~1812)·朴齊家(1750~1805) 및 丁若鏞(1762~1836) 등의 실학자들과 거의 같은 시기의 화폐경제 발전 내지 역사 발전을 배경으로 구상·체계화되었다.[703] 서영보가 위의 실학자 등과 함께 화폐정책론을 구상·체계화한 시기의 시대적 특징으로는 錢荒을 들 수 있다. '화폐유통에 대한 반동기'(18세기 초~40년대 초)에 뒤따르는 시기, 즉 서영보가 화폐정책론을 구상·체

---

703) 元裕漢, 「耳溪 洪良浩의 화폐경제론」, 『홍대논총』 16, 1984 ; 「醉石室 禹夏永의 화폐경제론」, 『최영희선생화갑기념 한국사학논총』, 1987 ; 「貞蕤 朴齊家의 貨幣論」, 『남도영박사고희기념역사학논총』, 1993 ; 이 책, 제3장 Ⅳ, 1. 禹禎圭의 高額錢流通論·2. 朴趾源의 當二錢·銀貨流通論·3. 丁若鏞의 金·銀·銅錢流通論 참조.

계화한 '화폐경제 확대발전기' 後半(19세기 초~19세기 60년대)에는 전황과 더불어 상품교환경제 내지 사회경제 발전에서 볼 때, 액면가치가 銅錢(常平通寶)만을 법화로 사용하는 전근대적인 단일법화 유통체제가 한계를 드러내고 있었다. 이 시기에는 동전유통 그 자체를 부정하였던 종래와는 달리 동전유통을 전제로 하고 화폐정책이나 화폐제도를 개선·개혁하여 전황을 극복함으로써 화폐의 유통구조를 개선하려 하였다.

조선왕조는 우선 전황의 주요 원인이 된 동전원료의 공급난을 해소하고 보다 다량의 동전을 주조유통하고자 하였다. 각 중앙 및 지방 관청에 退藏된 다량의 동전을 방출하게 함으로써 전황을 극복하는 미봉책이 제시되었다. 그리고 전황을 극복하기 위한 파격적 조치로서 譯官을 통해 중국동전을 싼값으로 수입, 법화로 사용하는 방안이 모색·시도되기도 하였다. 당시 일부 당국자와 실학자 등은 單一法貨 流通體制의 한계를 극복하기 위한 방안으로서 각종 고액전의 주조유통을 주장하거나, 金·銀錢의 주조유통을 주장하는 등 화폐제도 개혁론을 구상·제시하였다.704) 이처럼 화폐제도 개혁론이 제시된 것은 왕조당국이 봉건 사회질서의 해체에 대응해 시도한 보수 반동적 정치가 한계에 직면한 시기의 역사적 성격의 표출로 이해할 수 있을 것이다.

한편 왕조당국은 동전을 부정기적으로 주조유통함으로써 동전 주조유통 초기에 일시 나타난 동전공급 과다현상과 유통계에 일어난 전황을 극복하고 동전 수급에 보다 안정적으로 대응하기 위해 부정기적 동전 주조사업을 年例事業化하였다. 이와 함께 동전 주조유통량을 적절히 조절하고, 동전품질의 조악화를 방지하며 체재를 통일하기 위해 중앙 및 지방 각 관청과 군영에서 수시로 개설한 동전 주조사업을 戶曹에서 專管하게 하는 등, 동전주조 관리체계의 중앙집중화를 시도하였

---

704) 元裕漢,「이조후기 淸錢수입유통에 대하여」,『사학연구』21, 1969 ;「朝鮮後期 貨幣流通政策에 대한 一考察 - 高額錢의 鑄用論議를 中心으로 - 」,『韓國史硏究』6, 1971 ;「朝鮮後期 貨幣流通에 대한 一考察 - 錢荒問題를 中心으로 - 」,『韓國史硏究』7, 1972.

다.705) 또한 거기에 발맞추어 당시 거의 일반화된 민영화 지향적 광업 경영을 억제하고 화폐정책과 밀접한 관련이 있는 銅鑛 및 金·銀鑛의 國營化를 추진하는 등, 광업관리 경영체제의 중앙집중화를 시도하였다.706)

위와 같이 왕조당국이 시도한 일련의 조치는 화폐경제의 확대발전으로 촉진된 역사발전에 대응하는 보수적 정치의식의 표출로 볼 수 있다. 다시 말해서, 왕권을 강화하는 등 중앙집권적 지배체제를 재정비·강화하는 데 제반 국가정책 목표를 둔 왕조당국의 보수적 정치의식이 화폐정책 운용에 표출된 것으로 볼 수 있다는 것이다. 19세기 초부터 왕권의 약화와 함께, 화폐권이란 국왕에게 귀속되어야 한다는 전통적 정치이념에 의거하여 호조가 전관하고 있던 동전 주조사업 관리체계의 일원화 원칙이 무너지기 시작하였다. 이와 동시에 광업 경영체제의 중앙집중화를 위해 추진한 광업국영화 시도 역시 점차 그 의미를 상실하게 되었다.707)

또한 '화폐경제 확대발전기'의 前半(18세기 40년대 초~18세기 말)에 있어 화폐경제 발전과 직접·간접적 관련을 가지는 역사적 사실로서 북학론이 제고되고, 淸·日 양국과의 무역에 대한 비판론이 심각하게 제기되었다. 청에 대한 功利的 대응으로서의 북학론은 당시 實學에서 특히 강조된 이용후생의 실천방안으로서 수용되었다. 이러한 북학론은 화폐정책 운용과 화폐제도 개혁론 구상에도 반영되었다. 그런데 당시 盛行한 청과의 무역에서 생산재요 자본재인 金·銀이 결제수단으로서 국외로 다량 유출되고, 淸·日間 중개무역의 쇠퇴로 인한 日本銀의 국내 유입량 감소는 국가의 화폐정책과 화폐경제 발전에 부정적

---

705) 元裕漢,「18세기에 있어서의 화폐정책 - 銅錢의 鑄造事業을 중심으로 -」,『사학연구』19, 1967 ;『朝鮮後期 貨幣史硏究』(韓國硏究叢書 29), 한국연구원, 1975.
706) 元裕漢,「朝鮮後期 實學者의 鑛業論 硏究 - 茶山 丁若鏞의 鑛業國營論을 中心으로 -」,『韓國近代社會經濟史硏究』, 1985.
707) 元裕漢, 앞의 책, 1975, 106~107쪽.

인 영향을 주었다. 특히 다량의 금·은을 가지고 가서 소비·사치성 상품을 수입해 오는 청과의 무역거래는 국가의 경제적 손실을 가져온 다는 이유로 억제해야 한다고 하는 등, 일부 실학자와 당국자를 비롯한 각계 지식계층의 민족의식 내지 민족적 정체성이 제고되었다.708)

서영보는 위에서 살펴본 것처럼, 화폐문제에 대한 다방면의 지식과 다양한 견문을 바탕으로 하여 교초유통론을 골자로 한 화폐정책론을 『교초고』에 체계적으로 정리·제시하였다.

2) 貨幣 價値認識論

앞에서 관료학자 徐榮輔의 화폐정책론이 형성된 배경을 대강 살펴보았다. 이어서 그가 제시한 화폐정책론의 성격과 역사적 위치를 보다 본질적으로 이해하기 위해 그의 화폐가치에 대한 인식을 살펴볼 필요가 있을 것 같다.

서영보는, 일반적으로 화폐는 교환매개·가치척도·지불수단·가치저장수단 및 운반수단으로 기능함으로써 상품유통 내지 생산활동을 증진하는 등, 국가 경제발전에 필수 불가결한 것으로 생각하였다.709) 이 같은 화폐가치관은 대체로 서영보와 같은 시대를 배경으로 하여 화폐정책론을 구상·제시한 실학자나 당국자 등, 각계 지식계층의 화폐가치관과 일맥상통하는 것으로 보인다.710)

서영보의 화폐가치관은, 동전의 유통금지를 주장한 李瀷(1681~1763)이나 英祖(1681~1776) 등의 보수적 화폐가치관711)을 극복한 것이다. 보수적 화폐가치관을 극복했다는 것은 물품화폐와 칭량은화가

---

708) 元裕漢, 「實學者의 貨幣思想發展에 대한 考察 - 金·銀貨의 通用論을 中心으로 - 」, 『東方學志』 23·24, 1980 ; 「實學者의 貨幣經濟論」, 『東方學志』 26, 1981.
709) 『交鈔考』, 「交鈔議」·「交鈔利病」.
710) 이 책, 제3장 Ⅳ, 1. 禹禎圭의 高額錢流通論·2. 朴趾源의 當二錢·銀貨流通論·3. 丁若鏞의 金·銀·銅錢流通論 참조.
711) 이 책, 제3장 Ⅲ, 1. 李瀷의 銅錢 流通禁止論·2. 英祖의 銅錢 流通禁止論 참조.

지배한 봉건 조선사회의 명목화폐 수용력이 증진되었음을 의미하는 동시에, 동전만을 法貨로 사용하는 單一法貨 流通體制의 한계를 의미하는 것으로 볼 수도 있다. 동전유통의 필요성을 인정하되 단일법화 유통체제의 한계를 극복하기 위해 서영보를 포함한 각계 지식계층에 의해 화폐제도 개혁론이 구상·제시되었다. 그가 제시한 화폐제도 개혁방안의 내용을 보면, 일부 실학자 및 당국자 등이 각종 고액전이나 칭량은화 내지 名目貨幣化한 금·은전의 주조유통을 제의한 것과 달리,712) 동전을 本錢으로 하고 交鈔(紙幣)를 印造하여 유통하자는 것이었다.713)

서영보는 교초와 동전의 병용을 주장하는 등 동전만을 유통하는 것 자체를 부정하지는 않았으나, 문제점이 적지않다고 생각하였다. 동전 원료의 공급난으로 유통계가 필요로 하는 절대량의 동전을 주조유통할 수 없기 때문에 錢荒이 일어나게 되고, 동전의 주조공정은 오랜 시일과 많은 노역을 필요로 하기 때문에 응급한 국가재정의 조달방편으로서 적합하지 못하고, 악화가 남발되어 물가상승을 수반하는 화폐가치의 하락으로 사회경제적 혼란이 일어나고, 동전은 무거워서 운반이 불편하기 때문에 상품 교환매개로서 충분한 역할을 수행하기 어렵고, 동전이 국외로 다량 유출됨으로써 국가는 거액의 경제적 손실을 보게 된다는 것이다. 그는 동전유통 내지 단일법화 유통체제의 한계로서 위의 여러 문제점을 지적·비판하면서, 이를 극복하기 위해 교초를 인조하여 동전과 병용하는 화폐제도 개혁방안을 구상·제시하였다.714)

서영보가 동전유통 내지 단일법화 유통체제의 한계를 극복하기 위해 사용할 화폐로서 교초를 택하게 된 것은 그의 화폐가치관 내지 화폐정책론이 중국 貨幣史에 대한 역사적 인식과 당시 중국 화폐제도에 대한 견문과 체험을 기반으로 형성되었기 때문으로 짐작된다. 그가 구

---

712) 이 책, 제3장 Ⅳ, 1. 禹禎圭의 高額錢流通論·2. 朴趾源의 當二錢·銀貨流通論·3. 丁若鏞의 金·銀·銅錢流通論 참조.
713) 『交鈔考』,「交鈔議」·「交鈔利病」.
714) 『交鈔考』,「交鈔議」·「交鈔利病」.

상·제시한 교초유통론은 전성기 실학에서 특히 강조된 이용후생의 실천방안으로 수용된 북학적 입장에서 발상된 것임을 알 수 있다.

요컨대, 서영보의 교초유통론을 골자로 한 화폐정책론에 반영된 화폐가치관은 명목가치 지향적이라는 측면에서 볼 때, 같은 시기에 각종 고액전이나 금·은전 유통론을 제시한 일부 실학자나 당국자 등의 화폐가치관과 본질적으로 공통되는 것으로 이해할 수 있다. 그들의 화폐가치관 중에서 서영보와 명목화폐화한 금·은전 주조유통론을 주장한 정약용의 화폐가치관이 비교적 미래전망적 내지 진보적 성격을 띤 것이라 할 수 있다.715)

3) 交鈔流通論의 提議

관료학자 徐榮輔는 위와 같은 화폐 가치인식을 토대로 하여, 銅錢만을 法貨로 유통한 전통적 單一法貨 流通體制의 한계를 극복하기 위해 交鈔(紙幣)를 印造하여 동전과 병용하자는 자기 주장의 논리적 근거로서 대개 다음의 사실들을 지적하였다.

첫째, 서영보는 동전의 재화운반수단으로서의 기능을 강화하기 위해 교초를 인조유통해야 한다고 주장하였다.

　……동전은 銀보다 무거워 여행할 때 지니고 다니기에 불편하다. ……무거운 동전 대신 교초를 유통하면, 운수교통이 불편한 상황 하에서 상인들이 遠距里交易을 할 때도 동전을 육로로 운반하는 어려움이 없고, 동전을 실은 배가 전복될 염려도 없을 것이며, 한 사람 힘만으로도 千里 떨어진 먼 곳에 수억 냥의 화폐를 넉넉히 운반할 수 있다(抄譯).……716)

그리하여 교초를 유통하게 되면, 흉년이 들어 사방에서 强·竊盜가

---

715) 이 책, 제3장 Ⅳ 1. 禹禎圭의 高額錢流通論·2. 朴趾源의 當二錢·銀貨流通論·3. 丁若鏞의 金·銀·銅錢流通論 참조.
716) 『交鈔考』,「交鈔利病」.

출현하게 될 경우에도 동전처럼 무겁고 부피가 크지 않고 겉으로 드러나지도 않기 때문에 약탈당할 염려가 없고, 민중의 盜心을 자극하지 않게 됨으로써 평민이 도적이 되는 것을 막으며, 간교한 자들이 형벌을 면할 수 있게 되어 政令과 敎化에도 적지 않은 도움이 된다는 것이다.717)

서영보는 교초를 유통하면 특히 船商들이 동전을 배에 가득 싣고 항해하다 海風을 만나 漂沒되어 다량의 동전을 손실하는 폐단이 없어질 것이라고 하였다. 당시는 동전을 가득 싣고 생선이나 소금을 구입하기 위해 항해하는 商船 중 3분의 1이 표몰하는 형편이었다. 그러므로 宋代처럼 동전을 실은 상선이 바다나 강으로 나가는 것을 금하고, 대신 교초를 사용하면 거액의 동전이 표몰되어 손실되는 것을 막을 수 있기 때문에, 동전을 주조하는 비용을 들이지 않고 萬億兩을 해상에서 얻는 셈이라 하였다.718)

서영보가 교초의 印造流通論을 제의하게 된 동기는, 丁若鏞이 金·銀錢을 주조하여 동전과 병용할 것을 제의한 동기와 일맥상통한다. 이점은 정약용이, "마땅히 금·은으로 鑄貨를 만들어 각각 제값대로 사용하게 되면, 大商과 원거리교역 상인들이 반드시 금·은전을 다투어 취할 것이니, 이것은 금·은전이 운반하기 어렵지 않기 때문이다."719)고 한 사실에서 미루어 짐작할 수 있다. 이로써 서영보와 정약용의 화폐제도 개혁론, 즉 교초유통론과 금·은전 유통론은 다같이 원거리 국내상업은 물론, 국제무역의 활성화를 필요로 하는 사회경제적 요구에 부응하여 구상·제시된 것으로 볼 수 있다.

둘째, 서영보는 錢荒, 즉 화폐 유통량 부족현상을 극복하기 위한 하나의 방안으로서 교초를 인조유통할 것을 제의하였다.

서영보가 화폐정책론을 구상·체계화한 시기에 전황은 극복해야 할 당면한 정책적 과제로 인식되었다. 전황의 가장 중요한 원인은 銅 등

---

717) 『交鈔考』, 「交鈔利病」.
718) 『交鈔考』, 「交鈔利病」.
719) 『增補 與猶堂全書』 一, 「詩文集·文」 9, 錢幣議.

동전원료의 공급난으로 인해 유통계가 필요로 하는 절대량의 동전을 주조유통할 수 없다는 데 있었다.[720] 서영보는 바로 전황을 극복하기 위한 하나의 방안으로서 원료가 서로 다른 교초를 유통할 것을 주장하였다. 교초를 유통하면, 가장 적은 비용으로 가장 많은 유통가치를 조성할 수 있기 때문이다.[721] 그와 같은 시기의 일부 실학자나 당국자들 역시 전황 극복방안으로서 각종 고액전이나 금·은전의 유통론을 구상·제시하였다.[722] 이로써 서영보의 교초유통론 역시 전황 극복방안으로 구상·제시되었다는 점에서 볼 때, 실학자나 당국자 등의 고액전, 금·은전 유통론과 본질적으로 성격이 같은 것이라 할 수 있다. 그리고 서영보가 동전의 국외유출이나 동전을 실은 상선의 표몰을 막아야 한다고 주장한 것도, 그러한 사실들이 전황의 원인이 될 수 있다는 데 이유가 있는 것으로 보아야 할 것이다.[723]

셋째, 서영보는 일본과의 무역 중심지인 東萊에서 동전 대신 교초를 사용하게 하여 동전의 일본 유출을 금지함으로써 전황의 사회경제적 폐단을 극복하는 한편, 동(동전)의 국외유출로 인한 경제적 손실을 막을 것을 주장하였다.

당시 왕조당국은 동전의 중국 유출을 막기 위해 關西의 변경과 北道 六鎭에 동전유통을 금지하는 대신 綿布를 사용하게 하면서도, 동래에서는 동전의 유통을 허용하였다. 서영보는 동래는 문물이 발달한 도회지라서 궁벽한 북도 6진처럼 면포는 유통되지 않을 것이기 때문에 동전유통을 금지하는 대신 교초의 사용을 주장하였다. 이것은 동전의 일본 유출로 소중한 재화인 國産 동이 일본을 이롭게 하는 데 이용되지 못하게 하는 동시에, 유통계에 만연된 전황을 극복하기 위한 것이다.[724]

---

720) 元裕漢, 앞의 논문, 1972.
721) 『交鈔考』,「交鈔議」·「交鈔利病」.
722) 元裕漢, 앞의 논문, 1972.
723) 『交鈔考』,「交鈔利病」.
724) 『交鈔考』,「交鈔利病」.

서영보는 나라를 부강하게 하는 길은 이웃 나라의 재화를 취해서 자국을 이롭게 하는 데 있다고 생각하였다. 그가 동전의 국외유출로 인한 경제적 손실을 막기 위해 교초를 인조하여 동래에서 동전 대신 유통할 것을 주장한 것은, 정약용 등 실학자들이 국가의 生產財요 資本財인 금·은이 중국의 소비·사치성 상품을 수입하기 위해 다량 유출되고, 이로써 거액의 경제적 손실을 가져오는 중국과의 무역을 억제하기 위해 칭량은화 및 금·은전의 주조유통을 주장한 것과 본질적으로 동기가 같다고 이해하여야 할 것이다.725) 관료학자 서영보와 실학자 정약용의 주장에서는 다른 나라와의 무역거래에서 보게 되는 국가의 경제적 손실을 막아야 한다는 의식, 즉 경제적 민족주의 지향의식을 엿볼 수 있다. 이러한 현상은 그 당시 일부 실학자나 당국자 등 각계 지식계층의 문화의식 내지 역사의식에 깔려 있는 민족주의 지향의식이 그들의 화폐제도 개혁론에 표출된 것으로 이해할 수 있다.726)

넷째, 서영보는 동전을 本錢으로 하고 교초를 인조하여 유통하는 것이 거액의 응급 재정을 조달하는 최선의 방안이라는 점을 강조하였다.

봉건 조선왕조는 거액의 재정조달을 필요로 할 때, 어느 정도 시간적 여유가 있을 경우에는 동전을 주조유통하고, 시급할 경우는 민간인들로 하여금 재화를 상납하게 하는 방법을 써 왔다.

……왕조당국은 시급히 거액의 재정지출을 필요로 하는 큰 役事나 大凶에 당면하게 되면 응급조치로 민간인들로 하여금 동전이나 곡식 등의 재화를 바치게 하는데, 그 폐단이 적지 않다. 그들이 바친 재화의 多寡에 따라서 관직이나 혹은 空名帖으로 報償하고, 보상이 남발될 경우 명분이 흐려지고 富商大賈 등이 모두 朝籍에 이름이 오르고 양반층에 끼게 되어 사대부가 그들과 어깨를 같이하는 것을 수치스럽게 생각하였다. 그들이 郡縣을 다스리는 관직에 임명될 경우, 그 職任을

---

725) 元裕漢, 앞의 논문, 1980 ; 이 책, 제3장 Ⅳ, 2. 朴趾源의 當二錢·銀貨流通論·3. 丁若鏞의 金·銀·銅錢流通論 참조.
726) 元裕漢, 앞의 논문, 1981 ; 이 책, 제3장 Ⅳ, 3. 丁若鏞의 金·銀·銅錢流通論 참조.

능히 감당할 수 있다 해도 조정을 욕되게 하고 비방을 받게 될 것이고, 감당하지 못할 때는 민중이 평안히 살수 없고 郡邑이 병들게 된다(抄譯).……727)

그리고, 국가 재정조달을 위한 방편으로 동전을 주조유통할 경우에도, 동전을 小量 주조하면 이윤이 없고, 다량 주조하면 일정한 生業이 없는 자들이 모여들어 물가가 騰貴하고 농·상·공업이 모두 피폐해진다고 생각하였다. 이로써 나라와 민중이 다함께 어려움을 당하게 되기 때문에 나라를 잘 다스리는 자는 동전을 다량 주조하지 않는다고 하였다. 더구나 동전의 鑄造工程이 複雜多端하고, 동전의 주조에 오랜 시일이 걸리며, 또 주조된 동전이라도 私鑄錢을 막기 위해 일정 기간 창고에 쌓아 두어야 하기 때문에 응급한 재정조달방법으로서는 적합하지 않다고 주장하였다.728)

이처럼 두 방법은 모두 한계가 있기 때문에 서영보는 동전을 본전으로 하고, 교초를 유통하는 것만 못하다고 하였다.729) 그는 왕조당국이 交鈔都監을 설치하고 교초를 인조유통하여 국가재정을 넉넉하게 하고, 일정한 기간을 정하여 還收하여 유통질서가 문란해지는 폐단을 막을 수 있다면, 교초의 유통은 재정적 위기를 극복하는 동시에, 국가와 민중이 모두 이로운 방안이라고 주장하였다.730)

서영보가 응급한 재정조달방법으로서 교초유통론을 구상·제시한 사실을 통해, 그의 支拂價値 중심의 화폐가치관이 교초유통론에 농도 짙게 반영되어 있음을 짐작할 수 있다. 지불가치 중심의 화폐가치관은 정도 차이가 있을 뿐 정약용을 비롯한 실학자나 일부 당국자 등의 高額錢 및 金·銀·銅錢 유통론에도 반영되어 있다.731) 그러나 서영보

---

727) 『交鈔考』,「交鈔利病」.
728) 『交鈔考』,「交鈔利病」.
729) 『交鈔考』,「交鈔利病」.
730) 『交鈔考』,「交鈔創行之式」.
731) 元裕漢, 앞의 논문, 1980 ; 이 책, 제3장 Ⅳ, 3. 丁若鏞의 金·銀·銅錢流通論 참조.

의 교초유통론에는 정약용 등의 고액전 및 금·은·동전 유통론에 비해 지불가치 중심의 화폐가치관이 보다 농도 짙게 깔려 있다는 것은, 서영보가 정약용 등에 비해 국가재정 조달면에 보다 깊은 관심을 갖지 않을 수 없었던 고급관료의 입장에 있었다는 것이 주요 원인이 되었을 것이다.

다섯째, 서영보의 교초유통론은 화폐제도의 개혁을 필요로 하는 사회경제적 내지 시대적 요청에 부응하여 구상·제시된 화폐제도 개혁론의 하나로 볼 수 있다. 서영보가 신용거래의 발전을 전제로 하여 통화기능을 발휘하는 지폐, 즉 교초의 유통이 가능할 것으로 생각한 것은, 운수교통이 불편하여 동전을 운반하기 어려운 지역 간의 상업거래가 巨商들이 동전을 담보하고 발행한 換錢標(어음)로 決濟되고 있다는 사실에 근거한 것으로 보인다.732) 그는 교초유통론에서도 중앙의 市廛商人과 지방 부상대고 등으로 하여금 일반 유통계에서 실제로 유통할 교초를 인조하게 하고, 그들의 역할·신용·조직을 이용하여 교초를 유통보급하는 방안을 구상·제시하였던 것이다.733)

서영보는 동전을 배에 가득 실은 선상들의 상업활동과 육로교통을 이용한 원거리 상인들의 상업활동이 활발히 전개되고 있는 당시 상업계의 발전상을 견문·체험하며, 무거워서 운반이 불편한 동전이 갖는 화폐기능의 한계를 절실히 느꼈던 것으로 보인다. 또한 북방 변경지대와 남쪽의 동래에서 중국 및 일본과의 국제교역이 활발히 전개되고 있는 사실을 파악하고, 특히 동래를 통해 동전이 국외로 유출되어 국가 財富의 손실이 적지않다는 점을 지적, 동전 대신 교초를 유통할 것을 제의하였다. 부상대고 등이 동전이나 곡식을 나라에 바치고 그 報償으로 중앙 및 지방 관료직에 임명되는 등, 그들의 정치적 내지 사회적 위치의 상승욕구를 충족시킬 만큼, 상인층이 성장·발전한 사실을 인식하였다.734) 상인층의 위치가 경제적으로는 물론 사회·정치적으로 성

---

732) 『交鈔考』, 「錢便務」·「交鈔議」.
733) 『交鈔考』, 「交鈔創行之式」.
734) 『交鈔考』, 「交鈔利病」.

장·발전되자, 그들의 국내외 상업활동은 그만큼 더 활발히 전개되었을 것이다.

서영보가 교초유통론을 골자로 한 화폐정책론을 구상·체계화한 '화폐경제 확대발전기'에 있어 국내상업은 화폐경제와 상호 보완관계를 가지며 확대·발전하여 이미 수공업·광업·농업 등 생산분야에서 그러하듯이 상업분야에서도 근대 자본주의의 맹아 발생이 확인되는 발전단계에 이르렀다. 국내외 상업의 확대·발전에 상응한 화폐제도의 개혁을 필요로 하였을 것이다. 이로써 동전만을 법화로 사용하는 전통적인 單一法貨 流通體制의 한계를 극복하기 위해 화폐제도의 개혁이 요구되었던 것이다.

관료학자 서영보가 상업발전과 화폐경제의 발전이 상호 보완관계에 있다는 관점에서, 그 당시의 상업발달 추세에 상응하는 화폐제도 개혁론으로서 교초의 인조유통을 주장한 것과 실학자 정약용이 금·은·동전의 주조유통을 주장한 것은 본질적으로 동기를 같이하는 것으로 보아야 할 것이다.735)

여섯째, 위에서 서영보가 동전만을 법화로 사용하는 단일법화 유통체제의 한계를 극복하기 위해 교초유통론을 구상·제시한 논리적 근거를 당시 국내의 제반 현실상황 속에서 찾아 제시한 다섯 가지 사실을 대강 살펴보았다. 한편, 그는 唐·宋·金代를 중심으로 한 중국의 화폐사를 개관하여 얻은 지식과 그 당시 중국 화폐제도에 대한 견문과 체험을 토대로 하여 국내의 단일법화 유통체제가 갖는 한계를 극복하기 위해 교초유통론을 골자로 하는 화폐제도 개혁론을 구상·제시하였던 것이다.

서영보가 교초유통론을 구상·체계화한 『交鈔考』의 구성 내용을 보면, 우선 同書의 前半部에서는 『文獻通考』를 통해 飛錢·交子·會子·교초 등의 유통문제를 중심으로 하여 당·송·금대의 화폐사를 개관하는 한편, 당시 중국에서 사용된 錢票와 국내에서 유통되는 환전

---

735) 元裕漢, 앞의 논문, 1980.

표에 대한 견문·체험을 소개하고, 여기서 얻은 지식을 토대로 하여 同書 후반부에서는 교초유통론의 논리적 근거, 교초의 인조유통 방법 및 유통보급 방법론 등을 구상·제시하였다.736)

서영보는 화폐발달사를 통해 볼 때, 金·玉으로 된 화폐는 동전 등 卑金屬鑄貨로, 鑄貨는 비전 등의 證書(어음)로, 그리고 증서는 교자·회자·교초 등의 지폐로 발전하는 것이 화폐사의 당연한 발전추세라고 생각하였다.737) 화폐발달사에 대한 이 같은 인식기반 위에, 중국 화폐사를 통해서 당대에 비전을, 송대에 교자·회자를, 그리고 금대에는 교초를, 운반이 불편한 동전을 本錢으로 하여 인조유통했다는 사실을 인식하고 있었다. 뿐만 아니라, 그 당시 중국에서는 동전을 본전으로 하여 발행한 전표가 동전 및 칭량은화와 함께 중앙과 지방에서 원활히 유통되고 있다는 사실을 대강 인식하였다.738) 그는 이상 중국의 화폐문제에 관한 역사적 인식과 실제적 견문과 체험을 기반으로 동전만을 법화로 유통한 단일법화 유통체제의 한계를 극복하기 위해 교초유통론을 구상·제시하였다. 그 당시 국내에서 거상이 동전을 본전으로 하여 발행한 환전표(어음)가 원거리 상업거래의 결제수단으로 사용된 사실이 서영보가 중국 화폐제도를 수용하여 교초유통론을 구상·제시한 중요 동기가 된 것으로 짐작된다.739)

서영보가 '화폐경제 확대발전기' 후반에 화폐제도 개혁론으로 제시한 교초유통론은 실학에서 특히 강조된 이용후생의 실천방안으로 수용된 북학적 의식을 기반으로 구상·체계화한 것이라 하겠다. 그의 교초유통론의 의식기반을 북학적인 것으로 볼 때, 정약용이 구상·제시한 금·은·동전 주조유통론의 의식기반과 정도의 차이는 있으나 본질적으로 성격이 같은 것으로 생각할 수 있다.740)

---

736) 『交鈔考』의 全般的 內容 참조.
737) 『交鈔考』,「交鈔議」.
738) 『交鈔考』,「錢便務」.
739) 『交鈔考』,「錢便務」·「交鈔議」.
740) 元裕漢, 앞의 논문, 1980.

4) 交鈔流通論

徐榮輔는 앞에서 살펴본 몇 가지 사실을 논리적 근거로 하여 交鈔가 국내에 유통보급될 수 있다고 주장하였다. 그는 우리 나라는 국토가 褊小하고, 물산이 보잘것없으며, 人文이 미개하여 화폐발달사에서 볼 때, 紙幣 유통 이전 단계에 유통되는 銅錢이 사용된 지 백여 년에 불과하기 때문에, 交子·會子 등 지폐의 사용문제는 제기되지도 못하고 있는 형편이라 하였다. 그러나 당시 국내에서 商賈가 사용하고 있는 換錢標, 즉 교자·회자 등의 초기 형태인 飛錢과 같은 환전표를 사용하는 것이 편리하다는 점을 알면서도 교초를 널리 유통보급할 줄 모르는 것은 견문이 없고 舊習에 얽매이는 허물 때문이라고 주장하였다. 그리하여 동전만을 法貨로 사용하는 單一法貨 流通體制의 한계를 극복하기 위한 방안으로서 交鈔流通論을 구상·제시하였다.741)

서영보가 구상·제시한 교초유통론의 내용이 어떠한 것인지 그 대강을 살펴보기로 한다. 그는 왕조당국이 1백만 냥이란 거액의 재정조달을 필요로 할 경우를 가상해서 교초의 印造·발행 과정 및 유통보급 방법을 비교적 체계적이고 구체적으로 설명하였다.

서영보는 교초의 인조·발행을 위해 우선 交鈔都監을 설치하고 1만 냥 교초 1백 枚를 인조하여 호조를 비롯한 중앙관청·군영 및 팔도감영 등 14개 기관에 1매에서 10매씩 나누어 주고, 각 기관은 교초 額面價에 상당한 동전을 상납하게 할 것을 주장하였다.

>……국가는 거액의 재정조달을 필요로 하는 大禮·大事를 맞게 되어 소요 경비의 액수가 1백만 냥이 된다고 할 때, 交鈔都監을 설치하고 1萬兩 額面價의 交鈔(交子) 100枚를 즉각 印造한다. 교초도감은 戶曹·宣惠廳·兵曹·訓練都監·御營廳·禁衛營·八道監營에 1만 냥 액면가의 교초 100매를 1매에서 10매에 이르기까지 각각 적절하게 分給하고, 그에 상당하는 액수의 동전을 上納하게 한다(抄譯).……742)

---
741)『交鈔考』,「交鈔議」.
742)『交鈔考』,「交鈔創行之式」.

또한, 호조·선혜청·병조·삼영문·팔도감영은 교초도감에서 받은 교초 枚數를 종합한 액면가의 범위 내에서 1千兩 액면가의 교초를 인조하게 할 것을 주장하였다. 在京 관청과 군영에서 인조한 것은 직접 각 市廛民에게 分給케 하고, 팔도감영에서 인조한 것은 관할 내의 각 郡邑守令에게 분급, 다시 각 읍내의 富商에게 분급하게 하고, 분급받은 교초 액면가만큼의 동전을 상납받게 하는 방안을 구상·제시하였다.743)

그리고, 재경 시전민과 군읍의 부상들은 그들이 받은 1천 냥짜리 교초 액면가의 범위 내에서 1백 냥에서 10냥에 이르는 교초, 그리고 5·3·2냥 액면가의 교초를 인조하여 일반 유통계에서 사용하게 하였다. 시전민과 부상들이 인조·발행한 교초만이 流通界에서 사용할 수 있고, 그 이전 단계에서 인조·분급한 1만 냥 및 1천 냥 액면가의 교초는 각 관청이나 군영의 교초발행 근거가 될 뿐 사용을 금지할 것을 주장하였다. 다시 말하면, 교초를 직접 사용하는 계층인 시전민과 부상들이 인조한 교초만을 유통계에서 사용할 수 있도록 하였다.744)

서영보는 위와 같은 교초의 인조·발행과정을 거치면서 교초도감에 교초 발행액 만큼의 동전이 모이면, 이것을 국가의 응급한 재정수요에 충당하는 한편, 경우에 따라서는 호조 등 관청이 取用하게 하는 방안을 구상·제시하였다. 이로써 부상과 시전민은 동전을 바치고 보다 운반이 편리한 교초를 사용하여 상업활동을 활성화시킬 수 있고, 국가는 교초를 발행하고 동전을 거둬들여서 재정수요에 충당할 수 있다는 것이다. 한편, 교초유통은 국가와 민중이 다함께 이로운 것이기 때문에 일시의 방편으로서 유통할 것이 아니라, 오히려 장기간에 걸쳐 시행할 수 있는 훌륭한 제도가 될 것이라 하였다.745)

서영보는 일반 유통계에 교초를 유통보급하는 방법으로서 우선 중국에서 錢票를 유통보급하는 데 그랬던 것처럼, 穀帛·金銀·錦綺·

---

743) 『交鈔考』, 「交鈔創行之式」.
744) 『交鈔考』, 「交鈔創行之式」.
745) 『交鈔考』, 「交鈔創行之式」.

魚鹽·菜菓 등 일체의 일용상품 거래에 교초를 동전과 병용하게 할 것을 제의하였다. 이처럼 일반 유통계의 상품거래 과정을 통해 교초를 유통보급할 뿐만 아니라, 서울의 각 관청 및 군영과 지방감영·병영·水營·州府郡縣·郵鎭에서 常時 수납하는 동전을 민중이 교초로 대신 상납할 것을 희망할 경우, 같은 액수의 교초로 바치는 것을 허용하고, 관청의 지출이나 皂隷의 朔下錢料도 교초로 대신 지급하게 할 것을 제의하였다.746)

공·사 유통계를 통해 교초를 유통보급하는 과정에서 관청은 교초를 무리하게 억지로 나누어주지 말고, 민중은 교초를 액면가치보다 낮게 평가해서 거래하지 못하게 하였다. 동전과 교초는 동일한 액면가치로 유통된다는 점, 즉 교초의 법적 통용력 내지 경제적 신용에 대하여 민중이 의심하거나 현혹되지 않도록 할 것을 강조하였다.747)

서영보는 이상에서 살펴본 것 이외에도 교초의 유통을 보다 활성화시키기 위한 방법으로 교초의 樣式·交鈔收還節次·交鈔流通範圍·교초와 동전의 교환방식 및 교초와 상품의 교환방식 등을 구체적으로 구상·제시하였다.748)

5) 貨幣政策論의 意義

위에서 관료학자 徐榮輔가 '화폐경제 확대발전기' 후반 초에 구상·제시한 화폐정책론을 대강 살펴보았다. 서영보의 교초유통론을 골자로 한 화폐정책론의 성격 내지 그 역사적 의의를 살펴보기로 한다.

첫째, 한국화폐사의 발전과정에서 交鈔流通論을 골자로 한 서영보의 화폐정책론이 점하는 역사적 위치를 생각해 보아야 할 것이다. 고려 말에 元으로부터 至元寶鈔·中統寶鈔 등의 지폐가 다량 유입되어

---

746)『交鈔考』,「交鈔創行之式」.
747)『交鈔考』,「交鈔創行之式」.
748)『交鈔考』,「交鈔創行之式」·「交子樣式」·「交鈔收還之式」·「用鈔限界」·「換鈔之式」·「折鈔換物之式」. 교초의 印造와 그 유통방법, 교초의 양식, 교초의 수환절차 등에 대한 자세한 연구는 다음 기회로 미루기로 한다.

국내 일부 유통계에서 유통되었다. 1391년(恭讓王 3)에는 會子와 寶鈔를 사용하는 宋과 元의 직접·간접적 영향을 받아 楮貨, 즉 지폐의 印造流通을 시도하였다. 科田法과 함께 李成桂 일파에 의해 추진되었던 것으로 짐작되는 저화의 유통시도는 왕조교체기의 혼란 속에 중단되었다.749) 봉건 조선왕조는 중앙집권적 지배체제를 정비하는 과정에서 1412년(太宗 1) 저화를 法貨로 유통할 것을 결정하였다. 그 뒤 太宗·世宗朝에 銅錢과 저화의 유통보급을 시도하여, 16세기 후반에는 저화는 布貨와 함께 『經國大典』 「國幣」條에 법화로 규정되었다. 그러나 사회경제적 미숙, 원료 공급난, 화폐정책의 모순 등 여러 가지 저해적 요인으로 말미암아 저화 유통정책은 시행착오를 거듭하다가 마침내 중단되었다.750)

1678년(肅宗 4) 동전(常平通寶)을 법화로 채택, 유통보급한 이후 봉건 사회질서의 해체를 수반하는 화폐경제가 확대·발전하였다. 화폐경제가 확대·발전하자 그에 대한 보수반동으로 동전유통을 금지하는 대신 저화를 법화로 유통하자는 화폐제도 개혁방안이 일부 당국자들에 의해 제기되었다. 저화의 유통문제는, 역사적 경험에 따르면 쉽게 훼손되고 원료공급에 어려움이 있는 등 화폐로서의 구성요건이 동전보다 미흡하다는 이유로 채택·실시되지 못하였다.751) '화폐유통에 대한 반동기'(18세기 초~40년대 초)의 대표적 실학자 李瀷 역시 동전유통을 금지하고, 대신 중국의 화폐제도를 수용하여 교초를 사용하는 방안을 우회적으로 제시하였다. 그가 유통을 제시한 교초는 지폐가 아니라, 비단을 교초 모양으로 짠 것이었다. 이 같은 이익의 교초유통론은 명목화폐인 동전의 유통을 부정하고 종래의 물품화폐 유통체제로 복귀하기 위한 과거복귀적인 보수적 발상에서 비롯되었다.752)

---

749) 李能植, 「麗末鮮初의 貨幣制度」, 『震檀學報』 16, 1949.
750) 李鍾英, 「朝鮮初 貨幣制의 變遷」, 『人文科學』 7, 1962.
751) 元裕漢, 「封建 朝鮮社會의 貨幣流通에 대한 反動의 限界性 - 英祖의 銅錢通用禁止試圖의 失敗를 中心으로 - 」, 『弘大論叢』 11, 1979.
752) 元裕漢, 앞의 논문, 1981 ; 이 책, 제3장 Ⅲ, 1. 李瀷의 銅錢 流通禁止論 참조.

서영보가 제시한 교초유통론은 이익의 비단교초 유통론이나, 저화유통론과 동일한 것은 아니었다. 유일한 법화로 유통되고 있는 동전을 本錢으로 하여 교초를 병용하자는 것이었다. 그가 '화폐경제 확대발전기'의 후반 초에 제시한 교초유통론은 미래전망적 시각에서 동전만을 법화로 사용하는 單一法貨 流通體制의 한계를 극복하려는 데 그 발상 동기가 있었다. 그의 교초유통론에 엿보이는 이상의 미래전망적 성격에서 미루어, 그가 동전을 본전으로 하고 교초를 유통하자고 한 것은 金·銀本位制度 하에서 兌換券을 발행하는 것과 본질적으로 동기가 같다고 볼 수 있다. 이 같은 관점에서 볼 때, 丁若鏞의 金·銀·銅錢 流通論을 골자로 한 화폐정책론이 근대 금·은본위제도를 수용하기 위해서 적극 추진한 개화기의 화폐정책 운용에 영향을 주었다는 것을 생각해 볼 필요가 있다.[753] 즉 교초유통론을 골자로 한 서영보의 화폐정책론은 개화기의 금·은본위제도 도입시도 및 병행된 지폐발행 시도와 어떤 형태로든 관련이 있었을 것이다.[754]

둘째, 서영보의 교초유통론을 골자로 한 화폐정책론의 역사적 위치를 신용사회 내지 상업발전과 관련하여 생각해 보아야 할 것이다. 서영보의 교초유통론은 화폐제도의 개혁을 필요로 하는 신용사회 내지 상업발전에 부응하여 구상·제시된 화폐제도 개혁론의 하나로 볼 수 있기 때문이다. 그가 신용거래의 발전을 전제로 하여 유통될 수 있는 교초의 유통 가능성을 믿은 것은, 운수교통이 불편하여 동전을 운반하기 어려운 지역 간의 상업거래가 巨商들이 동전을 담보하고 발행한 換錢標로 결제되고 있다는 사실에 근거한 것으로 보인다. 그리하여 중앙의 시전상인과 지방의 부상대고 등으로 하여금 일반 유통계에서 실제로 유통할 교초를 인조하게 하고, 그들의 역할·신용·조직을 이용하여 교초를 유통보급하는 방안을 구상·제시하였던 것이다. 그는 동전을 배에 가득 실은 船商들의 상업활동과 육로교통을 이용한 遠距離

---

753) 이 책, 제3장 Ⅳ, 3. 丁若鏞의 金·銀·銅錢流通論 참조.
754) 元裕漢,「韓國開化期의 近代貨幣制受容에 대한 考察」,『鄕土서울』 35, 1978.

상인들의 상업활동이 활발히 전개되고 있는 상업계의 발전상을 견문·체험하며, 무거워서 운반이 불편한 동전이 가지는 화폐기능의 한계를 절실히 느꼈던 것으로 보인다. 또한 부상대고 등이 동전이나 곡식을 나라에 바치고 그 보상으로 중앙 및 지방 관료직에 임명되는 등, 그들의 정치적 내지 사회적 위치의 상승욕구를 충족시킬 만큼 상인층이 성장·발전한 사실도 알고 있었다. 상인층의 위치가 경제적으로는 물론 사회·정치적으로 성장·발전되자, 그들의 국내외 상업활동은 그만큼 더 활발히 전개되었을 것이다. 이에 국내외 상업의 확대·발전에 상응하는 화폐제도의 개혁을 필요로 하였을 것이다. 즉 동전만을 법화로 사용하는 전통적인 단일법화 유통체제의 한계를 극복할 수 있는 화폐제도의 개혁이 요구되었던 것이다.

셋째, 서영보가 교초유통론을 골자로 하여 구상·제시한 화폐정책론의 특징으로서 北學的 성격을 들 수 있다. 양란 이후 명분·의리·전통 등을 중시하는 봉건 조선사회의 성리학 중심 가치체계는 실용·실제성과 객관·합리성을 중시하는 근대지향적 가치체계로의 전환이 급진전되었다. 이같이 봉건사회의 가치체계가 근대지향적 가치체계로 전환하는 과정에서 왕조당국자를 비롯한 각계 지식계층의 淸朝에 대한 의식은 北伐에서 北學으로 바뀌었다. 對淸의식의 전환은 당시 지식계층의 청조 내지 淸朝文物에 대한 가치인식이, 명분지향적인 봉건사회의 가치인식에서 공리지향적인 근대적인 것으로 전환하고 있음을 의미한다고 볼 수 있다. 북학론은 서영보가 경험한 시기의 實學에서 특히 강조된 이용후생의 실천방안으로 수용되었던 것이다. 그는 唐·宋·金代의 貨幣史에 관한 지식과 당시 중국의 화폐제도에 대한 견문과 체험을 토대로 하여 교초를 인조유통함으로써 동전만을 법화로 사용한 단일법화 유통체제의 한계를 극복할 것을 제의하였다. 그리하여 서영보의 교초유통론을 골자로 한 화폐정책론은 이용후생의 실천방안으로 수용한 북학론을 의식기반으로 하여 구상·제시된 것으로 볼 수 있다. 서영보와 정약용 등이 화폐정책론의 의식기반으로 북학론을 수용했으면서도 정약용은 서영보와 달리 북학론에 국한하지 않고 동남아 내지 서양까지 자료의 수집범위를 확대시키고 있다. 이처럼 외래문물을 수용하는 데 있어 관료학자와 실학자 사이에 차이가 나타나게 되는 주요 원인은 중국의 새로운 문물을 직접 견문·체험했는지의 여부에 있었던 것으로 보인다. 중국의 새로운 문물에 접하게 되면 심한 문화충격을 받게 되고, 그 충격은 강렬한 중국문물 선호의식으로 이어져 현실 개혁방안을 구상·체계화하는 과정에서 北學 第一主義的 입장을 취하게 되었던 것으로 보인다. 중국의 새로운 문물을 견문·체험한 인물은 대체로 중국문물 이외의 다른 문물, 즉 서양문물을 수용하는 데는 소극적이었다.755) 서영보도 중국문물을 견문·체험하고 북학론을 의식기반으로 하여 화폐정책론을 구상·체계화하였기 때문에 서양의 화폐문제에 관한 지식을 참고하는 데는 소홀했던 것이다.

넷째, 서영보의 화폐정책론에서는 開京學 내지 실학지향적 성격을 엿볼 수 있다. 서영보의 達成 徐氏 家系는 12명이나 되는 개성유수가 배출되는 등 개경학의 영향을 많이 받았다고 할 수 있다. 대체로 개성유수 출신 고급관료들은 실학지향적인 진보적 정치·문화활동을 통해

---

755) 실학자들 중에서, 거의 같은 시기의 화폐경제 발전을 경험한 金堉(1580~1658)과 柳馨遠(1622~1673)의 경우를 보아도, 북학론자 김육은 중국을 네 차례나 드나들면서 견문·체험한 화폐제도를 본받아 국내에 동전유통을 적극 추진할 것을 주장하면서도 서양의 화폐문제에 대해서는 관심을 가지지 않았던 것으로 보인다. 그러나 당시 중국문물을 견문한 적이 없는 유형원은 중국의 화폐문제뿐만 아니라 서양문물에 대해서도 깊은 관심을 가지고 탐문·조사하여 화폐정책론을 구상·체계화하는 데 활용하였다. 또한 朴趾源과 정약용의 경우를 보면, 박지원은 중국문물을 견문하고 북학론적 입장에서 화폐정책론을 구상·체계화하고 있을 뿐 서양의 화폐문제에 대해서는 관심을 나타내고 있지 않다. 반면 중국문물을 견문한 일이 없는 정약용은, 중국의 화폐문제뿐만 아니라 동남아 내지 서양의 화폐문제에 대해서도 깊은 관심을 가지고, 탐문하여 자신의 화폐정책론을 구상·체계화하는 데 활용하고 있다. 서영보가 화폐정책론을 구상·체계화하는 과정에서 중국의 화폐문제를 수용하는 데 치중하고 서양 화폐문제의 수용에 소홀히 하고 있다는 점에서는 김육·박지원 등 중국의 화폐경제 발전을 견문·체험한 실학자들과 일맥상통되고 있다.

개경학이 형성되는 과정에서는 물론, 조선후기 실학으로 전승·발전하여 전성을 이루는 데 주도적 역할을 하였다. 실제로 서영보의 가계에서는 徐有防·徐憙淳 등이 개성유수 재직시에 邑誌『松都志』의 증보·개편작업을 주도하였고, 실학자로서 농학부문의 實學的 家學을 이어받아『林園十六志』를 저술한 徐有榘는 서영보의 族叔이 된다. 서영보의 화폐정책론은 개경학이 조선후기 실학으로 전승·발전하는 과정에 형성된 이러한 가학의 영향을 받으며 구상·체계화되었을 것이다.

다섯째, 서영보가 구상·제시한 화폐정책론에서는 민족주의에 대한 각성이 엿보인다. 그는 일본과의 무역거래 본거지인 東萊를 통해 다량의 동전이 국외로 유출되어 경제적 손실을 보게 된다는 점을 이유로 동전의 국외유출 방지책으로서 교초유통론을 구상·제시하였다. 정약용 역시 중국과의 무역 결제수단으로서 다량의 금·은이 국외로 유출되어 경제적 손실을 보게 된다는 점을 들어 금·은의 중국유출을 막기 위한 하나의 방안으로 금·은·동전의 주조유통론을 구상·제시하였다.[756] 이처럼 서영보와 정약용 등이 각기 구상·제시한 화폐정책론에서는 타국과의 무역거래에서 보게 되는 국가의 경제적 손실을 막아야 한다는 민족주의에 대한 각성을 엿볼 수 있다. 정약용 등 여러 실학자들의 사상을 특징짓는 근대 지향의식과 함께 민족주의 지향의식이 서영보의 화폐정책론에서도 엿보인다는 것은 관료학자인 그의 화폐정책론이 점하는 역사적 위치 내지 실학의 역사적 위치를 평가·인식하는 데 있어 중요한 의미를 갖는다.

여섯째, 서영보의 화폐정책론에서는 명분·전통·법적 내지 정책적 관행에 집착하지 않고 실용·실리·실제성을 중시하는 공리지향적 성격을 엿볼 수 있다. 봉건 조선왕조는 전통적으로 '貨權在上'이라는 명분을 내세워 동전주조사업을 국가 또는 관청이 집중적으로 관리하는 것을 원칙으로 하였다. 그리하여 왕권이 비교적 강화된 英·正祖朝에

---

[756] 이 책, 제3장 Ⅳ, 3. 丁若鏞의 金·銀·銅錢流通論 참조.

는 화폐주조사업 관리체계의 일원화가 시도되어, 중앙관청·지방관청 및 군영에 분산하여 개설했던 동전주조사업이 戶曹에 의해 專管되기도 하였다. 그러나 서영보는 1805년(순조 5)에 구상·제시한 교초유통론에서 交鈔都監을 비롯해 호조·宣惠廳·兵曹·訓練都監·御營廳·禁衛營·八道監營에 교초의 인조유통 업무를 나누어 담당할 것을 주장하였다. 이 같은 交鈔 分散印造論은 영·정조조에 추구한 동전주조사업의 호조 전관시도가 비능률적이라 하여 중단되고, 1804년(순조 4)에 호조와 선혜청이 동전주조사업을 나누어 개설하였던 시대적 배경 하에 구상·체계화되었을 것이다. 그러나 정약용은 1810년대에 화폐주조사업을 집중적으로 관리하기 위해 상설 조폐기관으로서 '典圜署'의 설치운용론을 구상·제시하였다. 정약용보다 서영보의 화폐정책론에서 공리지향적 성격이 더 강하게 나타나는 것은, 그가 局外者인 정약용에 비해 당면한 현실상황을 실제적으로 평가·인식하고 실리·실용성 위주로 대응해야 하는 당국자였기 때문일 것이다. 이와 유사한 사례는 당국자 金堉과 실학자 柳馨遠 사이에서도 보인다. '화권재상'이라는 명분론에 집착한 유형원의 화폐정책론이 비현실적 이상론에 가깝다면, 김육의 화폐정책론은 명분과 전통보다 실용·실리 및 현실성을 중시하는 공리지향적 성격이 두드러지는 것이다. 서영보의 화폐정책론에서 엿보이는 공리지향적 성격은 정약용이 명분지향적 王道思想과 공리지향적 覇道思想을 종합·절충보완하는 과정에서 엿보인, 패도지향적 정치사상이 표출된 것으로 이해할 수도 있을 것이다.757)

일곱째, 서영보의 교초유통론에서는 화폐가치를 지나치게 지불가치 중심으로 인식하려 했던 것으로 보인다. 이는 그가 교초유통론을 구상·제시한 직접적이고 중요한 동기가 응급한 국가재정의 조달에 있었던 것과 밀접하게 관련되어 있다. 지불가치 중심의 화폐가치관은 정

---

757) 이 책, 제3장 II, 2. 金堉의 銅錢流通論·3. 柳馨遠의 銅錢流通論·IV, 3. 丁若鏞의 金·銀·銅錢流通論 참조.

도의 차이가 있을 뿐 정약용을 비롯한 실학자나 일부 당국자 등의 高額錢 및 금·은·동전 유통론에도 표출되어 있다.758) 서영보의 교초유통론에서 지불가치 중심의 화폐가치관이 그들보다 더 짙게 깔려 있는 것은, 역시 서영보가 국가재정 조달에 보다 깊은 관심을 가져야 하는 고급관료라는 입장에 있었기 때문일 것이다. 이러한 지불가치 중심의 화폐 가치인식은 미래지향적인 진보적 성격을 띤 서영보의 화폐정책론의 한계로 작용하였다.

여덟째, 대체로 입장을 달리하는 관료학자 서영보와 실학자 정약용 등이 구상·제시한 화폐정책론의 형성배경과 제의동기, 성격 및 역사적 의의가 본질적으로 공통성을 가진다고 할 때, 실학이 조선후기 화폐경제사상의 발전 내지 역사발전에서 점하는 위치를 다시 생각해 볼 필요가 있다. 관심대상의 범위를 화폐정책론에서 실학으로 확대시켜 놓고 볼 때, 서영보와 정약용의 화폐정책론이 본질적으로 서로 공통성을 갖는다고 해서 과연 관료학자 서영보를 실학자의 범주에 포괄시킬 수 있을지 그 여부가 문제될 수 있다. 우선, 서영보를 실학자의 범주에 포괄시킬 수 있다고 볼 경우, 흔히 조선후기 사상사 발전에서 주변적인 사회사조로서 역사적 위치가 극히 제한된 것으로 알려진 실학에 대한 평가가 달라지게 된다. 즉 실학은 내외의 주요 관직을 역임한 관료학자에 의해 국가정책의 운용에 반영되어 보다 중요한 역사적 위치를 차지한 사회개혁사상으로서 다시 자리매김되어야 하는 것이다.

그러나 서영보를 실학자의 범주에 포함시킬 수 없다고 하면, 실학이 같은 시기의 관료학자 등 지식계층의 사상보다 미래전망적 내지 진보적 사상체계라고 평가해 온 주장의 논리적 근거가 약화될 수도 있다. 극히 소략한 견해이기는 하지만, 위의 가설에 어느 정도 객관성을 인정할 수 있다면, 앞으로 조선후기 실학연구를 보다 확대·심화시키기 위해 우선 각 실학자들의 사상을 같은 시기의 당국자들을 비롯한 각계

---

758) 元裕漢, 앞의 논문, 1980 ; 이 책, 제3장 Ⅳ, 3. 丁若鏞의 金·銀·銅錢流通論 참조.

지식계층의 사상과 비교·고찰해 보아야 할 것이다.759) 무엇보다도 실학자들의 사상을 430여 명(태조초~철종 말)의 개성유수 출신 고급관료 등과 비교·고찰해야 할 것이다. 대체로 개성유수 출신 고급관료들은, 개경학의 연수기간이라 볼 수 있는 임기 2개년 동안 실학지향적인 정치경륜을 축적하여 개경학이 조선후기 실학으로 전승되는 과정에서는 물론, 실학 전성기의 진보적 정치활동에 적극 참여하거나 주요 국가정책을 주도하였기 때문이다. 한편, 조선후기 국내외 상업을 비롯한 제반 경제활동에 적극 참여한 松商의 역할과 사회경제의식을 철저히 구명하여 실학자들과 비교·고찰해야 할 것이다. 이러한 연구작업은 조선후기 실학연구를 심화시키는 동시에 그 역사적 위치를 보다 확대 인식하는 데 도움이 될 것이다.

V. 맺음말

앞에서 17세기 중엽에 柳馨遠이 局地的 학문의 성격이 짙은 開京學을 전수하여 학문적 체계를 이룬 조선후기 실학의 발전과정을 실학자들의 화폐정책론을 중심으로 살펴보았다. 조선후기의 실학 발전을 보다 객관적이고 포괄·심층적으로 평가·인식하기 위해 초기 실학자 金堉과 유형원·李瀷·朴趾源·丁若鏞 등 대표적 실학자들의 화폐정책론을, 같은 시기의 다른 실학자는 물론, 국왕·고급관료 등 당국자들의 화폐정책론과 비교·고찰하였다. 이 같은 실학자들의 화폐정책론 발전에 대한 비교·고찰을 통해 밝혀진 사실들을 정리하여 실학발전은 물론 자본주의 맹아발생기의 제반 역사발전을 평가·인식하는 데 도움이 될 몇 가지 理解視角 내지 理解尺度를 제시하고자 한다.

첫째, 조선후기 실학을 재주가 뛰어난 몇몇 실학자들의 독창물로 보

---

759) 원유한, 「韓國實學 理解視角 擴大를 위한 試論 - 실학자 중심에서 역사적 상황 중심으로 - 」, 『韓國 實學의 새로운 摸索』(韓國史硏究會叢書2), 경인문화사, 2001.

는 시각에 지나치게 집착하지 않고, 그들이 경험한 시기의 역사적 산물이라고 보는 시각에서 철저한 분석·검토가 이루어져야 할 것이다. 그 이유는 실학 이해시각을 실학자 중심에서 역사적 상황 중심으로 확대할 때, 실학의 연구영역을 시간적·공간적으로 확대할 수 있음은 물론, 실학의 역사적 발전과 역사적 위치를 보다 본질적이며 객관·합리적으로 이해할 수 있다고 생각하기 때문이다.

둘째, 조선후기 실학은 유형원이 개경학을 전수하여 학문적 체계를 이룬 것이기 때문에 후배 실학자 이익·박지원·정약용 등의 학문 내지 사상은 개경학의 영향을 간접적으로 받고 있는 셈이다. 뿐만 아니라, 이익 등 유형원의 후배 실학자들은 學脈·家系 및 人脈 등을 통해 각기 개경학의 영향을 직접 받기도 했던 것으로 보인다. 실학자뿐만 아니라 개성유수 출신 고급관료를 비롯한 상당수 지식계층과 松商 등도 개경학의 직접·간접적인 영향을 받은 것으로 보아야 할 것이다. 이로써 개경학은 조선후기 실학의 형성·발전과정 및 관료들을 비롯한 지식계층의 학문과 사상발전에 직접·간접적으로 적지않은 영향을 주었다는 사실을 짐작할 수 있다.

셋째, 실학자들의 화폐정책론이, 흔히 그들과 상대적 입장에 있다고 보는 국왕·고급관료 등 각계 지식계층의 화폐정책론과 본질적으로 공통되고 있다는 사실을 통해, 조선후기 실학의 역사적 위치를 보다 확대 인식할 수 있다. 이 같은 견해는 조선왕조 건국 이후 19세기 50년대까지 430여 명의 개성유수 출신 고급관료들 중 상당수가 실학지향적 정치·문화활동·가정생활 및 사회활동을 영위했을 뿐만 아니라, 조선후기에 송상들이 상공업을 비롯한 제반 실학지향적 경제활동을 주도했다는 사실에 의해 설득력이 더해질 것으로 생각한다.

넷째, 실학자들의 화폐정책론 발전과정은, 대체로 조선후기 화폐경제 발전단계('화폐 유통보급기'→ '화폐유통에 대한 반동기'→ '화폐경제 확대발전기')와 일치한다는 것을 알 수 있다. 이로써 실학자들의 화폐정책론 발전에 관한 연구는 제반 봉건 사회질서의 해체 내지 근대지향적 발전을 이해하는 데 적지않은 도움이 될 것으로 생각한다. 상품화폐경제의 확대·발전은 봉건 조선왕조의 『經國大典』적 제반 사회질서의 해체 내지 근대지향을 촉진한 요인이 되었다고 생각하기 때문이다.

다섯째, 실학자들의 화폐정책론은 자연경제적 유통체제 하의 물품화폐 및 칭량은화 유통론과, 그에 뒤이은 전근대적 鑄貨(銅錢 또는 常平通寶)유통론을 점차적으로 극복하고, 마침내 金·銀本位制度를 연상하게 하는 金·銀·銅錢流通論, 다시 말해서 근대 금·은본위제도 수용을 모색하는 단계까지 발전한 것으로 보인다. 이로써 실학자들의 화폐정책론 발전단계는 조선후기 실학의 역사적 발전을 이해하는 척도의 하나가 될 수 있을 것이다.

여섯째, 실학자들의 화폐정책론이 그 형성 발전에 영향을 준 외래문물 수용의 변천과정(前北學論→北學論→西學論)을 통해 조선후기 실학의 역사적 발전을 이해할 수 있을 것이다. 즉, 실학자들의 화폐정책론이 조선왕조 초기 이래의 전북학론과 그에 뒤이은 북학론을 점차적으로 극복하면서, 마침내 서학론을 수용하는 과정을 통해 실학의 역사적 발전을 이해할 수 있다는 것이다.

일곱째, 실학자들의 화폐정책론에 투영된 민족주의 지향의식이 동양의 중세적 우주관 天圓地方說에 의거한 華夷論을 극복하면서 성장·발전하여, 근대 지향의식과 함께 개화기 역사의식의 기저를 이루는 과정을 통해 조선후기 실학의 역사적 발전을 이해할 수 있을 것이다. 실학과 개화사상은 민족주의 지향적이고 근대 지향적인 성격을 띤 사회개혁사상이라는 점에서 본질적으로 공통성을 가지기 때문에, 실학의 발전을 개화사상으로 連繫하여 역사적 의미를 부여할 수 있다.

여덟째, 실학자들의 화폐정책론과 밀접한 상호 보완관계를 맺고 있는, 그들의 상업론과 조세금납화론이 성장·발전하는 과정을 통해, 조선후기 실학의 역사적 발전을 이해할 수 있다. 화폐는 상업 및 조세금납화와 함께 근대사회의 중요한 지표가 된다는 점에서 본질적으로 공통성을 가지는 문제이기 때문이다.

　아홉째, 일찍부터 실학자들의 상품화폐경제론을 분석·고찰하는 과정에서, 조선후기 실학은 조선시대의 상업발전 중심지요 화폐경제발전의 요람인 開城에서 생성·발전하기 시작되었다고 생각하였다. 조선후기 실학과 상품화폐경제의 발전은 공통적으로 근대지향적 성격을 띤 역사발전 요인이 된다고 생각하기 때문이다. 이 같은 견해가 설득력을 더하게 될 때, 실학 발생지 및 발생시기에 대한 학계의 통설을 보완하는 데 도움이 될 것이다.

　열째, 조선왕조는 전통적으로 務本抑末策을 적극 실시하여 상공업은 농업을 위축시킨다는 이유로 농업은 적극 권장하는 반면 상공업 발전은 억제하였다. 이처럼 농업은 本業으로 장려하고 상공업은 末業으로 억제한 중세적 경제의식이 실학자들의 화폐정책론 중에서 점차 극복되고 있다. 중세적 경제의식의 극복과정에서 상승하는 상업의 위상 변화를 통해 실학의 역사적 발전을 이해할 수 있을 것이다. 다시 말해서, 실학자들의 화폐정책론 중에서 화폐와 밀접한 상호 보완관계를 가진 상업의 위상이 점차 상승하는 과정을 통해 실학의 역사적 발전을 이해할 수 있다는 것이다.

제4장 實學의 開化思想으로 傳承
－兪吉濬의 金本位制度 受容論－

I. 머리말

일반적으로 조선후기 實學은 그 말기의 開化思想으로 전승되었다고 알려져 있다. 실학과 개화사상이 민족주의 및 근대지향적 성격을 띤 사회개혁사상이라는 점에서 본질적으로 공통성을 지니고 있기 때문이다. 이로써 실학이 개화사상으로 전승되었다는 인식은 한국학 학계에 거의 일반화되어 있다.1)

대체로 조선후기 실학은 북학파 朴趾源(1737~1805)의 실학이 손자 朴珪壽(1807~1876)를 통해 朴泳孝(1861~1939)・金玉均(1851~1893) 등 개화당 인사들에게, 또한 丁若鏞(1762~1836)이 집대성한 실학이 兪吉濬(1856~1914)을 비롯한 초기 개화사상가들에게로 연결되었다고 보는 등, 두 과정을 거쳐 개화사상으로 전승되었다고 알려져 있다.2) 실학자들의 화폐정책론 역시 예외는 아니어서 박지원의 화폐정책론의 일부가 19세기 70년대의 화폐정책 운용과정에 참고되었고,3) 정약용의

---

1) 李光麟,『韓國開化史研究』, 일조각, 1969 ;「姜瑋의 人物과 思想 - 實學에서 開化思想으로의 轉換의 一斷面」,『東方學志』17, 1976 ;『韓國開化思想研究』, 일조각, 1976 ; 金泳鎬,「實學과 開化思想의 聯關問題」,『韓國史研究』8, 1972 ; 조광,「실학과 개화사상의 관계에 대한 재검토」,『조선후기사 연구의 현황과 과제』, 창작과 비평사, 2000.
2) 조광, 위의 논문, 2000 참조.
3) 元裕漢,「朝鮮後期 實學者의 貨幣經濟思想 發展에 대한 一考察 - 燕岩과 楓

화폐정책론 등 사회개혁사상이 화폐 근대화정책은 물론 개화정책 여러 방면에 반영되었던 것으로 보인다.

역사적으로 볼 때, 개화기에 들어서서 시도된 화폐제도의 개혁은 두 방향으로 이루어지고 있다. 當百錢과 當五錢의 주조유통처럼 종래의 전근대적 銅錢(常平通寶) 유통체제를 보완할 목적으로 이루어진 개혁과, 동전 유통체제를 극복하고 근대 金·銀本位制度를 수용하기 위해 시도된 혁신적인 화폐제도 개혁 등이 그것이다. 위 두 방향의 화폐제도 개혁 중 전자는 박지원의 北學 내지 전근대적 화폐제도 개혁론과, 후자는 정약용의 西學 내지 근대지향적 화폐제도 개혁론과 연결된다고 보아야 할 것 같다.

이로써 주로 중국의 전근대적 화폐제도를 수용한 박지원의 북학 내지 전근대적 화폐제도 개혁론보다는 北學論과 西學論을 종합·절충보완한 서학 내지 근대지향적인 정약용의 화폐제도 개혁론이 초기 개화사상가 유길준의 근대 금본위제도 수용론에 영향을 주었을 가능성이 크다. 이 같은 견해는 정약용의 실학이 개화기에 高宗을 비롯한 각계 지식인 등의 개화론에 적지않은 영향을 주었다는 점을 미루어 짐작할 수 있다.[4]

齋의 화폐경제론 비교 검토 - 」, 『東方學志』 77·78·79합집, 1993.
4) 柳子厚, 『朝鮮貨幣考』, 학예사, 1940, 531~532쪽 ; 金泳鎬, 「兪吉濬의 開化思想」, 『創作과 批評』 11, 1968 ; 「開化思想의 形成과 그 性格」, 『한국사 - 개화 척사운동 - 』, 1975 ; 元裕漢, 「실학자의 화폐사상발전에 대한 고찰 - 金·銀貨의 통용론을 중심으로 - 」, 『東方學志』, 1980 ; 「實學者의 貨幣經濟思想」, 『東方學志』 26, 1981. 특히, 정약용의 실학이 개화사상에 미친 영향에 관해서는 김영호의 「개화사상의 형성과 그 성격」이라는 논문에 비교적 포괄적으로 제시되어 있는데, 중요하게 여겨지는 몇 가지 사실만 소개하기로 한다. 정약용과 인간적 및 학문적 교류가 많았던 艸衣의 禪敎思想이 미친 영향에 대해서도 주목할 필요가 있다. 金正喜를 비롯한 말기의 실학자 및 李東仁·劉大痴·吳慶錫·金玉均 등의 개화론자들이 불교와 깊은 관련을 가졌다는 점이 지적되고 있거니와(李光麟, 「開化黨의 形成」, 『省谷論叢』, 3, 1972) 적어도 김정희·申觀浩·姜瑋 등에게 艸衣僧이 미친 영향은 큰 것이었다. 초의는 정약용의 제자들 및 김정희의 제자들을 정신적으로 지도하면서 당대의 문화계 배후에서 가장 이채로운 高峰으로 존재했던 것 같다. 개항을 전후한 시

유길준은 한국 개화기에 활약한 실천적 개화사상가의 한 사람이다. 한국학 각 분야 연구학자들은 유길준의 실천적 개화사상을 분석·고찰하였다. 그 같은 연구작업은 개화사상 내지 개화정책의 본질과 역사적 위치는 물론, 한국 근대사 발전의 일면을 이해하는 데 도움이 되기

기에 한국 사상계에서 일종의 禪風이 일어난 것은 초의와 직접·간접으로 관련된 것으로 보인다. 그 밖에 정약용의 제자로서 李重協·鄭夏應 등은 주로 국방사상을 계승·발전시켰으며 黃裳은 經學을, 李綱會는 경학과 지리학을 계승하였다. 魚允中의 조부 魚命能은 처음 洪奭周에게 師事하였으나 나중에는 제자로서 정약용의 문하를 출입하였고 丁學淵과 가까운 文友로서 그의 손자에게 정약용의 실학사상을 전수했다. 朴殷植은 일찍이 "경기도 廣州 斗陵에 參判 申耆永과 丁觀燮을 訪謁하여 古文의 학을 구하고 정약용이 저술한 정치경제상 학문을 섭렵"(박은식의 『自筆履歷書』)하였다. 정약용의 여러 저서는 일반적으로 轉寫되었는데, 특히 『牧民心書』, 『欽欽新書』 등은 전국 각처의 수령이나 방백들이 필수 참고서로 갖고 있었다는 것이다(黃玹, 『梅泉野錄』 卷之一 上). 哲宗 말년부터 高宗 연간의 상소문에는 정약용의 사상을 소개하거나 인용한 것이 적지 않았다. 奇蘆沙 역시 時弊를 논하는 상소문에서 모든 것은 정약용의 『목민심서』 중에 언급되어 있으니 옆에 비치하고 매일 참고할 것을 국왕에게 건의하고 있다(『蘆沙先生文集』 卷之三, 疏). 고종 자신도 정약용의 사상에 심취하여 1883년경에 정약용의 『與猶堂集』을 모두 베껴서 옆에 두고 항상 政事에 참고하면서 정약용 같은 인물과 시대를 같이 하지 못함을 개탄하였다고 한다(黃玹, 앞의 책). 또한 고종은 정약용의 후손들을 欽書之孫이라고 부르면서 후손 丁文燮을 育英公院 主事로 임명하고, 特典으로 丁寂燮·丁寶燮 등을 育英公院에 입학시켰다(『無名氏日記』, 『育英公院目錄』). 韋庵 張志淵은 자신의 학통을 이익과 정약용에 두고 정약용 학문을 "更張 維新의 뜻을 가진 학문"(韋庵, 『韋庵文稿』 卷五, 跋 題雅言覺非後)이라고 평가하면서 정약용의 『我邦疆域考』를 개정·증보하여 『大韓疆域考』를 간행하였다. 또한 그의 산업교육론은 정약용의 선진기술도입론의 영향을 받고 있다(金泳鎬, 앞의 논문, 1968). 光武年間에는 『목민심서』·『흠흠신서』 등이 출간되면서 정약용 학문에 대한 관심이 제고되었다. 『大韓每日申報』·『皇城新聞』에는 정약용의 저작이 연재되거나 크게 소개되고, 『大韓歷史』·『初等本國歷史』 등 교과서에서도 다루어졌다. 특히, 玄采는 『少年必讀釋義』에서 정약용을 本朝 500년대에 제일의 經濟家라 평가하고 정약용이 지은 農工醫書 등은 서양 신문명과 비교해서 조금도 어긋남이 없을 뿐 아니라, 서양의 유명한 여러 학자라도 그를 따르지 못할 것이라 하였다. 그리고 정약용의 뜻을 계승하지 못하여 나라의 형세가 이에 이르렀으니 지금 사람들은 곧 죄인이라고 하였다(玄采, 『少年必讀釋義』 下, 「丁茶山」).

때문이다. 유길준의 개화사상을 보면, 그는 개화기의 정치·경제·사회·문화 및 대외관계 등 여러 분야에 걸친 근대적 개혁론을 구상·제시하였다.5)

필자는 일찍부터 조선후기 화폐경제사상을 이해하기 위한 연구작업의 일부로서, 조선후기 실학자들의 화폐정책론을 같은 시기의 다른 실학자는 물론, 국왕 및 관료 등의 화폐정책론과 비교·고찰하였다. 그리고 조선후기 실학 또는 실학자들의 화폐정책론의 전승·발전 문제와 관련하여 개화사상가들의 화폐정책론을 분석·고찰할 필요를 느꼈다. 이 글에서는, 그 체제나 내용으로 볼 때 개화기 각계 인사들의 화폐정책론을 대표한다고 생각되는 유길준의 화폐정책론을 다음 몇 가지 사실을 중심으로 살펴보고자 한다.

(1) 유길준이 두 차례에 걸쳐 구상·제시한 금본위제도 수용론을 골자로 한 화폐정책론의 형성 배경을 살펴보고,

(2) 정약용의 金·銀·銅錢유통론과 관련 있는 것으로 보이는 유길준의 금본위제도 수용론의 구성 내용과 변천을 살펴보며,

(3) 유길준이 구상·제시한 화폐정책론의 성격 내지 역사적 의의를 살펴보기로 한다.

Ⅱ. 貨幣政策論의 形成

兪吉濬은 두 차례에 걸쳐 근대 금본위제도 수용론을 골자로 한 화폐정책론을 구상·제시하였다. 그의 제1차 화폐제도 개혁론은 『西遊見聞』「貨幣大本」항6)에, 제2차의 개혁론은 遺稿『雜文集』「貨幣整理方案」항7)에 각각 제시되어 있다. 유길준의 화폐제도 개혁론을 더 본질

---

5) 金泳鎬, 앞의 논문, 1968.
6) 『西遊見聞』 10, 「貨幣大本」.
7) 『兪吉濬全書』 4, 「經濟改革論」, 貨幣整理方案(「貨幣整理方案」은 遺稿『雜文集』에 수록).

적이고 철저하게 이해하기 위해서는 그 형성 배경을, 그가 견문・체험한 시기의 화폐정책 내지 화폐경제 발전을 중심으로 살펴볼 필요가 있다. 먼저 1885년(고종 23)부터 1889(고종 26) 사이에 집필한『서유견문』「화폐대본」항에 구상・제시된 제1차 화폐제도 개혁론의 형성 배경을 살펴보겠다.

봉건 조선왕조는 17세기 초부터 급진전된 사회경제적 요청과 전란으로 파탄에 직면한 국가경제 내지 국가 재건책의 일환으로 물품화폐 및 칭량은화 유통체제를 극복하고 명목화폐인 동전을 法貨로 유통보급하기 위해 화폐정책을 적극 추진하였다. 그 결과 1678년(숙종 4)부터 銅錢(常平通寶)이 계속 유통되기 시작하여, 그 90년대 말에는 국가의 유일한 법화로서 유통기반을 이룩하였다. 이후 동전의 유통지역은 국내 각 지방으로 점차 확대되고, 각 계층의 화폐 가치인식은 심화되었다. 이로써 화폐경제의 확대발전은, 당시 성리학 중심의 중세적 가치체계와 농업중심 생산양식의 해체를 촉진하는 등, 봉건 조선사회의 해체 내지 근대지향을 증진하였다.[8]

1678년 이래로 동전만을 법화로 사용한 單一法貨 유통체제는 興宣大院君의 집권기인 1866년(고종 3)에 다음 몇 가지 사실이 동기가 되어 惡貨 當百錢을 주조유통함으로써 개편되었다.[9]

첫째, 대원군은 집권 초부터 국내의 주요 동전원료 공급처인 甲山銅鑛을 폐쇄함으로써 화폐원료 공급난이 한층 더 심각해졌다. 이에 한정된 원료로써 보다 많은 유통가치를 조성하기 위해 액면가치가 종래 동전(當一錢, 상평통보)의 1백 배인 당백전을 주조유통하였다.

둘째, 대원군은 집권 초부터 왕권을 강화하는 등 중앙집권적 지배체제의 재정비・강화를 중요한 정책목표로 삼았다. 그는 왕권강화의 일환책으로서 국왕의 권위와 왕실의 위엄을 높이기 위해 景福宮 重建사업에 착수하고, 그에 소요되는 막대한 재정을 조달하기 위해 당백전을

---

[8] 元裕漢,『朝鮮後期 貨幣史研究』(韓國研究叢書29), 1975, 218~226쪽.
[9] 元裕漢,「大院君집권기의 화폐정책에 대한 고찰」,『사회과학연구』1, 한국사회과학연구회, 1973.

주조유통하였다.

　셋째, 대원군은 외세의 침략을 막고 국가와 민족을 보위하기 위해 군대를 增募하고 군비를 확장하는 등 국방정책을 적극 강화하였다. 국방정책을 강화하는 데 필요한 거액의 군사비를 조달하기 위해 당백전을 주조유통하였다.

　넷째, 三政이 극도로 문란한 세도정권 하에서 국가재정은 고갈되고, 지방관리의 가혹한 착취대상이 된 농민층은 궁핍에 허덕이게 되었다. 이에 왕조당국은 財源 포착을 위한 비상대책으로서 당백전을 주조유통하였다.

　다섯째, 일찍부터 중국에서 이미 각종 고액전을 주조유통한 역사적 사례가 있고, 또한 청나라는 19세기 50년대부터 각종 고액전을 주조유통하여 국가의 응급한 재정수요에 충당하였다. 이에 왕조당국자들이 국내에서도 고액전의 주조유통이 가능하다는 신념을 가지게 되고, 이러한 신념은 당백전을 주조유통하게 된 심리적 동기가 되었다.

　여섯째, 대원군이 집권 초부터 제반 국가정책의 결정 및 집행과정에서 보인 특유의 혁신적 의지와 과단성은 당백전과 같은 악화의 주조유통을 가능하게 한 동기가 되었던 것으로 짐작된다.

　일곱째, 동전(상평통보) 주조유통 이래로 화폐경제가 확대·발전함에 따라 각 계층의 화폐 가치인식이 심화되어, 종래 그 무게가 '2錢 5分'하던 것이 '1전 2푼'까지 절반 이하로 줄어들었음에도 良貨와 악화가 同一價로 계속 유통되는 등, 실용가치 중심의 전근대적 화폐가치관이 명목가치 중심으로 주목할 만한 전환이 이루어졌다. 따라서, 당국자들은 동전의 실용가치가 절반 이하로 줄어든 악화가 그렇지 않은 양화와 동일한 가치를 갖고 계속 유통된 화폐가치관의 진보지향적 변화에 힘입어 악화 당백전의 주조유통을 결정했던 것으로 보인다.

　이 같은 동기로 주조유통된 당백전은 濫發되어 화폐경제의 발달추세를 鈍化시키는 동시에 단일법화 유통체제인 전근대적 화폐제도가 문란해진 결정적 계기, 즉 조선말기 화폐제도 문란의 원인이 되었다.

당백전의 남발로 시작된 화폐제도의 문란은, 일반적으로 봉건사회 말기에 군사비 증가 등, 급증하는 국가 재정수요에 충당하기 위해 악화를 남발함으로써 나타난 화폐제도의 문란과 본질적으로 성격이 같은 것으로 이해할 수 있다.10)

조선왕조는 당백전 남발로 인한 화폐제도의 문란뿐만 아니라, 그로 인한 여러 가지 사회경제적 모순과 폐단 때문에 당백전 주조를 중단하고 유통을 금지하였다. 다량의 당백전을 유통함으로써 초래된 거액의 재정적 결손을 보완하기 위해, 역시 악화인 중국동전 3백만~4백만 냥을 밀수입하여 유통하였다. 봉건 조선왕조는 당백전의 남발로 인한 화폐제도의 문란 내지 사회경제적 모순과 폐단을 수습·극복하지 못하고, 1876년(고종 13) 開港을 맞았다.11)

개항 후 서양 여러 나라에 문호를 개방하고, 통상거래가 진전됨에 따라 일본·러시아·멕시코·중국 등 여러 나라의 화폐가 국내에 유입되었다. 일본을 비롯한 여러 나라와의 통상거래를 통해 근대화폐와 접촉하게 되자, 국내의 전근대적 화폐제도가 가진 모순 내지 폐단과 근대 화폐제도의 장점을 인식하게 되었다. 이로써 그 당시 화폐정책은 동전을 다량 주조유통하여 급증한 재정수요에 충당하는 한편, 체재·품질·무게가 통일되고 가치가 안정된 근대화폐를 주조유통하기 위해 화폐정책을 의욕적으로 추진하였다. 즉 조선왕조는 개항 이후 근대 화폐제도를 도입·실시함으로써 안으로 국가재정과 민중생활을 안정시키고, 밖으로 일본을 비롯한 여러 나라와의 통상거래에서 온 어려움과 거액의 경제적 손실을 막고자 하였다. 조선왕조는 개항 이후 급증하는 재정수요와 개항 이듬해에 중국동전의 유통을 금지함으로써 초래된 거액의 재정결손에 대응하기 위해, 동전(상평통보)을 주조유통하는 한편, 근대 금본위제도의 도입을 적극 시도하였다.12) 왕조당국은 특히, 개항 이후 제고된 민족주의 및 근대지향의식을 바탕으로 하여 임시방

---

10) 元裕漢, 앞의 책, 1975, 226~233쪽.
11) 元裕漢,「韓國開化期의 近代貨幣制受容에 대한 考察」,『鄕土서울』35, 1978.
12) 元裕漢, 위의 논문, 1978.

편으로 전근대적 화폐를 주조유통하는 한편, 근대 금·은본위제도의 수용을 위한 화폐정책을 적극 추진하였다.

1882년(고종 19)에는 금·은화의 주조유통을 결정, 우선 大東三錢·大東二錢·大東一錢 등의 銀標를 주조유통하였다. 이 대동삼전 등 은표는 주조기술이나 체재·품질 면에서 볼 때 근대 금·은본위제도 하의 은화에 미치지 못하나, 종래의 칭량은화 체재를 극복하고 근대화폐에 접근한 형태의 은화라 할 수 있다. 1883년(고종 20)에 常設 造幣機關으로 '典圜局'을 설치하고, 독일인 典圜局總辦 '묄렌도르프'(P.G. von Mollendorff)의 건의와 주선으로 주로 독일의 근대 조폐기술을 도입, 1888년(고종 25) 京城典圜局에서 금본위제도를 도입할 목적으로 15종의 金·銀·銅錢을 壓印·유통하고자 하였으나 시험단계에서 중단되었다. 뒤이어 악화 當五錢(상평통보)을 주조유통하자 화폐가치는 폭락하고 물가는 폭등하는 등 화폐제도의 문란과 사회경제적 모순과 폐단이 더욱 심각해졌다. 1888년에 5종의 금·은·동전 등 15종의 근대화폐 압인·유통 시도가 시험단계에서 중단된 이유는 대개 다음과 같다.[13]

첫째, 만성적인 국가재정난으로 근대화폐의 주조발행에 소요되는 충분한 자금을 조달할 수 없고,

둘째, 전통적으로 문물제도의 개혁을 꺼리는 왕조 당국자들의 보수적 가치의식과 근대 화폐제도를 저항없이 수용하기에는 제반 사회경제적 여건이 미숙하였으며,

셋째, 派黨的 이해관계가 서로 다른 당국자들 간에 근대 화폐제도의 도입·실시 문제를 둘러싸고 贊·反 兩論이 대립되고,

넷째, 당국자들을 비롯한 지식계층에는 일본 측이 조선왕조의 화폐제도 개혁과정에 간여하여 화폐권을 침탈하려는 야욕을 가지고 있다는 점을 우려하여 근대 화폐제도의 수용 자체를 비판하는 인물들이 적

---

13) 元裕漢,「典圜局攷」,『歷史學報』37, 1968 ;「李朝末期 獨逸로부터 近代造幣技術導入에 대하여」,『金載元博士回甲紀念論叢』, 1969.

지 않았다.

유길준은 위에서 대강 살펴본 것처럼, 1866년에 악화 당백전을 남발한 이후 그 80년대 말에 금본위제도의 도입시도가 중단되기까지의 화폐정책 내지 유통경제의 발전을 견문·체험하며 제1차 화폐제도 개혁론을 구상·제시하였다. 이 점은, 1856년에 탄생한 유길준이 제1차 화폐제도 개혁론, 즉 금본위제도 수용론을 골자로 한 화폐정책론이 수록되어 있는『서유견문』을 1889년에 집필을 완료했다는 사실을 미루어 짐작할 수 있다.

한편, 유길준은 1881년(고종 18) 紳士遊覽團의 隨員으로 일본에 파견되어 일본 재정기관을 조사하고, 慶應義塾에 입학하여 일본 후쿠자와 유키치(福澤諭吉)의 저서『西洋事情』·『學問의 勸獎』을 읽는 등 정치·경제학에 흥미를 가지고 열심히 공부하였다. 그는 1883년 초에 귀국하기까지 일본에 머물면서 일본의 근대화 내지 서양문물의 수용실태를 견문·체험하면서 일본의 근대 화폐제도에 대해서는 물론, 서양의 근대 화폐제도에 관한 지식을 쌓았을 것이다.

또한 1883년에는 報聘使의 隨員으로 미국에 파견되어 공식일정을 마친 후 유학생활을 하고, 귀국하는 길에 만 1년 동안 유럽 여러 나라를 순방하여 견문을 넓히고 지식을 쌓았다. 이로써 유길준이『서유견문』「화폐대본」항에 제시한 제1차 화폐제도 개혁론을 구상·체계화하는 데는 일본과 미국을 비롯한 유럽 여러 나라에서 얻은 견문과 지식이 참고·활용되었다는 사실을 짐작할 수 있다. 특히, 明治維新 이후 金·銀複本位制度를 채용한 일본 화폐제도가 유길준이 구상·제시한 제1차 화폐제도 개혁론, 즉 금본위제도 수용론의 준거가 되었을 가능성이 있다. 즉 유길준의 제1차 화폐제도 개혁론에는, 그가 서양 여러 나라를 순방하는 중에 쌓은 지식보다는 일본에 수용된 서양 화폐문제에 관한 지식이 더 짙게 반영되었을 것으로 생각된다. 이는 유길준이 지은『서유견문』의 체제 및 구성 등이 후쿠자와 유키치의 저서『서양사정』으로부터 적지않게 영향을 받았다는 사실을 통해 짐작할 수 있

다.14)

다음으로 유길준의 제2차 화폐제도 개혁론, 즉 그의 『잡문집』 「화폐정리방안」 항에 구상·제시된 금본위제도 수용론의 형성배경을 살펴보기로 한다.

앞에서 보았듯이 1888년 근대 조폐기술을 도입하여 금본위제도를 실시하려고 한 시도는 실패로 돌아갔다. 이어진 동전(당일전) 및 당오전 등의 남발로 인한 화폐제도의 문란과 제반 사회경제적 폐단은 심각한 상황으로 치닫고 있었다. 이에 대응하여 1891년(고종 28) 은본위제도를 도입·실시하기 위해 '新式貨幣條例'를 공포하고, 그 이듬해 仁川典圜局에서 銀·白銅·赤銅·黃銅貨 등 5종의 근대화폐를 압인·유통하고자 하였다. 그러나 이 은본위제의 도입 시도도 중단되었다.15)

1894년(고종 31) 청일전쟁이 일어나자 일본은 자국 은화를 국내에서 군사비로 사용하려 했으나, 국내 각계인의 저항으로 원활히 유통될 수 없었다. 또한 동전을 군사비로 사용하고자 했으나 무거워서 운반비용이 적지 않다는 문제점이 있었다. 이 같은 상황에서 일본은 1892년(고종 29) 인천전환국에서 주조하기는 했으나, 끝내 발행·유통하지 못하고 退藏된 은화·백동화·적동화 등 근대화폐를 사용할 수 있다는 점에 착안하였다. 일본의 영향력 아래 갑오개혁을 추진 중 1894년 8월에 일본 은본위제를 채용하는 '新式貨幣發行章程'을 공포·시행하였다. 이 장정은 부칙을 두어 일본화폐의 국내유통을 합법화하였다. 이로써 개항 이후 개화정책의 일환으로 적극 추진한 화폐제도의 근대화 목표는 일단 이루어진 셈이다. 그러나 은본위제도의 수용으로 화폐제도의 근대화는 이루어졌으나, 일본화폐의 국내유통이 합법화되었다는 점에서 볼 때 한국의 화폐권 내지 경제권이 일본에게 침해되는 중요한 계기가 되었다.16)

---

14) 李光麟, 「兪吉濬의 開化思想 - 西遊見聞을 中心으로 - 」, 『歷史學報』 75·76, 1977.
15) 元裕漢, 앞의 논문, 1968.
16) 위와 같음.

신식화폐발행장정의 공포・시행으로, 5종의 근대화폐, 즉 5냥 은화를 本位貨로, 1냥 은화・2전 5푼 백동화・5푼 적동화・1푼 황동화를 補助貨로 압인・유통하였다. 이로써 1894년부터 국내 유통계에는 위 5종의 화폐・日本銀貨와 함께 전근대적 화폐인 동전(상평통보)이 유통되는 한편, 동전의 주조는 중단되었다. 이후 조선왕조는 급증하는 재정수요를 화폐의 주조발행으로 충당하려 하였다. 1896년(建陽 1)의 歲入 예산설명서를 보면, 그 해 국가 총수입의 26.6%인 128만 원을 화폐 주조수입으로 計上하였다.

본위화인 5냥 은화는 주조발행하지 않고, 보조화 중에서도 實質價値와 名目價値의 격차가 커서 鑄造收益이 많은 2전 5푼 백동화만을 남발했다. 백동화는 그 당시 상설 조폐기관인 전환국에서 다량 官鑄되었을 뿐만 아니라, 特鑄・默鑄・私鑄되는' 등 불법 또는 파격적인 방법으로 압인・발행되었다. 심지어는 다량의 백동화가 일본으로부터 밀수입되기까지 하였다. 이상 여러 가지 형태로 악화 백동화가 남발됨에 따라 公・私 유통계에서 일어난 소위 '백동화 인플레이션'의 폐단은 심각한 상태에 이르렀다.17)

왕조당국은 위와 같은 상황을 타개하기 위해 각 계층의 민족의식 내지 자주독립의식이 제고되어 있는 상황 하에서 일본과 대립・갈등하는 러시아의 협조를 얻어 국가 화폐권의 자주독립성을 강화하기 위해, 일본은화의 국내유통을 금지하였다. 한편, 전환국을 일본의 영향을 받고 있는 인천에서 龍山으로 옮기고 금본위제도의 수용을 골자로 하는 '光武5年貨幣條例'를 공포・실시하였다. 그리고 전환국은 금본위제도의 실시로 유통하게 될 화폐의 압인・발행을 시도하였다. 왕조당국은 1901년(광무 5) 일본의 화폐제도를 수용한 은본위제도의 한계를 극복하고 화폐권의 자주독립성을 강화하기 위해 금본위제도를 공포・실시하였던 것이다. 일본은 이에 대한 반동으로, 국내 각 계층의 반대운동

---

17) 元裕漢, 위의 논문, 1968 ;「한국근대화폐사의 제문제 - 화폐조례의 공포시행(광무 5년) - 」,『월간 화폐계』117, 1983 ;「한국근대화폐사의 제문제 - 日本銀行券通用 반대운동 - 」,『월간 화폐계』120, 1983.

에도 불구하고 무력을 동원하여 자국의 第一銀行券을 강제 유통하기 위해 불법적인 만행을 저질렀다.18)

왕조당국은 일본의 제일은행권 강제 유통에 대한 정책적 대응으로 중앙은행을 설립하고 은행권을 독점적으로 발행하기 위해, 1903년(광무 7) 3월에 '中央銀行條例'와 '兌換金券條例'를 공포하였다.19) 화폐권의 자주독립성을 강화하기 위해 취한 이상의 조치는, 露・日의 대립갈등이 첨예화되고 마침내 전쟁이 일어나 전세가 일본 측에 유리하게 전개되자 실시되지 못하고 말았다.

1904년(광무 8)에는 일본인 財政顧問官의 주도로 추진된 貨幣整理 과정에서 전환국이 폐지되고, 국내 유통화폐는 大阪造幣局에서 압인해 오기로 하였다. 그 이듬해 전승국 일본의 강한 영향 하에, '광무5년 화폐조례'의 내용을 부분적으로 수정・보완한 소위 '光武9年貨幣條例'를 공포, 금본위제도를 실시하였다. 이와 동시에 화폐정리사업을 통해 동전(상평통보)과 같은 전근대적 화폐는 물론, 은본위제도 시행 과정에서 압인・유통한 각종 화폐도 모두 회수하였다.20)

이로써 개항 이후 계속 추구해 온 화폐제도의 근대화, 즉 명실상부한 금본위제도가 도입・실시되기에 이르렀다. 그러나 실질적으로 국가의 자주독립권이 거의 상실된 역사적 상황 하에서 화폐권의 자주독립은 유지될 수 없었다.

유길준의 제2차 화폐제도 개혁론은 대체로 이상에서 살펴본 바, 1890년대 초부터 20세기 초에 이르는 시기의 화폐정책 내지 유통경제 발전을 배경으로 하여 형성된 것으로 보인다. 보다 구체적으로 말하자면, 1894년 갑오개혁 추진과정에서 은본위제도를 실시한 이후 本位銀

---

18) 한국조폐공사, 『한국화폐전사』 1971, 185~186쪽 ; 元裕漢, 「한국근대화폐사의 제문제 - 중앙은행조폐 및 태환금권조례의 공포 - 」, 『월간 화폐계』 120, 1983.

19) 『韓末近代法令資料集』 3, 1903년 3월, 勅令 8號, 中央銀行條例・勅令 9號, 兌換金券條例, 대한민국 국회도서관, 1971.

20) 元裕漢, 앞의 논문, 1968 ; 「한국근대화폐사의 제문제 - 백동화의 남발과 그 폐단 - 」, 『월간 화폐계』 119, 1983 ; 한국조폐공사, 앞의 책, 1971, 195~242쪽.

貨는 주조발행하지 않고 보조화인 백동화를 남발함으로써 '백동화 인플레이션'의 폐단이 심각해지자 은본위제도를 개혁하여 금본위제도를 도입·실시하려 했음은 물론, 중앙은행의 설립 및 兌換券 발행을 시도한 20세기 초를 배경으로 제2차 화폐제도 개혁론을 구상·제시한 것으로 보인다. 위의 사실은 뒤에서 자세히 살펴보겠지만, 유길준의 『잡문집』「화폐정리방안」 항의 내용을 통해 쉽게 짐작할 수 있다. 유길준은 제2차 화폐제도 개혁론을 구상하고 있던 1894년에 金允植·朴定陽 등과 軍國機務處會議員으로서 갑오개혁 때 '신식화폐발행장정'을 제정·공포하는 과정에 참여했던 것으로 보인다.

유길준은 은본위제도가 실시된 이후 일본화폐가 국내에서 합법적으로 유통되고 백동화의 남발로 '백동화 인플레이션'이 만연된 시기에 주요 관직을 역임, 1896년(建陽 1)에는 內部大臣이 되었다. 그는 俄館播遷으로 金弘集 등과 12년간 일본에 망명했다가 1907년(隆熙 1)에 귀국하였다. 위와 같은 행적을 미루어 볼 때, 유길준의 제2차 화폐제도 개혁론은 20세기 초, 즉 일본 망명기간의 역사적 산물로 생각되기도 한다.

Ⅲ. 貨幣制度 改革論

위에서 兪吉濬이 두 차례에 걸쳐 구상·제시한 화폐제도 개혁론의 형성 배경을, 그 시대의 화폐정책 내지 화폐유통 문제를 중심으로 대강 살펴보았다. 두 차례의 화폐제도 개혁론이 모두 금본위제도의 수용을 목표로 하였다는 점에서는 공통되지만, 각기 형성배경을 달리하고 있음은 물론 개혁론의 내용에도 차이점이 없지 않다. 이제 유길준의 화폐제도 개혁론을 역사적으로 평가·인식하기 위해, 그의 제1·2차 화폐제도 개혁론의 내용을 구분하여 살펴보기로 한다.

1. 第1次 貨幣制度 改革論

유길준은 위에서 살펴보았듯이 1860년대부터 그 80년대 말에 이르는 시기를 배경으로 하여 전근대적 동전(상평통보) 유통체제를 개혁, 서양 근대 금본위제도 수용론을 골자로 한 제1차 화폐제도 개혁론을 구상·제시하였다. 그는 제1차 화폐제도 개혁론에서 화폐는 유통계에서 가치척도와 교환매개 등의 역할을 하는 것으로서, 국가의 명맥이고 국민의 氣血이라 하였다. 그는 재화의 가치척도가 되고 교환을 매개하는 등 화폐의 본원적 기능을 중시하였기 때문에, 화폐가 없으면 국가의 富强은 물론, 국민이 하루도 살아나갈 수 없다고 하였다.[21]

유길준은 물물교환의 한계를 극복하는 과정에서 물품화폐 내지 칭량화폐가 生成하는데, 鹽·寶玉·貝·獸皮·茶·牛羊·銅鐵·金銀 등이 그것이라 하였다. 이런 것들 중에 금·은이 화폐로서 가장 적합한데, 그 이유로 다음의 일곱 가지 점[22]을 들었다.

① 품질이 보배롭고 소중하다.
② 운반하거나 싣기가 편리하다.
③ 損耗됨이 없다.
④ 품질이 균일하다.
⑤ 쪼개기에 적당하다.
⑥ 가치의 변동이 심하지 않다.
⑦ 식별하기 어렵지 않다.

유길준은 금·은이 화폐로서 가장 적합하여 근본이 되는 것이라 하였으나, 가루나 덩어리 형태의 칭량금·은화를 의미하는 것은 아니었다. 國名과 품질·무게·체재 및 액면가치 등을 일정하게 규격화한 근대 金·銀·銅錢을 주조유통하되, 금화를 本位貨로 하고, 은·동화를 補助貨로 하는 금본위제도를 도입·실시하자는 것이다. 이 같은 사실

---

21) 『西遊見聞』 10, 「貨幣大本」 ; 『兪吉濬全書』 2, 「勞動夜學讀本」 1, 제36과 錢.
22) 『西遊見聞』 10, 「貨幣大本」 ; 『兪吉濬全書』 2, 「勞動夜學讀本」 1, 제36과 錢.

은 『西遊見聞』「貨幣大本」항의 내용을 통해 알 수 있다.

> 이와 같은 이유로 금·은으로써 화폐의 근본을 삼는 것이 옳으나, 그 통용법은 가루로 해도 좋지 않으며 덩이로 해도 불편하다. 무게를 일정하게 하고 가치를 정하며, 그 모양은 반드시 원형으로 하되 주위를 두른 가장자리는 약간 높게 하고 톱니모양을 둘러서 마멸되는 폐단을 방지한다. 앞 뒤 양면에는 정교한 무늬와 나라 이름 및 정한 액면가치를 새겨서 僞造를 방지하며, 또한 다른 나라 화폐와 구별할 수 있는 방법을 강구한다. 그리고 화폐에 수용된 수량을 밝히도록 한다.……금의 소중함에 어울리는 가치를 화폐에 정하여 통용의 표준을 삼았기 때문에 금화를 元貨(本位貨)라 하고, 은은 금에 비해 몇 배나 많은 분량의 화폐를 만들어, 금화가 미치지 못하는 부분을 보충하게 되므로 은화를 補助貨라고 한다.……또한 금화나 은화는 일상 생활의 사소한 거래과정에서는 통용하기 어렵기 때문에 銅으로써 화폐를 만들어 사용한다.[23]

유길준은 "夫貨幣는 邦國의 大權이라."[24] 또는 "盖貨幣는 一國의 主權을 表揭ᄒᆞ는 大物이니."[25]라 했듯이, 국가의 貨幣 鑄造發行權을 중시하였다. 그는 금·은·동화를 주조하는 권한을 국가가 장악, 독립관청을 설치하여 화폐를 주조하고, 민간인에게 私鑄錢을 허락해 주지 않아야 한다고 하였다. 그는 민간인이 화폐를 私鑄하는 것은 힘겨운 일로서, 그들에게 화폐주조를 허락한다 할 때, 그로 인한 혼란과 僞造의 폐단이 일어날 우려가 있다고 보았기 때문이다.[26]

한편, 유길준은 독립관청을 설치하고 화폐 주조업무를 전담할 경우에도 造幣器機施設을 구입하고, 관리의 祿俸과 기술자의 임금을 지급하는 데 소요되는 재정을 조달하는 일이 쉽지 않으리라는 점을 환기시

---

23) 『西遊見聞』 10, 「貨幣大本」;『兪吉濬全書』 2, 「勞動夜學讀本」 1, 제36과 錢.
24) 『西遊見聞』 10, 「貨幣大本」;『兪吉濬全書』 2, 「勞動夜學讀本」 1, 제36과 錢.
25) 『西遊見聞』 10, 「貨幣大本」;『兪吉濬全書』 2, 「勞動夜學讀本」 1, 제36과 錢.
26) 『西遊見聞』 10, 「貨幣大本」;『兪吉濬全書』 2, 「勞動夜學讀本」 1, 제36과 錢.

키고 있다.27) 이처럼 재정조달 문제를 우려하게 된 것은, 19세기 80년대에 典圜局을 설치, 독일로부터 근대 조폐기기시설을 구입하고, 기술자들을 雇聘하여 금·은·동전의 壓印과 유통을 시도하는 과정에서 극복해야 할 중요한 과제였고, 재정난이 전환국의 근대화폐 압인·유통시도 중단의 중요한 원인으로 보았기 때문이다.28)

일찍이 丁若鏞은 근대 금본위제도를 연상하게 하는 화폐제도 개혁론을 구상·제시하였다. 품질·체재·무게·액면가치를 통일한 둥근 금·은·동전을 각기 大·中·小錢으로 구분하여 모두 9종의 화폐를 주조유통하자는 것이었다. 한편, 정약용은 국가의 화폐 주조업무를 합리적으로 관리하기 위해서는 종래와 같이 수시로 각 관청이나 軍營에서 화폐를 주조할 것이 아니라, 중앙에 독립적인 常設 造幣機關으로 '典圜署'를 설치운용할 것을 제의하였다.29) 위에서 지적했듯이, 조선왕조가 1883년(고종 20)에 독립적인 상설 조폐기관으로 '전환국'을 설치하고 금본위제도를 도입·실시하려 한 사실을, 정약용이 구상·제시한 금·은·동전의 주조유통론 및 전환서의 설치운영론과 연결해 보는 견해가 있다.30) 이러한 견해는 아직까지 입증할 확실한 근거를 발견하지 못했지만, 實學이 開化思想으로 계승·발전하였다는 일반론적 입장에서 볼 때, 그 개연성은 충분히 생각해 볼 수 있다. 이로써 유길준의 금본위제도 수용론과 화폐주조를 위한 독립관청의 설치론은 역사적으로 정약용의 전환서 설치운용론의 영향을 받고, 금본위제도의 수용을 위해 추진한 1880년대 화폐정책에 대한 경험을 토대로 구상·제시되었으리라는 점을 짐작할 수 있다.

유길준은 제1차 화폐제도 개혁론에서, 금본위제도를 도입·실시함과 동시에 兌換紙幣와 不換紙幣의 印造流通論을 구상·제시하였다. 즉 그는 英·佛·美國 등 서양 여러 나라의 제도를 본따 銀行局을 설

---

27) 『西遊見聞』 10, 「貨幣大本」; 『兪吉濬全書』 2, 「勞動夜學讀本」 1, 제36과 錢.
28) 元裕漢, 앞의 논문, 1968 ; 앞의 논문, 1969.
29) 이 책, 제3장 Ⅳ, 3. 丁若鏞의 金·銀·銅錢流通論 참조.
30) 柳子厚, 앞의 책, 1940, 531~532쪽 ; 元裕漢, 앞의 논문, 1981 ; 각주 4 참조.

치하고 지폐를 만들어 사용할 것을 제의하였다.

> 지폐는 金銀 대신으로 사용되는 종이 조각이다. 그 종이에는 기묘하고도 정교한 무늬와 일정한 액수를 인쇄하여 위조하는 폐단을 방지하고 있다. 그 액면가치가 50원, 혹은 100원 이상인 것은 銀行票라 하고, 1·2원짜리는 지폐라 한다. 영국이나 프랑스 같은 나라에는 지폐가 없고 다만 은행표만 사용하고 있지만, 미국에는 지폐를 통용하고 있다. 이 은행표와 지폐는 정부의 은행국에서 발행하는 것이다.……정부의 신의가 두텁고 경제사정이 착실하여 국민들이 서로 신용을 지킬 경우에는 은행국에 元金을 비치해 두지 않더라도 은행표 및 지폐를 발행할 수 있는 법규가 있다.31)

유길준은 정부가 은행국을 설치하고 지폐를 印造·발행하는 제도와 함께 민간인이 정부의 허가를 받아 은행국을 설치하고, 지폐를 발행하는 제도가 있음을 소개하고 있다. 위와 같이 태환지폐나 불환지폐 등을 발행·유통하는 제도를 잘 활용하면 편리하며 경제 운용에도 적지 않게 도움이 될 것이라는 점을 지적하였다.

> 이렇게 볼 때 지폐의 통용이 그 방법을 잘 쓰면 금화와 은화를 대신하여 운송의 편리를 돕고, 또한 경제를 운용하는 방도에도 큰 도움이 된다 할 것이다.32)

그러나, 지폐를 인조유통하는 제도를 불합리하게 실시할 경우에는 農·工·商業을 위축시켜 민중생활에 위기를 불러오게 되는 등, 심각한 사회경제적 모순과 폐단을 야기하게 된다는 점을 지적하고, 그 실시에 신중을 기할 필요가 있음을 강조하였다.

> 만약 이러한 법이 좋지 못하여 비축한 元金은 적고 발행한 은행권이

---

31) 『西遊見聞』 10, 「貨幣大本」.
32) 『西遊見聞』 10, 「貨幣大本」.

나 지폐만 많다고 하면, 종이 조각이나 헛된 금액 표시만으로 名實이 相符할 수 없기 때문에 국민은 이를 믿지 않게 되고, 그 통용의 길이 막히게 될 것이다. 이렇게 된다면 농사를 게을리할 것이며 공업이 쉬게 되어 상품을 제조하는 산업이 폐기될 것이다. 상업거래가 중단되며 시장이 문을 닫아 무역의 功이 없어지며 국민생활에 큰 재앙을 불러일으킬 것이기 때문에, 정부가 삼가야 할 일이 여기에 있다.[33]

이로써 유길준은 금본위제도의 도입·실시와 함께 西歐 여러 나라처럼 태환지폐 및 불환지폐 유통의 필요성을 원칙론적으로 인정하고 있지만, 실제로 그 도입·실시에는 비판적 입장을 취하고 있다는 사실을 짐작할 수 있다.

조선왕조는 1883년 전환국을 설치하고, 금본위제도의 도입과 함께 지폐의 인조유통을 위해 독일의 조폐기술을 도입해 오는 동시에, 일본으로부터 지폐 印造技術의 도입을 추진하였다. 전환국은 지폐의 인조유통 시도를 중도에 포기하고, 금본위제도의 도입만을 계속 추진하였다.[34] 앞에서 지적했듯이, 지폐유통에 대한 유길준의 비판적 입장은, 그가 경험한 19세기 80년대에 금본위제도의 도입과 함께 추진한 지폐의 인조유통 시도를 중도에 포기한 사실과 관련 있는 것으로 짐작된다.

유길준은 제1차 화폐제도 개혁론의 말미에서 국가의 화폐정책을 운용하거나 화폐를 주조하는 데 반드시 지켜야 할 세 가지 중요 사항을 지적하였다.

첫째, 화폐는 한 나라의 주권을 상징하는 중요한 물건이기 때문에 화폐를 주조하는 일은 중앙정부가 관장해야 한다는 것이다. 이 같은 유길준의 생각은 화폐 주조업무를 전담할 독립관청을 설치하자는 그의 주장에 반영되어 있다. 또한 독립관청 설치론은 1883년에 국가의 화폐 주조업무를 전담할 목적으로 상설 조폐기관인 전환국을 설치한

---

33) 『西遊見聞』 10, 「貨幣大本」.
34) 元裕漢, 앞의 논문, 1968 ; 앞의 논문, 1969.

시기를 배경으로 구상・제시되었던 것으로 짐작된다.

둘째, 유길준은 어떤 화폐를 표준으로 채택하든지 무게・품질・체재 및 액면가치 등이 균일화, 즉 통일되어야 한다는 점을 강조하였다. 그는 19세기 60년대부터 80년대 말에 이르는 시기에 銅錢(當一錢)・當百錢・大東錢(銀標)・當五錢 등은 물론, 일본화폐・멕시코은화・루불화・중국말굽은 등 각종 국내외 화폐들이 혼용되어 화폐제도의 문란 내지 사회경제적 모순과 폐단이 심각한 역사적 상황을 견문・체험하였다. 이러한 견문・체험을 토대로 하여 유통화폐의 체재통일의 필요성을 절실하게 느꼈을 것으로 짐작된다.

셋째, 유통화폐의 체재를 통일한 다음에는 정교한 화폐를 주조하는 것이 중요하다고 하였다. 즉 정교한 기술로써 품질 좋은 良貨를 주조해야 한다는 것이다. 그리고 유통화폐의 체재가 통일되고 양화를 주조한 뒤 민중과 국가가 모두 편안해질 때, 비로소 화폐제도가 완비되었다고 할 수 있다는 것이다.35) 위와 같은 유길준의 견해는 어떤 경제학자의 학설에 근거해 제시되었던 것으로 짐작된다.

> ……어떤 경제인이 말하기를 "화폐가 균일하지 못하면 국민이 그 변을 당하게 되며, 화폐가 精하지 못하면 국가가 그 변을 당하게 되며, 균일치도 정하지도 못하면 국가와 국민이 그 해를 함께 받게 된다."고 하였다.36)

유길준은 위 경제인의 주장을 좌담에서 나온 虛論이 아니라 실용적인 실학에서 나온 중요한 견해로 평가・인식하였다. 그는 재화를 잘 관리하는 방법, 즉 민생의 기혈이요, 국가의 명맥이 되는 화폐유통을 활성화시키고 순조롭게 하기 위해서는, 화폐의 본질인 가치척도와 그 작용인 교환매개 등 본원적 기능에 어긋나지 않게 하고, 화폐의 체재를 통일하며, 양화를 주조하는 제도를 확립하는 것이라 하였다.37)

---

35) 『西遊見聞』 10, 「貨幣大本」.
36) 『西遊見聞』 10, 「貨幣大本」.

2. 第2次 貨幣制度 改革論

兪吉濬은 19세기 90년대 초부터 20세기 초에 이르는 시기를 배경으로 하여 1894년(고종 31)에 실시한 은본위제도를 개혁, 금본위제도의 도입을 골자로 한 제2차 화폐제도 개혁론을 구상·제시하였다. 유길준의 『雜文集』「貨幣整理方案」항에 제시된, 제2차 화폐제도 개혁론의 내용은 8개 조로 되어 있다. 제2차 화폐제도 개혁론 중 먼저 지적해야 할 것은 금본위제도의 수용을 제의한 사실이다. 그는 金貨를 本位貨로 하고, 銀·銅貨를 補助貨로 할 것을 제의하였다. 銀貨는 각기 액면가치를 10錢·20전·50전·1圓으로 정하여 10년간 금화 대신 사용하는 한편, 1전·2전의 동화를 壓印·유통할 것을 제의하였다.[38]

유길준이 금본위제도의 도입·실시를 주장한 동기로서 몇 가지 사실을 들 수 있다. 즉 1894년에 실시한 은본위제도의 심각한 폐단인 '白銅貨 인플레이션'을 극복하고, 銅錢(常平通寶)類의 전근대적 화폐를 還收하고, 은본위제도가 금본위제도로 전환하는 세계적 추세를 따르고, 은본위제도 실시 이후 심화된 일본의 화폐권 침해행위를 막기 위해 금본위제도의 도입을 제의하게 된 것이다.[39]

유길준은 제2차 화폐제도 개혁론에서 금본위제도의 도입을 주장한 주요 동기가 된 백동화 인플레이션을 극복하는 방안을 다음과 같이 구상·제시하였다.

> 지금 백동화의 유통액수가 얼마나 되는지 알 수 없다. 백동화의 폐단을 하루아침에 없앨 수는 없으니 백동화를 더 주조하지 못하게 하고, 또한 그 사용하는 액수를 제한하여 10전 이상의 경우에는 은화를 사용하게 하면 백동화의 폐단은 비로소 구제될 수 있을 것이다. 그리고 (백동화 폐단의 원인이 되는) 백동화의 私鑄가 이득이 없게 되면 역시 그

---

37) 『西遊見聞』 10, 「貨幣大本」.
38) 『兪吉濬全書』 4, 「經濟改革論」, 貨幣整理方案.
39) 『兪吉濬全書』 4, 「經濟改革論」, 貨幣整理方案 ; 元裕漢, 앞의 논문, 1968 ; 앞의 「한국근대화폐사의 제문제 - 백동화의 남발과 그 폐단 - 」, 1983.

사주행위는 스스로 그칠 것이다.40)

유길준은 백동화 인플레이션의 중요 원인이 된 백동화의 私鑄를 막지 못하면 국가와 민중이 백동화로 인해 망하게 된다고 하였다. 그는 일본에 망명중인 1902년(광무 6)에 公使大臣으로부터 프랑스神父, 日本 및 淸의 商人 등 외국인들에 의해 이루어지고 있는 백동화 사주의 금지를 권고하는 '勸止白銅貨私鑄書'를 작성하기까지 하였다.41)

한편, 제2차 화폐제도 개혁론에서 금본위제도의 도입을 주장하는 동시에 동전류의 전근대적 화폐를 조속히 유통금지, 회수할 것을 제의하였다.

> 舊時의 孔貨(常平通寶)는 모두 換上한다.……조선 전국 내에 통용이 편리한 화폐가 없으면 비록 稅源이 있어도 수세가 불가능하다. 마땅히 급히 공화를 폐하는 대신에 새로운 화폐를 사용하면 5년이 지나지 않아서 나라에 손실이 없고 국민에게도 해롭지 않게 될 것이다.……42)

이로써, 유길준은 백동화 인플레이션 등 근대 은본위제도의 폐단 내지 한계를 극복하는 동시에, 징세의 합리화를 가로막는 동전유통의 금지와 환수에 금본위제도의 실시를 주장하게 된 주요 동기가 있음을 짐작할 수 있다.

유길준과 같은 시기의 화폐정책과 유통경제의 실정을 견문·체험한 언론인 張志淵(1864~1920) 역시 백동화 인플레이션의 주요 원인이 된 백동화의 不法私鑄가 여러 형태로 이루어지고 있다는 사실을 지적·비판하는 동시에, 그 본원적 원인을 배제하기 위해 은본위제도를 폐지하고 금본위제도를 실시할 것을 주장하였다.43)

---

40) 『兪吉濬全書』 4, 「經濟改革論」, 貨幣整理方案.
41) 『雜文集』, 「勸止白銅貨私造書」.
42) 『兪吉濬全書』 4, 「經濟改革論」, 貨幣整理方案.
43) 『韋庵文稿』 8, 「論貨幣矯捄之術三」.

유길준은, 제2차 화폐제도 개혁론에서 "지폐는 10년을 기다리지 않고서는 논의하는 것이 옳지 않다."44)고 했듯이, 紙幣의 사용은 시기상조라 생각하였다. 그는 제1차 화폐제도 개혁론에서도 금본위제도와 함께 지폐제도를 자세히 소개하였으나, 도입·실시에는 신중을 기할 필요가 있다고 주의를 환기한 바 있다. 또한 유길준은 제2차 화폐제도 개혁론에서 "외국화폐의 국내 유통을 허락하는 것은 절대 옳지 않으며, 지폐에 이르러서는 더욱 옳지 않다."45)고 하였다.

위 사실로 미루어, 유길준이 지폐제도의 실시를 부정적으로 평가한 것은 일본은화 내지 지폐의 국내 유통을 막음으로써 일본에 의해 침해되는 국가의 화폐권을 수호하겠다는 의식에서 비롯된 것으로 짐작할 수 있다. 지폐유통에 대한 유길준의 부정적 인식은, 그가 福澤諭吉로부터 일본지폐의 국내 유통량이 3백만 원이고, 이로 인해 일본이 앉아서 얻는 이윤이 1년에 2십만 원 이상이나 된다는 말을 들었고,46) 또한 1902년(광무 6)에 일본이 무력시위 하에 第一銀行券을 국내에 강제 유통시킨 만행과 무관하지 않을 것으로 생각된다.

유길준은 제2차 화폐제도 개혁론에서, 금·은·동전 등 금본위제도 하에서 사용될 화폐의 유통에 대한 업무를 관장하기 위해 국립은행을 설립할 것을 제의하였다.

> 국내의 각 도회지에 국립은행을 설립하고, 그 사무를 처리함에 있어서는 재정을 아는 일본인을 雇聘하여 顧問을 삼되 實權을 가지지 못하게 한다. 각 지방에 설립한 은행은 주로 신식화폐를 유통시키는 업무를 수행한다.47)

앞에서도 살펴보았듯이, 조선왕조는 1901년(광무 5) 화폐권의 자주

---

44) 『兪吉濬全書』 4, 「經濟改革論」, 貨幣整理方案.
45) 『兪吉濬全書』 4, 「經濟改革論」, 貨幣整理方案.
46) 『兪吉濬全書』 4, 「問答」, 福澤諭吉問答.
47) 『兪吉濬全書』 4, 「經濟改革論」, 貨幣整理方案.

독립을 수호하면서 명실상부한 근대 화폐제도를 도입·실시하기 위해 금본위제도의 수용을 골자로 한 '光武5年貨幣條例'를 공포·실시하는 등, 화폐제도의 개혁을 시도하였다. 한편, 1903년(광무 7) 3월에 일본 제일은행권의 강제 유통에 대한 정책적 대응으로서 中央銀行을 설립하고, 은행권을 독점적으로 발행하기 위해 '中央銀行條例'와 '兌換金券條例'를 공포하였다. '중앙은행조례'를 공포·실시하고자 한 왕조당국의 의도와 유길준이 국립은행 설치운용론을 제의한 의도와는 본질적으로 공통되는 것으로 짐작된다. 왕조당국이 시도한 화폐제도의 개혁 내용은 대체로 유길준이 금본위제도 수용론을 골자로 한 제2차 화폐제도 개혁론과 일치하는 것으로 보인다.

유길준이 일본 망명중에 구상·제시한 것으로 보이는 제2차 화폐제도 개혁론이, 당시 국내에서 일본의 화폐권 침해를 막기 위해 시도한 화폐제도 개혁 과정에 이렇다 할 영향을 주지는 못했을 것으로 짐작된다. 그러나 그의 제2차 화폐제도 개혁론은 그 당시 역사적 상황을 감안해 볼 때 현실성 내지 실제성이 적지않은 개혁론으로 이해해야 할 것이다.

IV. 貨幣政策論의 意義

앞에서 兪吉濬이 제1·2차 화폐제도 개혁론으로서 구상·제시한 금본위제도 수용론의 내용을 살펴보았다. 화폐제도 개혁론을 골자로 한 유길준의 화폐정책론이 가지는 성격 내지 역사적 의의를 살펴보기로 한다.

첫째, 일찍이 柳馨遠은 서양의 화폐유통에 대한 단편적 소식을 探聞하여 화폐정책론 구상에 참고하였다. 그는 서양에서 銀錢이 사용되고 있는데, 국내에서 동전이 유통되지 못할 이유가 없다고 생각하고 동전을 法貨로 주조유통할 것을 주장하였다.[48] 朴趾源은 칭량은화를 地銀 그대로 유통할 것이 아니라 체재·무게·유통가치를 일정하게 규격화한 天馬・朱雁 형태의 칭량은화를 주조하여 동전과 병용할 것을 제의하였다. 이 같은 칭량은화의 法貨化 試圖論은 북학적 입장에 집착하여 그 당시 국내에 전해진 서양 근대화폐에 관한 지식을 수용하지 못한 한계가 있는 것으로 보인다.49) 이로써 그의 칭량은화 주조유통론은 북학적 내지 전근대적 개혁론으로서의 한계를 벗어나지 못한 것이다.

丁若鏞은 周代의 화폐제도와 서양의 화폐에 대한 견문과 지식을 참고하여 金・銀・銅錢을 각기 3종씩, 액면가치가 서로 다른 9종의 화폐를 무게・품질・체재 등을 규격화하여 주조유통할 것을 제의하였다. 그는 北學論과 西學論을 종합・절충보완하여 근대 금본위제도를 연상하게 하는 서학 내지 근대지향적인 화폐제도 개혁론을 구상・제시하였다.50) 유길준은, 정약용이 구상・제시한 서학 내지 근대지향적 화폐제도 개혁론에 대해 무관심할 수 없었을 것이다. 그는 정약용의 근대지향적 화폐제도 개혁론을 참고, 그 수준을 한 단계 극복하여 마침내 근대 금본위제도 수용론을 구상・체계화했던 것으로 보인다.

둘째, 유길준은 19세기 60년대부터 80년대 말에 이르는 시기를 배경으로 하여 제1차 화폐제도 개혁론을 구상・제시하였다. 그가 제1차 화폐제도 개혁론을 구상・제시한 중요한 동기는, 전근대적 동전(상평통보) 유통체제의 심각한 사회경제적 모순과 폐단을 극복하고 근대 금본위제도를 도입・실시하려는 데 있다. 제2차 화폐제도 개혁론은 19세기 90년대 초부터 20세기 초에 이르는 시기를 배경으로 하여 구상・제시하였다. 그는 1894년(고종 31)에 실시한 근대 은본위제도, 즉 일본화폐의 국내유통을 합법화한 동시에 '白銅貨 인플레이션'을 불러온 은본위제도의 모순과 폐단을 극복하고 금본위제도를 도입・실시하기 위해 제2차 화폐제도 개혁론을 구상・제시하였다. 유길준이 서로 다른 시기를 배경으로 하여 구상・제시한 제1・2차 화폐제도 개혁론의 목표가 모두 근대 금본위제도의 도입・실시에 있다는 점을 미루어 그의 화폐

---

48) 이 책, 제3장 Ⅱ, 3. 柳馨遠의 銅錢流通論 참조.
49) 이 책, 제3장 Ⅳ, 2. 朴趾源의 當二錢・銀貨流通論 참조.
50) 이 책, 제3장 Ⅳ, 3. 丁若鏞의 金・銀・銅錢流通論 참조.

제도 개혁론에 투영된 근대지향적 욕구가 얼마나 강렬한 것이었는지 짐작할 수 있다.

셋째, 유길준의 화폐제도 개혁론에는, 근대지향적 성격과 함께 민족주의 지향적 성격을 찾아볼 수 있다. 그의 제1차 화폐제도 개혁론에는, 민족주의 지향적 성격이 뚜렷하지 않은 것으로 보인다. 굳이 민족의식이랄까, 민족주의 지향적 성격을 찾아본다면, 화폐의 양면에 기교한 무늬와 國名 및 액면가치를 새겨서 위조의 폐단을 막는 동시에 다른 나라 화폐와 구분할 수 있도록 주조해야 한다는 점을 강조한 것뿐이다. 그가 화폐를 주조할 경우 다른 나라의 화폐와 구분할 수 있도록 주조해야 한다고 생각한 것은, 개항 뒤 일본화폐를 비롯해 멕시코은화·러시아루블화 및 중국말굽은 등 외국화폐가 국내에 유입, 통상거래에 사용되고 있는 역사적 상황을 미루어 볼 때 지극히 자연스러운 현상이라 할 수 있을 것이다. 그러나 제2차 화폐제도 개혁론에서는 뚜렷한 민족주의 지향적 성격을 찾아볼 수 있다. 이 같은 민족주의 지향의식은 국가 화폐권의 수호의식 내지 화폐권 수호를 위한 저항의식으로 기능했던 것으로 보인다. 이 점은 유길준이 제2차 화폐제도 개혁론에서 외국화폐의 국내 유통은 절대 허용될 수 없으며, 지폐인 경우에는 더더구나 불가하다고 강조한 것과, 근대 화폐유통 업무를 담당할 국립은행을 설립하고 재정관리 업무에 밝은 일본인을 고문으로 임명하되, 실권은 행사하지 못하도록 하라고 했던 사실을 통해 짐작할 수 있다. 이처럼 유길준의 제2차 화폐제도 개혁론에 국가 화폐권 수호의식으로 기능한 민족주의 지향의식이 뚜렷이 나타나 있는 것은 지극히 자연스러운 현상으로 생각된다. 19세기 90년대부터 일본의 간섭 하에 은본위제도를 수용함과 동시에 일본화폐의 국내 유통을 허용하지 않을 수 없고, 일본 은행권의 국내 유통을 강요당하는 등, 화폐권이 일본에 의해 침해된 일련의 사건들이 일어났기 때문이다.

넷째, 유길준은 화폐 주조발행권이 정부에 귀속되어야 한다고 생각하였기 때문에, 제1·2차 화폐제도 개혁론에서 화폐 주조업무는 마땅히 왕조당국이 전담기관을 설치, 관장하게 하고 민간인의 사주는 일체 금지할 것을 주장하였다. 전통적으로 중앙집권적 봉건 조선왕조는 '貨權在上'이라 하여 화폐의 주조발행 등, 화폐에 대한 일체의 지배권이 국가, 즉 왕조당국에 귀속되는 것을 원칙으로 하였다. 그러나 화폐는 필요에 따라 수시로 중앙 및 지방관청이나 군영에서 주조되는 한편, 민간인의 都給鑄錢이 허용되고 있었다. 그리하여 1678년(숙종 4)에 동전(상평통보)을 주조유통하기 시작한 이후 화폐 주조업무를 전담할 기관으로서 '鑄錢廳'의 설치가 시도되기도 했고, 이 같은 시대를 배경으로 하여 실학자 정약용은 '典圜署'를 설치하여 화폐 주조업무를 전담하게 하는 방안을 구상・제시하기도 하였다.51) 유길준은 19세기 80년대에, 정약용의 전환서 설치운용론의 실현으로 보는 典圜局이 설치되어 근대 화폐의 壓印・유통을 시도하는 동시에 민간인의 도급주전을 허용하고, 불법적 私鑄錢이 성행되는 역사적 상황을 경험하였다.52) 그는 이러한 경험을 기반으로 하여 제1차 화폐제도 개혁론에서 사주전을 금지하는 한편, 화폐 주조업무를 전담할 독립관청을 설치하여 근대 화폐를 주조유통하는 등, 근대 금본위제도 수용론을 구상・제시하였다.

유길준은 제2차 화폐제도 개혁론에서 백동화 인플레이션으로 특징짓는 은본위제도의 모순과 폐단을 극복하고 금본위제도의 실시를 주장하였다. 그는 백동화 인플레이션의 중요한 원인이 백동화의 사주에 있다고 보았기 때문에 백동화의 사주 금지를 주장하였다. 그 당시 백동화는 公使大臣으로부터 프랑스 신부, 일본 및 중국 상인 등 각 계층에 의해 사주되고 있는 형편이었다. 유길준의 백동화 사주금지론은 곧 국가의 화폐 주조발행 업무를 전환국이 전담하는 것을 의미한다고 할 때, 화폐 주조발행권의 정부귀속론을 그의 화폐제도 개혁론이 가지는 중요한 특징으로 볼 수 있을 것이다.

다섯째, 유길준의 화폐제도 개혁론의 중요한 특징으로서 실제적 내

---

51) 元裕漢, 앞의 책, 1975, 64~84쪽 ; 앞의 논문, 1981.
52) 元裕漢, 「當五錢攷」, 『歷史學報』 35・36, 1967 ; 앞의 논문, 1968.

지 실천적 성격을 들 수 있다. 그의 제1차 화폐제도 개혁론이 형성된 19세기 60년대부터 80년대 말에 이르는 시기에는, 전근대적 동전(상평통보) 유통체제의 모순과 폐단이 심각한 동시에 문호개방으로 대외통상이 더욱 활발해져 근대 화폐유통의 필요성이 절실해지자 화폐제도의 근대화정책이 적극 추진되었다. 이 같은 사실은 1882년(고종 19) 수공업적 기술로 大東一錢·二錢·三錢 등의 銀標를 주조유통하고, 이듬해 전환국을 설치하여 근대 금본위제도의 수용을 시도하는 등, 일련의 사실에서 찾아볼 수 있다. 유길준의 제1차 화폐제도 개혁론이 1880년대의 화폐제도 근대화정책에 직접적으로 적극적인 영향을 주지는 못했을 것으로 보인다. 다만 그가 신사유람단의 隨員으로 일본에 가서 재정기관을 견문·조사하고, 慶應義塾에 입학하여 정치·경제학에 흥미를 가지고 열심히 공부했으며, 귀국해서는 정계 실권자들과 직접·간접적 접촉을 가지는 등 그의 활약상으로 미루어, 그의 화폐제도 개혁론이 당국자들에게 어떤 영향을 주었을 가능성을 짐작할 수 있을 뿐이다. 이로써 유길준의 제1차 화폐제도 개혁론이 당시 왕조당국의 화폐정책 목표와 일치한다는 점에서 그의 화폐제도 개혁론이 가지는 실제적 성격을 엿볼 수 있다.

유길준은 19세기 90년대 초부터 추진한 은본위제도의 수용 준비절차를 견문·체험하고, 1894년에 은본위제도를 채택·실시하는 과정에 직접 참여했으며, 1895년경 일본에 가서 福澤諭吉과 지폐 유통문제를 협의하기도 하였다. 유길준의 제2차 화폐제도 개혁론은 자신이 참여해서 채택·실시한 은본위제도의 한계를 극복하기 위해 구상·제시한 것이다. 그는 俄館播遷 후 일본에서 망명생활을 하는 중에도 은본위제도의 모순과 폐단의 주요 원인이 된 백동화사주를 금지할 것을 건의하는 글을 썼다. 마침내 은본위제를 폐지하고 금본위제도 수용론을 골자로 한 제2차 화폐제도 개혁론을 구상·제시하였다. 이로써 유길준이 제2차 화폐제도 개혁론을 구상·제시하기까지 그의 활동상 내지 화폐제도 개혁론에서 실천적 성격을 엿볼 수 있다. 한 사상가 내지 사상의 역사적 위치를 평가할 때, 그 사상이 가지는 실제성이나 실천성은 중시된다. 이런 점에서 볼 때, 유길준의 화폐제도 개혁론에서 확인되는 실제적 내지 실천적 성격은 그의 화폐정책론 내지 개화사상을 역사적으로 높이 평가하는 중요한 이유가 될 것이다.

　여섯째, 흔히, 조선후기 실학은 자본주의 맹아발생기에 대응하고, 실학을 전승한 개화사상은 자본주의 열강의 침투기에 대응한 사회개혁사상으로 인식되고 있다. 실학과 개화사상이 공유한 민족주의 지향의식과 근대 지향의식은 그 대응시기의 차이에 따라 각기 역사적 기능의 방향과 수준을 달리하는 것으로 보인다. 조선후기 실학의 민족주의 지향의식과 근대 지향의식의 역사적 기능이 비교적 對內 사회·문화발전 지향적 성격을 띠었는 데 비해, 개화기에는 대외항쟁 지향적 성격을 띠게 되었다. 이러한 민족주의 지향의식과 근대 지향의식이 발휘한 역사적 기능의 차이는 실학자들과 개화사상가들의 화폐정책론에서도 예외는 아니었던 것으로 보인다. 뿐만 아니라, 개화기에 있어 위 두 가지 의식의 역사적 기능은 개화정책이 비교적 주체적으로 추진된 19세기 80년대와, 개화정책이 일본 등 외세의 간섭 하에 시도된 그 90년대 이후는 차이를 보이고 있다. 따라서 19세기 80년대를 중심으로 형성된 유길준의 제1차 화폐제도 개혁론에는 민족주의 지향의식보다 근대 지향의식이 강조된 것에 비해, 그 90년대 이후에 형성된 제2차 화폐제도 개혁론에는 근대 지향의식보다 민족주의 지향의식이 강조되어 있다. 그 결과 제1차 화폐제도 개혁론에는 전근대적 화폐제도를 근대화하겠다는 의식이 제고된 반면, 제2차 화폐제도 개혁론에는 일본 등 침략세력으로부터 국가의 화폐권을 수호하겠다는 의식이 제고되어 있다.

V. 맺음말

　앞에서 조선후기 실학자들의 화폐정책론이 개화사상가의 화폐정책론으로 전승·발전하는 문제와 관련하여, 우선 초기 개화사상가 兪吉

濬의 화폐정책론을 화폐제도 개혁론 중심으로 살펴보았다. 그의 화폐 정책론이 점하는 역사적 위치를 이해하기 위해 금본위제도의 수용을 목적으로 구상·제시한 그의 화폐정책론을 丁若鏞의 서학 내지 근대 지향적인 화폐정책론과 비교·검토하는 것으로 맺음말을 대신하고자 한다.

실학집대성자 정약용53)의 화폐정책론은 '화폐경제 확대발전기'(18세기 40년대 초~19세기 60년대)의 후반(19세기 초~60년대)에 구상·제시되었다. 그는 실학을 집대성하는 과정에서 金·銀·銅錢을 각기 大·中·小錢으로 나누어 모두 9종의 화폐를 주조유통할 것을 제의하였다. 금·은·동전 주조유통론은 근대 금본위제도를 연상하게 하는 진보적인 화폐제도 개혁방안으로서 北學論과 西學論을 종합·절충보완한 서학 내지 근대지향적 성격을 띤 것이다. 이로써 정약용의 화폐정책론은 개화기의 화폐정책론 내지 화폐 근대화정책 운용에 영향을 주었던 것으로 보인다.

유길준의 화폐정책론이 정약용의 화폐정책론과 어떤 공통점과 차이점이 있는지, 구체적으로 그들의 화폐정책론을 貨幣觀·商業觀·租稅金納化論·外來文物 受容論 등 근대사회의 지표로 알려진 사실을 중심으로 비교·검토하겠다.

먼저 정약용의 화폐관을 보면, 화폐[동전]는 상품 교환매개로서 나라의 큰 보배요, 민중 생활에 반드시 필요한 것이라 하여, 화폐의 기능 내지 경제적 가치를 중요하게 평가·인식하였다. 또한 그는 동전유통이 편리하다는 사람은 많고 불편하다고 말하는 사람은 한둘이라고, 그 당시의 화폐 가치인식 수준을 높이 평가하고 있다.54) 유길준은 정약용보다 화폐가치를 더욱 중요하게 평가하여, 화폐는 국가의 命脈이고 국민의 氣血로서 화폐가 없으면 국가의 부강은 물론, 국민이 하루도 살

---

53) 정약용이 실학, 특히 화폐정책론을 집대성하기까지의 상세한 과정은 이 책, 제3장을 참조하고, 요약한 내용은 이 책, 제3장 V. 맺음말을 참고하기 바란다.
54) 이 책, 제3장 IV, 3. 丁若鏞의 金·銀·銅錢流通論 참조.

아나갈 수 없다고 하였다.55)

정약용의 상업관을 농업관과 관련하여 살펴보면, 선배 실학자들의 비현실적인 重農論과 비현실적인 重商論을 종합·절충보완하여 상업이 농업을 위축시키는 것이 아니라 農·商은 양립한다는 인식을 기반으로 農主商從論을 제시하였다.56) 유길준은 정약용의 농주상종론을 극복하고 국가경제에서 농업과 상업이 차지하는 비중을 對等한 것으로 평가·인식하였다. 그가 문호개방 후 주요 국가정략으로 강조된 부국강병이 대외통상을 통해 이루어질 수 있다고 한 점으로 미루어 농업에 비해 상업을 중시하는 경향을 엿볼 수 있다. 그는 다른 나라와의 통상을 전쟁에 비유하여, 그 중요성을 강조하였다.

> 전쟁은 亂時의 상업이라 할 것이고 상업은 평시의 전쟁이라 할 수 있다. 상업은 물자로 하는 전쟁이고 전쟁은 무기로 하는 상업이라 하겠지만, 승부를 내어 이해를 다투기는 마찬가지다.57)

이처럼 중요한 대외통상을 활성화하기 위해서는 전근대적인 화폐제도를 개혁하고 근대 금본위제도를 수용해야 한다고 하였다.

정약용은 본래 쌀로 징수하던 것을 개혁하여 동전으로 징수하자고 주장하는 등 조세 금납화의 중요성을 강조하였다. 그는 조세의 물납제를 개혁, 금납제를 실시하는 것은 국가 수취체제를 객관·합리적으로 운용하는 데 도움이 된다고 생각했던 것으로 짐작된다. 한 걸음 더 나아가 유길준은 조세의 전반적인 금납화를 주장하면서,58) 이를 효과적으로 실시하기 위해서는 근대 금본위제도의 수용이 필요하다고 하였다.59)

---

55) 『兪吉濬全書』 1, 『西遊見聞』 10, 「貨幣의 大本」;『兪吉濬全書』 2, 「勞動夜學讀本」 1, 제36과 錢.
56) 이 책, 제3장 IV 3. 丁若鏞의 金·銀·銅錢流通論 참조.
57) 『西遊見聞』 14, 「商賈大道」.
58) 『兪吉濬全書』 4, 「經濟改革論」, 稅制議.
59) 『兪吉濬全書』 4, 「經濟改革論」, 貨幣整理方案.

정약용의 화폐정책론을 외래문물 수용론이라는 측면에 볼 때, 전근대적인 북학론과 근대적인 서학론을 종합·절충보완한 서학 내지 근대지향적인 화폐정책론을 구상·제시하였다. 한편, 유길준은 정약용의 화폐정책론에 포용된 북학론의 전근대성을 극복하고 서학 내지 근대 금본위제도 수용론을 골자로 하는 화폐정책론을 구상·제시하였다.

위에서 근대사회의 중요한 지표로 알려진 화폐관·상업관 등을 중심으로 하여 유길준의 화폐정책론을 정약용과 비교·고찰하였다. 그 결과 대체로 정약용은 실학을 집대성하는 과정에서 전근대적 사회질서와 근대적인 것을 종합·절충보완하여 근대지향적 사회질서를 모색·제시하였고, 유길준은 정약용의 수준을 극복하여 근대적 사회질서의 수용론을 구상·제시하였다 할 것이다. 그리하여 정약용은 화폐정책론에서 근대 금본위제도를 연상하게 하는 근대지향적 화폐제도 개혁론을, 또한 유길준은 근대 금본위제도 수용론을 구상·제시하였다.

앞에서 조선후기 실학은 자본주의 맹아발생기에 대응한 사회개혁사상이요, 개화사상은 자본주의 열강의 침투기에 대응한 사회개혁사상이라 하였다. 이렇게 볼 때, 정약용의 근대지향적 화폐제도 개혁론은 자본주의 맹아발생기에 대응하여 형성된 화폐정책론이고, 유길준의 근대 금본위제도 수용론은 자본주의 열강침투기에 대응해 형성된 화폐정책론으로 이해할 수 있다. 조선후기 실학을 집대성했다는 말은 실학이 全盛을 이루었다는 것과 함께 실학의 역사적 대응력이 한계에 이르렀다는 것을 의미한다고 볼 수도 있다. 실학이 자본주의 열강 침투기의 역사적 상황에 대응하기 위해 자기변용을 시도하는 과정에서 개화사상이 생성되었고, 또한 초기 개화사상가 유길준은 정약용이 실학을 집대성하면서 인식한 실학의 역사적 한계에 대응하여 구상·제시한 근대지향적 사회개혁론의 수준을 극복하고, 근대적 사회개혁론을 구상·제시했다 할 것이다. 정약용의 근대 지향적 화폐제도 개혁론과 유길준의 근대 금본위제도 수용론의 역사적 연결관계 역시 위와 같은 인식논리에 의거해서 이해되어야 할 것이다.

끝으로 유길준이 정약용의 근대지향적 화폐제도 개혁론의 수준을 극복한 근대 금본위제도 수용론을 구상·제시한 직접적이며 중요한 동기를 살펴보기로 한다. 부국강병은 개화기를 거의 일관해서 추구한 중요한 국가정략이었다. 유길준은 농업과 상업이 국가경제 면에 점하는 비중을 대등한 것으로 평가하면서도 부국강병은 상업, 특히 대외통상의 활성화와 조세의 전면적 금납화에 의해 이루어질 수 있다고 생각했던 것으로 보인다. 그는 부국강병을 실현하기 위해 필요한 대외통상의 활성화와 조세의 전면적 금납화는 근대 금본위제도를 수용해야만 가능하다고 생각하였다. 이로써 근대 금본위제도 수용론을 구상·제시한 중요한 동기가 자본주의 열강 침투기의 위기 상황에 적극 대응하기 위해 부국강병을 실현하는 데 있었음을 짐작할 수 있다.

제5장 結論

　저자는 서론에서 조선후기 실학연구의 지평을 넓히기 위해서는 실학 이해시각을 실학자 중심에서 역사적 상황 중심으로 확대해야 할 필요가 있다고 하였다. 실학 이해시각을 역사적 상황 중심으로 확대할 때, (1) 실학의 연구영역을 時間的으로나 空間的으로 확대하고, (2) 실학의 역사적 역할 내지 위치를 보다 확대 인식하며, (3) 실학의 역사적 발전과정을 보다 객관적이고 포괄·심층적으로 이해할 수 있을 것이라고 하였다. 위 3개 항목의 提言에 유의하면서, 조선후기 실학이 조선초기 開城에서 생성, 그 末期의 開化思想으로 전승되는 발전과정을 선·후배 실학자 및 개화사상가 등의 화폐정책론의 변천을 중심으로 살펴보았다. 그 고찰 내용을 각 항목별로 다음과 같이 요약·정리할 수 있다.

　(1) 일찍이 조선초기부터 實學指向的 社會思潮가 성리학 중심의 漢陽文化圈에서 소외된 개성에서 생성·발전, 16세기 前半에 개성 특유의 지역정서 및 文風을 대변하는 徐敬德(1489~1546)에 의해 開京學으로서 학문적 체계를 이루었다. 서경덕이 성리학에 대한 主氣論的 인식을 기반으로 체계화한 개경학은 그의 문인 및 후학, 전·현직 開城留守 및 개성지방과 學緣·地緣·官緣으로 관련이 있는 고급관료 등의 정치·문화활동, 松商의 경제활동을 통해 柳馨遠(1622~1673)에 전승되어, 17세기 후반에 국지적 학문의 범주를 벗어나 조선후기 실학으로 학문적 체계를 이루게 되었다.

　(2) 초기 실학자 金堉(1580~1758)과 유형원·李瀷(1681~1763)·朴趾

源(1737~1805)·丁若鏞(1762~1836) 등 대표적 실학자 및 초기 개화사상가 兪吉濬(1856~1914)의 화폐정책론을, 흔히 그들과 상대적 입장에 있다고 보는 국왕·고급관료 등 당국자들과 비교·고찰한 결과 전·후자의 화폐정책론이 본질적으로 공통성을 가지고 있다는 사실을 확인할 수 있었다. 또한 조선왕조 건국 이후 19세기 50년대까지 430여명에 이르는 개성유수 출신 고급관료들 중 상당수는 유수 재직시에 견문·체험한 실학지향적 사회의식을 기반으로 진보적 정치·문화 활동과 가정 내지 사회 생활을 영위했고, 송상들은 강한 영리의욕과 높은 수준의 경제의식을 바탕으로 경제활동을 활발히 전개하여 상품화폐경제의 발전을 비롯한 제반 사회경제 발전에 크게 기여하였다. 그리고 선·후배 실학자와 개화사상가 등의 화폐정책론 발전과정은, 대체로 조선시대 화폐경제의 발전단계('화폐 유통시도기'→'화폐 유통보급기'→'화폐유통에 대한 반동기'→'화폐경제 확대발전기'→'근대화폐제도 수용기')와 일치한다는 사실을 알 수 있다. 이로써, 흔히 사회사조의 부수적 존재로 축소·평가된 조선후기 실학의 역사적 위치가 보다 보편화된 사회개혁사상으로서 확대인식될 수 있을 것으로 생각한다. 즉, 영웅주의적 인식논리에 의해 축소·평가된 조선후기 실학의 역사적 위치가 상황주의적 인식논리에 의해 보다 보편화된 사회개혁사상으로서 확대인식될 수 있다는 것이다.

(3) 앞에서 17세기에 유형원이 국지적 학문의 성격이 짙은 개경학을 전승하여 학문적 체계를 이룬 조선후기 실학의 발전과정을 실학자들의 화폐정책론을 중심으로 살펴보았다. 조선후기의 실학발전을 보다 객관적이고 포괄·심충적으로 평가·인식하기 위해 초기 실학자 김육과 유형원·이익·박지원·정약용 등 대표적 실학자들 및 초기 개화사상가 유길준 등의 화폐정책론을 같은 시기의 다른 실학자는 물론, 국왕·고급관료 등 당국자들의 화폐정책론과 비교·고찰하였다. 그들이 구상·제시한 화폐정책론의 발전을 이해하기 위해 각자의 화폐정책론에 나타난 근대화의 중요한 지표로 알려진 상업관·화폐관·조세

의 금납화·외래문물의 수용론, 민족의식과 근대의식의 생성·발전에 대한 인식의 변화를 다음과 같이 간략하게 정리하고자 한다.

첫째, 실학자 및 개화사상가 등의 화폐정책론을 살펴보기에 앞서 개경학 형성기의 화폐정책론이 가지는 역사적 의미를 살펴보기로 한다. 조선시대 화폐경제의 발전과정에서 볼 때, 대체로 실학지향적 사회사조가 개경학으로 체계를 이루는 시기는 '화폐 유통시도기'(14세기 말~16세기 말)에 해당한다. 개경학이 성립될 무렵에 布貨를 上·中幣로 하고 楮貨를 下幣로 한 화폐제도가 『經國大典』에 규정되었다. 화폐제도의 법제화는 봉건 조선왕조 지배체제의 완성을 의미하는 『경국대전』의 제정과 같은 무렵에 이루어진 셈이다. 이로써 조선시대 역사발전 과정에서 개경학의 성립 및 화폐제도의 법제화 등은 『경국대전』의 공포·시행과 동질적인 역사적 의미를 가지는 사실로서 이해할 수 있을 것이다. '화폐 유통시도기'의 화폐정책은 시행착오를 되풀이하는 과정을 통해 당국자를 비롯한 각 계층은 그 당시 제반 사회경제적 여건 하에서는 法貨로서 동전이 가장 적합한 화폐라는 점에 대해 공통된 인식을 가지게 되었다.

그리하여 대체로 왜란 이후 17세기 초부터는 동전을 법화로 유통보급하기 위한 화폐정책이 의욕적으로 추진되었다. 특히 호란 이후에는 양란으로 거의 파탄에 직면한 국가경제 내지 국가의 재건정략으로 북학과 함께 개경학을 수용하여 국가 재건정책의 일환으로서 상업진흥 및 동전유통을 시도하였다. 상업진흥 및 화폐유통정책 운용에는 김육을 비롯한 다수 개성유수 출신 고급관료들이 참여하였다.

둘째, 김육은 개성유수 출신 고급관료로서 문화 내지 정치활동을 통해 개경학이 조선후기 실학으로 전승되는 과정에 크게 기여한 초기 실학자다. 그는 유형원보다 42년 앞서 태어나 15년 먼저 죽었다. 그의 화폐정책론은 조선시대의 화폐경제 발전과정에서 볼 때, '화폐(동전) 유통보급기'(17세기 초~90년대 말)를 배경으로 하여 형성되었다. 그는 물품화폐와 칭량은화 등이 지배한 자연경제적 유통질서를 극복하고 명목화폐인 동전을 법화로 주조유통할 것을 주장했을 뿐 아니라, 자신의 화폐정책론이 반영된 화폐정책 운용을 주도하였다.

김육의 화폐가치관을 보면, 동전은 나라를 넉넉하게 하고 민중을 편안하게 하기 때문에 천하의 여러 나라가 사용하는데, 우리 나라에서만 유통되지 못할 까닭이 없다고 주장했듯이, 화폐가 국가재정과 민중생활에 점하는 위치를 높이 평가하였다. 특히 金藎國(1572~1657)은 仁祖朝의 화폐정책 운용에 적극 참여한 관료학자로서 동전유통을 이용 후생의 실천방안으로 생각하는 등 실학지향적 화폐가치관을 가지고 있어 주목된다.

김육은 동전의 유통보급 방안으로 常設店鋪 설치운용론을 제의하는 등, 한계가 있지만 상업진흥론을 제의·실시하는 데 힘썼다. 그가 상업진흥론을 제의한 동기는 본질적으로 관료학자 김신국과 공통되는 것으로 보인다. 동전 유통보급 방안으로 大同米의 일부를 금납화할 것을 주장하는 등 조세의 금납화 방안을 제의, 화폐정책 운용에 반영하기 위해 노력하였다. 그는 왕조당국이 北伐을 준비하는 중에도 중국의 화폐정책을 참고·활용하고 중국동전의 수입유통을 시도한 사실을 미루어, 그의 화폐정책론에서는 前北學論이 北學論으로 전환하는 과도기의 북학의식을 확인할 수 있다. 이로써 그의 對中國의식은 명분·의리·전통 지향적인 중세적 對明의식이 실리 내지 공리적인 근대지향적 대청의식으로 전환되는 과정에 형성되었던 것으로 이해할 수 있다. 그의 화폐정책론에는 실학지향적인 진보의식은 비교적 뚜렷이 나타나 있으나, 그에 상응할 만한 민족주의 지향의식은 나타나 있지 않은 것으로 보인다.

김육은 고급관료로서 使行次 중국에 들어가서, 또는 개성유수 재직 중 개성지방의 상품화폐경제 발전에 대한 견문과 체험을 바탕으로 하여 양란 후 파탄에 직면한 국가경제 내지 국가를 재건하기 위해 중국 및 개성지방을 본떠서 상품화폐경제를 증진하기 위해 상업진흥 및 동전 유통정책 운용을 주도하였다. 이로써 김육은 자신과 마찬가지로 초기 실학자로 알려진 李睟光(1563~1629)·韓百謙·尹鑴·許穆 등은 물론, 趙翼·李弘胄·元斗杓 등 개성유수 출신 고급관료들과 함께 상품화폐경제의 발전기반을 다지는 한편, 이를 배경으로 하여 개경학이 조선후기 실학으로 전승하는 데 중요한 역사적 역할을 하였다.

셋째, 유형원은 개경학을 전승하여 조선후기 실학으로 학문적 체계를 이룬 대표적 실학자로서, 김육보다 42년 뒤에 태어나 이익이 태어나기 8년 앞서 죽었다. 그의 화폐정책론은 주로 '화폐(동전) 유통보급기'를 배경으로 하여 형성되었다. 그는 김육처럼 동전 주조유통론을 골자로 한 화폐정책론에서 물품화폐와 칭량은화 등이 지배한 자연경제적 유통질서를 극복하고 명목화폐인 동전을 법화로 주조유통하는 방안을 구상·제시하였다.

유형원의 화폐가치관을 보면, 화폐[동전]는 나라를 부유하게 하고 백성을 넉넉하게 하는 것으로서, 토지와 함께 민생의 근본이 되는 것이라고 하는 등 화폐의 가치를 높이 평가하였다. 그의 화폐 가치인식은 학문 내지 사상적 영향을 받은 李珥(1536~1584)·趙憲(1544~1592)·이수광·김육 등은 물론, 李德馨(1561~1613)·김신국·許積(1610~1680) 등 고급관료들과 본질적으로 공통되는 것으로 보인다.

유형원은 동전 유통보급 방안으로 상설점포 설치운용을 제의하는 등, 농업을 위축시키지 않는 범위 내에서 상업을 진흥하는 것이 필요하다고 주장하였다. 또한 동전을 유통보급하기 위해 田稅 등 주요 조세를 점차적으로 금납화하는 동시에, 주요 국가 수입지출을 화폐화할 것을 제의하였다. 그의 화폐정책론에는 청조 이전 시기의 중국문물을 수용하겠다는 前北學意識이 깔려 있는 것으로 보인다. 또한, 한국 역사상 최초로 서양화폐에 관한 새로운 소식을 探聞하여 화폐정책론을 구상·체계화하는 데 참고하였다. 그의 화폐정책론에는 전북학론과 西學論을 종합하고 절충보완한 전북학 지향의식을 엿볼 수 있다. 그리고 진보적 개혁의식은 비교적 뚜렷이 나타나 있으나, 그에 상응할 만한 민족주의 지향의식은 나타나 있지 않는 것으로 보인다. 김육과 유형원은 당국자와 국외자라는 입장 차이는 있으나, 양란 이후 왕조당국이 당면한 위기에 대응하는 데 있어서 명분보다는 실질 내지 공리에 우선해야 한다는 점에 대한 인식은 같이했던 것으로 보인다.

유형원은 화폐정책론에 조선 초기 이래 상품화폐경제의 정상적 발전을 제약한 무농억말책의 한계를 以末補本策, 즉 상업으로써 농업을 보완하겠다는 진보적 상업진흥론을 구상·제시하였다. 이처럼 소극적인 성격을 띤 상업진흥론이기는 하지만, 그 당시 역사적 상황 하에서는 주목할 만한 진보적 현실 대응론으로서 의미를 가지는 것이다. 유형원이 개경학을 전승하여 조선후기 실학으로 학문적 체계를 이룬 것과 거의 같은 시기에 영의정 허적은 1678년(숙종 4)에 개성유수 출신 우의정 權大運의 도움을 받으며 동전(상평통보) 주조유통 문제를 건의·채택하는 데 주도적 역할을 한 사실을 주목해야 할 것이다. 그 이후 동전은 지속적으로 유통보급되어 17세기 90년대 말에는 법화로서 유통기반을 이룩했을 뿐만 아니라, 19세기 말까지 유통되었기 때문이다.

넷째, 이익은 실학의 학파를 형성한 대표적 실학자로서, 유형원이 죽은 8년 후에 태어나 박지원의 나이 26세 때 죽었다. 그의 화폐정책론은 주로 '화폐유통에 대한 반동기'(18세기 초~40년대 초)를 배경으로 하여 형성되었던 것으로 보인다. 그는 동전 유통금지론을 골자로 한 화폐정책론에서 동전은 '百害無一益'한 것이라 하여 유통을 금지하고, 물품화폐와 칭량은화 등이 지배한 자연경제적 유통체제로 복귀하는 보수적 현실 대응방안을 구상·제시하였다.

이익은 화폐정책론에서 유형원과는 달리, 상업은 농업을 위축시키고 동전은 상업발전을 조장한다고 생각하였기 때문에, 상품화폐경제발전을 비판 내지 부정적으로 평가·인식하였다. 또한 조세 일부의 금납화 조치는 농민에게 피해를 준다는 점을 이유로 중단하고 종래의 物納制로 복귀할 것을 제의하였다. 이익의 화폐정책론에 북학지향의식은 나타나 있으나, 중국화폐에 관한 역사적 사실들 중 동전 유통금지론의 근거가 되는 부분만을 참고하였을 뿐이다. 더구나 유형원처럼 서양 화폐에 대한 관심을 가질 필요는 느끼지 않았던 것으로 짐작된다.

이익의 과거복귀적인 보수적 화폐정책론에서는 유형원의 경우와 달리 진보의식은 찾아보기 어려우나, 그의 역사 내지 문화 의식에서처럼 對淸貿易論에서는 민족주의 지향의식이 뚜렷이 나타나 있다. 이익의 화폐정책론은 대체로 그와 같은 시기에 활약한 실학자 鄭尙驥(1678~1752)는 물론, 英祖(1694~1776) 등의 화폐정책론과 본질적으로 공통되는 것이다.

그러나 대체로 이익·영조 등과 같은 시기의 화폐경제 발전을 경험한 고급관료 朴文秀(1691~1756)는 화폐정책이나 화폐제도의 개혁을 통해 錢荒 등 제반 사회경제적 모순과 폐단을 극복하고 화폐의 유통구조를 개선하자는 방안을 구상·제시하였다. 특히, 박문수가 1742년(영조 18)에 동전을 계속 주조유통해야 한다고 한 건의에 따라 40여 년간 거의 중단되었던 동전 주조사업을 대대적으로 개설하기 시작한 사실에 주목해야 할 것이다. 이 사실은 '화폐유통에 대한 반동기'가 '화폐경제 확대발전기'(18세기 40년대 초~19세기 60년대)로 전환하는 계기가 되었기 때문이다. 이와 함께 실학자 柳壽垣(1694~1755)이 '화폐유통에 대한 반동기'의 화폐경제 발전만을 경험하고 『迂書』에 구상·제시한 화폐정책론의 진보성은 박문수의 화폐정책론과 본질적으로 공통되고 있다는 점이 주목된다. 주목해야 할 중요한 이유는 유수원이 개성지방의 상품화폐경제발전을 견문·체험했을 뿐만 아니라 개경학의 영향을 받았을 것이라는 것 때문이다.

또한, 간과할 수 없는 것은 거의 같은 시기의 역사적 상황을 경험한 이익·정상기 등과 유수원 등 실학자들의 화폐정책론이 다르고, 영조와 박문수 등 당국자의 화폐정책론이 서로 다른 한편, 흔히 상대적 입장에 있다고 보는 실학자와 당국자 등의 화폐정책론이 일치한다는 점이다. 위 사실들은 실학이 몇몇 재주가 뛰어난 수재들의 독창물이라기보다는 역사적 산물이며, 또한 실학 이해시각이 실학자 중심에서 역사적 상황 중심으로 확대되어야 한다는 立論의 설득력을 더해 줄 것으로 생각한다.

이로써 이익의 화폐정책론은, 상품화폐경제가 발전함에 따라 조선사회의 성리학 중심의 중세적 가치체계와 농업중심 생산양식의 해체가 촉진되는 등, 진보적 역사발전에 대한 보수적 현실 대응론으로 이해할 수 있다. 또한 상업으로써 농업을 보완하겠다는 유형원의 상업진흥론 내지 상품화폐경제 발전론에 대한 이익의 보수반동론으로 생각할 수 있다. 그리고, 이익이 직접·간접적으로 영향을 받은 개경학이 포용한 상품화폐경제 지향의식의 역사적 실현에 대한 보수적 대응론으로 이해할 수도 있을 것이다.

다섯째, 박지원은 淸朝문물을 수용하자는 북학론과 개경학이 포용한 북학의식의 영향을 받은 북학파 실학자로서, 이익보다 46년 후에 태어나서 68년 동안 살다가 정약용보다 31년 앞서 죽었다. 그의 화폐정책론은 주로 '화폐경제 확대발전기' 前半(18세기 40년대 초~18세기 말)을 배경으로 하여 형성되었다. 그는 화폐정책론에서, 當一錢과 當二錢을 倂用하는 한편, 품질·體裁를 통일한 天馬·朱眼 형태의 칭량은화를 주조유통하는 북학지향적인 화폐제도 개혁론을 제시하였다. 화폐제도 개혁론에서 동전(당일전)만을 법화로 유통하는 단일법화 유통체제의 한계를 극복하는 한편, 地銀 형태의 칭량은화를 法貨化하려 한 진보의식을 엿볼 수 있다. 박지원과 거의 같은 시기에 활약한 실학자 禹禎圭(1718~1791)를 비롯한 상당수의 고급관료들은 각종 고액전을 주조유통할 것과 지은 형태의 칭량은화를 무게·품질·체재 등을 규격화하여 법화화할 것을 제의하였다. 특히, 우정규가 칭량은화의 증발을 위해 제의한 은광개발론에서 자본주의 생산양식의 맹아가 엿보이고 있어 주목된다.

박지원의 화폐가치관을 보면, 무릇 교역은 동전이 아니면 이루어질 수 없다고 하면서, 동전가치가 하락하여 물가가 상승하면 민중과 나라가 모두 피폐하고 그 반대의 경우에는 농민과 상인이 모두 폐해를 입는다고 하였다. 그는 이익의 상업제한론을 극복하고 비교적 진보적 상업관을 제시한 것으로 보인다. 그의 진보적 상업관이 투영된 것으로 보이는 소설 『許生傳』의 주인공 許生이 도고상업 및 대외무역활동으로 財富를 축적하는 과정을 통해 짐작할 수 있다. 또한, 상업관의 진보성은 같은 북학파 실학자이자 제자인 朴齊家(1750~1815)가 通商立國論을, 북학론과 개경학의 영향을 받은 것으로 짐작되는 유수원이 상업제일주의를 주장했다는 것을 미루어 짐작할 수 있다.

　박지원은 화폐정책론에는 조세금납화 문제에 관해 어떤 의견도 제시하고 있지 않은 점으로 미루어 관행되는 일로서 비판대상이 되지 않는다고 생각했던 것으로 이해된다. 이 점은 당시 戶曹·宣惠廳 등 주요 국가재정 관리관청의 연간 수입지출의 화폐화 비율이 점차적으로 증가하는 추세를 통해서도 짐작할 수 있다. 이로써 이익이 활약한 시대 이후의 실학자를 비롯한 대다수 지식계층은 조세의 부분적 금납화조치에 반대하지 않았던 것으로 짐작된다.

　박지원의 화폐정책론에서는 서양화폐에 대해서는 물론, 서학에 관한 어떤 지식을 참고한 흔적을 찾아볼 수 없다. 그는 사행을 따라 중국에 들어가 서양문물에 대해, 또한 당시 국내에 파급된 서양문물에 대해 무관심할 수 없었을 것으로 짐작된다. 그러나 박지원의 화폐정책론에서는 유형원·정약용 등과 달리, 서양화폐에 대해서는 물론, 서양문물에 대해 관심을 가진 흔적이 보이지 않는다. 그 이유는 대체로 박제가 등 몇몇 북학파 학자들이 그러했듯이 중국문물의 수용에 지나치게 집착한 때문으로 짐작된다.

　위의 몇 가지 사실을 통해 박지원 화폐정책론의 진보적 성격은 대강 짐작할 수 있다. 이와 함께 민족주의 지향의식이 뚜렷이 나타나 있다. 민족주의 지향의식은 對淸貿易 비판론 및 중국동전 수입유통 반대론에서 확인할 수 있다. 흔히 조선후기 실학은 민족주의 지향적 및 근대지향적 성격을 띤 사회개혁사상으로 인식되고 있다. 그런데 김육이나 유형원의 화폐정책론에서는 진보의식은 뚜렷하지만, 민족주의 지향의식은 그렇지 못하였다. 이익의 경우는 민족주의 지향의식은 투철하지만 진보의식이 결여되어 있다. 그런데 박지원의 화폐정책론에 이르러 비로소 이 두 가지 의식이 뚜렷이 나타나고 있다. 그러나, 박지원의 화폐정책론에 투영된 진보의식은 전근대적 화폐제도의 수준을 벗어나지 못한 한계가 있다. 이는 그의 화폐제도 개혁론이 북학적 입장에서 구상·체계화된 데 원인이 있는 것으로 짐작된다. 박지원의 화폐정책론 단계에 이르러서는 일찍이 북학과 함께 국가 재건정략으로 수용되었던 개경학이 실학에 포용되어, 당시 실학에서 강조된 이용후생의 실천방안으로서 북학을 수용하는 데 의식기반이 되었던 것으로 보인다.

여섯째, 실학을 집대성한 정약용은, 박지원이 25세 되는 해에 태어나 초기 개화사상가 유길준이 태어나기 20년 전에 죽었다. 그의 화폐정책론은 주로 '화폐경제 확대발전기'의 후반(19세기 초~19세기 60년대)에 형성되었다. 그는 동전유통이 편리하다는 사람은 많고 불편하다는 사람은 한둘이라며 당시의 화폐 가치인식 수준을 높이 평가하였다. 또한, 동전은 상품교환매개로서 나라의 큰 보배요, 민생에 반드시 필요한 것이라며 화폐가치의 중요성을 강조하였다. 그는 常設 造幣機關인 '典圜署'의 설치운용론과 금·은·동전 주조유통론을 골자로 한 진보적 화폐정책론을 구상·제시하였다. 정약용과 관료학자 徐榮輔(1759~1816)는 본질적으로 대등한 수준의 진보적 화폐정책론을 구상·제시하였다. 서영보는 정약용이 진보적인 金·銀·銅錢의 주조유통론을 구상·제시한 것과 거의 같은 수준의 화폐정책론, 즉 交鈔(紙幣)를 印造하여 동전과 병용하는 交鈔流通論을 구상·제시하였다.

정약용의 상업관을 농업관과 관련하여 살펴보면, 이익의 비현실적인 보수적 상업관과 유수원 및 박제가·박지원 등 북학파 학자들의 비현실적인 진보적 상업관을 종합·절충보완하여 유형원의 소극적인 상업진흥론을 확대·발전시킨 農·商兩立的인 農主商從論을 제시하였다. 또한, 淸·日 등 동양권을 벗어난 대외무역의 확대발전론을 구상·제시했던 것으로 보인다. 정약용은 다음과 같이 조세 금납화론을 강조하였다. "쌀로 징수하는 것이 동전으로 징수하는 것만 못하다. 본래 쌀로 징수하던 것도 마땅히 동전으로 징수하도록 고쳐야 할 것이다."[1] 그가 조세 물납제를 개혁, 금납제로 실시할 것을 주장한 중요한 이유는 조세의 물납 과정에서 나타나는 불편과 부정을 극복하고 조세 징수체계를 객관·합리화하려는 데 있었던 것으로 보인다.

정약용의 화폐정책론에서는 근대 지향의식과 함께 민족주의 지향의식을 찾아볼 수 있다. 민족주의 지향의식은 그의 역사의식 내지 문화의식에는 물론, 대청무역론을 비롯한 경제의식에도 뚜렷이 나타나고 있다. 그는 중국화폐는 물론 서양화폐에 관한 지식을 참고하여 금·은·동전유통론을 골자로 한 진보적인 화폐정책론을 구상·제시하였다. 그가 북학론과 서학론을 종합·절충보완하여 구상·제시한 서학지향적인 화폐제도 개혁론은 근대 금본위제도를 연상하게 하는 진보적인 현실개혁론으로 이해할 수 있다. 그의 진보적 화폐정책론은 초기 개화사상가 유길준의 금본위제도 수용론에는 물론, 개화기의 화폐제도 근대화정책 운용에 직접·간접적인 영향을 주었던 것으로 보인다.

일곱째, 초기 개화사상가 유길준은 정약용이 죽고 20년 후에 태어났다. 그는 화폐가치를 정약용보다 높이 평가하여, 화폐를 국가의 命脈이고 국민의 氣血로서 화폐가 없으면 국가의 富强은 물론, 국민이 하루도 살아나갈 수 없다고 하였다. 그는 정약용의 농주상종론을 극복하고 국가경제에 있어 농업과 상업이 차지하는 비중을 대등한 것으로 평가하였다. 그가 문호개방 후 주요 국가정략으로 인식된 부국강병은 대외통상을 통해 이룩할 수 있다고 주장한 것을 미루어 실제로는 농업보다는 상업을 중시했던 것으로 짐작된다. 유길준은 다른 나라와의 통상을 전쟁에 비유하여 그 중요성을 강조하였다. 그는 對外通商을 활성화하기 위해서 전근대적인 화폐제도를 개혁하고 근대 금본위제도를 수용해야 한다고 하였다. 또한, 그는 조세의 전반적 금납화를 주장하면서, 이를 효과적으로 실시하기 위해서는 근대 금본위제도를 수용하는

---

1) 『增補 與猶堂全書』 六, 「牧民心書」, '戶典', 平賦.

것이 필요하다고 하였다. 그의 화폐정책론을 외래문물 수용론이라는 측면에서 볼 때, 정약용의 화폐정책론에 포용된 북학론의 전근대성을 극복하고, 서학 내지 근대 금본위제도 수용론을 골자로 한 화폐정책론을 구상·제시하였다.

위에서 몇 가지 근대화의 중요한 지표를 중심으로 유길준의 화폐정책론을 정약용과 비교·고찰해 보았다. 그 결과 정약용은 실학을 집대성하는 과정에서 전근대적 화폐제도 개혁론과 근대적인 것을 종합·절충보완하여 근대지향적 화폐제도 개혁론을 모색·제시하는 한편, 유길준은 정약용의 수준을 극복하고 근대적 화폐제도 개혁론을 구상·제시하였다. 즉 정약용은 그의 화폐정책론에서 근대 금본위제도를 연상하게 하는 근대지향적 화폐제도 개혁론을, 그리고 유길준은 근대 금본위제도 수용론을 구상·제시했던 것이다.

유길준이 부국강병책의 일환으로 그의 화폐정책론에서 구상·제시한 바 금본위제도 수용론은 1901년(광무 5) '光武5年貨幣條例'의 公布 및 1905년(광무 9) '광무9년화폐조례'의 공포·실시 과정을 통해 실현되었다. 이로써 실학자 정약용의 화폐정책론에서 싹트고, 개화사상가 유길준에 이르러 그의 화폐정책론에 구상·제시된 금본위제도 수용론이 실현됨으로써, 문호개방 이후 적극 추구한 화폐제도의 근대화는 이루어졌다.

표 · 그림 |

<표 1> 開成留守 歷任者 名單

이름	시대-왕별	이름	시대-왕별	이름	시대-왕별
姜思德	태종	金炳喬	철종	金昌協	숙종
姜碩德	세종	金炳朝	순조	#金致仁	영조
姜暹	-	金炳地	철종	金學性	-
姜徵	중종	金輔鉉	철종	金徽	숙종
姜顯	-	金相元	영조	金希說	중종
高居正	-	金尙喆	-	#南公轍	순조
高若海	세종	金錫翼	숙종	南宮枕	명종
高台弼	성종	金銑	순조	南老星	현종
具庠	정종	金善行	영조	南秉吉	철종
權湛	-	金世敏	세조	南龍翼	숙종
#權大運	현종	金菁國	-	南應雲	-
權孟孫	세종	金始淵	철종	南以恭	-
權尙游	숙종	金信元	광해	南履炯	-
權裕	순조	金安鼎	중종	#南在	태종
權摯	세조	#金若魯	영조	#南智	세종
#權軫	세조	金良璥	성종	南泰齊	영조
權盡己	인조	金演	숙종	盧嵩	태종
權弘	중종	金連枝	단종	盧稷	선조
權瑍	숙종	金永濡	성종	睦絨欽	인조
奇虔	문종	金龍慶	영조	閔耆顯	순조
金謙	세종	金禹錫	숙종	#閔百祥	영조
金謙光	성종	#金宇杭	숙종	閔聖徵	인조
金啓河	순조	金宇亨	숙종	閔順孫	세조
金光粹	세조	金雲澤	경종	閔審言	단종
金光煜	효종	金元植	철종	閔汝慶	-
金光軫	명종	金鍏	-	閔霽	
金敎根	순조	#金堉	인조	閔鍾顯	정조
金克愷	중종	金履載	순조	#閔鎭遠	숙종
金器大	영조	金翊鎭	철종	閔鎭厚	숙종
金南重	현종	金自貞	성종	閔台爀	정조
金魯鎭	정조	金自知	세종	朴可興	태종
金大根	-	#金在魯	경종	朴大立	
金德龍	선조	金載顯	숙종	朴東善	-
金魯永	정조	金鼎集	-	朴師益	영조
金萬埰	숙종	金從舜	성종	朴相德	영조
金勉柱	정조	金澍	명종	朴世模	현종
金明胤	명종	金之慶	성종	朴叔蓁	현종
金文淳	순조	#金昌集	숙종	朴信	세종

이름	시대-왕별	이름	시대-왕별	이름	시대-왕별
朴 祐	중종	愼守謙	연산	吳 陞	세종
朴長遠	현종	愼承福	연산	吳始復	숙종
朴齊憲	철종	申 懷	숙종	吳億齡	광해
朴宗德	-	申 濡	효종	禹洪康	세종
#徐邁修	정조	申翊全	효종	禹洪富	태종
徐命九	영조	申 鉦	숙종	#元斗杓	효종
#徐命均	영조	申 磼	선조	元仁孫	-
徐命彬	영조	申在植	순조	柳 觀	태종
徐美修	순조	申 晟	숙종	柳季聞	세종
徐 選	세종	辛 鑄	연산	柳 湛	태종
徐 渻	광해	申 浩	태종	兪命雄	숙종
徐有慶	정조	申厚載	숙종	#柳鳳輝	숙종
徐有防	정조	愼希復	명종	柳相祚	순조
徐宗伋	영조	沈 珙	영조	#柳 洵	성종
#徐宗泰	숙종	沈 詻	-	#兪彥鎬	정조
徐左輔	-	#沈守慶	명종	柳永立	-
徐義淳	순조	**沈彥慶	**	柳自新	선조
#成石璘	태조	沈義謙	선조	柳重茂	경종
成石瑢	태조	沈 貞	중종	柳智善	선조
成世明	연산	沈之溟	숙종	柳 珀	숙종
成世貞	중종	沈 諿		兪 㯖	현종
成壽益	선조	安 省	세종	兪漢謨	순조
成念祖	세종	安 瑗	태종	#兪 泓	선조
成允文	성종	安應亨	광해	柳熙緒	선조
成 任	성종	吳挺緯	현종	尹 堦	숙종
孫 澍	중종	吳挺一	현종	尹敎成	철종
宋 瑑	중종	吳翰源	순조	尹根壽	선조
宋光淵	숙종	禹承範	세종	尹 汲	영조
宋文載	정조	禹仁烈	태조	*尹 墩	*정조
宋錫慶	광해	禹昌績	숙종	尹得養	영조
宋 純	명종	安 鎭	숙종	尹得和	영조
宋淳明	영조	嚴 緝	숙종	尹命圭	-
宋正明	숙종	呂 儞	-	尹序東	순조
宋齊岱	태종	呂爾載	효종	尹 塾	정조
宋徵殷	숙종	呂 稱	세종	尹順之	효종
宋 贊	-	吳光運	영조	#尹蓍東	정조
宋千喜	중종	吳道一	숙종	尹 深	숙종
#申 晩	영조	吳斗寅	숙종	尹毅立	인조
辛碩祖	세조	吳遂采	영조	尹益烈	순조

이름	시대-왕별	이름	시대-왕별	이름	시대-왕별
尹趾仁	-	李 選	숙종	李之翼	숙종
尹 倬	중종	李善復	광해	李晋翼	철종
尹行敎	-	李聖圭	영조	李震壽	-
尹 向	태종	李性源	정조	李鎭衡	-
李夢弼	-	李世英	중종	#李 㙫	영조
李家煥	정조	李世最	경종	李 濸	중종
李 梃	명종	李壽徵	숙종	李致中	-
李景稷	인조	李時楳	효종	李必榮	인조
李景憲	인조	#李時秀	정조	李 澥	인조
李季疄	세종	李時彦	광해	李 行	태종
李季專	세조	李是遠	철종	李行進	-
李光庭	-	李 樏	숙종	李憲國	-
李 泫	중종	李約東	성종	#李弘冑	인조
李皎然	세조	#李陽元	선조	李孝仁	세종
李奎鉉	헌종	李彦紀	숙종	李後山	현종
李 貴	인조	李彦淳	-	李喜茂	숙종
李龜齡	중종	李英賢	-	任吉後	광해
李箕鎭	영조	李 芮	성종	林 泳	숙종
李德壽	영조	李 沃	태종	張 晚	인조
李德泂	인조	李龍秀	순조	鄭光世	연산
李都芳	세종	李友閔	-	鄭 矩	태종
李都芬	태종	李友直	-	鄭基世	철종
李 塾	숙종	李元紘	태조	鄭斗源	인조
李 遴	-	李源達	철종	鄭 綸	-
李孟畛	세종	#李宜顯	숙종	#鄭文炯	예종
李勉兢	정조	李翊相	숙종	丁範祖	정조
李冕膺	정조	李益運	정조	鄭賜湖	광해
李命植	정조	李寅煥	숙종	鄭世規	인조
李文和	태종	李 漸	세종	鄭壽期	영조
李文會	순조	李廷夔	현종	鄭彦智	-
李秉文	철종	李鼎臣	순조	#鄭羽良	영조
李秉常	-	李正英	현종	鄭惟善	명종
李秉鼎	정조	李廷馨	선조	鄭 檜	숙종
李鳳徵	숙종	李種善	세종	#鄭載嵩	숙종
李思芬	세종	#李宗城	영조	鄭載禧	숙종
李士渭	-	李鍾運	순조	鄭祖榮	순조
#李相璜	순조	李 準	광해	鄭存中	정조
李恕長	성종	李俊耈	현종	鄭 遵	광해
李 宣	세종	李俊民	선조	鄭 地	-

이름	시대-왕별	이름	시대-왕별	이름	시대-왕별
鄭津	세종	趙宗鉉	정조	#韓亭允	중종
鄭昌聖	정조	趙重晦	영조	#韓孝純	광해
鄭昌順	정조	趙振	광해	咸禹治	세조
#鄭擢	세종	趙鎭寬	정조	許應	태종
鄭好仁	정조	趙泰老	숙종	許潛	선조
鄭厚謙	영조	蔡世英	명종	許周	세종
曹幹	성종	#蔡濟恭	영조	許天圭	-
趙狷	태종	崔蠲	세종	洪可臣	선조
趙啓遠	현종	崔瓘	인조	洪景霖	중종
曺光遠	명종	崔寬	숙종	洪耆燮	-
趙國弼	광해	崔府	세종	洪名漢	영조
趙暾	영조	#崔錫恒	숙종	洪雩	인조
曹命敎	영조	崔有慶	태종	洪秉纘	정조
曺文秀	-	崔應龍	-	洪鳳祚	영조
趙璞	태종	崔迤	태종	洪受瀗	-
趙秉駿	헌종	崔仲洪	중종	洪淵	-
趙秉夔	철종	崔昌大	숙종	洪義謨	순조
趙復陽	현종	崔天健	선조	洪履祥	광해
#趙相愚	숙종	崔惠吉	효종	洪仁恕	-
趙瑞安	단종	崔興源	-	洪鍾序	철종
趙壽益	효종	韓岉	명종	洪處亮	현종
趙舜	중종	韓聖佑	숙종	#洪致中	경종
趙然昌	철종	韓雍	세종	洪興	성종
趙榮福	영조	#韓用龜	정조	黃居正	태종
趙容和	-	韓允昌	중종	黃琳	
趙元紀	중종	韓胤唱	-	黃昇源	정조
趙遠命	영조	韓仁及	인조	黃佑漢	선조
#趙翼	인조	#韓致亨	성종	黃梓	영조
#趙載浩	영조	韓致應	순조	黃子厚	세종
趙存性	인조	韓必遠	-		
趙鍾永	순조	韓僩	성종		

가. 이 표는 『朝鮮王朝實錄』을 기준으로 가·나·다 순으로 작성하였다.
나. 시대-왕별 표기는 개성유수 재임 당시를 기준으로 하여 작성하였다. 다만 조선 전기의 몇몇 왕의 시기에는 유수 재임 시기가 분명치 않은 것도 있다.
다. 시대-왕별 표기에서 '-' 표시는 『中京誌』에서 추가된 인물로 유수 재임 시기가 분명치 않은 것이다.
라. #는 개성유수 출신 중 정승을 역임한 인물이다.
마. *는 『朝鮮時代 私撰邑誌解題』에 개성유수를 역임한 것으로 기록된 인물이다.
바. **는 『花潭集』에 개성유수를 역임한 것으로 기록된 인물이다.

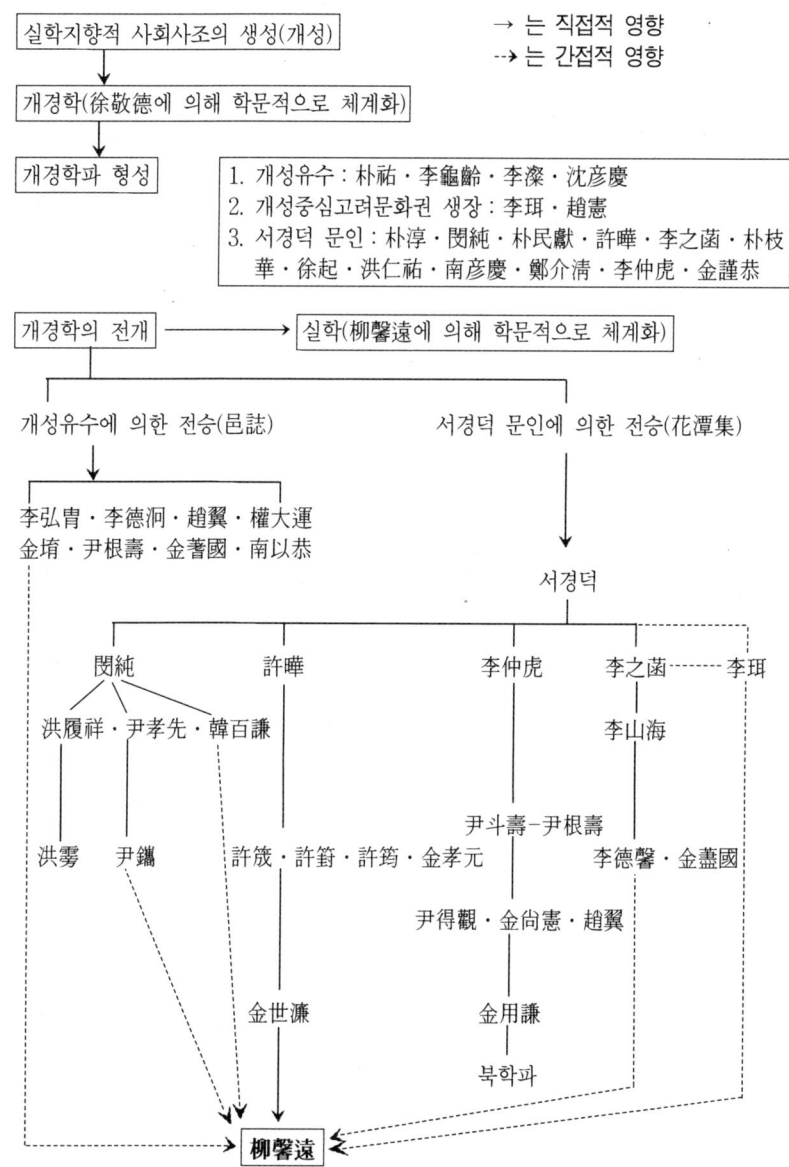

<표 2> 開京學 成立 및 實學과의 連繫圖

<표 3> 開京學의 展開圖

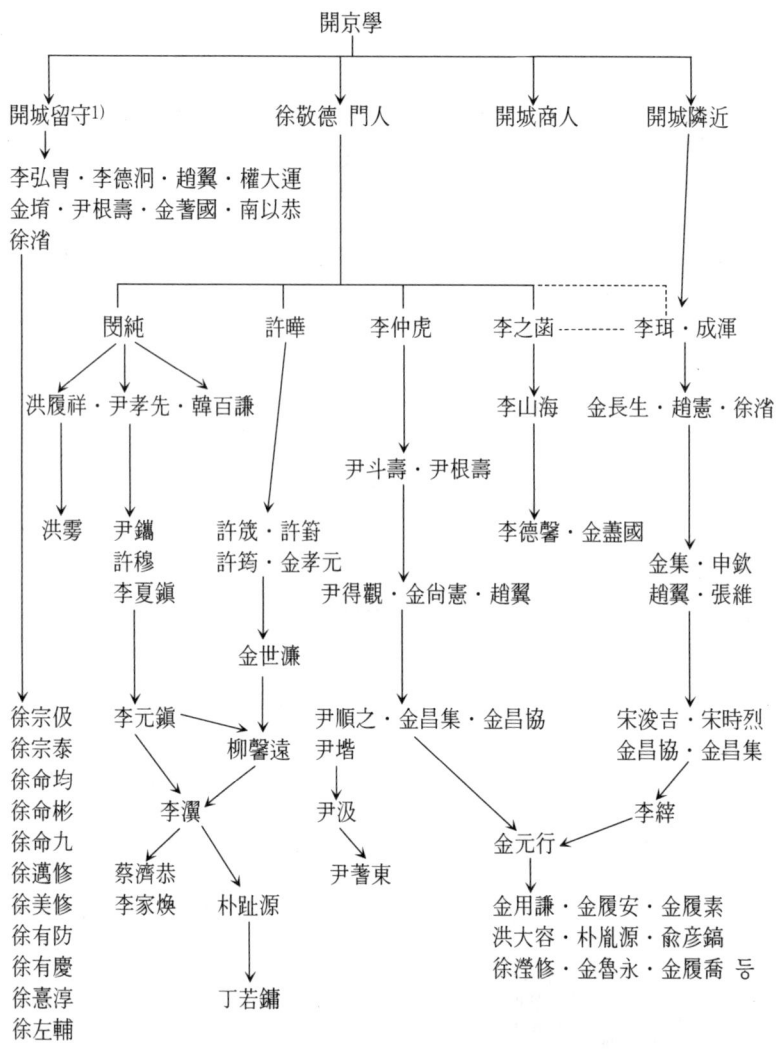

---

1) 개성유수를 역임한 자에 대한 자세한 내용은 개성유수 일람표 참조.

표·그림 427

<표 4> 實學의 發展圖

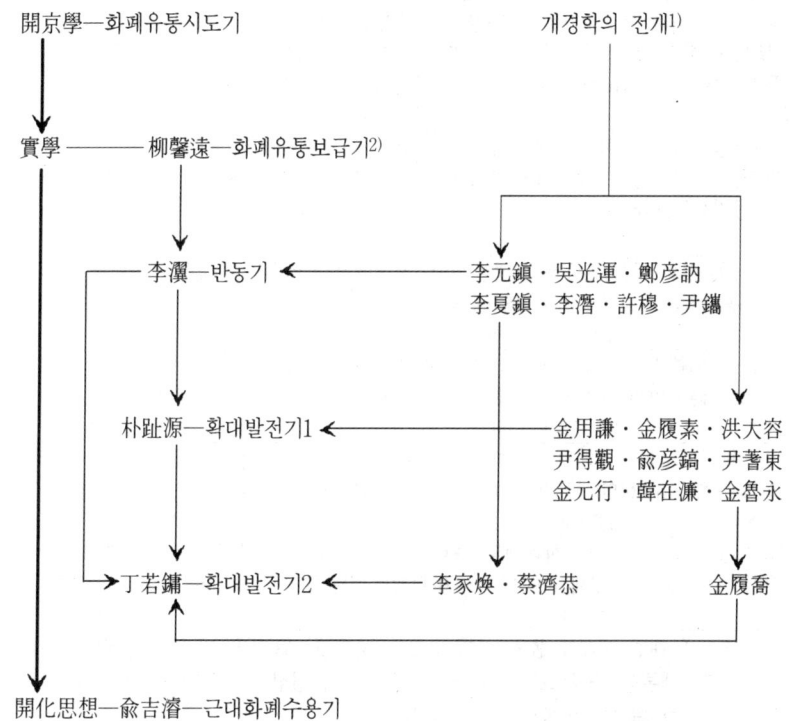

---

1) 개경학의 전개과정에 대한 자세한 내용은 <開京學의 展開圖> 참조.
2) 개경학이 전개되어 실학으로 학문적 체계화를 이루는 과정에 대해서는 <開京學의 成立 및 實學과의 連繫圖> 참조.

<표 5> 朝鮮後期 實學의 生成·發展表

화폐정책론	화폐경제 발전단계	역사적 성격	실학 생성·발전
開京學의 화폐(楮貨·銅錢) 유통시도론	'화폐(楮貨·銅錢) 유통시도기'(14세기 말~16세기 말)	物品貨幣制度 극복 내지 前近代的 화폐제도(布貨·楮貨) 수용시도	實學指向的 社會思潮의 局地的 학문 開京學으로 체계화
金堉(金盡國)·柳馨遠(許積) 등의 동전유통보급론	'화폐유통 보급기(17세기 초~90년대 말)'	전근대적 화폐(銅錢 또는 常平通寶) 유통기반 설정	開京學 전승, 조선후기 實學으로 체계화
李瀷(英祖)의 동전유통금지론	화폐유통에 대한 반동기(18세기 초~40년대 초)	전근대적 화폐유통에 대한 보수적 반동	北學·開京學파급에 대한 보수적 반동론
朴趾源(禹禎圭)의 當二錢·銀貨유통론	'화폐경제 확대발전기'의 '前半(18세기 40년대~18세기 말)'	전근대적 화폐제도의 보완적 개혁론	北學·開京學의 대응론으로 기존제도의 보완적 개혁론
丁若鏞(徐榮輔)의 金·銀·銅錢유통론	'화폐경제 확대발전기'의 '後半(19세기 초~60년대)'	西學 내지 근대지향的 화폐제도 개혁론	北學·西學論을 절충보완한 근대지향的 개혁론
兪吉濬의 金本位制度 수용론	'近代 화폐제도 수용기(19세기 60년대~20세기 초)'	西學 내지 近代 화폐제도 수용론	北學論 극복, 西學的 근대제도 수용론

* 결론에 대한 이해를 돕기 위해 참고로 開京學·實學者 및 開化思想家 등의 화폐정책론을 중심으로 하여 조선후기 실학의 생성·발전(14세기 말~20세기 초)과 그 역사적 의의를 '表'로 작성하였다.

Abstract

A Study on *Silhak*'s Development in Joseon Dynasty(15-19th Century)

Won Yu Han

Generally understood as reformist thought with propensity toward nationalism and modernity, *silhak* in the latter part of the Joseon started to attract researchers' interest in the 1950s, and greater number of studies have been made on it than other areas of Korean studies. Based on the academic awareness in the 50s, I have investigated the *silhak* scholars' discussions of monetary policies as a part of the efforts to clarify the economic thoughts in the latter part of the Joseon. Hopefully, my studies have gained more objectivity and depth by comparing their perspectives with the opposing arguments of the contemporary government economists.

Despite the growth of *silhak* studies in quality and quantity, little achievement was made on its concept, categorization, historical meaning, as well as its generation and development; nor have we seen much development in perspective and methodology, either. This situation can be attributed to the research tendency to rely heavily on *silhak* scholars' writings. To gain broader view of *silhak*, I believe emphasis should be made on not only the scholars but also their historical surroundings. Rather than regarding *silhak* as the unique creation by a handful of intellectuals, it is more appropriate to see it as the historical product of their time.

In the present work, I attempted to take more historicist approach to *silhak* by: (1) broadening the scope of *silhak* studies in time and space; (2) grasping its historical role and meaning and; (3) examining the historical development of *silhak* more objectively, comprehensively, and in depth.

From this perspective, I examined the development of *silhak* from its generation in Gaeseong in early Joseon through *gaehwa* thought in late Joseon, mainly focusing on the transition of the discourses on monetary policies of *silhak* scholars and *gaehwa* thinkers. The result can be summarized as follows:

1) With the Cheng-Chu school of neo-Confucian thought as its center, social ethos which was oriented toward practical learning emerged and developed in Gaeseong, which was isolated from the Hanyang (Seoul) cultural sphere. During the former half of the sixteenth century, it was completed as an academic system called Gaegyeong studies by So Kyongdok (1489-1546), one of the leading Gaeseong intellectuals. Based on So Kyongdok's recognition of Cheng-Chu school of neo-Confucian thought with its emphasis on *chi*, Gaegyeong studies was applied to the political and cultural activities of Gaeseong governers and high officials who are connected to the area, as well as Gaeseong merchants' economic activities. During the latter half of the seventeenth century, it was established by Yu Hyongwon (1622-1673), growing out of a local learning into an academic system of silhak.

2) I compared the discourses on monetary policies by such early silhak scholars as Kim Yuk (1580-1658) and Yu Hyongwon, representative silhak scholars like Yi Ik (1681-1763), Pak Chiwon (1737-1805), and Chong Yagyong (1762-1836), as well as Yu Kilchun (1856-1914), an early *gaehwa* thinker, with those of kings and high government officials, who are thought to have been often in opposing standpoint. As a result, it was found out that they shared essentially the same view on monetary policies. From the founding of Joseon Dynasty through the 1850s, many of the 430-odd high officials who were formerly Gaeseong governors were progressive in their political and cultural activities, as well as social and private lives, based on practical-learning-oriented social awareness they experienced while in governor's office. Highly motivated by commercial interests and with strong economic awareness, Gaeseong

merchants were vigorously engaged in economic activities and contributed greatly to the development of commodities and monetary economy. Examination reveals that the developmental process of silhak scholars' and *gaehwa* thinkers' monetary policy discourses corresponded to the developmental stages of monetary economy in Joseon period, which leads to the reevaluation of the historical role of silhak. Although underestimated as minor stream of thought from hero-oriented historical view, silhak should be now reconsidered as social reform thought with universality from historicist perspective.

3) To understand the development of silhak scholars' discourses of monetary policies, I examined their views of commerce, money, monetary tax payment, acceptance of foreign culture, and awareness of nationalism and modernization, which are considered to be main indicators of modernization. It turned out that the changes of their views corresponded to the developmental stages of monetary economy in Joseon period (introduction, dissemination, backlash, expanded circulation, and introduction of modern monetary system). In sum, we find transcendence of medieval period and the beginning of modernity through the historical process in which social thought, with propensity toward practical learning, came into being in early Joseon period, developed into Gaegyeong studies and was systematized as silhak and was applied to *gaehwa* thought.

Thus, the present work reveals the following facts by taking historicist approach to silhak: (1) silhak was generated in early Joseon period and developed in Gaeseong, which was isolated from Hanyang (Seoul) cultural sphere politically, economically, socially, and culturally; (2) silhak should be evaluated not as concomitant but as universalized stream of social thought of the time; (3) modern-oriented reformist thought was pursued at the time of Chong Yagyong and adopted at the time of Yu Kilchun.

찾아보기

【ㄱ】

江界府屯田節目 347
江華學 73
開京學 32, 37, 65, 68, 72, 176, 182, 203, 323, 343, 367, 371
開京學派 37, 42, 69, 342
開城 19, 20, 22, 28, 32, 59, 65
開城留守 37, 53, 55, 60, 64, 68, 345
開化思想 375
絹織布貨(비단화폐) 200, 228
絹布交子流通論 200
決濟通貨 344
『經國大典』「國幣條」 75
『經國大典』六典體制 332
『經國大典』楮貨條 214
『經國大典』적 사회질서 181, 373
京城典圜局 382
『經世遺表』 330, 343
『經世遺表』典圜署 325
經世濟民 99
經世致用論·實事求是論 98
『經濟野言』 280
高麗遺民意識 23
高利貸業 241
高額錢 270
高額錢流通論 288, 333
『課農小抄』 299, 319
光武9年貨幣條例 386

光武5年貨幣條例 385, 386, 397
鑛業開發經營論 293
鑛業國營化 350
交子 199, 361
交鈔 361
『交鈔考』 347, 359
交鈔都監 357, 361, 369
交鈔 分散印造論 369
交鈔(紙幣)流通論 347
交鈔印造流通論 353, 354
九府圜法 337, 338
軍門行銀節目 267
權大運 56, 63, 71, 128, 167, 180
勸止白銅貨私鑄書 395
근대 금·은본위제도 365
근대 금본위제도 수용론 378, 383
근대지향적 화폐제도 개혁론 278
金·銀·銅錢 주조유통론 274, 340, 353
金教根 50
金克建 50
金謹恭 38
金起宗 275
金魯永 298
金履素 317
金文淳 49, 58
金炳喬 50
金炳朝 50
金炳地 50
金尙憲 49, 105

金世濂 50, 132
金蓍國 51
金盡國 51, 61, 79, 84, 87, 92, 97, 110, 275
金良墪 55
金用謙 49, 297
金堉 55, 62, 85, 101, 104, 160, 275, 369
金堉의 銅錢鑄造流通論 114
金堉의 貨幣價値認識論 110
金履載 49
金昌集 49
金昌協 49
金孝元 38, 50

【ㄴ】

洛論 50, 70
南公轍 64
南彦經 38
南以恭 43, 61
農·商兩立論的 農主商從論 341
農主商從論 404
『農圃問答』 222

【ㄷ】

單一法貨 流通體制 335, 349
當百錢 198, 229, 289, 334, 379, 383, 393
當十錢 229, 334
當五錢 382, 393
當六十錢 198, 228
當二錢流通論 307
當一錢 393
當千錢 296
大同法 129, 180
大東三錢 313, 382
大東二錢 313, 382
大東一錢 313, 382

大東錢(銀標) 393
大同布 286
大明通寶 84
對琉球通商論 43
大阪造幣局 386
『韜鈐篇』 222
都賈制 206
都給鑄錢(論) 140, 230, 400
『東國輿地志』 133
東國重寶 141
『東國地圖』 223
東國通寶 141
銅錢 87
銅錢 都給鑄錢論 294
銅錢 試用論 118
銅錢 鑄造管理論 114
銅錢私鑄 163
銅錢의 價値移轉機能 280
銅錢의 價値退藏機能 280
杜門洞 72賢 19

【ㅁ】

『萬機要覽』 347
萬曆通寶 83, 112
멜렌도르프(P. G. von Mollendorff) 382
명목화폐(동전) 유통체제 294
『牧民心書』 343
默鑄 385
物品貨幣 134
物品貨幣 流通體制 189, 211
物品貨幣制 復歸論 233
民間人 都給鑄錢論 294
閔純 37, 39, 47

【ㅂ】

朴文秀 187, 251

朴民獻 37, 46
朴祥 38
朴淳 37, 43
朴祐 38, 40, 43
朴應犀 43
朴長遠 252
朴齊家 263, 299
朴趾源 202, 263, 283, 297, 316
朴枝華 37
『磻溪隨錄』 63, 130, 133
防納 241
房火錢 152
백동화 인플레이션 387
法貨 87
補助貨 389
本位銀貨 387
不等價交易制 206
北人 80, 99
北學(論) 126, 158, 274, 319, 366, 339, 403
北學意識 126, 264, 274
北學指向 205
北學指向의 前近代의 貨幣制度改革論 278
北學派 50, 263, 323
不換紙幣 390
卑金屬鑄貨 360
緋緞交子 228
飛錢 361

【ㅅ】

四介松都治簿法 67
司僕寺 169, 272
司瞻寺 139
私鑄 139, 385
私鑄錢 116, 357
三韓重寶 141

常木(助糧木) 186, 212
常設 鑄錢官廳 245
商業振興論 149
常平廳 86, 114, 169, 272
常平通寶 168
徐敬德 20, 32, 34
徐起 38
徐邁修 345
徐命均 345
徐命彬 345
徐命膺 58
徐美修 345
徐渻 57, 345
徐榮輔 340, 345, 361
『西遊見聞』「貨幣大本」 378, 389
徐有慶 345
徐有榘 346
徐有防 57, 59, 345, 368
徐宗伋 345
徐宗泰 345
徐左輔 345
西學論 158, 274, 339, 403
西學指向의 貨幣制度改革論 278
徐浩修 58
徐憙淳 58, 345, 368
石室書院 70
宣惠廳 211
設店收稅制 231, 292
設店用錢論 119
性理學 27
成世明 56
成悌元 33
成渾 102
小北系 182
小額銅錢 198
贖木 172
『松都續誌』 57, 58, 346
『松都龍頭會帖』 47

『松都志』 55, 57, 368
松商 20, 65, 68, 71, 128
碎銀 267
水車制 106
崇禎通寶 112
『承政院日記』「銀店勿禁之議」 281
『承政院日記』「錢貨變通之議」 281
『詩文集』問錢幣 325
『詩文集』錢幣議 325
時憲曆 106
申叔舟 66
新式貨幣發行章程 384, 385, 387
新式貨幣條例 384
申磼 55
實學指向의 社會思潮 28, 29, 32, 69, 205, 367
沈守慶 41
沈彦慶 40
沈友英 43
沈義 41
沈義謙 40, 49
沈銓 43
沈貞 41
沈忠謙 40
十錢通寶 67, 115, 143, 168

【ㅇ】

『兩班傳』 300
御營廳 169, 272
嚴緝 57
『熱河日記』 298
英祖 207, 351
吳光運 63, 183
吳達運 218
吳道一 57
吳遂采 57
吳允謙 57

王覇幷用論 28, 343
用車論 107, 117
『迂書』「論錢弊」 238
禹禎圭 278, 279, 292
元貨(本位貨) 389
柳季聞 131
柳寬 131
鍮器(物品貨幣) 59, 269
兪吉濬 159, 341, 377, 378, 387
柳壽垣 187, 205, 234, 239, 243
兪彦鎬 298
柳馨遠 52, 90, 113, 116, 130, 136, 302, 319, 369
尹塔 49
尹根壽 40, 48
尹汲 49
尹斗壽 40, 48
尹得觀 48, 298
尹順之 49
尹蓍東 49, 298
尹孝先 47
尹鑴 48
銀餠 267
銀標 382
義禁府 172
李廣道 215
利權在上 329
李貴 49
李龜齡 40
李德馨 51, 106, 110
李德泂 56, 61
李山海 51
李尙毅 182
李晬光 88, 110, 125
李永肩 66
利用厚生論 37, 51, 90, 98, 293
李珥 41, 88, 110
李瀷 182, 196, 201, 211, 243, 302, 351

李日章　187, 191
李在學　288
李仲虎　38, 40
李之菡　37, 39, 43, 79
李溙　40
李恒福　39
李弘胄　56, 62
『人子備鑑』　222
仁川典圜局　384
日本銅　123, 169
一銖錢(朝鮮通寶)　84
『林園十六志』　368

【ㅈ】

『雜文集』「貨幣整理方案」　378, 384, 394
張志淵　395
財政顧問官　386
楮貨　87, 139, 186, 212
錢艱　258
錢貴　258
前北學(論)　31, 126, 158
全盛期 實學　37
箭幣　87
錢幣　88
錢票　362
典圜局　382, 390
典圜局總辦　382
典圜署　330, 333, 390, 400
典圜署 設置運用論　330
錢荒　209, 230, 258, 280, 283, 284, 304, 324, 352
錢荒 弊端　259
錢荒克服論　247
鄭介淸　38, 44
鄭斗源　55
鄭尙驥　187, 222, 224, 294

丁若鏞　158, 202, 274, 283, 321, 333, 390, 403
精抄廳　169, 272
第2次 貨幣制度 改革論　394
第1次 貨幣制度 改革論　388
제4의 錢荒 극복방안　266
第一銀行券　386, 396
趙復陽　49
趙尙絅　217
朝鮮通寶　94, 100, 141
朝鮮後期 實學　68, 375
曺植　33
趙翼　49, 63, 105
造幣器機施設　389
趙憲　42, 88, 110
曺好益　102
主氣論　68
主氣派 學者　68
鑄錢爐　245
鑄錢都監　94, 139
鑄錢所　94, 245
鑄錢廳　94, 218, 272, 324, 400
『中京誌』　58, 71
中國銅錢　62
中國銅錢 流通反對論　313
重農論　404
重商論　404
中央銀行條例　386, 397
支拂價値 중심의 화폐가치관　357
地銀　311
賑恤廳　169, 172, 216, 272

【ㅊ】

站店　152
蔡濟恭　63, 71
天啓通寶　112
崔鳴吉　56, 62

崔漢綺　20
麤布　86, 120, 150
『治郡要覽』　222
秤量銅貨(銅塊)　62, 121, 134, 196
秤量銀貨 流通論　310
秤量銀貨 鑄造流通論　267, 268
秤量銀貨 法貨化 試圖論　398

【ㅌ】

兌換券　365, 387
兌換金券條例　386, 397
兌換紙幣　390
特籌　385

【ㅍ】

破銅　115
八分書 朝鮮通寶　85, 106, 141
標銀　267
『楓石全集』「擬上經界策」　347

【ㅎ】

『限民名田議』　299
韓百謙　39
韓聖佑　51
漢陽文化圈　23, 32
韓仁及　51
韓在濂　298
韓孝純　39
韓孝胤　39
海東重寶　141
海東通寶　141

行錢別將　121
『鄕居要覽』　222
許筠　38, 50
許穆　52
許箸　38, 50
『許生傳』　300, 320
許筬　38
許曄　37, 46
許積　128, 164, 272, 275
戶曹　169, 216, 272
洪可臣　39
洪大容　298
洪名漢　47
洪雯　44, 46, 47
洪良浩　263, 265, 274, 283
洪履祥　39, 44, 47
洪仁祐　38
洪致中　236
花谷書院　38
貨權在上의 원칙　98, 110, 312, 329
『花潭集』　20
貨幣(銅錢) 流通普及期　78, 85
貨幣經濟 擴大發展期　206, 224, 271, 278
貨幣流通에 대한 反動期　181, 215, 269, 280
貨幣整理　386
還上　172
換錢標(어음)　358, 361
黃昇源　298
會子　93, 361
孝宗　114
訓鍊都監　114, 169, 272
『欽欽新書』　343

지은이 | 구천(龜泉) 원유한(元裕漢)
1935년 충남 천안에서 출생하여, 연세대학교 문과대학 사학과와
동대학원 사학과(문학석사・박사)를 졸업하였다.
문교부 국사편찬위원회 편사연수관, 수도여자사범대학 역사교육과 조교수,
홍익대학교 사범대학 역사교육과 교수, 동국대학교 사범대학 역사교육과 교수를 거쳐
연세대학교 국학연구단 연구교수를 지냈으며, 현재 동국대학교 명예교수로 있다.

연세국학총서 37
朝鮮後期 實學의 生成・發展 硏究
元 裕 漢

2003년 12월 19일 초판 1쇄 인쇄
2003년 12월 30일 초판 1쇄 발행

펴낸이・오일주
펴낸곳・도서출판 혜안
등록번호・제22-471호
등록일자・1993년 7월 30일

㈜ 121-836 서울시 마포구 서교동 326-26번지 102호
전화・3141-3711~2 / 팩시밀리・3141-3710
E-Mail hyeanpub@hanmail.net

ISBN 89-8494-203-0 93910
값 24,000 원